अनौखा हमसफ़र

हर बंद ताले की चाबी

एक सच्ची कहानी

NEETU GUPTA

ISBN 979-8-88606-681-4

तुमने ही मुझे जीवन का सही अर्थ समझाया, आत्मनिर्भर बनाया
मेरा खोया हुआ अस्तित्व लौटाया, जीवन में सही निर्णय लेना सिखलाया
तुमसे ही मैंने प्रेम को जाना, रिश्तों के सही अर्थ को पहचाना
तुम्हारे मार्गदर्शन से मुझे मेरी मंज़िल मिली और उसको पाने का हौंसला

जग के रचेयता को मैं क्या दूँ?
मेरी इस रचना को ही मेरा आभार जान लो
इसे स्वीकार कर मेरा मान बढ़ा दो, मेरे अनौखे हमसफ़र....

विषय-सूची

अनौखा हमसफ़र

ये किताब एक अनौखे हमसफ़र के साथ किया गया सफ़र है। ये सफ़र है:

- दुःख से सुख का
- हार से जीत का
- बंधनो से मुक्ति का
- कर्मों से मुक्ति का
- कमज़ोरी से शक्ति का
- साधारण से असाधारण बनने का
- मानसिक तनाव में संतुलन बनाने का
- डर से साहस का
- आत्मविश्वास का
- पत्थर से हीरा बनने का
- अज्ञानता से ज्ञान का
- बीमारी से स्वास्थ्य का
- अधर्म से धर्म का

- अंधकार से प्रकाश का
- नाराजगी से भक्ति का
- प्रेम से परम आनंद का
- अन्धविश्वास से विश्वास का
- शरीर से आत्मा का, आत्मा से परमात्मा का
- ख़ुद को ढूँढने का
- मरकर ज़िंदा होने का
- अपनी शक्तियों को पाने का
- कड़वाहट से माफ़ी का

ये सफ़र है भक्ति का, श्रद्धा का, मार्गदर्शन का, अपने अंदर की पुरुष और नारी शक्ति के मिलन का, माया से ऊपर उठने का, अपने अंदर की सोयी हुयी शक्तियों को जागने का, ग्रंथों को जीने का, कर्मों से मुक्ति का। ये सफ़र है आत्मस्वरूप में आने का, ये सफ़र है एक नए एवं ख़ुशहाल जीवन को बनाने का।

ये सफ़र है एक बच्चे का, एक युवा का, एक माँ का, एक पत्नी का, एक भक्त का, मीरा का, राधा का, द्रौपदी का, अर्जुन का, सुदामा का, एक हीलर का, और एक लाइफ़-कोच का।

ये सफ़र है मेरा, ये सफ़र है आपका!

क्या आपको इस किताब की आवश्यकता है? यदि इनमें से कोई एक कारण भी आपके जीवन में है, तो ये किताब आप ही के लिए लिखी गयी है।

- ✓ जीवन में कामयाबी पाना चाहते है?
- ✓ एक सुखी, वैभवपूर्ण, सम्पन्न जीवन चाहते है।
- ✓ पैसा कमाना चाहते है?
- ✓ आत्मविश्वास की कमी है?
- ✓ तरह-तरह के डरों से ग्रस्त है?
- ✓ ख़ुद को दूसरों से कम समझते है?
- ✓ वैवाहिक जीवन में चुनौतियों का सामना कर रहे है?
- ✓ ज़िम्मेदारियों के बोझ तले दबें है?
- ✓ बच्चे आपकी बात नही मानते?
- ✓ आँखों में सपने थे (हैं) जिन्हें पूरा नही कर पाए।
- ✓ जीवन निरर्थक लगता है?
- ✓ ख़ुद को असहाय और अकेला समझते है?
- ✓ भावनात्मक तौर पर कमज़ोर है?
- ✓ ख़ुद के लिए निर्णय नही ले पाते?
- ✓ विपरीत परिस्थितियाँ आपको तोड़ देती है?
- ✓ पारिवारिक समस्याओं का समाधान नही कर पाते?
- ✓ अपनी परिस्थितियों को बदलने में असमर्थ है?

- ✓ ईश्वर पर विश्वास नही बना पाते?
- ✓ एक बच्चे का, स्त्री का, या फिर एक पुरुष का कठिन जीवन जी रहे है?
- ✓ समाज की ग़लत धारणाओं का शिकार है?
- ✓ अंतर्मन के विकारों से मुक्त होना चाहते है?
- ✓ शरीर की बीमारियों से मुक्ति चाहते है?
- ✓ अधायत्मिक उन्नति करना चाहते है।
- ✓ आत्मा को समझना चाहते है?
- ✓ कर्मों से मुक्त होना चाहते है?
- ✓ ईश्वर के सही ज्ञान को और सही स्वरूप को खोज रहें है?
- ✓ एक स्वतंत्र और सम्मानित जीवन की कामना करते है?
- ✓ अंधविश्वासों से ऊपर उठना चाहते है।
- ✓ अध्यात्म के नाम पर फैलाए गए पाखंड से परेशान हो?
- ✓ धर्म-अधर्म के द्वन्द में फँसे है?
- ✓ दुःख को दुर्भाग्य (पापों का परिणाम) समझ कर स्वीकार कर लिया है?
- ✓ अपने आत्मसाथी की तलाश में है?

आपका कारण इनमें से कुछ भी हो सकता है, लेकिन एक बात तो निश्चित है कि इस किताब में आपको आपकी समस्या का समाधान अवश्य ही मिलेगा।

किताब का परिचय

मेरे प्रिय मित्रों,
शुभ-वंदन।

मेरी ह्रदय से कामना है कि ये पुस्तक आपके जीवन में एक सकारात्मक बदलाव लाए।

जो साथ में सफ़र करे, उसको कहते है हमसफ़र, और जब उसमें कोई अनोखी बात हो, तो उसको कहते है **"अनौखा हमसफ़र"।** पुस्तक अनौखा-हमसफ़र जीवन में बदलाव की सच्ची कहानी पर आधारित पुस्तक है। इसमें कोई भी घटना या पात्र काल्पनिक नही है, केवल पात्रों के नाम बदल कर उन्हें काल्पनिक नाम दिए गए है।

मित्रों, हममें से हर व्यक्ति की चाहत है - स्वस्थ तन-मन, सुख-शांति, स्वतंत्रता, कामयाबी, आत्मनिर्भरता, शुद्ध प्रेम, आर्थिक एवं आध्यात्मिक उन्नति, एवं एक संपन्न ख़ुशहाल जीवन।

किंतु प्रश्न तो ये उठता है कि वो कौन सी चाबी है जिससे ये सब पाने का रास्ता खुल जाए!

वो जादुई चाबी है, पुस्तक "अनौखा हमसफ़र"। जिसमें ईश्वर ने जीवन के हर पहलू में ख़ुद के प्रत्यक्ष दर्शन कराए है, और आपकी हर समस्या के निवारण का मार्ग दिखाया है। मैंने इस हमसफ़र को नाम दिया है, "क्रिशन"। जी हाँ, ये

वही क्रिशन है, जिसके बहुत से किस्से-कहानियाँ आप अब तक सुनते आए है। इस किताब में आपको उसी क्रिशन की और बहुत सारी लीलाओं के दर्शन होंगे।

क्रिशन से जुड़ने से पहले मेरे लिए ये कल्पना करना भी बहुत कठिन था कि मेरे जीवन में कभी कुछ बदल भी सकता है; कभी मैं भी एक स्वतंत्र, संतुलित, आत्मनिर्भर, इंसान भी बन सकती हूँ; मेरे निरर्थक जीवन को कोई अर्थ भी मिल सकता है!

मैंने क्रिशन की मदद से एक साधारण इंसान के जीवन की हर चुनौती का सामना करके ख़ुद को उससे ऊपर उठाया। हर जगह क्रिशन मेरा प्रशिक्षक बनकर मुझे मार्गदर्शन देता गया, और मैं अर्जुन बनकर उसकी दिखायी राह पर चलती गयी। और एक दिन मैंने वो सब पा लिया, जो कभी असम्भव सा प्रतीत्त होता था।

अपने जीवन को बदलने के सारे रहस्य मैंने इस पुस्तक में आपके लिए भी खोल दिए है, वो भी इतनी सरल भाषा में कि एक छोटा सा बच्चा भी मेरी बात का अर्थ आसानी से समझ लेगा।

जहाँ ये पुस्तक आपको ईश्वर से जुड़ने में मदद कर रही है, ईश्वर के साथ सफ़र आरम्भ करने से लेकर मोक्ष तक का रास्ता समझा रही है - वहीं ये आपके भौतिक जीवन को व्यवस्थित करने में भी आपकी मदद कर रही है। ये पुस्तक आपको तर्कसंगत तरीक़े से जीवन का सम्पूर्ण ज्ञान दे रही है।

इतना ही नही, समाज की बहुत सारी कुप्रथाएँ, जिनका शिकार आज भी बहुत से परिवार है, ये उनपर, आपका ध्यान लेकर जा रही है ताकि हम ख़ुद को इनसे मुक्त कराकर, खुली सोच के साथ एक स्वस्थ एवं सभ्य समाज की रचना कर पाए। जिसमें सब तरफ़ केवल ख़ुशहाली हो!

चाहे आप आध्यात्मिक सफ़र में है, चाहे सांसारिक; चाहे युवान है, चाहे, वृध, चाहे एक बालक, चाहे पुरुष है, या स्त्री - मेरा ये दावा है कि आपको इस पुस्तक में आपकी समस्या का समाधान 100% मिलेगा।

इसे मेरी आत्मकथा समझकर मत पढ़िएगा, ये तो क्रिशन की कहानी है उसके प्रेमियों के लिए, जिसे उसने मेरे जीवन में खोलकर दिखाया है। पूरी पुस्तक में आपको मेरी और क्रिशन की वार्तालाप पढ़ने को मिलेगी, जिससे आप यूँ ही बातों-बातों में सरलता से अपनी समस्या का समाधान खोज लेंगे।

मैं इस कहानी को जी चुकी हूँ...अब आपकी बारी है। मेरा सफ़र मैंने पार कर लिया है..अब क्रिशन की इच्छा है कि आपके सफ़र में आपकी भी मदद हो।

ये किताब आप तक पहुँचाकर क्रिशन ने अपना हाथ आपकी तरफ़ बढ़ा दिया है अब आप भी बिना विलम्ब किए उसका हाथ थाम लीजिए।

मेरी अनेकानेक शुभ कामनाएँ है आपके लिए कि ये पुस्तक आपको आपके जीवन का लक्ष्य पाने में मददगार साबित हो। ईश्वर आपकी हर मनोकामना का पूरा करे।

राधेकृष्णा

आभारोक्ति

मैं नीतू गुप्ता, सहृदय अपनी पुस्तक के लिए सबका आभार प्रकट करती हूँ। सबसे पहले मैं अपने ईश्वर को धन्यवाद करती हूँ, जिनकी मदद से मैं ये पुस्तक लिख पायी। इसके बाद मैं मेरे माता-पिता एवं अध्यापकों का कृतज्ञपूर्ण आभार प्रकट करती हूँ कि उन्होंने मुझे इस किताब को लिखने के योग्य बनाया।

मैं पुस्तक के प्रकाशक का, सम्पादक का, एवं मेरी टीम के सभी सदस्यों का आभार प्रकट करती हूँ, जिनके सहयोग के बिना ये पुस्तक अधूरी थी।

इसके अतिरिक्त मैं मेरे सभी मित्रों की आभारी हूँ। आपने समय-समय पर मुझे आपका सहयोग एवं प्रोत्साहन देकर एक अत्यंत कठिन कार्य को सम्पूर्ण करने में मेरी मदद की है।

मैं इस पुस्तक के सभी पात्रों को अपना आभार प्रकट करती हूँ, आपकी मेरे जीवन में उपस्थिति के बिना ये कहानी कभी ना बन पाती।

मैं आप सभी पाठकों की भी आभारी हूँ कि आपने मेरी पुस्तक में रुचि दिखाकर मेरे कार्य को सम्पन्न किया। अंत में मैं हर उस इंसान का आभार प्रकट करती हूँ, जिसने किसी भी तरह से मेरी पुस्तक में अपना योगदान दिया।

मैं अपनी सारी त्रुटियों की ज़िम्मेदारी लेते हुए, अपना सारा कार्य क्रिशन को समर्पित करती हूँ। इस पुस्तक से किसी की भी भावनाओं को यदि मैंने अनजाने में ठेस पहुँचायी है, तो मैं उसके लिए क्षमाप्रार्थी हूँ।

नीतू गुप्ता

लेखिका का परिचय

लेखिका, "नीतू गुप्ता", एक सफल आध्यात्मिक लाइफ़-कोच, माइंड-प्रशिक्षक, काउंसलर, एवं हीलर है। उनका जन्म भारत की राजधानी दिल्ली शहर में हुआ। उन्होंने लंदन में मिडल्सेक्स-यूनिवर्सिटी से इंटर्नैशनल-बिज़्नेस-मैनज्मेंट में पोस्ट-ग्रेजूएशन किया है। इसके अतिरिक्त वो एक इंटीरियर-डिज़ाइनर भी रह चुकी हैं। उनके अमूल्य रत्नों में 80 से भी ज़्यादा सर्टिफ़िकेट है।

उनका आध्यात्मिक ज्ञान बहुत गहरा है। जिसे उन्होंने स्वयं ईश्वर से एवं जीवन के अनुभवों से एकत्रित किया है। उन्होंने किसी भी ग्रंथ को पढ़कर नही, जीवन में जीकर उसका सही अर्थ जाना है। यही वजह है कि वो आत्मा के इतने गहरे रहस्यों को भी समझ पाने में पूर्ण रूप से सक्षम हैं।

नीतू गुप्ता आपको आपके भौतिक-जीवन को आध्यात्मिक तरीक़े से जीना सिखाती हैं। आत्मज्ञान से लेकर आत्मबोध तक, और आत्मबोध से लेकर मोक्ष तक के हर पड़ाव को पार करने में आपकी सहायता करती हैं।

नीतू गुप्ता एक खुली सोच रखने वाली महिला है, जो अध्यात्म को एक नये दृष्टिकोण से देखती है। उनके लिए केवल आत्मा का धर्म सर्वोपरी है, वो ईश्वर में आस्था रखती है - किंतु अंधविश्वास एवं रूढ़िवादी प्रथाओं का कड़ा विरोध भी करती है। हर बात को समझने के लिए वे अपनी तर्क-वितरक की शक्ति का बराबर इस्तेमाल करती हैं।

उन्होंने अपने जीवन में विभिन्न प्रकार की चुनौतियों का सामना किया है; अत: वो मनुष्य जीवन की समस्याओं को समझने में भी उतनी ही सक्षम है। जिसके पास से आत्मज्ञान खो गया है, उसको ज्ञान देती हैं; जिसके पास प्रेम की कमी हो गयी है, उसको प्रेम करना सिखाती हैं; जो ईश्वर से जुड़ नही पा रहा, उसको ईश्वर से जुड़ना सिखाती हैं; जिसका आत्मविश्वास चला गया, उसे ख़ुद पर विश्वास करना सिखाती हैं। जो जीवन से हार गया है, उसमें नयी प्राण-शक्ति का परवाह कराती हैं। इस प्रकार से आपके जीवन के विभिन्न हिस्सों में वे आपकी मदद करती हैं।

ये सब काम करने के लिए वे विभिन्न प्रकार की सामूहिक एवं निजी तकनीकों का इस्तेमाल करती हैं, जैसे की काउन्सलिंग, पब्लिक-ट्रेनिंग-प्रोग्राम, आध्यात्मिक-कोर्स, हीलिंग-शक्तिपाथ, EFT, NLP, पूर्व जन्म, इत्यादि। उनका मानना है कि जब तक हम आत्मा के साथ संतुलन एवं ताल-मेल नही बैठाएँगे, हमारे जीवन में तरह-तरह की परेशनियाँ हमें घेरे रखेंगी। और इसके लिए आवशक है, आत्मा का सम्पूर्ण ज्ञान होना।

उनकी अभिलाषा है, कि वो संसार के हर इंसान को दुखों से मुक्त करा पाए। जिसके लिए वो पिछले 10 वर्षों से प्रयत्नशील है। किसी ना किसी रूप में चाहे वो किताब हो, यू-ट्यूब विडियो हो, या कुछ और - वे अपने ज्ञान का यथासंभव प्रकाश समाज में फैलाकर उजाला करती रहती हैं।

उनकी कम्पनी का नाम है “Bliss Gateway Solutions Pvt. Ltd” - Solutions for Happiness!

ब्लिस यानी, एक ऐसी ख़ुशी जो अंदर से आरम्भ होती है, और बाहर सब तरफ़ फैल जाती है, ना ये कभी कम होती है, ना कोई इसे आपसे छीन ही सकता है। इसी को कहते है परम आनंद - और ये ही अर्थ है नीतू गुप्ता के नाम का - “जिसका जन्म ख़ुशियाँ देने के लिए हुआ है।”

भाग 1

क्रिशन के साफ़ सफ़र का आरम्भ

ईश्वर को हम अलग-अलग नामों से पुकारते है, अलग-अलग रूप में पूजते है। कोई कहता है क्रिशन, तो कोई शिवा, कोई जीसस, तो कोई अल्लाह। नाम चाहे जो भी हो, लेकिन सबमें एक ही शक्ति का वास है। मैंने इस शक्ति को नाम दिया है क्रिशन का, और उनके साथ अपने जीवन का एक रोमांचक सफ़र तय किया। जब मैं सुदामा, मीरा, प्रह्लाद की कथाएँ सुनती थी, तो मेरे मन में विचार आता था कि ये सब तो विशेष लोग थे, इसीलिए शायद ईश्वर के नज़दीक थे और उन्हें पा सके। मैं तो एक साधारण सी इंसान हूँ, मुझमें तो कुछ भी ख़ास नही है, भला मेरी तरफ़ ईश्वर क्यूँ ध्यान देंगे? और ये विचार मेरे और ईश्वर के बीच एक अनचाही सी दूरी बना देते थे।

किंतु मेरे जीवन में मुझे चुनकर ईश्वर ने बता दिया कि **उनके पास आने के लिए आपको असाधारण होने की ज़रूरत नही है, अपितु, वो तो साधारण को भी असाधारण बना देते है।**

क्रिशन के साथ मेरे सफ़र की शुरुवात मेरे बचपन में ही हो गयी था। क्रिशन बचपन से मेरे साथ चल रहे थे। पहले एक नफ़रत के रूप में, फिर प्रेम के, और अब मेरा अस्तित्व बन कर। पुस्तक के इस भाग में मैंने आपको क्रिशन के मनमोहना, चित्तचोर स्वरूप से मिलवाया है। चलिए, जानते है कि क्रिशन से मैं कैसे जुड़ें!

राधेकृष्णा

01

क्रोध से भक्ति के तीन चरण

पहला चरण

क्रिशन के प्रति मेरा गुस्सा

अपने सफ़र के पहले पड़ाव में मै क्रिशन को बिलकुल पसंद नहीं करती थी। मुझे क्रिशन के चरित्र में आदर्शता की कमी दिखती थी। वो प्रेम तो किसी से करता है, फिर प्रेमिका को दुःखी छोड़ कर विवाह किसी ओर से कर लेता है। वो भी एक नहीं, 16000! और फिर सारे जगत में राधा जी के लिए अपने प्रेम को महान दर्शा कर सबकी वाह-वाही भी बटोर लेता है!

विवाहित गोपियों के साथ प्रेम-सम्बंध बनाता है, रात्रि में उन्हें चोरी-छिपे मिलने को बुलाता है। उनके वस्त्र चुराता है और ये सब करने में उसको आनंद भी आता है!

महाभारत का इतना बड़ा युद्ध करा दिया! वो चाहता तो इतनी तबाही होने से रोक सकता था। अर्जुन तो वैसे भी लड़ना नही चाहता था, फिर क्रिशन को क्या पड़ी थी उसको भड़काने की? दो परिवार पूरे तरीक़े से समाप्त हो गए।

ईश्वर तो अहिंसा में विश्वास करते है, और क्रिशन तो कितनों की मृत्यु का कारण बना! ईश्वर तो यूँ ही बुराई को ख़त्म कर सकतें है, इसके लिए मासूम अभिमन्यु जैसे इतने सारे योध्हाओं के जीवन से क्यूँ खेला?

और ऐसे चरित्र की लोग पूजा करते है! यदि समाज का कोई व्यक्ति ऐसा कर्म करे, तो समाज उसका बहिष्कार कर देता है; पर क्रिशन की इन हरकतों को उसकी लीलाओं का नाम देता है!

क्यूँकि वो तो ईश्वर है, इसलिए वो जो करे, सब सही है! नियम तो केवल मनुष्य के लिए है।

इसलिए मुझे क्रिशन और उसके प्रशंसक, दोनो पर गुस्सा आता था। इससे तो राम कहीं ज़्यादा अच्छे थे, जिन्होंने पत्नी से अलग होकर भी परायी स्त्री पर कभी नज़र नही डाली। और हमेशा अहिंसा के पक्ष में रहते थे। छल-कपट से दूर।

और क्रिशन को देखकर तो लगता है कि इसका नाम तो छलिया होना चाहिए था, जब देखो माया रचता रहता है। लोगों को भड़काता रहता है। सबकी चोरी करता रहता है।

और इससे भी बड़ी मेरी समस्या थी कि मेरे परिवार में क्रिशन को बहुत माना जाता था। मेरे पिता आए दिन श्रीमद् भगवद-कथा का आयोजन करते रहते थे। और ना चाहकर भी मुझे इन कथाओं का हिस्सा बनना पड़ता था। जो भी मेरे पिता कहते, वो सब करना पड़ता था। और अब तो मेरा गुस्सा क्रिशन के लिए और भी ज़्यादा बढ़ जाता था... और मैं उससे कहती, “भक्तों की क्या कमी हो गयी है तेरे पास, जो मुझे भी बाध्य कर रहा है अपनी प्रशंसा करने के लिए? एक भी काम ऐसा किया है तूने, जिसके लिए कोई तेरी तारीफ़ करे?”

ये थी एक छोटी बच्ची की क्रिशन के प्रति सोच। बीतते वक़्त के साथ मेरा बचपन तो ख़त्म हो गया, पर क्रिशन के लिए मेरे विचार नहीं बदले।

राधेकृष्णा

दूसरा चरण

क्रिशन के प्रति मेरा प्रेम

अब क्रिशन के साथ मेरे जीवन का दूसरा पड़ाव शुरू हुआ। बात है 1993 की। मेरी आयु थी 17 साल। मई का महीना था और मेरे पिता ने, जो ख़ुद एक धार्मिक इंसान थे - हरिद्वार में श्री मद-भगवद कथा का आयोजन किया था। कथा पूरे एक हफ़्ते तक चली। पैसे से समृद्ध होने के कारण सब आयोजन मेरे पिता ने ही किया था। भारत-माता के मंदिर से थोड़ा सा पहले ही हमारी धर्मशाला थी - जिज्ञासु, जिसके प्रवेश द्वार पर बहुत बड़ी नटराज जी की प्रतिमा है।

आश्रम के सामने बहुत बड़ा खाली मैदान था और मैदान के दूसरी तरफ़ गंगा का तट। रोज़ कथा होती, दो वक़्त का भंडारा, और संतों को दक्षिना भी दी जाती थी। आठ दिनों का ये ही क्रम था। मेरी परवरिश इन्हीं सब संस्कारों के बीच हुयी थी, जहाँ दान-धर्म को बहुत महत्वपूर्ण माना जाता था। और ये ही सब संस्कार मुझमें भी थे।

भागवत-कथा आगे बढ़ती रही। और फिर दिन आया क्रिशन-जन्म का। बहुत साजोसज्जा की गयी थी। पंडाल को फूलों से, गुब्बारों से, और सुंदर-सुंदर चीज़ों से सजाया गया था। मिठाइयाँ, खिलौने, सबका इंतेज़ाम किया गया था। सबने नए कपड़े पहने थे। मेरी माँ देवकी की भूमिका निभा रहीं थी, और पिता वासुदेव की। वहीं एक परिचित परिवार में एक नवजात शिशु का जन्म हुआ था, जिसे क्रिशन की भूमिका के लिए चुना गया था।

सब तरफ़ हर्ष उल्लास का माहोल था, मानो सच में किसी का जन्म हुआ हो। उस दिन वहाँ ख़ूब तेज़ तूफ़ान भी आया था। ऐसा लगा कि आगे की कथा रोकनी पड़ेगी। किंतु सबकी प्रार्थना से थोड़ी देर में वर्षा रुक गयी थी और सब पहले की तरह हो गया। कड़कती गरमी का मई का माह था, वर्षा ने आकर

वातावरण को शीतल कर दिया था। मानो सारी सृष्टि इस जन्मोत्सव को मना रही हो।

मेरे पिता एक टोकरी में उस बच्चे को लिटाकर अपने सिर पर रख कर मंच तक लाए, और उसको पालने में लिटा दिया। उस छोटे से क्रिशन को पालने में लिटाकर सब झूला झुलाने लगे। मैं भी उसको झूला झुला रही थी। बच्चा मुझे देखकर मुस्कुरा रहा था। और मैं उसकी तरफ़ आकर्षित होने लगी। उसकी मधुर मुस्कान देखकर मेरा क्रिशन के प्रति सारा ग़ुस्सा जैसे ग़ायब होने लगा।

मेरे मन में उसके प्रति वात्सल्य के भाव जागने लगे, मानो क्रिशन मुझे अपनी तरफ़ खींच रहा था। ये था उसका मनमोहना स्वरूप। मेरे मन से आवाज़ आयी, "ये तो मेरा भाई है। आज मेरे भाई ने मेरे घर में जन्म लिया है।"

मैं अक्सर अपनी माँ को कहते सुनती थी की ज्योतिष ने उन्हें कहा है कि वे दो बेटों की माँ बनेगीं, यदि वो एक और बच्चे को जन्म देती, तो संभवतः वो बेटा ही होता।

मेरी माँ के लिए की गयी भविष्यवाणी कितनी सच थी, ये तो मैं नही बता सकती, किंतु उस दिन के बाद से मेरे दो भाई थे।

एक वो, जिससे मेरा ख़ून का सम्बंध था; और दूसरा मेरा क्रिशन - जिससे मेरा मन का और आत्मा का सम्बंध था।

एक वो जिसको मैंने नहीं चुना था, जो मेरे पूर्व जन्म के कर्मों की वजह से मुझे मिला था; दूसरा वो, जिसने मैंने स्वेच्छा से चुना था।

मेरी माँ हमारे घर के मंदिर में छोटे से लड्डू-गोपाल की नियम से पूजा करती थी। अब मैंने इस लड्डू गोपाल में अपने भाई को देखना शुरू कर दिया। हर साल रक्षा-बंधन पर मैंने उस मूर्ति को राखी बाँधना शुरू कर दिया। मैं क्रिशन के साथ

एक बड़ी बहन की तरह ही व्यहवार भी करने लगी। जैसे अपने छोटे भाई-बहन को तू कहकर संबोधित करते है, वैसे ही मैं क्रिशन को भी सम्बोधित करने लगी।

उसको समझाने लगी, "देख तू तो मेरा छोटा भाई है ना। क्या तुझे शोभा देता है ऐसे प्रेम-प्रसंग करना? तू कितना प्यारा है, अगर तू ये सब ना करे, तो तेरा क्या जाएगा? क्या तुझे अच्छा लगता है सबको परेशान करना?"

मैं बोल देती......वो सुनता, या नहीं.....पता नहीं! शायद सुनकर उत्तर भी देता होगा, पर तब तक मुझे क्रिशन को ठीक से सुनना नहीं आता था।

अब तक क्रिशन के लिए मेरा प्रेम इतना गहरा नही हुआ था। और भक्ति के बीज तो अब तक बोए ही नही गए थे। जैसे सब लोग भगवान से रिश्ता बना लेते है, मैंने भी बना लिया था। ना तो मुझे इस बात का विश्वास ही था की मैं जो भी उसको बोलती हूँ, वो सुनता है, और ना ही इस बात का भरोसा कि कभी वो सिर्फ़ मेरे लिए भी आ सकता है!

मानो मैं एक काल्पनिक दुनियाँ में थी, जहाँ मैंने खेल-खेल में क्रिशन को अपना भाई तो मान लिया था, पर ये वास्तविकता का रूप भी ले सकती है, ये बात मेरी कल्पना से परे थी। जैसे एक छोटे बच्चे के हाथ में अलादीन का चिराग़ लग गया हो, और वो उसको खिलौना समझकर ख़ुश हो रहा था.....इस बात से अनजान कि ये चिराग़ उसके लिए क्या-क्या कर सकता है!

जब आप अपने मन में विश्वास का बीज बोते है, तो उसको बढाने का काम क्रिशन कर देता है

क्रिशन ने मेरे जीवन में छोटे-छोटे चमत्कार करके मुझे ये दिखाना शुरू कर दिया कि वो मेरी कल्पना नही है। वो मुझे सुन भी रहा है, और समझ भी रहा है, और अपनी प्रतिक्रिया भी दे रहा है। वो मेरे बुलाने पर मेरे सपनों में भी आने लगा।

एक बार मैंने क्रिशन से बहुत जिद्द की और कहा की अगर तू सच में है, तो साबित करके दिखा। तब क्रिशन मेरे सपने में आया। मैंने सपने में देखा कि

जब मैं सुबह सोकर उठी तो फूलों की सुगंधित महक आ रही थी। मैं कमरे से बाहर आयी तो पूरा घर किसी ने फूलों से सजाया हुआ था। मैं हैरान थी कि रात में ये किसने किया?

फिर आँगन में मैंने अपने घर के लड्डू-गोपाल को पालने में बैठा देखा। बहुत सुंदर पौशक थी उसकी और मुझे देखकर मुस्कुरा रहा था।

मैं उसके पास गयी और उससे कहा की “ये सब क्या है क्रिशन”। ये किसने सजाया है?

उसने जवाब दिया कि “मैंने, और कौन सजाएगा?

मैंने कहा, “ये तो बहुत सुंदर है। तूने ये सब क्यूँ किया?”

क्रिशन ने कहा, “आप चाहती थी ना, कि मैं अपने होने का प्रमाण दूँ। लो मैं आ गया।”

मुझे फिर भी यक़ीन नही आ रहा था, मैंने कहा, “क्या तू सच में आया है? क्या तू मुझे सुन सकता है?”

उसने कहा, “सिर्फ़ सुन नही सकता, देख भी सकता हूँ, और समझ भी सकता हूँ। मैं उतना छोटा भी नही हूँ, जितना छोटा आप मुझे समझती हो।”

और इस तरह से क्रिशन ने अब थोड़ा-थोड़ा मुझसे बातें करना शुरू कर दिया।

किसने दिया
किसने लिया?

मुझे वृंदावन में बिहारी जी के मंदिर में एक अलग तरह के आनंद की अनुभूति होती थी। मैं साल में 4 बार वहाँ ज़रूर जाती थी - नया साल, मेरा जन्मदिवस, रक्षाबंधन, और गर्मियों में जब उनका बंगला सजता था, तब। हर रक्षाबंधन पर सुंदर सी राखी, बाँसुरी, तिलक का सामान, सबसे बड़ा घी का दीपक, सुगंधित फूलों की बड़ी सी माला और क्रिशन के लिए ख़ास मिठाई लेकर जाती थी।

दिल्ली में चाईना राम हलवाई अपनी मिठाइयों के लिए बहुत प्रसिद्ध है। उसके मोतीचूर लड्डू के तो सब दीवाने है ही, पर सावन के महीने में उसके मावे का घेवर भी बहुत स्वादिष्ट होता है। जो एक बार खाना शुरू कर दे, तो उसका ख़ुद को रोकना बड़ा मुश्किल है।

मैं सोचती, "कि जिसको देखो वो मंदिर के बाहर से पेड़े ख़रीदता है और क्रिशन को दे आता है। कोई ये भी नही सोचता कि मेरे क्रिशन को कैसा लगता होगा? हर वक़्त एक ही तरह की मिठाई खाकर उसका भी तो मन ऊब जाता होगा।"इसलिए मैं उसके लिए ख़ास घेवर लेकर जाती थी।

गर्मियों से लेकर सावन तक वहाँ क्रिशन के भक्त पूरे मंदिर को सजाते है। कभी फूलों से, तो कभी मेवों से। राधा-क्रिशन का भी मनमोहक श्रंगार होता है

और 56 भोग का प्रसाद लगाया जाता है। ऐसा हर रोज़ होता है। वो द्रश्य बहुत ही अद्भुत होता है। सब तरफ़ फूलों की महक से मंदिर महक रहा होता है। इसमें लाखों रुपए का ख़र्चा भी होता है।

एक दिन मेरे मन में भी एक इच्छा जागी और मैंने क्रिशन से कहा की मुझे भी तेरा बंगला सजाना है। अगर बंगला ना भी सज़ा पायी तो कम से कम तेरा श्रिंगार तो करना ही चाहती हूँ।

ये बात है 2007 की, जब मैं इंटीरियर डिज़ाइनिंग का डिप्लोमा कोर्स कर रही थी। मुझे मुझ पर ज़रा भी आत्मविश्वास नही था कि मैं जीवन में कभी पैसे भी कमा सकती हूँ। उन्हीं दिनों मेरे मन में एक और इच्छा ने जन्म लिया।

मैंने क्रिशन को कहा कि मैं भी पैसे कमाना चाहती हूँ। इसके साथ ये भी कह दिया की जब भी मैं पहली बार पैसे कमाऊँगी, 50% तुझ पर ख़र्च करूँगी।

मैंने कह दिया....क्रिशन ने सुना या नही.....पता नही....और बात वहीं पर ख़त्म हो गयी।

लेकिन क्रिशन की बात ख़त्म नही हुयी थी। कुछ समय बाद, मेरे इंस्टिट्यूशन से मुझे पार्ट-टाइम जॉब का ऑफ़र मिला। मैं बहुत ख़ुश हुयी की अब अपना सपना सच करूँगी।

रोज़ क्रिशन को याद भी दिला देती थी कि 50% तेरा है, सोच ले कि तुझे क्या चाहिए। साथ ही ये भी कह देती कि "थोड़े ज़्यादा पैसे दे देना, ताकि तेरे लिए कुछ अच्छा सा उपहार ला पाऊँ।"

क्रिशन तो हमेशा की तरह चुपचाप सुनता रहता था....

मैंने काम करना शुरू कर दिया। अभी केवल 5000 रुपय का ही काम किया था, की कुछ समस्या आ गयी, और लगा की काम रोकना पड़ेगा। मैं बहुत दुःखी थी। यही सोच रही थी कि इतने से पैसे में तो केवल एक बाँसुरी आएगी।

क्रिशन अभी भी चुप था......

दो दिन बाद मुझे एक और काम मिल गया। किसी ने मुझे उनके घर का वास्तु सही करने को कह दिया। काम कुछ भी नही था, पर उन्होंने मुझे उस काम के 10,000 रुपए दे दिए। मैं फिर से ख़ुश हो गयी।

करते-करते, मैंने पूरे माह में 20,000 रुपए कमाए। ये मेरे जीवन की पहली कमायी थी, और मेरे लिए बहुत ख़ास थी। 10,000 मैंने क्रिशन के लिए अलग किए और उसको कहा कि "सोचकर बता देना कि तुझे क्या चाहिए।"

बाक़ी के पैसों से मैं अपनी मम्मी के लिए, दोनो बच्चों के लिए, और विशाल के लिए उपहार लायी।

अब क्रिशन ने अपनी इच्छा मेरे मन में बतायी। उसने कहा कि वृंदावन में मेरा और राधा का श्रिंगार कर दो।"

भगवान भक्त के मन की सब बात जानते है।

पैसे बहुत ज़्यादा तो नही थे, पर मैंने सोचा की श्रिंगार तो हो ही जाएगा। मैंने वृंदावन जाकर दुकानें देखनी

शुरू कर दी। एक दुकान पर मुझे बहुत सुंदर श्रिंगार 7500 रुपए में पसंद आ गया। उसके पास बहुत सुंदर पौशाकें भी थी। उन्हें देखकर मेरा मन ललचाने लगा, वैसे भी 2500 रुपए अभी बचे थे।

मैंने पौशक की क़ीमत पूछी, तो वो भी 7500 की थी। अब मैं हिसाब लगाने लगी। 5000 रुपए ज़्यादा लग रहे थे; पर अपने प्यारे भाई के लिए मैं इतना तो कर ही सकती थी! मैंने पौशक का भी ऑर्डर दे दिया और सोच लिया की मेरे जमा किए हुए पैसों में से मैं दे दूँगी।

जनवरी का महीना था, और बहुत सर्दी थी। दुकानदार ने कहा की "इतनी सर्दी में क्या शॉल नही दोगी बिहारी जी को?"

मैं भी विचार करने लगी, कि ये मैं कैसे भूल गयी?

शॉल लेने गयी तो दुकानदार ने आगे कहा, "केवल क्रिशन के लिए लोगी? राधा-रानी का क्या?"

ये भी बात सही थी। जब सारा कुछ दोनो के लिए हो रहा था, तो शॉल भी तो दोनों की चाहिए थी। मैंने ख़ुशी-ख़ुशी, एक बढ़िया सी शॉल उनके लिए भी ले ली।

इतने में दुकानदार ने फिर बोला, "बिहारी जी के नीचे चादर नही बिछाओगी?"

मैंने वो भी ख़रीदी। सुंदर सी बाँसुरी, मोर पंख, फूलों की माला, और बड़े से घी के दीपक के साथ मैंने वहाँ श्रिंगार कराया। मैं इतनी प्रसन्न थी की शब्दों में बताना भी मुश्किल है। मेरी ज़िंदगी की पहली कमायी, जिससे मैंने अपने सपने को साकार किया था। सब कुछ बहुत दिव्य था।

जब हिसाब लगाया तो ठीक 20,000 रुपय का ख़र्चा हुआ। मैंने जो कमाया, सब क्रिशन ने खुद पर ही ख़र्च करा दिया। क्यूँकि वो जानता था, कि चाहती तो मैं भी ये ही हूँ...पर बाक़ी सबको भी उपहार देना चाहती थी। इसलिए 50% की बात की।

इस सब में ना मैंने कुछ पाया ना खोया। देने वाला भी क्रिशन था, लेने वाला भी क्रिशन था। मेरा मन पढ़कर उसने केवल एक लीला रची थी, जिसमें हम दोनो ने केवल एक दूसरे को अपने भाव दिए। वो एक छोटे भाई की तरह हक्क से माँगता गया, और मैं बड़ी बहन की तरह प्रेम से देती गयी। उसने मेरे प्रेम का आनंद लिया, और मैंने उसके प्रेम का।

ईश्वर केवल आपके शुद्ध भाव ग्रहण करते है।

हमारे बीच पैसे का लेन-देन वास्तव में हुआ ही नही था। पैसा तो केवल प्रेम दिखाने का एक माध्यम बना था। **जिसने इस पैसे को बनाया है, उसको मैं क्या पैसा दूँगी? मैं तो उसको केवल मेरे सच्चे भाव दे सकती हूँ।**

ऐसे ही भावों से हम एक दूसरे के प्रेम का आनंद लेते थे।

मेरे मंदिर में चाँदी के लड्डू-गोपाल थे। चाँदी बहुत जल्दी काली पड जाती है। केमिकल से चाँदी साफ़ हो जाती थी, पर मुझे लगता की अपने क्रिशन पर मैं तेज़ाब कैसे डाल सकती हूँ? मैं उसी से कोई समाधान पूछती की कैसे उसकी मूर्ति को साफ़ करूँ?

फिर क्रिशन ने मेरे मन में ये समाधान भी दिया। शुद्ध सफ़ेद चंदन-पाउडर को दूध में मिलाकर लेप लगाने से मूर्ति बिलकुल चमक उठती थी। इस तरह क्रिशन मेरी छोटी-छोटी समस्याओं के हल देने लगा।

हर जन्माष्टमी पर मैं ख़ुद क्रिशन का मंदिर सजाती, और उसका जन्मदिवस मनाती थी। जब भी वृंदावन जाती, क्रिशन के लिए पौशक, मुकुट, बाँसुरी ख़रीद कर लाती - और कोई ऐसी-वैसी नही, सब दुकानों पर देखकर जो नया डिज़ाइन होता, वो ही लाती थी। इस बात का भी पूरा ख़याल रखती थी की गर्मियों में गर्मियों का कपड़ा हो, और सर्दियों में सर्दी का। जैसे अपने बच्चों के लिए ख़रीदारी होती थी, वैसे ही क्रिशन के लिए होती थी।

एक बार मेरा तिरुपति बाला जी जाना हुआ। मैंने सुना था की वहाँ बाला जी ने (जो की क्रिशन का ही रूप है) अपने विवाह के लिए क़र्ज़ लिया था, जिसे

वो अब तक नही चुका पाए। इसलिए वहाँ लोग बहुत भारी मात्रा में चढ़ावा देते है।

मैंने क्रिशन को कहा, "क्रिशन मेरी ज़्यादा हैसियत तो है नही, पर मेरे पास जो भी है मैं उसमें से एक-एक चीज़ तेरे लिए ले आऊँगी। तू इससे अपना क़र्ज़ उतार देना।"

फिर मैंने जो किया, वो शायद ही कोई करता है।

मैंने एक पोटली बनायी, उसमें एक सोने का सिक्का, एक चाँदी का, एक अष्टधातु की कटोरी, नवरत्न, 1 हज़ार का नोट, 1 पाँच सौ का, 1 दो सौ का, 1 सौ का, 1 पचास का, 1 बीस का, 1 दस का, पाँच का, एक का, सब डाल दिया। ऐसे ही मैंने उसमें सिक्के भी डाल दिए और चुपचाप उसकी दान पेटी में डाल आयी। और ये सोचकर बहुत ख़ुश हुयी की अपने भाई के कुछ तो काम आयी।

ईश्वर के नाम पर फैलाए जा रहे अंधविश्वासों से ख़ुद को बचाएं।

यूँ सोचो तो, ये केवल एक अंधविश्वास था, जिसे ना मैं किसी और को करने को कहूँगी, ना कभी ख़ुद ही करूँगी। क्यूँकि ऐसी झूठी कहानियाँ फैलाकर, भोली-भाली जनता को कुछ लोग मूर्ख बनाते है। और पैसा बनाने वाले को भी क्या कोई पैसे की कमी हो सकती है? जिसके साथ ख़ुद लक्ष्मी रहती है, उन्हें कोई क्या लक्ष्मी देगा?

लेकिन सब हटाकर, केवल भाव देखे, तो ये भाव बहुत सुंदर था की कोई प्रेम में अपनी सम्पत्ति का हर भाग दे देना चाहता है! इसी भाव ने तो हम दोनो को बांधा हुआ था, और इन्ही भाँवों से हमारा प्रेम और अधिक गहरा होता जा रहा था।

इस तरह प्रेम के इस चरण में मैं क्रिशन के साथ प्रेम करना सीख रही थी।

राधेकृष्णा

तीसरा चरण

क्रिशन के प्रति मेरी भक्ति

अब मेरे सफ़र का तीसरा पड़ाव शुरू हुआ, जिसमें क्रिशन के लिए मेरा प्रेम भक्ति में परिवर्तित होने लगा। बिना प्रेम के भक्ति असम्भव है। भक्ति में भक्त का भगवान पर विश्वास इतना मज़बूत होने लगता है, कि भगवान के एक बार कह देने पर भक्त सब कुछ छोड़ देता है। उसको भगवान कुछ दे या ना दे, फिर भी उसको पता होता है, कि भगवान उसका अच्छा ही कर रहे है।

यहाँ अंध-विश्वास नही होता। प्रेम करते-करते भक्त ईश्वर को पहचानना शुरू कर देता है, या यूँ समझ लीजिए की ईश्वर ख़ुद को दिखाना शुरू कर देते है!

अब क्रिशन ने ख़ुद को मेरे जीवन में और ज़्यादा प्रत्यक्ष तरीक़े से दिखाना आरम्भ कर दिया। मेरा विश्वास बीतते दिनों के साथ गहरा होने लगा। जितना मैं विश्वास करती, उतना ही क्रिशन मुझे दोबारा विश्वास करने का नया अवसर दे देता।

क्रिशन के साथ मेरी एक अलग दुनिया थी, जिसमें मैं ख़ुश थी। लेकिन मेरा एक सांसारिक जीवन भी था, जिसमें बहुत हलचल थी। मन में अजीब से घुटन थी। जो ना मैं ख़ुद ही समझ पा रही थी, और ना ही किसी और को बता पा रही थी।

मेरा जन्म एक हिंदू परिवार में हुआ था। मेरे परिवार में बेटियों के जन्म को शुभ नही माना जाता था, इसलिए मेरा जन्म मेरे परिवार में कोई विशेष ख़ुशी लेकर नही आया था। बेटियों के लिए मेरे पिता की सोच थी की वो परिवार पर बोझ होती है। उनका जन्म केवल घर के काम करने के लिए और पती की सेवा करने के लिए होता है। इसलिए बेटी को केवल उतना ही पढ़ाना चाहिए, जितने में वो अपने ये कर्तव्य पूरे कर सके। उसके बाद उसका विवाह कर देना चाहिए। और ऐसा करने के बाद आप उसके प्रति अपनी सब ज़िम्मेदारियों से मुक्त हो जाते हैं। जिस घर में आपने उसको एक बार भेज दिया, अब उसको

अपना सारा जीवन वहीं बिताना चाहिए। चाहे जैसे भी हालात हो, उसको उसी में ख़ुश रहना सीखनाचाहिए। पुरुष के बिना उसके जीवन का कोई मूल्य नही है .... दूसरे शब्दों में कहें तो उसका उसके जीवन पर कोई अधिकार ही नही है!

प्रेम शब्द मेरे जीवन के शब्दकोश में था ही नहीं। रिश्ते सब थे, किंतु सब बिखरे हुए। मेरे पिता का जीवन बहुत संघर्षपूर्ण रहा था। उन्हें उनके माता-पिता से ना तो ठीक से प्रेम ही मिला था, और ना ही कोई सम्पत्ति। वे केवल 10वीं कक्षा तक पढ़े थे। उन्होंने बहुत मेहनत की, और करते-करते करोड़ों की सम्पत्ति के मालिक बन गए। सम्पत्ति और नाम तो बहुत मिल गया, किंतु परिवार पीछे छूट गया। पैसा कमाने में उन्हें ये भी होश नहीं रहा था, कि उनका एक परिवार भी है, जिसकी पैसे के अतिरिक्त और भी बहुत सारी ज़रूरतें है। मेरे पिता के लिए पैसा कमाना, और समाज में अपनी प्रतिष्ठा बनाना, परिवार से ज़्यादा बढ़कर था।

मुझे आज तक वो दिन याद नही है जब उन्होंने मुझसे प्रेम से बात की हो, या मैंने कभी उनसे अपने मन की कोई भी बात कही हो। मुझे तो इस बात का भी संदेह होता था कि क्या मेरे पिता को पता है कि मेरा स्कूल में क्या नाम है? उनके बात-बात पर गुस्सा करने और गुस्से में अपना नियंत्रण खो देने के स्वभाव की वजह से सब उनसे दूर ही रहना चाहते थे। परिवार में उनकी कही हुयी बात की अवहेलना करने की हिम्मत किसी में नही थी। मेरे पिता के लिए प्रेम शब्द का अर्थ था "दूसरों के जीवन पर अपना स्वामित्व स्थापित करना। उससे उसके जीवन को जीने का अधिकार छीन लेना।"

और यहीं से मैंने एक धारना बना ली थी, कि पैसा अच्छा नही होता, ये दुःख लेकर आता है।

धारणाओं का जन्म व्यक्ति की समझ से होता है, समझ बदल जाने के बाद, ग़लत धारणा को भी बदल दें।

मेरी माँ की अपनी अलग कहानी थी। मेरी माँ के जन्म लेते ही उनके पिता की मृत्यु हो गयी थी। वो और मामा जुड़वाँ बच्चे

थे। मेरी नानी एक अनपढ़ महिला थी। नानाजी की मृत्यु की वजह से वो मेरी माँ को ना तो पढ़ा ही पायीं, और ना ही अपना प्रेम दे पायीं। पर मेरे बड़े मामा ने मेरी माँ को बहुत प्रेम दिया। विवाह के बाद मेरी माँ ने अपनी सारी जिम्मेदारियाँ निभायी, किंतु पति से तालमेल नहीं बैठा पायीं। जितना तेज़ मेरे पिता में था, उतनी ही कमज़ोर मेरी माँ थी।

मेरे पिता को अक्सर छोटी-छोटी बात पर गुस्सा आता था, जिसमें वो अपनी सभी सीमायें भूल जाते थे, और मेरी माँ कमज़ोर एवं डरपोक स्वभाव की होने की वजह से ना तो आत्मरक्षा ही कर पाती थी, और ना ही अपने साथ हो रहे अधर्म के ख़िलाफ़ आवाज़ ही उठा पाती थी। उनमें पहले ही आत्मविश्वास की कमी थी, जो थोड़ा बहुत ख़ुद पर विश्वास रहा भी होगा, विवाह के बाद वो भी सब समाप्त हो गया था।

उनके जीवन से मैंने एक और धारणा बना ली, कि एक स्त्री कमज़ोर होती है। यदि उसको अच्छा पती मिल जाए, तो उसका भाग्य - अन्यथा, उसके जीवन को कोई नही बदल सकता।

उनके अपने जीवन में इतने दुःख थे, जिनसे बाहर आने की शक्ति उनमें नहीं थी, ऐसे में वो किसी और की ज़रूरतों को क्या समझ पाती? ऊपर से पाँच बच्चों की ज़िम्मेदारी। मैं अपनी माँ की सारी तकलीफ़ को महसूस कर पाती थी, इसलिए मेरी हमेशा यही कोशिश होती थी कि मेरी वजह से उन्हें कोई नया दुःख ना मिले।

जिस स्त्री के पास अपनी समस्या का समाधान नही था, वो बेचारी मेरी समस्या कैसे सुलझाती? मुझे लगता था कि ये मेरे लिए कुछ कर तो पाएँगी नही, किंतु मेरे बारे में सोचकर और दुःखी हो जाएँगी। इससे तो अच्छा है कि मैं अपनी समस्यानें अपने तक ही सीमित रखूं। यही सोचकर, मैं उन्हें मेरी तकलीफ़ के बारे में कभी कुछ नही बताती थी।

यही सब माहोल के बीच में मेरा जन्म और परवरिश हुयी थी। उस परिवार में प्रेम शब्द की किसी को कोई समझ नहीं थी।

मैं हमेशा से बहुत समझदार और पढ़ाई में भी बहुत होशियार थी। आसमान को छूने के ख्वाब देखती थी। चाहती थी की एक दिन कुछ तो ऐसा करूँगी कि मेरे पिता को मेरे जन्म पर भी गर्व होगा!

मैं अपने परिवार के बाक़ी सदस्यों से अलग थी। मेरी सोच उनसे अलग थी, मेरा किसी चीज़ को समझने का दृष्टिकोण उनसे अलग था। मैं सबके बीच तो रहती थी, लेकिन फिर भी उनका हिस्सा नही थी। मेरी अपनी अलग एक दुनिया थी, जिससे सब अंजान थे। उस दुनियाँ में मुझे दूसरा कोई नही दिखता था। यदि कोई था तो सिर्फ़ भगवान....

मैंने शिवा (ईश्वर) को अपना पिता मान लिया था, मुझे जो कहना होता, मैं उन्हीं से कहती थी। लेकिन उनकी आवाज़ सुनना भी मुझे नही आता था। जब मैं बहुत ही ज़्यादा परेशान होती थी, तो वो मेरे सपने में आकर जवाब दे देते थे .... लेकिन मेरे तो बहुत सारे सवाल थे, और जवाब बत कम मिल रहे थे। वैसे भी सपनों पर कैसे कोई यक़ीन करे?

सात साल की उम्र तक मेरे जीवन में सब ठीक-ठाक था। मैं अपने स्कूल से और अपनी पढ़ाई से बहुत ख़ुश थी। फिर मानो किसी ने पल भर में मेरे सारे सपनें मुझसे छीन लिए हो......और मुझे इसका कारण भी नही बताया!

और ये सपने तोड़ने वाला कोई और नही था......मेरे वही पिता थे, जिन्हें मैं एक दिन मेरे पिता होने का गौरव देना चाहती थी।

उन्होंने मुझे और मेरी बहनों को पब्लिक स्कूल से निकालकर सरकारी स्कूल में डाल दिया। केवल मेरा भाई पब्लिक स्कूल में पढ़ रहा था। इस नए स्कूल में ना तो अच्छे परिवारों के बच्चे ही थे, ना इंग्लिश, और ना ही पढ़ाई ही अच्छी थी।

मैं अपने दोस्तों को पुराने स्कूल में जाते देखती और शिवा से सवाल करती, “बाबा, मेरा क्या दोष था? आपने, मेरे साथ ऐसा क्यूँ किया? मैंने तो कुछ भी ग़लत नही किया, फिर मेरे पिता ने क्यूँ मुझे इतनी बड़ी सज़ा दी? अब मैं क्या करूँगी? मेरा भी मन करता है अपने पुराने स्कूल में जाने का। मैं किसको अपनी तकलीफ़ बताऊँ। पापा तो सुनते नही, और मम्मी को कहना तो बेकार है। मैं अब कैसे कुछ बनूँगी? आप चुपचाप सब होते क्यूँ देख रहे हो, मेरे लिए कुछ भी नही कर रहे?”

लेकिन वहाँ से भी जवाब नही मिले। मैंने सोच लिया की शायद मेरी क़िस्मत ही ख़राब है। और हालातों के साथ समझौता करके जीने लगी। हालातों से हार तो नही मानी थी ... लड़ती रही ... लेकिन शायद हालात मुझसे ज़्यादा ताक़तवर थे .... अंत में हार मेरी ही हो जाती थी।

मेरे सारे सपने मेरे पिता ने एक-एक करके बेरहमी से तोड़ दिए, फिर चाहे वो पढ़ाई करने का सपना हो, कामयाबी हासिल करने का सपना हो, या अपना जीवन साथी चुनने का ही सपना हो। उनकी नज़रों में मेरी चाहतों का कोई मोल ही नही था......शायद मेरे जीवन का ही कोई मोल नही था.....!

कभी-कभी तो मुझे संदेह होता था, कि क्या वास्तव में उन्होंने ही मुझे जन्म दिया है? फिर कोई कैसे अपने ही बच्चे के साथ इतना बेरहम हो सकता है?

ना तो उन्होंने मुझे एक अच्छी शिक्षा पाने दी, ना करियर बनाने दिया, ना ही अपने प्रेमी से विवाह करने की स्वीक्रती दी, और ना ही अकेले जीवन जीने का निर्णय ही लेने दिया। जो दिया वो था एक अनचाही शादी को निभाने की ज़िम्मेदारी, मानो किसी ने आपको उम्र क़ैद की सज़ा सुना दी हो! एक ऐसी जेल, जिसमें रहना आपकी विवशता है, जहाँ आप धर्म और कर्म की बेड़ियों से बँधे है, जिन्हें तोड़ने की कल्पना करना भी एक ऐसा पाप है, जिसकी कोई माफ़ी नही है।

मैं हमेशा से बहुत आदर्श चरित्र की थी, जिसे एक बार मन से अपना मान लिया, उसके अलावा किसी और का ख़याल भी मैं अपने मन में नही आने

देती थी। मेरी सोच थी की माता-पिता हमें जन्म देकर और हमारी परवरिश करके हम पर उपकार करते है और हम इसके लिए उनके ऋणी है। हमें कभी भी कोई ऐसा काम नही करना चाहिए, जिससे उन्हें कोई दुःख पहुँचे, या उनके मान-सम्मान को हानि हो।

और इसीलिए ना चाहते हुए भी उनकी ख़ुशी की ख़ातिर मैंने चुपचाप ख़ुद को विवाह की बेड़ियों में बाँध लिया।

कर्तव्यपरायणता मुझमें इतनी ज़्यादा थी की कोई ज़िम्मेदारी दे या ना दे, आगे से बढ़कर ख़ुद ही उसको ले लेती थी। मैं चाहती थी कि मेरे जीवन में जितने भी लोग है, वो सब मुझसे ख़ुश रहे।

आप किसी को वास्तव में ख़ुश नही कर सकते। ख़ुशी और दुःख हर व्यक्ति स्वयं चुनता है।

किंतु मैं जो भी चाहती थी, सब उसका उल्टा होता जाता था। मुझमें और मेरे हर काम में सबको केवल दोष ही दिखते थे। जितना मैं उन्हें ख़ुश करना चाहती, उतना वो मुझसे नाराज़ हो जाते थे।

अब तो मैं हर बार ख़ुद को ये समझा-समझकर भी थक गयी थी, की शायद कोई पुराने पाप होंगे, जिसकी वजह से मेरा जीवन ऐसा है। और यही तो मैं जानना चाहती थी सृष्टि के रचेयता से कि ऐसे भी कौन से पाप थे, जिनका कोई अंत ही नही होता? यदि पाप थे भी, तो बतायिए तो सही, मैं कम से कम प्रायश्चित की कर लूँ। अगर पाप सिर्फ़ भोगने से ही ख़त्म होते है, तो फिर मेरे क्यूँ नही ख़त्म हो रहे? दुनिया बनाकर आप कैसे चुपचाप तमाशा देख सकते हो?

लेकिन कहीं कोई जवाब नही थे ... वो ही मेरे सवाल और वही भगवान की ख़ामोशियाँ।

जिस परिवार में मेरा विवाह कराया गया था, वो शिक्षित लोग थे। किंतु मेरी कहानी तो मेरी माँ के जैसी ही थी। 19-21 के फ़र्क़ के साथ, मैं भी अपनी माँ के जैसा ही जीवन जी रही थी। वो ही पती का गुस्सा, वो ही हिंसा, वो ही

आत्मविश्वास को तोड़कर आत्मा को ग्लानि से भर देना। **एक इंसान जिसमें पहले से ही आत्मविश्वास की कमी है, यदि उसको बार-बार कोई ये यक़ीन दिलाए की उसमें केवल कमियाँ है, तो कुछ वक़्त के बाद उस इंसान को ख़ुद ही ये यक़ीन आ जाता है की वास्तव में उसमें कुछ कमी है जिसको वो कभी दूर नही कर पाएगा।** ऐसा ही कुछ मेरे साथ भी हो रहा था।

मेरे लिए मैं एक ही जीवन में, एक जीवन को दो बार जी रही थी। पहले अपनी माँ के जीवन के रूप में, और फिर मेरे ख़ुद के जीवन के रूप में। मेरे जीवन साथी का नाम था, विशाल। विशाल दिल से बुरा इंसान नही था। किंतु मेरे पिता की ही तरह से उसका उसके गुस्से पर कोई नियंत्रण नही था। और अपने गुस्से में उसको सही ग़लत की समझ ख़त्म हो जाती थी।

मैंने हमेशा अपने पिता से उनकी इसी हिंसा के लिए नफ़रत की थी, और यही अब विशाल के रूप में मेरे जीवन में आ गयी थी।

हिंसा केवल शरीर से नही होती, शब्दों की चोट भी बहुत गहरा दर्द देती है, आत्मा को अंदर तक घायल कर देती है। विशाल के तीखे शब्द मेरा आत्मविश्वास तोड़ देते थे। मुझे ऐसा लगने लगा था की मेरा जीवन व्यर्थ है, मैं किसी को ख़ुश नही रख सकती। ख़ुद से प्यार करना तो मुझे पहले भी नही आता था, और अब तो ऐसा भी नही लगता था कि मैं इस प्रेम की अधिकारी भी हूँ।

यूँ ही जीवन चलता रहा। विशाल मेरे मन से उतर चुका था। अब मेरी नज़रों में उसका पहले जैसा सम्मान नही था। अब ये एक मृत विवाह था, जिसमें सब कुछ था, लेकिन बनावटी ...... जीवन तो था .... किंतु मेरे जीवन में मैं ही नहीं थी .... बस एक घुटन थी अंदर, जो मुझे जीने नही दे रही थी।

मेरी आत्मा मुझसे सवाल करने लगी थी, “क्या यही जीवन होता है?”

मुझे पता ही नहीं था कि एक पिता की गोद, पति का प्रेम, माँ के आँचल की सुरक्षा, भाई के आलिंगन का सुख क्या होता है? मेरी आत्मा उस अपनेपन के एहसास को तरस रही थी।

मेरी घुटन को कोई नही समझ पा रहा था, और ना ही मैं किसी को समझा ही पा रही थी। बचपन से अपने परिवार में हिंसा देखी थी, जिसे मेरी माँ ने स्वीकार किया हुआ था, और यही मुझे भी सिखाया गया था कि परिवारों में ये सब तो होता रहता है। मेरी आत्मा को ये सब स्वीकार नही था, पर जिस समाज का मैं हिस्सा थी, उसको कोई एतराज़ भी नही था। ऐसे में किसे अपने अंदर की हलचल बताती?

जो आँखों में सपने थे, वो भी अपने नही रहे, जिससे प्रेम किया और जिसे अपना माना, आज उसकी याद का भी मन में आना पाप लगता था। क्या इतना आसान है मन से किसी को निकालकर उसमें किसी और को बसा लेना?

जो जीवन-साथी मिला, उसके साथ जीवन एक क़ैद जैसा दिखता है।

आदर्श परिवार क्या होता है, आदर्श प्रेम क्या होता है - मैंने कभी देखा ही नही था। बस इतना समझ में आता था कि जैसा मेरे जीवन में है, ऐसा तो नही होता होगा!

ऐसा प्रतीत होता था कि मानो ये जीवन मैंने कोई पुराने क़र्ज़ उतारने के लिए पाया है...और क़र्ज़ था कि उतर ही नही रहा था! मेरी आत्मा थक चुकी थी, मेरे अंदर एक अजीब सी घुटन थी, जिसे समझने वाला कोई नही था।

बात 2010 की है। अब मेरे क्रिशन की उम्र 17 साल की हो गयी थी। और एक दिन मैंने उससे कहा, “देख क्रिशन, अब तू इतना बड़ा हो गया है कि मेरी परेशानी को समझ पाए। मैं बहुत रोना चाहती हूँ। तू कुछ भी करके बस एक बार मेरे पास आजा, और मुझे अपने गले से लगा ले। मुझे रोना है। मुझसे मत पूछना क्यूँ, मैं नहीं बता पाऊँगी। बस तू एक बार आ जा।”

और उसके बाद जो हुआ, वो किसी भी चमत्कार से कम नहीं था।

इधर मैंने तड़प कर क्रिशन को पुकारा, और उधर क्रिशन ने मेरी पुकार का उत्तर दिया। उसी रात को क्रिशन ने मेरे स्वप्न में दर्शन दिए।

मैंने देखा कि मैं वृंदावन में बिहारी जी के मंदिर में गयी हूँ, और क्रिशन के दरबार के पट खुलने की प्रतीक्षा कर रही हूँ। वहाँ मेरे जैसे बहुत से भक्त प्रतीक्षा कर रहे थे। मेरा मन बहुत दुःखी था, पर मन में उमीद थी कि मेरा भाई क्रिशन मेरी तकलीफ़ को ज़रूर समझेगा। फिर थोड़ी देर में पट खुले और क्रिशन बाहर आया। मैं बहुत ख़ुश हुयी।

क्रिशन का प्रथम दिव्य स्वप्न

कबसे मन तड़प रहा था, उसके गले लगने के लिए। आज भी उसकी वो छवि मेरे चेहरे के सामने है। वो नीले रंग का शरीर.... पीले वस्त्र.... उसका सुंदर सा मोरपंख.... और उसके चेहरे के प्रेम भरे भाव......

ईश्वर यूँ ही किसी के स्वप्न में नही आते।

क्रिशन को देखते ही मेरा मन प्रफुल्लित हो उठा। जैसे मरुस्थल में सफ़र करते प्यासे राही को पानी दिख जाने पर होता है.....मुझे भी कुछ ऐसी ही अनुभूति हुयी!

मुझे लगा कि क्रिशन तुरंत मेरे पास आएगा, मुझे गले से लगा लेगा, और प्रेम से पूछेगा, "क्या हुआ बहन? दुःखी क्यूँ हो? मुझे बताओ।"

पर उसने तो मेरी तरह देखा ही नहीं, और पीछे के दरवाज़े से बाहर जाने लगा। इतने लोगों में से किसी ने क्रिशन को आते-जाते नहीं देखा। वो सब अभी भी पट के खुलने की प्रतीक्षा में थे, इस बात से अनभिज्ञ, कि क्रिशन तो कबका आकर जा भी चुका है। और मैं लगातार उस दरवाज़े को देखे जा रही थी, जहाँ से क्रिशन बाहर गया था।

काफ़ी देर तक जब वो नहीं आया तो दुःखी मन के साथ मैं वही सीढ़ियों पर जाकर बैठ गयी। मन में दुःखी करने वाले विचार आ रहे थे, जो कह रहे थे कि "क्रिशन भी तेरा अपना नहीं है। तू उससे मिलने दिल्ली से वृंदावन तक आ गयी, और वो चार क़दम भी तेरी तरफ़ नहीं बढ़ा पाया? वो भी तुझे प्रेम नही

करता? वो भी सबके जैसा ही है। उसके पास क्या भक्तों की कमी है, जो वो तुझे देखेगा?"

मैं बहुत मायूस थी, सोच ही रही थी की वापस चली जाती हूँ......तभी मैंने मेरे कंधे पर किसी का स्पर्श महसूस किया।

क्रिशन से बात करने के लिए आपको शब्दों की आवश्यकता नही है, वो आपके बिना कुछ बोले भी सब समझ जाते है।

मैंने मुड़कर देखा तो क्रिशन वही मेरे साथ बैठा था। उसके चेहरे पर इतना प्रेम था कि मेरे आँसू ख़ुद ही बहने लगे।

मैंने जैसे ही रोना शुरू किया, उसने मुझे गले से लगा लिया। मैं बस रोती रही। रोते-रोते मैंने सब कह दिया, पर मुँह से एक शब्द भी नहीं बोला। फिर भी वो सब समझ गया, और बिना कुछ बोले, उसने भी मुझे सब समझा दिया।

जो प्रेम मैं हमेशा अपने परिवारजनों में ढूँढती थी, और मुझे कभी नहीं मिलता था; वो आज मुझे क्रिशन से मिला। आज पहली बार मुझे पता चला की किसी अपने का आलिंगन, उसका स्पर्श, उसका सुख कैसा होता है। हमेशा उम्र से ज़्यादा समझदार रही, वक़्त से पहले ही बड़ी हो गयी। लगता था कि सबका ख़याल मुझे ही रखना है - आज मैं एक छोटी सी बच्ची बनकर क्रिशन की बाहों में सिमटी हुयी थी ...... कोई बोझ नही था ... बहुत सुकून था।

इस स्पर्श में एक एहसास था, कि "मैं हूँ"।

बस इसी एक एहसास की ज़रूरत तो हम सबको है, कि कोई तो हमारा है, जो हमें बिना किसी पक्षपात के, बिना किसी शर्त के स्वीकारता है। यहाँ से मैं क्रिशन के और ज़्यादा क़रीब आ गयी। आज तो उसने अपने होने का साक्षात प्रमाण ही दे दिया था।

आप शायद सोच रहें होंगे कि स्वप्न तो हमारे दिमाग़ की कल्पना होतें हैं। जो हम सोच रहे होतें हैं, वही हमारा अवचेतन मन हमें स्वप्न में दिखा देता है। भला स्वप्न भी कभी सच होतें है?

किंतु मैं आपको ये बताना चाहती हूँ, कि ये कोई कल्पना नहीं थी। क्रिशन उस दिन किसी ख़ास प्रयोजन से मेरे स्वप्न में आया था, जो उसने मुझे बाद में बताया।

जैसे-जैसे हम इस कहानी में आगे बढ़ेंगे, वो प्रयोजन आपको भी समझ में आ जाएगा और आप भी जान जाएँगे की क्रिशन कुछ भी करने से पहले बहुत दूर तक देख लेता है। जो बात हमें साधारण लग रही होती है, उसके पीछे क्रिशन का बहुत बड़ा उद्देशय होता है।

क्रिशन मुझे धीरे-धीरे तैयार कर रहा था। पिछली बार तो वो मेरे बुलाने पर स्वप्न में आया था, किंतु, इस बार वो मुझे आने वाले ख़तरे से आगाह कराने आया था।

क्रिशन का द्वितीय दिव्य स्वप्न

कुछ माह के बाद क्रिशन ने मुझे एक बार फिर से स्वप्न दिखाया। मैंने देखा कि क्रिशन एक रथ को चलाता हुआ मेरे पास आया और मुझसे बोला कि इसमें बैठ जाओ।

मुझे थोड़ा अजीब लगा। मैंने कहा कि इसमें बैठ कर हम कहाँ जाएँगे?

क्रिशन ने कहा: बहन, एक तूफ़ान तुम्हारी तरफ़ तेज़ी से बढ़ रहा है। इससे पहले कि ये तुम्हें कोई हानि पहुँचाए, ख़ुद को सुरक्षित करो।

मुझे तो कोई तूफ़ान नही दिख रहा था। सब शांत था।

मैंने क्रिशन से पूच्छा: क्या कह रहा है तू? कहाँ है तूफ़ान?

क्रिशन ने कहा: जो मैं देख पा रहा हूँ, तुम नही देख पा रही हो। मेरी बात मानो, और मेरे साथ चलो। मैं तुम्हें सुरक्षित जगह ले जाऊँगा।

मुझे कुछ समझ नही आ रहा था कि क्रिशन ये सब क्या कह रहा था? किंतु क्रिशन बिना वजह तो कुछ बोलता नहीं!

क्रिशन ने कहा: मुझ पर भरोसा रखो, और आ जाओ।

मैने सामने देखा तो एक बहुत गहरी खायी थी। कहीं कोई रास्ता नही था, बहुत घोर अंधकार था, जिसमें कुछ भी नहीं दिख रहा था।

मैंने क्रिशन को फिर से कहा: रास्ता तो है नही, हम जाएँगे कैसे?

क्रिशन ने कहा: रास्ता है, तुम बस जल्दी करो।

मैं बैठ गयी, और क्रिशन उस रथ को खायी कि तरफ़ ले जाने लगा। जिसे देखकर मुझे बहुत डर लग रहा था।

मैंने डरकर बोला: क्रिशन हम गिर जाएँगे।

उसने कहा: नहीं गिरेंगे।

मैंने कहा: तेरा ध्यान तो आगे है, अगर मैं गिर गयी, तो तुझे कैसे पता चलेगा? तू कैसे बचाएगा मुझे? मैं तो मर जाऊँगी ना?

उसने कहा: मेरा ध्यान केवल आगे ही नही, अपितु सब तरफ़ है। मेरे होते हुए तुम नहीं गिर सकती। मुझे अभी भी डरता देख क्रिशन ने कहा कि नीछे खायी में देखो।

मैंने नीचे देखा, तो वहाँ बहुत तेज़ प्रकाश था। सब तरफ़ फ़रिश्तें ही फ़रिश्ते थे। जो दोनो हाथ ऊपर उठाए खड़े थे।

क्रिशन ने कहा: अगर तुम गिर भी गयी तो ये सब तुम्हें बचा लेंगे।

अब मैं थोड़ा सा निश्चिन्त हुयी और मैंने राहत कि साँस ली।

किंतु अभी भी मन बहुत घबरा रहा था। क्रिशन कह रहा था कि उसको मार्ग दिख रहा है, जबकि मुझे तो अंधेरे के सिवाय कुछ भी नही दिख रहा था।

मैंने क्रिशन को कहा: क्रिशन यहाँ तो बहुत अँधेरा है।

क्रिशन ने कहा: क्या मैं दिख रहा हूँ?

मैंने कहा: हाँ तू तो दिख रहा है, पर और कुछ नहीं दिख रहा।

क्रिशन ने कहा: तुम बस मुझे देखो, इस अंधेरे को में देख लूँगा।

फिर क्रिशन ने रथ को एक युद्ध के मैदान में रोक दिया।

मैंने कहा: हम यहाँ क्यूँ आए है? तूने तो कहा था कि तूफ़ान आने वाला है? ये तो युद्ध का मैदान है?

क्रिशन ने कहा: यही तूफ़ान है। तुम एक ऐसे चक्रव्यूह में फँसी हुयी हो, जिसको तोड़ना तुम्हें नही आता है।

मैंने सामने देखा तो सब मेरे अपने मुझसे लड़ने आए थे, मुझे मारने आए थे। उन्हें देखकर मुझे डर लग रहा था।

मैंने कहा: ये मुझे क्यूँ मारना चाहते है? मैंने क्या बिगाड़ा है इनका? मुझे तो इनसे लडना भी नही आता।

क्रिशन ने कहा: तुमने इनका कुछ नहीं बिगाड़ा। अपने अहम में ये ख़ुद को ईश्वर समझ बैठे है। इसलिए तुम्हारे जीवन पर अपना आधिपत्य चाहते है। जो तुम इन्हें करने नही दे रही हो। इसलिए ये तुमसे लड़ने आए है। तुम घबराओ मत, इनसे लड़ना मैं तुम्हें सिखाऊँगा।

ये स्वप्न तो यहीं ख़त्म हो गया, किंतु इसका अर्थ बहुत जल्द ही मेरे जीवन में खुला - कैसे? ये आप आगे के अध्याय में जान जाएँगे।

यहाँ से मेरी क्रिशन में आस्था बढ़ने लगी, और मेरे प्रेम ने भक्ति का रूप लेना शुरू कर दिया। उसके विश्वास में अब मैंने अपने जीवन की परिस्थितियाँ और उनके परिणाम क्रिशन के हाथ में देने शुरू कर दिए। मेरा विश्वास दिन प्रतिदिन क्रिशन में बढ़ता ही जा रहा था। जब-जब मैं उस पर विश्वास करती, वो उसको पूरा करके दिखाने लगा।

हमारे बीच एक अनोखा रिश्ता शुरू हो चुका था, या यूँ कहिए, कि अब मुझे क्रिशन में मेरा “अनोखा हमसफ़र” दिखने लगा था।

राधेकृष्णा

प्रश्न: भक्ति और प्रेम में क्या अंतर है?

उत्तर: प्रेम एक भाव की अनुभूती है। जब प्रेम में विश्वास एवं समर्पण भी आ जाता है, तो वो भक्ति का रूप ले लेता है।

प्रश्न: क्या भक्ति अंधी होती है?

उत्तर: जब भक्ति अंधी होती है, तो वो अंधविश्वास बन जाती है। भक्त ईश्वर के साथ चलते-चलते, ईश्वर को और उनके काम करने के तरीक़ों को पहचानने लग जाता है, जिसमें वो पूर्ण समर्पण दे देता है। ठीक वैसे ही जैसे एक शिशु नौ महीने माँ के गर्भ में रहकर बिना देखे भी अपनी माँ को पहचान जाता है।

ज्ञान के मोती

- ⇨ यदि आप ये सोचकर एक शेर को छोड़ दोगे की आप शाकाहारी हो, इसलिए वो आपको नही मारेगा; तो आप बहुत बड़ी भूल कर रहे हो।
- ⇨ इस दुनिया में कोई भी प्रश्न ऐसा नही है, जिसका उत्तर ना हो।
- ⇨ ईश्वर की तरफ़ जाने का अर्थ संसार को, या रिश्तों और सुख सुविधाओं को त्यागना नही है, अपितु, उनके साथ जुड़ी बुराइयों को त्यागना है।
- ⇨ आत्मा का धर्म और मनुष्य का बनाया धर्म हमेशा एक नही होता, आत्मा का धर्म समझने के लिए आत्मा से जुड़ना होता है।

भाग 2

भौतिक जीवन को सुलझाने में क्रिशन का योगदान

क्रिशन से मेरा मिलन हो चुका था, और मेरे मन में उसके प्रति विश्वास और प्रेम भी अब काफ़ी गहरा हो गया था। मेरे विश्वास को मज़बूत बनाने के बाद, अब क्रिशन ने मुझे हील करना आरम्भ किया। अब तक का जीवन मैं वक़्त के हाथों में कठपुतली बनकर जी रही थी, और ख़ुद को बीमार कर रही थी। लेकिन अब वक़्त आ गया था कि मेरे जीवन में और मुझमें जो भी सांसारिक दोष आ गए थे, मैं उनसे ख़ुद को मुक्त कराऊँ।

जब हम बात बीमारी की करते है, तो बीमारी केवल शरीर की नही होती। बीमारी में हमारे रिश्ते, हमारी सोच, हमारे कर्म, हमारे व्यहवार, हमारी अज्ञानता, हमारे भाव, जीवन शैली, और जीवन में बनने वाली परिस्थितियाँ भी शामिल होती है।

कुछ दोष ऐसे होते है, जो हमें सीधे-सीधे समझ में आ जाते है, किंतु कुछ ऐसे भी हो होते हैं, जिन्हें हम अपनी चेतना की कमी की वजह से ठीक से पहचान भी नही पाते। हमें वो दोष, दोष जैसे लगते ही नही है। तो फिर उनको हम ठीक कैसे करेंगे?

ऐसे ही किसी भ्रम में में भी थी और आप भी होंगे।

क्रिशन ने पहले मुझे मेरी बेड़ियाँ दिखायी, जिन्हें मैं अपना हिस्सा मानकर अब तक का जीवन जी रही थी। फिर उसने मेरे ज्ञान पर पड़ी धूल की परत को हटाया। जहाँ मैं आत्मा के स्वरूप को साफ़-साफ़ देख पा रही थी, और ये भी समझ पा रही थी की मुझमें बहुत से दोष आ चुके है, जिनसे मुझे मुक्त होना होगा।

किंतु मुझमें इतना सामर्थ्य नहीं था कि मैं अपने जीवन को बेहतर बनाने के लिए कुछ भी कर पाऊँ। मैं ज्ञान से, पैसे से, रिश्तों से, भावों से, शरीर से - हर प्रकार से एक कमज़ोर इंसान थी।

मेरे हमसफ़र ने किस तरह से मुझे इन कमियों से ऊपर उठाया और कैसे मेरे लिए रास्ते बनाए - ये सब आपको पुस्तक के इस दूसरे भाग में देखने को मिलेगा। अलग-अलग रूप में वो मेरी सहायता करने भी आया, मेरे लिए माया रची और तरह-तरह के चमत्कार किये ... जिसे पढ़ने मात्र से आपका मन आनंदित हो जाएगा, और आपका ईश्वर में विश्वास और ज़्यादा द्रठ हो जाएगा।

राधेकृष्णा

02

क्रिशन की वचनपूर्ती

आपने सुना होगा कि **गीता में श्री क्रिशन ने वचन दिया है "कि जब-जब उनका कोई भी सच्चा भक्त विश्वास और प्रेम से उन्हें मदद के लिए बुलाएगा, वो ज़रूर आएँगे"**। मैंने भी क्रिशन से एक बहन बनकर कुछ वचन माँगे थे। जितने भी वचन मैंने क्रिशन से माँगे, उसने अपने दिए हुए एक-एक वचन की पूर्ति की, और मेरे जीवन के माध्यम से संसार को एक बार फिर से दिखा दिया की धर्म की रक्षा और भक्त को प्रेम में दिए अपने हर वचन का मान रखने के लिए भगवान स्वयं आते है। इस अध्याय में मैंने उन्ही सबका वर्णन किया है।

शुद्ध भाव से की गयी भक्ति में बहुत शक्ति होती है।

पिछले अध्याय में मैंने आपको क्रिशन के प्रथम दिव्य स्वप्न के बारे में बताया था। कहते है कि यूँ ही ईश्वर किसी के स्वप्न में नहीं आते, उनका स्वप्न में आना भी बहुत दुर्लभ है। वो तभी आते है, जब इसके पीछे कोई बड़ा प्रयोजन होता है। मैं अपनी छोटी सी समझ में केवल इतना ही समझ पायी थी, कि क्रिशन मुझे सांत्वना देने आया था। किंतु इसके पीछे के असली प्रयोजन से मैं बिलकुल अनजान थी, जिसे क्रिशन ने शीघ्र ही मुझे दिखा दिया।

कहते है कि हम सबके अंदर आत्मा की एक आवाज़ सुनायी देती है, जो हमसे बातें करती है और हमारा मार्गदर्शन करती है। ऐसी ही एक आवाज़ हमेशा मेरे अंदर भी चलती थी।

आत्मा की आवाज़

मेरी उम्र तब केवल पाँच साल थी, किंतु मुझे आज भी याद है कि ये आवाज़ मुझे क्या कहती थी। ये कहती थी की:

1. तुम्हें इस भीड़ से अलग निकलना है।
2. तुम्हें एक लड़ाई लड़नी है। जिसमें कोई तुम्हारा साथ नहीं देगा।

मुझे इन दोनो बातों का ही ठीक से अर्थ समझ नहीं आता था। कौन से भीड़? और कौन सी लड़ाई? किंतु, "मेरा साथ कोई नहीं देगा", ये शब्द मुझे बुरे तरीक़े से डरा देते थे।

इसके अतिरिक्त मुझे एक स्वप्न भी अक्सर दिखता है, वो भी मुझे जो दिखा रहा था, उसके बाद मैं अंदर की उस आवाज़ को अनसुना नही कर पाती थी। और ये सब मैं किसी को बता भी नही पाती थी। मेरी बातें समझने वाला मेरे आस-पास कोई नही था।

बचपन का स्वप्न

जब कोई स्वप्न बार-बार दिखे, तो उसको अनदेखा मत करो।

बचपन में मुझे एक स्वप्न आता था। पहली बार जब ये स्वप्न आया होगा, तब शायद मेरी उम्र बहुत कम रही होगी, इतनी कम कि मैं ठीक से इस स्वप्न का अर्थ भी नही समझ सकती थी, किंतु इसके साथ जो आत्मा की आवाज़ सुनायी दी थी, उसको मैं कभी नही भूल पायी।

इस स्वप्न में मैने ख़ुद को एक भूल-भुलइया से खंडहर में देखा। मेरे साथ और भी बहुत से लोग थे, कुछ के चेहरे मैं पहचानती थी, कुछ के नही...

मैं यूँ ही उनके साथ चलती जा रही थी, और अचानक से उनसे अलग हो गयी। पीछे मुड़ कर देखा, तो कोई नहीं दिखा। मैने वापस जाने की कोशिश की........

लेकिन दरवाज़ा बंद हो गया था। सामने देखा, तो केवल घोर अँधेरा था। कुछ भी ठीक से नज़र नही आ रहा था। उस अंधेरे में मेरे अलावा कोई भी नही था।

मैं बुरे तरीक़े से घबरा गयी। मेरे दिल की धड़कने तेज़ हो रही थी। मैं अपने साथियों को पुकारने लगी, पर कोई नही आया। मैं घबराकर थोड़ा आगे बढ़ी। सामने एक बहुत बड़ा हाल था, जिसमें सब तरफ़ केवल सीढ़ियाँ ही सीढ़ियाँ थी। कोई ऊपर जा रही थी, तो कोई नीचे। कुछ समझ ही नही आ रहा था कि आख़िर क्या करूँ?

सब कुछ बहुत डरावना था। एक छोटी सी बच्ची ऐसी भयानक जगह पर बिलकुल अकेली! मानो ये एक भूल-भलाइयाँ पहेली हो, जिसमें मेरा एक ग़लत क़दम मुझे अनगिनत मुसीबतें में फँसा सकता था।

मैंने मन को एकाग्र करके ईश्वर को पुकारा और उनसे मदद माँगी, उन्होंने मेरी मदद की और उन सीढ़ियों में से मैंने ऊपर जाती हुयी एक सीढ़ी को चुन लिया और उस पर क़दम रखने लगी। मैं चढ़ती गयी। बहुत सारी सीढ़ियाँ थी। कुछ तो इंतनी ऊँचीं थी, कि मैं वहाँ ठीक से पाँव भी नही रख पा रही थी। जो भी हो, मैं वहाँ रुक नही सकती थी। जैसे-तैसे मैं दरवाज़े तक पहुँच ही गयी।

दरवाज़ा खुला था और बाहर से बहुत तेज़ सूरज का प्रकाश भीतर प्रवेश कर रहा था। उसको देखकर मुझे राहत मिली। और थोड़ी देर बाद मैं उस भूल-भुलइया से सुरक्षित बाहर निकल आयी।

बाहर से वो एक महल था। जिसमें एक बहुत बड़ा सा सुन्दर बग़ीचा था, जिसके सामने एक बड़ा सा प्रवेश-द्वार। वहाँ कोई मेरे आने की प्रतीक्षा कर रहा था। मैं उसको नहीं जानती थी, पर प्रतीत होता था वो वहाँ एक लम्बे समय से खड़ा था।

ये स्वप्न मुझे 3-4 बार दिखा। आख़िरी बार ये 16 वर्ष की उम्र में आया, और उसके बाद कभी नही दिखा। पर जब-जब दिखा, इसने मेरे अवचेतन मन में मुझे एक ही बात बोली, "एक दिन तुम्हें अकेले चलना होगा, और कोई तुम्हारा

साथ नही देगा"। इन सब घटनाओं से मुझे एक बात तो समझ आती थी कि कुछ तो ऐसा है, जिसे मैं नज़रंदाज नही कर सकती।

एक बहन का अपने भाई से अनुरोध

जब मैंने क्रिशन को अपना भाई बनाया, मुझे तब भी ये स्वप्न याद था। मैने क्रिशन को बस एक बात बोली, "क्रिशन, मुझे तुझसे धन-दौलत, नाम-शौहरत, ज़मीन-जायदाद, कुछ नहीं चाहिए। मेरे पास कोई अपना नही है। मैंने तुझे अपना भाई माना है। मेरे लिए एक ऐसा भाई बन जाना, जो मुझे बहुत प्रेम करता हो। जो बस मेरा हो। जो मेरा आंकलन दुनिया की नज़र से ना करे। जो मुझसे सम्बंध मेरे लिए रखे, मेरे परिवार के लिए नहीं। मेरी पहचान, मेरे सम्बन्धियों से ना करे। जो अपने प्रेम की, और अपने रिश्ते की मुझसे क़ीमत ना माँगे। जो मेरे सुख और दुःख, दोनो में मेरे साथ खड़ा हो। मैं कुछ ग़लत भी करने लगूँ, तो प्रेम से समझा दे - पर मेरा साथ ना छोड़े। और जब सारी दुनिया मेरा साथ छोड़ दे, वो मुझे समझे, और मेरे साथ खड़ा रहे।"

इससे ज़्यादा, मैंने कभी भी क्रिशन से कुछ नहीं माँगा था।

क्रिशन का स्वप्न में आने का वास्तविक प्रयोजन

जब क्रिशन मेरे स्वप्न में आया, तब वो जानता था कि अब उसका अपनी बहन को दिया हुआ वचन निभाने का वक़्त पास आ गया है। वो ये भी जानता था कि उसकी बहन को लड़ाई तो लड़नी ही होगी, वो भी अकेले और अपनों से। हर तरह के ज़ख़्म भी मिलेंगे, जिन्हें सहन करने की उसमें क्षमता भी नहीं है। ऐसे में उसकी बहन को एक ऐसी शक्ति की ज़रूरत थी, जो उसे इस युद्ध लिए तैयार करे। और उससे भी ज़्यादा आवश्यक था, उसका उस शक्ति पर अटूट विश्वास। इस विश्वास के बिना वो उस शक्ति के साथ नहीं जुड़ पाएगी। और यदि इनमे से कुछ भी कम हुआ, तो वो लड़ने से पहले ही हार जाएगी।

शायद ये सब बातें मेरे अवचेतन मन को भी पता थी, इसलिए वो मुझे बार-बार सचेत करता रहता था। और शायद इसीलिए मैंने क्रिशन से कुछ ना माँगकर, केवल उसका साथ माँगा - ठीक वैसे ही जैसे अर्जुन ने क्रिशन की सेना नही, स्वयं क्रिशन को माँगा था।

बिना क्रिशन के तो मेरे लिए इस लड़ाई की कल्पना भी करना असम्भव था। मेरे स्वप्न में आकर, क्रिशन ने मेरे विश्वास को मज़बूत करने की नींव रक्खी थी। सफ़र मुश्किल था और मदद करने वाला अदृश्य.....!

ऐसे में केवल विश्वास और आत्मा की आवाज़ ही एक सहारा था, और वो आवाज़ भी अक्सर गुमराह कर देती थी। जिस मन में क्रिशन बोलता था, उसी में माया भी अपना खेल खेलती थी। कौन सी आवाज़ सही है, समझना बहुत कठिन हो जाता था।

2010 में क्रिशन ने मुझे मेरे हर प्रश्न का उत्तर देना शुरू कर दिया। मानो मेरी आत्मा कब से सुशप्त अवस्था में थी, जिसके अब जागने का वक़्त आ गया था।

मुझे हमेशा से दान करने में बहुत रुचि थी। पर मुझे लगता कि दान तो वो होता है, जो अपनी वस्तु का किया जाए। मेरे पास ना तो ख़ुद का कमाया पैसा ही था, ना ही कोई ऐसा हुनर, जिससे मैं किसी की मदद कर पाऊँ।

मेरी बड़ी बहन किसी के यहाँ सूजोक का प्रशिक्षण ले रही थी। मुझे भी थोड़ी सर्दी लगी थी, जिसके लिए मैं उनसे इलाज कराने गयी। मुझे वहाँ एक महिला मिली, जिन्होंने मुझसे कहा की तुम रेकी क्यूँ नहीं सीख लेती? रेकी से तुम किसी की भी मदद कर सकती हो, और तुम्हें बहुत पुण्य भी मिलेगा।

मैं ये सुनकर अत्यंत प्रसन्न हुयी। और मैंने भी रेकी सीख ली।

मुझे रेकी की शक्ति देकर क्रिशन ने मेरी सोयी हुयी आत्मा की चेतना को पूरे तरीक़े से जगा दिया था। ऐसा लगा जैसे सब उत्तर ख़ुद बा ख़ुद ही मिलने लगे। क्रिशन की आवाज़ भी मन में स्पष्ट सुनायी देने लगी। ऐसा लग रहा था

जैसे अंदर बहुत सारा प्रकाश उतर गया था, जिसमें मैं अपने आत्मस्वरूप को साफ़-साफ़ देख पा रही थी।

जिसे आत्मबोध कहा जाता है, वो किस दिन हो गया, पता नहीं, किंतु हो गया था। उस एक शक्तिपाथ ने जैसे मेरा क्रिशन से सीधा सम्पर्क साध दिया था।

रेकी की शक्ति पाने के बाद मेरी सोच में, मेरे जीवन में, और रिश्तों में, सबमे परिवर्तन होने लगा। मानो किसी ने तालाब के ठहरे हुए पानी में कंकर फेंक दिया हो, जिससे उसमें एक हलचल हो गयी थी। मुझे समझ नहीं आ रहा था की ये सब क्यूँ हो रहा था?

मैंने अपने रेकी मास्टर को सब बताया और उनसे पूच्छा: गुरुजी, ये सब क्या हो रहा है? मुझे कुछ भी समझ नही आ रहा।

वो भी मेरी तरह क्रिशन-भक्त थे, और क्रिशन को सखा के रूप में स्वीकारते थे।

उन्होंने मेरे लिए ध्यान लगाया, और मुझे कहा: बेटा परेशान मत हो। बस यूँ समझ लो कि क्रिशन तुम्हें अपनी तरफ़ खींच रहा है।

सुनने में अच्छा तो लग रहा था कि एक दैवीय शक्ति मुझे अपने पास बुला रही है, पर डर भी लग रहा था!

ये सब तो किस्से कहानियों में सुना था, या फिर जो बहुत सिद्ध योगी या संत होते है, उनके जीवन में सुना था। मैं तो इनमे से कुछ भी नही थी! मुझे तो ईश्वर के अपने पास बुलाने का ठीक से अर्थ भी नही पता था।

सुना था कि ईश्वर की तरफ़ जाने का अर्थ होता है, सांसारिक जीवन का त्याग कर देना। सभी लोग यही तो करते है। दिन रात केवल ईश्वर के भजन करते है, उनकी ही सेवा करते है, सन्यासियों जैसा जीवन व्यतीत करते है। तो क्या मुझे भी अब यही करना था? मैं तो ग्रहस्थ जीवन में थी, मैं ऐसा कैसे कर सकती थी?

मैंने ख़ुद को शांत किया। मुझे इतना यक़ीन था कि जो हो रहा है, वो क्रिशन की इच्छा से ही हो रहा है, और जिसमें क्रिशन की इच्छा हो, उसमें कुछ भी ग़लत नहीं हो सकता।

मैं हमेशा से हर उस बात का चिंतन-मनन किया करती थी, जिसका कारण मुझे समझ नही आता था। मेरे जीवन में ऐसी बहुत सारी बातें थी, जिनको मैं जानना चाहती थी की वो क्यूँ हुयी?

रेकी करने के कुछ महीने बाद मैंने करुणा रेकी सीखी।

मेरे रेकी मास्टर जिन्हें सब गुरुजी कहते थे, उन्होंने मुझे कहा: बेटा करुणा रेकी के बाद अक्सर लोगों को उनके पूर्व जन्म पता चल जाते है।

कुछ दिन पहले TV पर पूर्व जन्म को लेकर एक सीरीयल बनाया गया था, जिसको मैंने बहुत मन से देखा था। शायद वो क्रिशन ने मुझे इसिलिये दिखाया था कि जब वो मेरे पूर्व जन्म मुझे बताए, तो मुझे इसकी वास्तविकता पर संदेह ना हो!

मैं भी अपने पूर्व जन्मों के बारे में जानना चाहती थी, और करुणा रेकी सीखने के लिए बहुत उत्सुक भी थी।

मै करना रेकी सीखने चली गयी।

गुरुजी ने कहा: बेटा, हो सकता है, तुम्हें मेडिटेशन के इसके दौरान तुम्हारा अतीत दिख जाए।

मेरे मन में उत्सुकता जन्म लेने लगी। क्या दिखेगा? कैसे दिखेगा? मैं ये सब जानने के लिए बहुत उत्सुक थी। मैं बड़े मन से मेडिटेशन करने लगी। पर मेरा सारा ध्यान तो इसी में था का मैं पूर्व जन्म में पहुँच गयी, की नही? और इस चक्कर में मैं अपने लॉजिकल माइंड को चुप ही नही करा पायी। फलस्वरूप मुझे कुछ नही दिखा।

गुरुजी ने मेडिटेशन के दौरान मुझे बोला: तुम ईश्वर से कोई भी 3 प्रश्न पूछ सकती हो। और विश्वास रखो, सही समय आने पर तुम्हें इनका उत्तर ज़रूर मिलेगा।

मैंने क्रश्न से अपने तीन सवाल किए:

1. मेरे परिवारजनों मुझसे प्रेम क्यूँ नही करते?
2. मेरे जीवन में इतना संघर्ष क्यूँ है? इसका अंत क्यूँ नही होता?
3. इतनी कोशिश करने के बावजूद मेरा वैवाहिक जीवन सुखी क्यूँ नही है?

21 दिन तक मुझे करुणा रेकी का अभ्यास करना था और इसके समाप्त होने से पहले ही क्रिशन ने मेरे तीनों सवालों के उत्तर मुझे दे दिए। उसने मेरा पूर्व जन्म मेरे सामने खोल दिया, जिसमें मेरे ये तीनों उत्तर छिपे थे।

पूर्वजन्म में मैंने ख़ुद को एक ऐसा सा ही जीवन जीते देखा। मेरे यही सब परिवारजन तब भी मेरा हिस्सा थे। और आज मानो वापस से मैं उसी मोड़ पर खड़ी थी, जहाँ पहले का सफ़र अधूरा छोड़ा था। लड़ने का सामर्थ्य तो कल भी नही था, और आज भी नही। अपनों का साथ कल भी नही मिला था, और आज भी नही था। जिन सब कारणों से मैंने अपने पूर्व जीवन को समाप्त किया था, वो सब कारण आज भी यूँ के त्यों मौज़ूद थे!

मेरे सामने अब केवल दो विकल्प थे, जो ग़लत हो रहा है, उसको यूँ ही सहते रहो, और अतीत को फिर से अपना खेल खेलने दो....या फिर हिम्मत दिखाओ, और इस बार परिस्थिति को बदल दो!

ये सब इतना आसान होता, तो क्या बात थी। कोई भी कर सकता था।

मैंने पूर्व जन्म के बारे में जो भी देखा, मैं उस पर ठीक से यक़ीन नही कर पा रही ही। हालाँकि, मैंने अपनी और बाक़ियों की सोच में वो सब देखा, जो उनमें पूर्व जन्म में भी विद्यमान था।

मैंने ख़ुद में उन सभी धारणाओं को भी देखा, जो मैंने अपना जीवन समाप्त करते हुए बना ली थी, जिनकी वजह से मैंने अपने वर्तमान जीवन में अनगिनत दुखों को आमंत्रित कर लिया था।

अतीत अपने होने के निशान तो दिखा रहा था, किंतु मैं कोई भी निर्णय लेने की परिस्थिति में नही थी। मुझे ठोस प्रमाण चाहिए थे।

धीरे-धीरे क्रिशन ने मुझे प्रमाण भी देने शुरू कर दिए। विशाल ने ख़ुद ही अपने बनावटी चेहरे हटाकर मुझे दिखाने शुरू कर दिये।

विचित्र सी बात थी। सब लोग वही थे......लेकिन बहुत कुछ बदल गया था! और जो बदला था, वो थी, मेरी चेतना.....मेरा परिस्थितियों को और लोगों को समझने का दृष्टिकोण!

जब ज्ञान अंदर उतरने लगा तो चेहरों के और रिश्तों के पीछे के सच भी साफ़-साफ़ दिखने लगे। आत्मा का स्वरूप जानने के बाद अब बनावटी जीवन को जीने से आत्मा इंकार करने लगी।

ईश्वर की इच्छा

अब तक जो जीवन मैं जीती आयी थी, उसको ईश्वर की इच्छा मानकर जी रही थी। किंतु आज मेरे अंदर का ईश्वर मुझे अपनी इच्छा बता रहा था। मुझे मेरे प्रश्नों के उत्तर दे रहा था।

वो मुझसे कह रहा था, "क्या मैं इतना निर्दयी हूँ कि तुमसे उस जीवन को जीने का अधिकार छीन लूँगा, जिसे मैंने ख़ुद तुम्हें दिया है? मैंने तो हर आत्मा को स्वतंत्रता दी है अपने जीवन के फ़ैसले लेने की। मैंने कब तुमसे कहा की तुम अपने माता-पिता की हर बात मानो?

जिस ईश्वर ने सबको स्वतंत्रता दी है, वो कभी किसी की प्रतंत्रता में प्रसन्न नही होते।

मैं, जो संसार का पिता हूँ, किसी को अपना क़र्ज़दार नही बनाता, क्या मैं तुम्हें जीवन भर के लिए तुम्हारे माता-

पिता का क़र्ज़दार बना सकता हूँ? उन्होंने तुम्हें जन्म दिया, तुम्हारी परवरिश की। उनका सम्मान करना तुम्हारा कर्तव्य है, किंतु मैंने किसी भी माता-पिता को ये अधिकार नही दिया है कि वो बच्चे से इसकी क़ीमत माँगे। या उसको विवश करे कि वो अपना जीवन उनकी इच्छा से जीए?

क्या मैं कभी भी तुम्हारी इच्छा के विरुद्ध तुम्हें किसी पुरुष से विवाह करने के लिए बाध्य कर सकता हूँ?

मैं जानता हूँ कि विवाह में सबसे पहले दो आत्माओं का मिलन होता है। तुम्हारे विवाह में तो केवल शरीरों का और परिवारों का मिलन हो रहा है। मैं इसको कैसे अपनी स्वीकृति दे सकता हूँ?

जिस विवाह को मैंने स्वीकृति ही नही दी, उसमें रहने को मैं तुम्हें कैसे बाध्य कर सकता हूँ?

जिस रिश्ते में ना तुम्हारे अस्तित्व का सम्मान है, ना शरीर का, ना भावों का, और ना ही आत्मा का; क्या मैं तुम्हें ऐसे रिश्ते में रहने को कभी कह सकता हूँ?

विवाह सामाजिक रस्मों का नाम नही है। इसमें तो दो लोग एक साथ मिलकर चलते है - एक दूसरे की स्वतंत्रता का सम्मान करते हुए। तुम्हारे विवाह में तो ऐसा कुछ भी नही होता!

मैं इतना सक्षम हूँ की अपनी बच्चे की ना केवल ज़िम्मेदारी उठा सकता हूँ, अपितु उसको आत्मनिर्भर बनना भी सिखा सकता हूँ, तो मैं उसके लिए दुःख क्यूँ चुनूँगा?

.... वो भी उनको प्रसन्न करने के लिए, जो रिश्तों का अर्थ ही नही जानते?"

मैं तो सब चुपचाप इसलिए सह रही थी क्यूँकि मैं ईश्वर से प्रेम करती थी, और कोई भी ऐसा काम नही करना चाहती थी, जो उनकी नज़र में ग़लत है। अब जब ईश्वर ने ख़ुद ही बता दिया कि ये ईश्वर की इच्छा नहीं है, तो आत्मा को और कष्ट देने का क्या अर्थ था? **अगर जीवन के सफ़र में आत्मा को ही**

इतना दुःखी कर दे, इतना बीमार कर दे, कि वो जीवन को ही ना जीना चाहे, तो ऐसे सफ़र का क्या लाभ? हमारे जन्म का ये उद्देश्य तो कदापि नहीं था!

जैसे एक नयी इमारत बनाने के लिए पुरानी को पहले तोड़ना पड़ता है, हर नए जन्म से पहले पुराने जीवन को समाप्त होना पड़ता है; वैसे ही सच को जीने के लिए झूठ से अलग होना पड़ता है। ये दोनो एक साथ नहीं चल सकते। जब रात आती है, तो सूरज छुप जाता है, और दिन होता है, तो रात का अँधेरा चला जाता है।

मेरे जीवन में अशांति और बढ़ने लगी। लगने लगा कि अब इस विवाह को मैं और नहीं चला पाऊँगी। अपने बच्चों के प्रति मैं अपने सारे फ़र्ज़ निभाना चाहती थी। मेरा ख़ुद का बचपन बिखरा हुआ था, मैं जानती थी की बच्चों के लिए माता-पिता के प्रेम का क्या महत्व है। इसलिए कुछ ऐसी व्यवस्था करना चाहती थी जिसमें उन्हें अलग-अलग ही सही, पर दोनो का प्रेम मिलता रहे...

पर मेरी किसी भी चाहत का कोई मोल ही कहाँ था?

मुझे तो मेरे ख़ुद के जीवन के फ़ैसले लेने का अधिकार नही था, तो मैं किसी और के लिए क्या फ़ैसला करती?

रिश्तों को लेकर मेरे सारे भ्रम एक-एक करके टूटने लगे थे। माता-पिता, मेरा विवाह करके पहले ही अपना बोझ उतार चुके थे। उन्होंने मुझे विवाह के वक़्त ही कह दिया था की अब ये घर तेरा नही है, तेरा ससुराल ही तेरा घर है। यहाँ केवल तभी आना, जब तेरे परिवार में सब ख़ैरियत से हो। मेरे ससुराल वालों को भी उन्होंने बोल दिया था की अब ये आपकी ज़िम्मेदारी है, आप जैसे चाहे रखो।

यदि माता-पिता बेटी के लिए अपने घर के दरवाज़े सिर्फ़ सुख में खोलेंगे, तो बेटी दुःख में कौन से दरवाज़े पर दस्तक देगी?

कन्यादान कितना उचित?

कन्यादान, जिसे शास्त्रों में सबसे बड़े दान की उपाधि दी गयी है, आज उसका भी अर्थ मुझे बख़ूबी समझ में आ रहा था। दान तो उस वस्तु का किया जाता है,

जिसे इंसान ने ख़ुद बनाया हो, या ख़ुद से अर्जित किया हो। कन्या तो एक आत्मा है एक लड़की के शरीर में। एक आत्मा को ईश्वर ने बनाया है, और उसके शरीर को प्रकृति ने। फिर इसका कोई मनुष्य दान कैसे कर सकता है?

पहले तो समाज ने लड़की को कमज़ोर जानकार उसको पुरुष पर निर्भर बना दिया, फिर उसी पुरुष ने उसको ख़ुद पर बोझ समझ लिया, और अब इस बोझ को दान कहकर उतार भी दिया?

किसी भी मनुष्य को ईश्वर की बनायी आत्मा का दान करने का अधिकार नही है। आत्मा सदा से पूर्ण स्वतंत्र है।

ईश्वर ने पुरुष और स्त्री के केवल शरीरों की रचना अलग की है, किंतु उनकी आत्मा में कोई भेद नही है। दोनो को ही ईश्वर ने समान बुद्धी, समान भाव दिए है। दोनों ही अपने आप में सम्पूर्ण है। और केवल ये दोनो ही नही, धरती का हर प्राणी आत्मनिर्भर है। सबको अपने जीवन को चलाना और उसकी रक्षा करना आता है; तो कैसे कोई प्राणी किसी को कमज़ोर जानकार ख़ुद पर या किसी दूसरे पर आश्रित होने को विवश कर सकता है?

मनुष्य ने एक बच्चे को जन्म अवश्य दिया है, किंतु उस पर उसका स्वामित्व कदापि नही है। उसके जिन जीवकोशों से बच्चे के शरीर का निर्माण हुआ है, वो तक उसके नही, ईश्वर के है!

एक लड़की कोई वस्तु नही है। वो एक आत्मा है, जो अपना सफ़र कर रही है। उसमें भी सही-ग़लत को समझने की बुद्धी है। उसमें भी भाव है, जो सुख-दुःख को अनुभव करते है। कैसे कोई उसकी आत्मा को, उसकी बुद्धि को, उसके मन को, और उसके शरीर को किसी को दान कर सकता है?

ईश्वर ने स्वतंत्रता दी, और मनुष्य ने धर्म, समाज और प्रथाओं के नाम पर उसको क़ैद कर लिया?

मेरे पिता की सोच में डिवॉर्स लेना, किसी गुनाह को करने से कम नहीं था। प्रेम-विवाह, और विवाह-विच्छेद, दोनो ऐसे गुनाह थे जिनकी माफ़ी उनके समाज में नहीं थी। उनका मानना था की चाहे पती में हज़ार दोष हो, फिर भी एक पत्नी को सुबह उठकर उसके पाँव स्पर्श करने चाहिए, इसी से उसका उद्धार सम्भव है। ये ही उन्होंने मेरी माँ से कराया, और ये ही वो मुझसे भी कराना चाहते थे।

पाप क्या है
विवाह-विच्छेद या किसी की आत्मा को गुमराह करना?

मेरे परिवार में संस्कारों की बहुत बड़ी-बड़ी बातें थी, किंतु सब खोखली... घर की चार-दीवारी में चाहे कितना भी पाप कर लो, किंतु समाज में पता नही चलना चाहिए!

मरे हुए रिश्ते को ज़बरदस्ती घसीटते रहो, बच्चों का जीवन बचाने के नाम पर! क्या इस प्रकार के माहोल में बच्चे का भविष्य सुरक्षित है? इससे तो अच्छा है, की बच्चों की नींव इतनी मज़बूत बना दी जाए के वो सिंगल पेरेंट के साथ रहने को भी अपने जीवन की कमी की तरह से ना देखें। तब शायद हम वास्तव में उन्हें एक अच्छा जीवन दे पाएँगे।

मेरा भाई, जिसका नाम योगेश था, उसको डर था कि कहीं डिवॉर्स के बाद मैं पिता की 500 करोड़ की सम्पत्ति में से उससे अपना हिस्सा ना माँग लूँ। योगेश, जो बिना मतलब के सौ रुपए भी किसी को नही देता था; 100 करोड़ तो वो किसी भी क़ीमत पर नही देता, फिर चाहे उस पैसे पर उसका अधिकार हो, या ना हो!

बहनों की परिस्थिति तो मेरे ही जैसी थी। एक कमज़ोर हमेशा ताक़तवर के साथ रहकर पहले ख़ुद को सुरक्षित करता है। उसको डर होता है कि कहीं और किसी की वजह से उसके ख़ुद के जीवन में समस्याएँ ना आ जाएँ। मेरी बहनें अपने जीवन में मेरी वजह से कोई बाधा नहीं चाहतीं थी। उनको फ़िक्र थी तो केवल समाज में उठने वाली बातों की, जिनसे वो बचना चाहती थी। समाज को

बाहर से सब अच्छा दिखना चाहिए, फिर अंदर चाहे सब तहस-नहस ही क्यूँ ना हो गया हो!

ऐसी बनावटी ख़ुशियाँ भी किस काम की? क्या हम समाज को दिखाने के लिए जीवन जीते है?

समाज सबसे प्रश्न कर रहा था कि वे मेरे परिवार के सदस्य होकर भी मेरा साथ क्यूँ नही दे रहे? समाज को चुप करने का सबसे अच्छा उपाय था की मुझे ही ग़लत बताकर मेरा बहिष्कार कर दिया जाए, ताकि इस समाज का हिस्सा बनकर सब सम्मानपूर्वक अपना जीवन जीतें रहें। इतनें लोगों के झूठे सम्मान को दाव पर लगाने से बेहतर है, एक कमज़ोर की बलि चढ़ा देना....और ये ही किया सबने! ऐसे झूठ को भी जीने का क्या फ़ायदा?

नयी चेतना
नया दृष्टिकोण

मैं तो चेतना की गहरी नींद से जाग गयी थी, और सब कुछ स्पष्ट देख पा रही थी, किंतु बाक़ी सब तो अभी भी गहरी नींद में सो रहे थे। जहाँ से मैं सही और ग़लत को देख पा रही थी, वो सब लोग वहाँ से नहीं देख पा रहे थे।

यदि हम पूरी तस्वीर को एक साथ देखना चाहते है, तो हमें तस्वीर से बाहर निकलना पड़ता है। जिस तरह एक इमारत के नीचे खड़े हुआ इंसान ज़्यादा दूर तक नही देख सकता, लेकिन 10वी मंज़िल से वो पूरे शहर का द्र्श्य देख सकता है। उसी तरह जब हमारी चेतना कम होती है, हम आत्मा को नहीं समझ पाते और संसार की हर परिस्थिति को एक सीमित दृष्टिकोण में रख कर देखते है, और जैसे-जैसे ये चेतना बढ़ने लगती है, हमें आत्मा का स्वरूप भी दिखने लगता है। और चीज़ों को देखने का हमारा दृष्टिकोण भी बदल जाता है।

जिन रिश्तों को आज तक मैं अपना जानकार, उनके सुख-दुःख में शामिल होती आयी थी, उनकी बनायी हुयी प्रथाओं को ना केवल सम्मान देती आयी थी, अपितु उन्हें जीती भी आयी थी - वो सब रिश्तेदार केवल तब तक मेरे थे, जब

तक मेरे साथ मेरे परिवार वाले थे; और परिवार वाले तब तक मेरे थे, जब तक मैं उनकी इच्छा को अपनी इच्छा मानकर जी रही थी। जिस दिन मैंने उनकी इच्छा को मानने से इंकार कर दिया, उन्होंने अपने घर के दरवाज़े भी मेरे लिए बंद कर दिए!

किंतु इसका ये अर्थ कदापि नहीं था की उन्होंने मुझे मेरे जीवन को जीने के लिए स्वतंत्र छोड़ दिया था। मुझे विवाह से बाहर आने की अनुमति अभी भी नहीं थी।

मेरे परिवार के पास पैसा, नाम, सामाजिक सम्बंध, किसी चीज़ की कमी नहीं थी। योगेश का विवाह एक राजनितिक परिवार में हुआ था, अतः राजनितिक समाज में भी उसकी अच्छी पहचान थी।

दूसरी तरफ़ मैं एक कमज़ोर इंसान थी। जिसने ना तो ठीक से बाहर की दुनिया ही देखी थी, ना ख़ुद पर इतना विश्वास ही था कि जीवन में अपने लिए कभी कुछ कर भी पाऊँगी। ऊपर से तरह-तरह के डर।

साथ में मन पर पड़ा भारी बोझ, जो सब मिलकर मुझ पर डाल रहे थे - बच्चों के जीवन को बर्बाद करने का इल्ज़ाम देकर। मेरे पास दूर-दूर तक एक भी सम्बंध ऐसा नहीं था, जिसको मैं अपना कह सकूँ और उससे किसी भी तरह की मदद की उमीद कर सकूँ।

विशाल के लिए मैं घर में पड़ा हुआ समान थी। ना वो मझे छोड़ने को ही तैयार था, ना जीने ही दे रहा था। मुझे छोड़ने की उसको भारी क़ीमत देनी पड सकती थी, जो वो नही देना चाहता था।

उसके परिवार वालों को, जिन्हें मैं इतने सालों से अपना समझ रही थी, उन्होंने भी बोल दिया था कि उनसे मेरा सम्बंध केवल तब तक था जब तक मेरा विशाल से सम्बंध था।

बच्चों ने भी बता दिया था कि उन्हें ग़रीब माँ नहीं, अमीर पिता और उसका परिवार चाहिए क्यूँकि वहीं उनका भविष्य सुरक्षित है। वैसे भी उनके आस-पास के लोगों ने उनको ये ही बताया था कि आदर्श माँ तो वो होती है, जो बच्चों के लिए अपना जीवन क़ुर्बान कर दे। एक माँ का अस्तित्व केवल उसके बच्चे होते है।

इतने सालों से उन्ही के लिए तो जी रही थी। आज तक उनके लिए अपना सब तो क़ुर्बान करती आयी थी। जब सब अपने करियर को बना रहे थे, मैं उनकी परवरिश कर रही थी। और आज भी मैं केवल उनके पिता से अपना सम्बंध तोड़ना चाहती थी, मैंने बच्चों से उनके पिता को कभी अलग नही करना चाहा। किंतु बच्चों की माँ बनने की शर्त थी कि पहले मुझे उनके पिता की पत्नी बनाना होगा। और अब ये मुझे स्वीकार नहीं था।

आपकी असली पहचान क्या है?

हर रिश्ते को बहुत क़रीब से देख लिया था। जिनके हर सुख दुःख में मैं शामिल होती थी, आज उन्हें मेरे दुःख से कोई फ़र्क़ नही पड रहा था।

सब कुछ एक झूठ जैसा दिख रहा था। मैं अपने आप से प्रश्न कर रही थी कि जिनके लिए मैंने ये विवाह किया, इसको निभाया, उनकी समाज में प्रतिष्ठा बनाए रखने के लिए बातें घर में दबायी, आज मेरी तकलीफ़ से उन्हें कुछ भी लेना देना नहीं है?

मेरे परिवार के वो सब रिश्तेदार, जिन्हें मैं आज तक अपना मानती आयी थी, वो मुझसे केवल इसलिए सम्बंध नहीं रखना चाहते थे क्यूँकि मेरे अमीर भाई ने उन्हें ऐसा करने को कहा था?

वो भाई जिसको जन्म से मैं राखी बाँध रही थी, जिसका धर्म था, मेरी रक्षा करना, सबसे पहले वो ही मुझे संकट में अकेला छोड़कर चला गया मात्र कुछ पैसों के लिए, या अपने झूठे अहंकार के लिए?

विवाह के वक़्त एक लड़की को सिखाया जाता है कि अब पती के परिवार को ही अपना मानना। मैंने वही तो किया था, किंतु उन्होंने तो मुझे पराया ही बनाकर रखा। क्या उन्हें भी मुझको अपना नही मानना चाहिए था?

मैं विशाल के माता-पिता को अपने माता-पिता से बढ़कर दर्जा देती थी, उसके भाई, बहन एवं अन्य रिश्तेदारों को अपना जानकर सम्मान देती थी - किंतु इन सबके लिए तो मैं केवल इनके बेटे की पत्नी थी!

इन्होंने मुझे सोचने पर विवश कर दिया कि विवाह के इतने सालों बाद भी यदि आप सबके लिए पराए ही रहते हो, तो फिर ये सब रिश्तों की इतनी बड़ी-बड़ी बातें क्यूँ थी? क्यूँ कहा था मेरे माता-पिता ने कि अब से अपने ससुराल को ही अपना घर समझना?

वास्तव में मेरा तो कोई घर ही नही था। पिता के पास जो था, वो उस पर अपने बेटे का अधिकार समझते थे। बेटी के विवाह के बाद अब उसका अधिकार उनकी नही, अपने पति की सम्पत्ति में होगा। और ससुर के पास जो था, वो उस पर अपने बेटों और अपनी बेटी का अधिकार समझते थे। बहु यदि बेटे के साथ ठीक से रहेगी, तो वो वहाँ रह सकती है, अन्यथा उसका उस घर में कुछ नही है। यहाँ तक की जिन बच्चों को उसने जन्म दिया था - उन तक पर उसका नही, परिवारवालों का अधिकार था!

मैं तो ये ही नही समझ पा रही थी कि किससे अपना अधिकार माँगू? क्या कहीं मेरा कोई अधिकार है भी या नही?

आपकी असली पहचान वो है जो किसी के आपके जीवन से आने या जाने से प्रभावित ना हो।

मेरा तो जैसे पूरा वजूद ही हिल चुका था। मेरी अपनी कोई पहचान ही नहीं बची थी। जो थी, वो तो बाक़ी सबकी दी हुयी पहचान थी, जैसे ही वो सब मेरे जीवन से हटे, उनकी दी हुयी पहचान भी ख़त्म हो गयी।

उस दिन मुझे समझ में आया की असली पहचान ख़ुद बनायी जाती है। जिसे आपने ख़ुद अर्जित किया है, केवल वही सदा आपके साथ रहता है। एक बेल सहारे से कितना ही ऊपर तक चढ़ जाए, सहारा हटते ही वो सूख जाती है, वही एक पेड़ जिसका तना मज़बूत होता है, बिना सहारे के भी वर्षों तक खड़ा रहता है, और दूसरों को भी आश्रय दे देता है। बेल में और वृक्ष में केवल इतना ही फ़र्क़ है की वृक्ष ने अपनी जड़ों पर काम किया होता है, और बेल ने नही किया होता। मैं हमेशा वृक्ष की तरह मज़बूत बनना चाहती थी, किंतु मेरे पिता ने मेरी जडें काट-काट कर मुझे बेल बना दिया। पहले अपने सहारे खड़ा कर दिया, फिर पति के! और अब परिस्थिति ये थी, कि इनका सहारा हटते ही मेरे लिए ख़ुद को संभाल पाना लगभग असम्भव था।

आज मेरी परिस्थिति युद्ध के मैदान में खड़े अर्जुन जैसी थी। जो सब समझ रहा था, दुःखी भी था, और बहुत सारी उलझनों से घिरा हुआ भी था। उससे लड़ने कोई और नहीं, वो सब आए थे, जिन्हें आज तक वो अपना जानने के भ्रम में जीता रहा। कभी ये लड़ाई उसको धर्म दिख रही थी, तो कभी अधर्म। अंतर-आत्मा सच दिखा रही थी, किंतु बाहर की आवाज़ें भटका भी रही थी। अर्जुन को सही और ग़लत में भेद करना नही आ पा रहा था।

ये द्वन्द सबके जीवन में आता है। हम सब कभी ना कभी ख़ुद को अर्जुन के स्थान पर पाते है, जहाँ बुद्धी भी ठीक से काम करना बंद कर देती है।

क्रिशन का चुनाव

क्रिशन मेरे और बाक़ी सबके बीच में था। सभी क्रिशन को मानते थे, वृंदावन जाते थे, नियम से भोग लगाते थे, उसके नाम पर भोज आयोजित करते थे, उसके मंदिरों में दान देते थे। भगवद-कथाओं का आयोजन करते थे। उनका ऐसा मानना था कि वो सब क्रिशन के बहुत बड़े उपासक है।

एक तरफ़ सब क्रिशन को कह रहे थे कि वो इस विवाह को टूटने ना दे। दूसरी तरफ़ मैं अकेली थी। जिसे ख़ुद को ही समझ नही आ रहा था कि क्या करूँ? पाप करना नही चाहती थी, और पाप क्या है, ये समझ भी नही पा रही थी।

मेरे पास सच्चे भाव के अलावा क्रिशन को देने को कुछ नही था। मेरा सामर्थ्य भी तो उतना ही था।

जैसे सुदामा ख़ुद को छोटा जानकार चुप खड़ा था, और मन में सोच रहा था कि मेरा मित्र मेरी परिस्थिति को समझेगा क्या? मेरी भी परिस्थिति बस कुछ ऐसी ही थी।

अब वक़्त था क्रिशन के फ़ैसले का। वो मुझे चुनेगा, जिसके साथ कोई नहीं है, और जिसका साथ देने से उसके बहुत सारे उपासक उससे नाराज़ हो जाएगें और उसको ग़लत भी समझेंगे? या फिर वो उनको सुनेगा, और सबकी तरह वो भी मुझे धर्म के नाम पर इस रिश्ते में रहने को मजबूर करेगा?

क्रिशन ने पहले तो मुझे मेरे अंदर चल रहे द्वंद से मुक्त कराया, जिसको मैंने आगे के अध्याय में विस्तार से बताया है, और उसके बाद वो मेरे साथ आकर खड़ा हो गया।

उसने मुझे धर्म समझाया और कहा: धर्म तुम्हारे साथ है। किसी भी इंसान को रिश्तों के नाम पर, समाज के नाम पर, धर्म के नाम पर किसी के जीवन पर अपना आधिपत्य स्थापित करने का या उसको उसकी इच्छा के विरुद्ध किसी के साथ जीवन बिताने को बाध्य करने का कोई अधिकार नहीं है। किसी को भी किसी की आत्मा को कष्ट पहुचाने का भी अधिकार नहीं है। जीवन पर सबका समान अधिकार है। इसलिए क्रिशन धर्म का साथ देगा"।

मेरा मन भर आया। पहली बार किसी ने मेरा साथ दिया था। मुझे सही कहा था। मुझमें दोष नही ढूँढे थे। मुझे समाज की धारणाओं के नाम पर क़ुर्बान होने को नही कहा था। मुझे भी किसी ने समझा। मेरे भावों का मान रखा। मेरा मोल इस बात से नही लगाया की मैं उसको बदले में क्या दे सकती हूँ, या फिर मेरे पक्ष में कितने लोग खड़े है। उसने सिर्फ़ धर्म देखा, और जहाँ उसे धर्म दिखा, वहाँ वो भी आ गया।

ऐसा है हमारा क्रिशन। यूँ ही उसने गीता में नहीं कहा कि वो धर्म की रक्षा के लिए आएगा। मेरे जीवन में क्रिशन ने गीता का वचन तो पूरा किया ही, साथ ही अपनी बहन को दिए हुए वचन का भी आज उसने मान रख लिया।

जब सारी दुनिया ने मेरा साथ छोड़ दिया, उसने नहीं छोड़ा। वो और भी ज़्यादा मज़बूती के साथ मेरे साथ आकर खड़ा हो गया। उसको पता था की आज उसकी बहन को उसकी बहुत ज़रूरत है।

जिसने उस पर विश्वास रखा है, उसको बीच राह में क्रिशन कैसे छोड़ दे?

और जिस क्रिशन ने मेरे प्रेम का मान रक्खा, मैं भी कैसे उसको छोड़ दूँ?

दोस्त, जब-जब कोई सच्चा इंसान, जिसके साथ कोई ग़लत कर रहा होता है - विश्वास से, प्रेम से, समर्पण के साथ ईश्वर को याद करता है, और मदद माँगता है, ईश्वर ज़रूर आते है। हम संसार की माया में धर्म और अधर्म की परिभाषा भूल गए है, इसलिए हम ईश्वर के आने को जान नहीं पाते। किंतु ईश्वर तो आते ही है।

कभी ख़ुद को अकेला जानकार दुखी मत होना। याद रखना, जिसका कोई नही है, उसका क्रिशन है। संसार आपके प्रेम को भूल सकता है, क्रिशन कभी नही भूलता।

राधेकृष्णा

प्रश्न: क्या स्वप्न सच्चे होते है?

उत्तर: हमारे सब स्वप्न सच हो ये अनिवार्य नही है। किंतु जब कोई स्वप्न बार-बार एक ही तरीक़े से दिखे, या ईश्वर किसी रूप में दिखे, और स्वप्न के साथ एक गहरी अनुभूती आपको हो - तो इसको आपको नज़रंदाज नही करना चाहिए।

प्रश्न: क्या माता-पिता की एवं बड़ों की सब बातें माननी चाहिए?

उत्तर: सुने सबकी, किंतु करें वही, जो धर्मसंगत हो।

प्रश्न: क्या ईश्वर सबकी मदद करते है?

उत्तर: वास्तव में ईश्वर सबकी मदद ही कर रहे है, उन्हें उनके आत्मस्वरूप को पाने में। जिसका मन शुद्ध है, और वो धर्म का अनुसरण करता है, ईश्वर उसकी प्रत्यक्ष रूप से मदद कर देते है। जो अधर्म कर रहा होता है, उसको आगे और अधर्म करने से रोककर उसका उद्धार कर देते है।

ज्ञान के मोती

- ⇨ क्रिशन जब भी कुछ करता है, उसके पीछे कोई बड़ा उदेशय होता है, जो शायद हम उस वक़्त ना समझ पाएँ, पर सही वक़्त आने पर वो ख़ुद ही समझा देता है।
- ⇨ जिसे हम शरीर का सफ़र समझ रहे है, वो शरीर का नही, आत्मा का सफ़र है। यदि इस शरीर के सुख के लिए आत्मा को ही दुःखी कर दिया, जो जीवन जीने का क्या लाभ हुआ?
- ⇨ कुछ अच्छा पाने की चाहत है, तो पहले बेकार को हटाना होगा। यदि कुछ ऐसा पाना चाहते हो, जो पहले कभी नही मिला, तो कुछ ऐसा करना होगा, जो पहले कभी नही किया।

- कोई भी सम्बंध तब कामयाब होता है जब दोनो व्यक्ति उसके लिए अपना बराबर योगदान देते है। यदि सम्बंध चलाने का सारा दायित्व एक ही व्यक्ति पर होगा तो देर-सवेर ये सम्बंध या तो मर जाएगा, या टूट जाएगा, या आपके जीवन में दुःख भर देगा।
- यदि आपके जीवन के रिश्ते आपके बुरे वक़्त में आपका साथ नहीं दे रहे हैं, तो वो रिश्ते आपके किसी काम के नहीं है, और यदि आपके रिश्ते ही आपके जीवन में दुःख का कारण बन गए है, तो जितना शीघ्र हो, इनसे ख़ुद को रिहा कर लीजिए।
- जीवन में जब भी वचन दें, सोच समझकर दे। कभी भी भावों में बहकर, या आवेश में आकर कोई वचन ना दे। ना ही किसी के कहने पर वचन दें।

03

धर्मसंकट में सही निर्णय कैसे ले?

जब सांसारिक धर्म को निभाने के लिए आत्मा के धर्म पर संकट आ जाए तो उसे कहते है धर्मसंकट।

आप अपने जीवन में कभी ना कभी ख़ुद को किसी ना किसी तरह के धर्मसंकट में ज़रूर पाते हैं। जहाँ आपकी आत्मा आपको कुछ करने को कह रही होती है और बाहर के लोग कुछ और। आपकी बुद्धी अपने तर्क दे रही होती है और आत्मा अपने। कभी-कभी आत्मा और शैतान दोनो की आवाज़ सुनायी दे रही होती है, और ऐसे में आपके लिए किसी एक का चुनाव करके सही निर्णय तक पहुचना बहुत ही कठिन हो जाता है। ये ही धर्मसंकट अर्जुन के सामने आया था, यही आपके सामने आता है, और यही मेरे सामने खड़ा था। जिसमें क्रिशन ने अपने तर्क-वितर्क देकर मुझे एक सही निर्णय लेने में मेरी मदद की।

मैं एक ऐसी जगह खड़ी थी, जहाँ आगे कूँआ तो पीछे खाई थी। ना तो वर्तमान में ही कुछ दिख रहा था, ना भविष्य में। उस परिस्थिति में रहना और उससे बाहर निकलने की कोशिश करना, दोनो ही मरने जैसा था।

मेरा धर्मसंकट

एक आवाज़ कह रही थी, "बस बहुत हो गया। ग़लत के ख़िलाफ़ आवाज़ उठाओ। तुम्हें भी जीने का अधिकार है। हमेशा से तो तुम दूसरों के लिए जीती आयी, उन्हें ख़ुश रखने की कोशिश करती आयी, इन्होंने क्या दिया तुम्हें?

जब भगवान भी तुम्हारे साथ है, तो सोच क्या रही हो, आगे बढ़ो। अपनी आत्मा को स्वतंत्र कराओ।"

क्या सबके कर्मों का बोझ एक व्यक्ति पर डाल देना उचित है?

वहीं एक और आवाज़ अंदर चल रही थी, जो कह रही थी, "तुम्हारा फ़र्ज़ है कि तुम दूसरों की ख़ुशी के बारे में सोचो। तुम्हारे माता-पिता ने तुम्हें जन्म दिया है, तुम्हारी परवरिश की है, और तुम उनकी इच्छा के विरूद्ध जाने का सोच रही हो? समाज में उनके मान-सम्मान की भी फ़िक्र नही है तुम्हें? तुम इतनी स्वार्थी कैसे हो सकती हो?

विवाह तो सात जन्मों का सम्बंध होता है, और तुम इसे तोड़ देना चाहती हो? बच्चों के भविष्य का क्या होगा? तुम चाहो तो सब सहकर उनका जीवन बचा सकती हो; और ना चाहो, तो उनके हर दुःख के लिए तुम ज़िम्मेदार होगी। क्या ये मंज़ूर है तुम्हें? दुनिया क्या कहेगी? कैसी बेटी हो तुम, कैसी पत्नी हो? और कैसी माँ हो? क्या तुम इतनी स्वार्थी हो की अपनी ख़ुशी के लिए इतने लोगों को दुःख दे दोगी? क्या भगवान को तुमने कभी देखा है? वो सिर्फ़ तुम्हारी कल्पना भी तो हो सकते है?और कल्पना के लिए तुम अपना सारा जीवन कैसे दाव पर लगा सकती हो?"

मैं क्या निर्णय लूँ, मेरी कुछ समझ में नहीं आ रहा था। इस बनावटी रिश्ते के बोझ से मैं थक गयी थी, और समाज मेरे डिवॉर्स को अधर्म का नाम देकर मुझे ग्लानि दे रहा था। लड़ूँ या जैसे चल रहा है, उसको वैसे ही चलने दूँ? अजीब सा धर्मसंकट था ये।

अवचेतन मन के डर

एक तरफ़ मेरा धर्म संकट तो था ही, दूसरी तरफ़ थे मेरे अवचेतन मन के अनगिनत डर, जिनसे जीतना मुझे असम्भव जैसा लगता था। मुझे ख़ुद पर यक़ीन ही नहीं था कि मैं अकेले जीवन निर्वाह कर पाऊँगी। हमेशा ये ही सुना

1. जीवन निर्वाह का भय

था कि पैसा कमाना लड़कियों के बस के बात नहीं है। उनका काम तो केवल घर और बच्चे सम्भालना है।

2. अपनी सुरक्षा का भय

ऊपर से दुनिया को लेकर मेरे मन में बहुत सारे ड़र भर दिए गए थे। मुझे ये यक़ीन दिलाया जा चुका था की एक अकेली लड़की इस दुनिया में सुरक्षित नहीं है, ना ही ये समाज एक तलाकशुदा स्त्री को स्वीकार ही करता है। उसको लोग चरित्रहीन मानते है और अकेला जानकार उसका फ़ायदा उठाना चाहते है। और उसका जीवन अत्यंत कठिन हो जाता है। और ऐसे में आपको किसी पुरुष के सहारे की ज़रूरत होती है, जो आपकी रक्षा कर सके।

किंतु प्रश्न तो ये था कि जो दूसरे पुरुषों से मेरी रक्षा कर रहा है, उससे मेरी रक्षा कौन करेगा? अभी भी तो एक पुरुष के ही संरक्षण में हूँ, यदि आगे भी ऐसे ही जीवन को जीना है, तो जिसके साथ हूँ, उसी के साथ रह लेती हूँ?

मुझे नहीं पता था कि इस समाज का मैं कैसे सामना करूँगी। कहाँ जाकर रहूँगी। मेरे पास तो अपना कुछ था ही नहीं। कहने को बहुत पैसा, बहुत जायदाद थी, किंतु सब मेरे भाई, पिता, या पति के पास थी। मैं तो उसमें से एक पैसा भी अपनी इच्छा से ख़र्च नहीं कर सकती थी। सारा जीवन पिता के और पति के दिए रिश्ते निभाने में बर्बाद कर दिया था, किंतु अपने लिए एक भी ऐसा सम्बंध नहीं बनाया, जो मेरे परिवार के बिना मेरे साथ खड़ा हो सके।

3. मुक़दमा लड़ने का भय

कोर्ट जाने से भी डर लगता था। सुना था की वकीलों का चरित्र सही नहीं होता। और एक अकेली लड़की को देखकर तो किसी के भी मन में भी शैतान जाग सकता है। और ना ही मैं किसी वक़ील को जानती ही थी।

4. असंतुलित भाव

आत्मविश्वास तो बिलकुल भी नहीं था। ग्रैजूएट होने के बावजूद और एक इनटीरियर डिज़ाइनर होने के बावजूद पैसा कैसे कमाना है, ये मुझे नहीं पता था। ऊपर से मन

इतना भावुक था की किसी की भी बातों में आ जाता था। किसी ने भी चार आँसूँ बहा दिए, तो पिघल जाता था। दुनिया के चालाक चेहरों के पीछे का सच देखना भी नहीं आता था। ऐसे में क्या फ़ैसला करूँ? कुछ भी समझ नहीं आ रहा था।

उधर से पूर्व जन्म के कर्म प्रारब्ध बनकर सामने खड़े थे और आकार लेने लगे थे।

जब क्रिशन से मैंने पूछा की ये सब क्यूँ हो रहा है?

पूर्व जन्मों का कार्मिक चक्र

तब उसने बताया: ये सब तुम्हारे साथ पहली बार नहीं हो रहा। तुम्हारे पूर्व जन्मों में भी तुम ऐसी परिस्थितियों में बार-बार फँसती रही हो। ये सब तुम्हारे साथ ऐसा ही व्यहवार करते थे, और तुम हमेशा यूँ ही ख़ुद को कमज़ोर और असहाय जानकार सहती रहती थी। और जब सहने की भी सीमा समाप्त हो जाती थी, तो तुम जीवन को ही समाप्त कर देती थी। किंतु कभी भी ग़लत के साथ लड़ने का साहस नही दिखाती थी। अगर आज भी तुमने ख़ुद की लिए कुछ नही किया, तो फिर से तुम ख़ुद को इन्ही परिस्थितियों में पाओगी।

यदि अपनी परिस्थिति को बदलना है, तो कुछ ऐसा करो, जो अब तक नही किया।

आख़िर कब तक यूँ ही जीवन से हार मानती रहोगी? कभी ना कभी तो बुराई के खिलाव खड़े होना ही पड़ेगा। अगर तुम बुराई को नहीं मारोगी, तो बुराई तुम्हें मार देगी। तुम शायद अपनी अच्छाई में इन सबको छोड़ भी दोगी, पर याद रखना, ये सब अपनी बुराई में तुम्हें कभी नहीं छोड़ेंगे। कायरों की तरह जीने से तो अच्छा है लड़कर मर जाना। कुछ नही भी मिला तो एक संतुष्टि तो मिलेगी कि तुमने ख़ुद को स्वतंत्र करने की कोशिश की।

क्रिशन को पता था कि हमेशा से मेरी एक ही कमज़ोरी रही थी - मैं कभी भी कोई पाप नहीं करना चाहती थी। और मेरी इसी कमज़ोरी का सब फ़ायदा उठाते आ रहे थे। **जब बुराई साफ़ दिख रही होती थी, तो मैं उसको पहचान लेती थी; किंतु जब बुराई, अच्छाई के मुखौटे में आती थी, तो मैं उसको पहचान नही पाती थी। और ये समस्या मेरी अकेले की नहीं थी - ये तो आपकी और संसार के हर इंसान की समस्या है। उसी के लिए तो क्रिशन मुझसे ये किताब लिखवा रहा है।**

सही ज्ञान इंसान की शक्ति होती है। जिसके पास ज्ञान की शक्ति होती है, वो अपनी आत्मा और बुद्धि की तर्क-वितर्क की शक्ति का इस्तेमाल करके बुराई को पहचान ही लेता है और उसके जाल में नही फँसता। इसलिए मेरी शक्ति लौटाने के लिए क्रिशन ने मुझे कर्मों का ज्ञान देना शुरू किया।

कार्मिक चक्र का ज्ञान

उसने बताया: जब भी इंसान अपनी आत्मा के स्वरूप के विरूदह जाकर कर्म करता है, तो कुदरत बार-बार उसको सही कर्म समझाने का प्रयास करती है। इसके लिए वो उस इंसान को बार-बार उन्ही परिस्थितियों में डालती है, जहाँ उसने ग़लत कर्म किया था। यदि इंसान अपनी ग़लती को समझकर सुधार लेता है, तो वो चक्र के बाहर आ जाता है, और यदि नही सुधार पाता, तो इसी चक्र में फँसा रहता है। ये चक्र शरीर से नही, अपितु आत्मा से बँधा है, इसलिए एक जन्म के ख़त्म होने के बाद भी चक्र नहीं टूटता। क्यूँकि मृत्यु तो केवल भौतिक शरीर को आती है, सूक्ष्म शरीर तो हमेशा अपने सफ़र में रहते है।"

फिर उसने मुझे मेरे चक्र को तोड़ने का मार्ग दिखाया।

उसने बताया: आत्मा ना ही कमज़ोर है, ना कायर। आत्मा को अपना जीवन जीने की और अपने निर्णय लेने की स्वतंत्रता है। ईश्वर ने हर आत्मा को स्वतंत्रता देकर भेजा है। एक स्वतंत्र आत्मा ही वास्तव में जीवन का आनंद ले सकती है।

जिस तरह तुम्हें किसी भी प्राणी को तुम्हारे तरीक़े से अपना जीवन जीने के लिए विवश करने का अधिकार नही है, बाक़ी किसी को भी नही है।

आत्मा ने संसार में रिश्ते बनाए है, संसारिक रिश्तों ने आत्मा को नही बनाया। तो कौन ज़्यादा महत्वपूर्ण हुआ?

तुम्हारे सम्बंधी, बार-बार तुमसे ये अधिकार छीन रहे है, और तुम उन्हें रोकने की बजाय चुपचाप सहे जा रही हो? और इसको धर्म भी समझ रही हो? ये धर्म नही है। और इसीलिए जन्मों से तुम्हारी आत्मा इन दुखों को भोग रही है, और तुम सोच रही हो की शायद तुम्हारे कोई पाप रहे होंगे! **इससे बड़ा पाप और क्या होगा की आत्मा के स्वरूप को तो तुम भूल गयी हो, और शरीर के रिश्तों में उलझी हो?**

फिर क्रिशन ने मुझे परिवार शब्द का अर्थ समझाना शुरू किया।

परिवार शब्द का अर्थ

उसने कहा: परिवार वो नहीं होते जो बच्चे से अपने जन्म देने की और परवरिश करने की क़ीमत माँगते हैं, और आजीवन उसको अपना जीवन उनके तरीक़े से जीने के लिए और उनके फ़ैसले मानने के लिए विवश करते है।

परिवार वो भी नहीं होता, जहाँ पति/पत्नी को सम्मान नही दिया जाता है, उसको मन बहलाने की वस्तु समझा जाता है। जब चाहे उसको कड़वे शब्द बोलकर, उसके आत्मविश्वास को तोड़ दिया जाता है।

जब-जब कर्तव्य और अधिकारों का बराबर विभाजन नही होगा, परिवारों में शांति की स्थापना नही हो पाएगी।

यदि परिवार के बड़े सबसे सम्मान की अपेक्षा रखते है, और चाहते है कि सब उनकी बात माने, तो सर्वप्रथम उन्हें निष्पक्ष होकर निर्णय लेना सीखना होगा। उनको प्रत्येक सदस्य की

शारीरिक, मानसिक, आत्मिक ज़रूरतों का ख़याल भी रखना होगा। किंतु, फिर भी उनको ये अधिकार कदापि नही है कि वो किसी सदस्य को उनकी इच्छा को मानने के लिए विवश करे। जिनके हाथ में अधिकार है, उन्हें धर्म-अधर्म का विशेष रूप से ज्ञान होना अनिवार्य है।

परिवार के सभी सदस्यों को एक दूसरे का साथ देना चाहिए, किंतु सबको ये याद रखना चाहिए की उनका असली परिवार उनकी आत्मा का परिवार है। और शरीर के रिश्तों के लिए आत्मा का धर्म नहीं छोड़ा जा सकता।

परिवार का प्रत्येक सदस्य पहले एक आत्मा है, जो अपने व्यक्तिगत कर्मों पर काम कर रही है। परिवार के नाम पर आपको उस आत्मा के सफ़र में बाधा डालने का कोई अधिकार नही है। यदि आप फिर भी ऐसा करते हैं, तो आप स्वयं के लिए भी कर्मा बना रहे है।

ये ही क्रिशन ने कौरवों को समझाया था, और यही मेरे परिवारजनों को, कि सही का साथ दो और अपनी बुराई को छोड़ दो। किंतु कोई नहीं समझा। **क्रिशन परिवार नहीं तोड़ता, वो तो परिवार में सही तरीक़े से रहना सिखाता है। क्यूँकि जीवन का असली आनंद तो इसी में है।**

क्रिशन, महभारत का युद्ध केवल तब कराता है, जब इसके अलावा कोई विकल्प नही बचता! यदि बुराई करने वाला व्यक्ति, अपनी आत्मा के अनुरूप आचरण करे, तो युद्ध की आवश्यकता ही नही होगी।

असली परिवार वो होता है, जहाँ सब एक दूसरे से प्रेम के भाव मन में रखते हुए, एक-दूसरे को आदर-सम्मान देते हुए, एक दूसरे के निर्णयों को एवं उनकी स्वतंत्रता को महत्व देते हुए, साथ-साथ सुख-दुःख बाँटते है। यदि परिवार का कोई सदस्य धर्म को भूल भी जाए, तो उसको उसका धर्म याद दिलाते है, ना कि उसके मोह में पडकर ख़ुद भी अधर्मी बन जाते है।

मेरे सवाल, क्रिशन के जवाब

मुझे निर्णय लेना था और जब तक मेरे प्रश्नों के मुझे उत्तर नही मिल जाते, और मुझे संतुष्टि नही हो जाती कि मैं अधर्म नही करने जा रही, तब तक मैं कोई भी निर्णय नही ले सकती थी। मेरी समस्या का समाधान करने के लिए क्रिशन ने मेरे प्रश्नों के उत्तर देने शुरू किए। उसने मेरे आस-पास उन लोगों को भेजना शुरू कर दिया, जिनके पास मेरी उलझन दूर करने वाले मेरे उत्तर थे।

डिवॉर्स - सही या ग़लत?

यदि विवाह को तोड़ना पाप है, तो फिर मेरा डिवॉर्स सही कैसे है?

मेरा विवाह को तोड़ना कितना सही है, इसका उत्तर पहले तो क्रिशन ने मुझे, “The Spiritual laws of the Universe” किताब से दिया, फिर योगानंद की “2nd Coming of the Christ” से JESUS के शब्दों के रूप में दिया।

- विवाह का अर्थ ये नहीं है कि दूसरा इंसान आपकी या आपके परिवार की सम्पत्ति बना गया है।
- विवाह का अर्थ ये भी नहीं है कि विवाह के नाम पर आप अपने साथी को पिंजरे में क़ैद कर लो, जिसमें उसका दम घुटने लगे।
- यदि इस सम्बंध में किसी भी तरह का अनुचित व्यहवार, या हिंसा किया जा रहा है - चाहे शब्दों से, चाहे शरीर से, चाहे कर्मों से - तो ऐसे विवाह में रहने को ईश्वर किसी को नहीं कहते।
- यदि आप अपने काम को बड़ा और साथी के काम को छोटे स्तर का मानते है, या आर्थिक शक्ति एक ही हाथ में रहती है और दूसरा इंसान अपनी इच्छा से अपना जीवन नहीं जी पा रहा होता, तो ये विवाह भी विवाह नहीं है।

- विवाह का अर्थ होता है कि दो लोग स्वेच्छा से, एक दूसरे के जीवन को समझते हुए, उसकी स्वतंत्रता का सम्मान करते हुए, प्रेम से एक दूसरे के सुख-दुःख बाँटते हुए, साथ-साथ अपने जीवन का सफ़र तय करे और एक-दूसरे को उसके आत्मस्वरूप को पाने में उसकी मदद करें।

- विवाह एक साझेदारी है, जो ज़ोर-ज़बरदस्ती से नहीं; समझ से और बराबरी से चलती है। अधिकार और ज़िम्मेदारी, दोनो बराबर बाँटे जाते है। किसी की आत्मा कष्ट में नहीं होती। दोनो अच्छे दोस्तों की तरह से साथ-साथ चलते है और एक दूसरे के प्रति ईमानदार रहते है।

- यदि वाद-विवाद हो भी जाते है, तो दोनो पक्ष एक दूसरे को सुनते है, समझने की कोशिश करते है, और बिना किसी अहम के जहाँ ग़लत होते है, उसको स्वीकार कर बदल लेते है।

- विवाह दो आत्माओं के मिलन का नाम है - परिवारों का, या समाज का नही। यदि एक विवाह में दो आत्माएँ ही एक ना हो पायी, तो बाक़ी कुछ मिले या ना मिले, उसका कोई अर्थ नही रह जाता।

क्यूँकि मैं कोई भी ग़लत काम नहीं करना चाहती थी, इसलिए मुझे ठोस प्रमाण चाहिए था। अब क्रिशन ने ये काम मेरे आयुर्वेदा के अध्यापक से करवाया। उन्होंने मुझे बहुत ही साधारण भाषा में समझाया कि, “यदि शरीर का कोई हिस्सा ख़राब हो जाए, और बाक़ी शरीर में भी ज़हर फैलाने लगे, तो उसको शरीर से अलग करना ही समझदारी होती है, ताकि बाक़ी के शरीर को बचाया जा सके। तुम्हारे विवाह में तुम्हारी आत्मा ही मरने लगी है, जब आत्मा ही बीमार हो जाएगी, तो जीवन किसके लिए जियोगी? आत्मा को बचाना, एक रिश्ते को बचाने से कहीं ज़्यादा आवश्यक है। रिश्ते तो बदलते रहते है, पर आत्मा नहीं बदलती। पहले आत्मा को बचाओ।”

डिवॉर्स के दुष्परिणामों की ज़िम्मेदारी किस पर है?

मेरे फ़ैसले का बच्चों के भविष्य पर बुरा असर हो सकता है। क्या मैं पाप नहीं कर रही?

मैंने कहा: मेरे निर्णय से बच्चों का जीवन बर्बाद हो जाएगा। मैं ख़ुद को इसके लिए कभी माफ़ नहीं कर पाऊँगी।

क्रिशन ने कहा: क्या तुम बच्चों की ज़िम्मेदारी से भागना चाहती हो?

मैंने कहा: बिलकुल नहीं, मैं तो उन्हें मेरे साथ रखना चाहती हूँ, ताकि मैं उनकी ठीक से परवरिश कर सकूँ। अगर ये परिवार टूटा, तो उनको दुःख मिल सकता है। मुझे ऐसा लगता है, कि इसके लिए मैं ज़िम्मेदार हूँ। मैं विवाह में रहकर शायद उन्हें दुःख से बचा सकती हूँ।

क्रिशन ने मुझसे फिर से प्रश्न किया: क्या दुनिया की कोई भी माँ अपने बच्चे की क़िस्मत बना या बिगाड़ सकती है। क्या उसके कर्म बदल सकती है? क्या उसको दुःख से बचा सकती है?"

मैं चुप थी। मेरे पास इस बात का कोई उत्तर नहीं था।

क्रिशन ने मुझे आगे समझाया: अगर सच में कोई माँ अपने बच्चों के भाग्य के लिए ज़िम्मेदार है, तो फिर तुम्हारे जीवन में दुःख क्यूँ है? तुम्हारी माता ने तो पति का साथ दिया, दुःख सहे, पति साथ छोड़ भी गया, पर फिर भी वो उसका परिवार सम्भालती रही, फिर तुम्हारा भाग्य वो क्यूँ नहीं बदल पायी? कैसे तुम्हारे जीवन में इतना दुःख आ गया, जिसका कारण कोई नही, तुम्हारी ख़ुद की माँ ही बन गयी?

तुम्हारे माता-पिता ने तुम्हारा विवाह तुम्हारी पसंद से ना करके अपनी पसंद से कराया ताकि वो भविष्य में आने वाले दुखों से तुमको बचा सकें। फिर भी क्या तुम सुखी हो?

क्रिशन ने आगे कहा: हर इंसान अपना प्रारबध पहले से लेकर आता है, उसी के हिसाब से उसके जीवन में परिस्थितियाँ बनती है। जैसे तुम अपना प्रारबध लेकर आयी थी, वैसे ही ये बच्चे भी अपना प्रारबध लेकर आए है, फिर तुम इसका इल्ज़ाम ख़ुद को क्यूँ दे रही हो? इसकी ज़िम्मेदार तुम नहीं हो, तुम्हारे साथ तो ग़लत हो रहा है, और तुम केवल ग़लत के ख़िलाफ़ आवाज़ उठा रही हो, जो तुम्हारा धर्म है।

उसकी बातों से मेरे अंदर एक हलचल सी होने लगी। मुझे सब समझ तो आ रहा था, फिर भी मैं मानना नही चाह रही थी। मैं सारा दोष ख़ुद को ही दिए जा रही थी।

अब क्रिशन ने मुझे समझाया: डिवॉर्स के ज़िम्मेदार वो सब लोग है, जो ग़लत को चुपचाप होता देख रहे है। जो चाहे तो सही का साथ देकर सब ठीक कर सकते है, पर ये सब लोग अधर्म के साथ खड़े है। दुराचारी का साथ दे रहे है, और निर्दोष से बलि माँग रहे हैं।

यदि बच्चों के भविष्य की ज़िम्मेदारी हक़ीक़त में किसी पर है, तो वो है उनका पिता जो उनके मन में तुम्हारे लिए नफ़रत का ज़हर भर रहा है, बिना इस बात की परवाह किए कि इसका उनके कोमल मन पर और आने वाले भविष्य पर कितना बुरा प्रभाव पड़ेगा। वो उनकी नज़रों में माँ शब्द के लिए घ्रना भर रहा है....उस माँ के लिए, जो बच्चे के जीवन का आधार होती है। जिसे देखकर वो संसार की दूसरी स्त्रियों का सम्मान करना सीखते है। वो बच्चों से उनकी माँ को छीन रहा है, केवल कुछ पैसे बचाने के लिए? और समाज में अपनी ग़लतियों पर पर्दा डालने के लिए?

उनके दादा-दादी, जो अपने ख़ून को सही साबित करने के लिए किसी भी हद तक जाने को तैयार है, जो ये भूल गए है की बच्चों पर सबसे पहला अधिकार उसको जन्म देने वाली माँ का होता है ना कि परिवारजनो का। नौ माह अपने गर्भ में रखने की पीड़ा, और बच्चे के जन्म की पीड़ा केवल एक माँ ने सही होती है, इसलिए बच्चे पर सर्वप्रथम अधिकार भी उसी माँ का होता है।

वो जानते है कि तुम बच्चों की परवरिश ख़ुद करना चाहती हो, तुम्हारी कमज़ोरी का लाभ उठाकर वो तुम्हें बच्चों से दूर रहने को विवश कर रहे हैं। उनका तो फ़र्ज़ है की अपने बेटे को सही मार्ग पर चलने को प्रेरित करे, पर वो तो उसके पाप के भागीदार बन रहे है!

इसके ज़िम्मेदार है तुम्हारे माता-पिता, भाई-बहन - जिनके पास पैसे की, समाज की शक्ति है, जिनका समाज अनुगमन करता है। जिनका धर्म है, कि सही कर्म चुनकर समाज में भी धर्म की स्थापना करे, किंतु उन्हें तो अपने लोभ और अहंकार के आगे कुछ भी नहीं दिख रहा।

वो सब परिवार वाले ज़िम्मेदार है, जिन्होंने आँखों पर पटटी बाँध ली है, ताकि उन्हें सच दिखना ही बंद हो जाए।

ये सब धर्म का नही, रिश्तेदार का साथ दे रहे है। दोषी तो ये सब है, तुम नही।

ग़लत करने वाला तो ग़लत होता ही है, ग़लत का साथ देना वाला भी ग़लत है। और जिसको सही और ग़लत की समझ है, किंतु फिर भी वो आँखों पर पट्टी बाँध कर ग़लत को होने देता है, सबसे बड़ा पापी तो वो ही है।

याद रखो, ग़लत करने वाला तो ग़लत होता ही है, ग़लत का साथ देना वाला भी ग़लत है। और जिसको सही और ग़लत की समझ है, किंतु फिर भी वो आँखों पर पाटी बाँध कर ग़लत को होने देता है, सबसे बड़ा पापी तो वो ही है। ठीक वैसे ही जैसे महाभारत का युध द्रौपदी, या दुर्योधन की वजह से नहीं हुआ था। युध के ज़िम्मेदार थे युधिशठर, भीष्म, धृतराष्ट्र, द्रोणाचार्य, कर्ण, और वो सब जिनके पास अधिकार थे, ज्ञान था, सही-ग़लत को समझने की शक्ति थी, फिर भी सबने धर्म के नाम पर अधर्म का पक्ष चुना।

जिन बच्चों की तुम इतनी फ़िक्र कर रही हो, क्या वो कभी भूले से भी तुम्हारे बारे में सोचते है? कभी तुमसे मिलने की चेष्टा करते है? वो तो आराम से

अपने परिवारजनों के साथ उत्सव मनाते है। उनका घर टूटने वाला है और उन्हें जन्मदिवस, नया साल, और घूमने-फिरने में रुचि हो रही है? फिर तुम क्यूँ मन पर इतना बोझ लेकर जी रही हो?

मन से बोझ हटाओ। तुम अपने कर्म सही रखो, और नियति को अपना काम करने दो। जो भी हो रहा है, वो सबकी नियती है। अपनी नियती के लिए हर इंसान स्वयं ही ज़िम्मेदार है।

तुम्हें ऐसा प्रतीत हो रहा है कि ये युद्ध तुम शुरू कर रही हो, वास्तव में युद्ध तो उसी दिन शुरू हो गया था, जिस दिन तुम्हारे पिता ने तुम्हें एक वस्तु जानकार इस विवाह में आजीवन के लिए बाँध दिया था।

क्या स्त्री पुरुष पर निर्भर है?

क्या एक स्त्री को हमेशा किसी पुरुष के संरक्षण में रहना होगा?

क्रिशन ने कहा: स्त्री या पुरुष, दोनो की रचना करते हुए मैंने इन दोनो में स्त्री और पुरुष के बराबर गुण डाले थे। किंतु ये दोनो ही मायावी संसार में ख़ुद को अपने शरीर से पहचानने लगे। स्त्रियों ने अपने कोमल शरीर के कारण ख़ुद को कमज़ोर जान लिए, और पुरुषों ने ख़ुद को ताक़तवर।

वास्तविकता तो ये है की स्त्री को किसी पुरुष के सहारे की नही, अपितु अपने अंदर की पुरुष शक्ति को जागृत करने की ज़रूरत है। जो स्त्री ये करना सीख जाती है, वो बिना किसी पुरुष के निर्भिक होकर अपना जीवन जीती है। और फिर मैं भी तो साथ हूँ, जब मैं हूँ, तो क्या कभी कोई संकट तुम्हें छू सकता है? मैं तुम्हें इतना मज़बूत बना दूँगा की तुम्हें कभी किसी पुरुष पर आश्रित होने की ज़रूरत ही नही रहेगी। और ज़रा सोच कर देखो, क्या वास्तव में तुम किसी पुरुष के साथ सुरक्षित हो?

यदि वास्तव में कोई भी स्त्री या पुरुष किसी के साथ सुरक्षित है, तो वे केवल वही है, जो उनकी आत्मा को बुराई के मार्ग पर चलने से बचाए। इसलिए चाहे

दोस्त हो, चाहे प्रेमी, चाहे पति - ये अत्यावश्यक है कि साथी का चुनाव सही हो। अगर एक अज्ञानी के हाथ में अपनी सुरक्षा की ज़िम्मेदारी दे दोगी, तो वो ख़ुद तो डूबेगा, साथ में तुम्हें भी लेकर डूबेगा।

ऐसे किसी पुरुष के साथ रहने से तो अच्छा है कि अकेली रहो। मैं इतनी सारी गोपियों की रक्षा कर सकता हूँ, द्रौपदी के लिए आ सकता हूँ, मीरा के लिए आ सकता है, तो क्या अपनी प्रिय बहन के लिए नहीं आऊँगा?

इस तरह मेरी इस समस्या का भी मुझे उत्तर मिल गया। अगला प्रश्न था कि वक़ील कहा से ढूँढू? किसी को जानती ही नही थी।

एक अच्छा वक़ील कौन?

एक अच्छा वक़ील कहाँ से ढूँढू?

मै परेशान थी कि वक़ील कहाँ से ढूँढू? मैं तो किसी को जानती ही नहीं थी।

लेकिन क्रिशन के पास तो मेरे हर ताले की चाबी रहती थी। उसने मेरे लिए एक ख़ास वक़ील का पहले से ही चयन किया हुआ था। वो दुनिया का सबसे अच्छा वक़ील तो नहीं था, पर मेरे मुक़दमें को लिए वो सर्वश्रेष्ठ ही था।

मुझे मेरे लिए वक़ील को ढूँढने जाने की भी ज़रूरत नही पड़ी। क्रिशन ने उसको ख़ुद मेरे घर तक भेज दिया। उसका नाम था उदित।

उदित मेडिटेशन सीखना चाहता था, वही ढूँढता हुआ वो मुझ तक पहुँचा।

मेरे घर में जगह-जगह लगे कैमरा देखकर उदित को कुछ अजीब सा लगा। उसके पूछने पर मैंने उसको बता दिया की मुझ पर नज़र रखने के लिए इन लोगों ने हर कमरे में कैमरा लगाएँ है। और कोई भी इन्हें हटाने में मेरा साथ नही दे रहा। मेरी मजबूरी है, मुझे ऐसे ही रहना होगा।

उसने बोला: ये तो आपके साथ बहुत ग़लत हो रहा है। ऐसे कोई किसी भी महिला को नज़रबंद नही कर सकता। ये तो एक तरह का मानसिक शोषण है। आपको ये सब नहीं सहना चाहिए। आप एक अच्छी इंसान हो। अगर आप चाहोगी, तो मैं आपका मुकदमा ज़रूर लड़ना चाहूँगा।

मेरी परिस्थिति देखकर वो थोड़ा भावुक हो गया और बोला: आज तक मैंने बहुत सारे ग़लत लोगों को बचाया है, आज एक अच्छे इंसान की मदद करके थोड़ा सा पुण्य मुझे भी कमा लेने दीजिए।

इतना ही नहीं, उसने मुझसे बहुत ज़्यादा फ़ीस भी नहीं माँगी।

बस इतना कहा कि, "जिस दिन मैं आपको जिता दूँ, उस दिन आप प्रेम से मुझे कुछ भी दे देना। चाहे एक 100 रुपए का नोट ही दे देना, मेरे लिए वो भी अनमोल होगा। किसी अच्छे इंसान की दुवाओं से बरकत आती है।"

उदित के इन शब्दों ने मेरा मन छू लिया और मैंने तभी मन में निश्चय किया की मुझे जो भी पैसे मिलेंगे, उसका 5% मैं उसको उपहार के रूप में दे दूँगी। वो कितना होगा पता नही!

और मैंने वास्तव में अपनी बात को पूरा किया। हालाँकि मेरा केस बहुत कम पैसे में निपटा था, किंतु, मैंने अपना वचन निभाया और ईमानदारी से उसको 5% दे दिया।

जब हम पैसे की बात कर रहे थे तो कुछ क्षणो के लिए उदित कही खो गया, और बोला, "मुझे ऐसा क्यूँ लग रहा है, कि ये सब पहले हो चुका है? मैं पहले भी आपसे इसी तरह से यही बातें कर चुका हूँ?"

जो उदित के लिए अजीब था, वो मेरे लिए अजीब नही था। उदित ख़ास तौर पर मेरे केस के लिए चुना गया था। इसलिए उसके सूक्ष्म शरीर ने पहले ही एस्ट्रल ट्रैवल करके भविष्य में होने वाली घटना को देख लिया था। जिससे उसको भी ये यक़ीन आ गया था कि, मेरे केस से उसका कोई सम्बंध अवश्य ही है।

उदित ने हर जगह मेरी रक्षा एक बड़े भाई की तरह से ही की। मुझे उससे डर नही लगता था, अपितु उसके साथ मैं ख़ुद को और अधिक महफ़ूज़ पाती थी।

जितनी मैं डरपोक थी, वो उतना ही दिलेर। धर्म से वो एक सिक्ख था। सिक्खों की निडरता और दिलेरी उसमें कूट-कूटकर भरी थी। वो मेरे अंदर की सोयी हुयी दुर्गा की शक्ति को जगा रहा था।

यहाँ वो मेरा प्रशिक्षक था, जो केवल मेरा केस नहीं लड़ रहा था, मुझे बहादुर बनना भी सिखा रहा था। उसकी बहुत सारी अच्छी बातों में एक थी, उसकी ईमानदारी। बहुत बार योगेश ने और विशाल ने उसको पैसे का प्रलोभन देकर मेरा केस छोड़ने को कहा, पर वो कभी नहीं बिका।

वो हमेशा एक ही बात कहता था, "जब पैसे चाहिए होंगे, आपसे माँग कर ले लूँगा, पर ऐसा काम कभी नही करूँगा। अपने मुव्वकिल को धोखा देना मैंने नहीं सीखा।"

बहुत बार हमारी छोटी-छोटी बातों पर नोक-झोंक भी हो जाती थी। मैं कुछ ज़्यादा ही धर्म की बात करती और वो भौतिक संसार की वास्तविकता की। किंतु जब तक उसने मुझे आज़ाद नहीं करवा दिया, मेरा साथ नहीं छोड़ा।

उसने मेरी वकीलों के लिए बनी धारना को भी बदल दिया। मुझे समझ में आ गया कि बुरा-अच्छा कोई अपने काम से नहीं होता, अपितु कर्मों से होता है। और आज ईश्वर एक वक़ील का रूप लेकर आया था। ऐसा वक़ील तो केवल क्रिशन ही ढूँढ सकता था।

आंतरिक विकारों को कैसे दूर करे?

क्रिशन के पास मेरी सब समस्याओं के हल पहले से तैयार थे। उसने मुझे अब हीलिंग की शक्तियाँ देनी शुरू कर दी। इन शक्तियों ने मेरे सूक्ष्म शरीरों में जाकर मेरी कमज़ोरियों को दूर करना शुरू कर दिया। मेरी सब कमज़ोरियाँ

एक-एक करके दूर होने लगी। मेरे भाव संतुलित होने लगे। मेरे डर कमज़ोर पड़ने लगे।

तरह-तरह के आंतरिक विकार जैसे - भावुकता, निर्णय लेने की कमी, आत्मविश्वास की कमी, एवं अन्य कई तरह के डरों के साथ मैं इस दुनिया में कैसे अकेले रहूँगी?

मेरा मस्तिष्क शांत रहने लगा, जिससे मेरी एकाग्रता बढ़ गयी, और मैंने मेरे लिए सही निर्णय लेना शुरू कर दिया। मेरी चेतना बढ़ने लगी, जिसमें मुझे धर्म-अधर्म ख़ुद ही समझ में आने लग गया।

ये सब एक दिन में नहीं हुआ, इसमें बहुत वक़्त लगा, किंतु हर रोज़ मेरा कुछ हिस्सा हील होने लगा। मेरे गुस्से पर मेरा नियंत्रण होने लगा। हर तरह के मानसिक तनाव में मैं संतुलन स्थापित करना सीख गयी।

और इतना ही नही, हीलिंग ने मेरी पाँचो इंद्रियों की शक्ति भी बढ़ा दी, उनपर मुझे नियंत्रण करना तो मुझे सिखा ही दिया; अपितु, मेरी छठी इन्द्रिय की शक्ति को भी जागृत कर दिया। अब मैं लोगों के मन और उनके चेहरे पढ़ना भी सीख गयी। मुझे लोगों का ऊर्जा-आवरण भी पढ़ना आ गया था। आने वाले ख़तरे का पूर्व आभास भी होने लगा था, जिससे मुझे ख़ुद को सुरक्षित करना आ गया। और इस तरह से उसने मुझे बाहर कि दुनिया में सफ़र करने के लिए तैयार किया।

आजीविका कैसे चलेगी?

आजीविका मेरी सबसे बड़ी समस्या थी। और मेरी ही नही, ये तो हर इंसान की समस्या है। हम सब भौतिक संसार में एक भौतिक शरीर में रहते है। इस शरीर की कुछ ज़रूरते है, जिन्हें हमें पूरा करना पड़ता है। यदि हम इस शरीर की देखभाल नही कर पाएँगे, तो ये बेकार हो जाएगा और जीवन का सफ़र रुक जाएगा।

संसार में हर वस्तु के लेन-देन का माध्यम पैसा है। रहने को घर चाहिए, खाने को भोजन, शरीर को सर्दी, गर्मी, धूल इत्यादि से बचाने को कपड़ा। इसके अतिरिक्त भी जीवन की बहुत सारी ज़रूरतें है, जिनकी पूर्ति के लिए हमें पैसे की प्रतिदिन ज़रूरत होती है।

कुछ को ये पैसा बना-बनाया मिल जाता है, जैसे की योगेश को मिला था। और कुछ को स्वयं बनाना होता है, जैसे की मेरे पिता ने किया। इस तरह ज़रिया चाहे जो भी हो, किंतु पैसा तो सबको चाहिए! और लगातार चाहिए।

मुझे ना तो पैसा कमाना ही आता था, ना ही मेरे पिता ने मुझे कुछ दिया था, ना ही मुझे ख़ुद पर विश्वास ही था कि मैं पैसा कमा सकती हूँ! ऐसे में कैसे जीवन की ज़िम्मेदारी उठा लूँ? कैसे इतना बड़ा निर्णय लूँ, जिसका भविष्य केवल अंधकारमय दिख रहा था?

क्रिशन ने इसका भी समाधान ढूँढ लिया था। उसने मुझे रेकी मास्टर बना दिया। इतना ही नहीं, लोगों को मेरे पास भेजना भी शुरू कर दिया। कब मैंने पैसे कमाना शुरू कर दिया, मुझे तो पता ही नहीं चला। कभी कुछ काम आ जाता, तो कभी कुछ। कहाँ से काम आता, मैं नही जान पाती थी, पर मेरी ज़रूरत के हिसाब से आ ही जाता था। अब थोड़ा-थोड़ा विश्वास होने लगा था कि मैं आगे का जीवन संभाल लूँगी।

सारी उलझने तो क्रिशन ने हटा दी थी। अब बस शुरू करने से पहले एक आख़िरी ठप्पा चाहिए था अपने फ़ैसले पर।

अब तो क्रिशन ख़ुद ही आ गया!

क्रिशन का साई राम रूप

एक दिन ख़ुद को साई राम कहने वाला एक व्यक्ति जाने कहाँ से मुझे ढूँढता हुआ मेरे घर आ गया। सर से पाँव तक, सब श्वेत।

मैंने कहा: आपका नाम क्या है?

उसने बोला: साई राम।

बातें ऐसे कर रहा था, जैसे मेरा मन पढ़ रहा हो।

मुझे कहने लगा: क्या मैं आपको बहन बुला सकता हूँ?

मुझे क्या ऐतराज़ होना था?

मैंने कहा दिया: ज़रूर।

मेरे मन में विचार आया की शायद ये मेरे लिए कोई काम का अवसर लाया होगा।

इतने में वो बोला: बहन, आप ये मत समझना की मैं कोई काम के सिलसिले में आपसे मिल रहा हूँ। मैं तो पत्रिका में आपका विज्ञापन देखकर आया हूँ। मुझे आपसे कोई काम नहीं है, बस मन में इच्छा हुयी मिलने की, तो मैं चला आया।

वहाँ कमरे में मेरे राधा-क्रिशन की मूर्ति थी। इसका सब श्रिंगार मैंने ख़ुद किया था। ये मेरे लिए केवल मूर्ति नहीं थी, स्वयं क्रिशन था। इस मूर्ति को मैं राखी बाँधती थी, दुःखी होती तो गले से लगा लेती थी, प्रसन्न होती तो इसको अपनी बातें बताती थी।

साई राम ने मूर्ति को देखकर बोला: इसमें तो बहुत तेज़ है, जैसे इसमें प्राण प्रतिष्ठित हो।

मैंने कहा: वो तो मैं नहीं जानती, मेरे लिए तो ये मेरा भाई है।

वही कमरे में एक बड़ी से फ़ैमिली फ़ोटो थी। विशाल की फ़ोटो देखकर उसने पूछा: ये कौन है?मैंने बता दिया।

उसने कहा: लगता है तुम्हारे बीच कोई परेशानी चल रही है।

मैंने कह दिया: हाँ, मैं डिवॉर्स लेने के बारे में सोच रही हूँ, पर समझ नहीं पा रही हूँ की क्या करूँ?

उसके होंठों पर मधहम सी मुस्कान आयी। वो मुझे ये ही सब तो समझाने आया था की मुझे क्या करना चाहिए।

उसने पूच्छा: मान लो ये सुधर जाए, तो?

मैंने उसकी बात पर विचार किया, और कहा: मुझे ख़ुशी होगी इसमें बदलाव देखकर। लेकिन मैं अब इसको एक दोस्त के रूप में तो अपना सकती हूँ, पर पती के रूप में नहीं। मेरी आत्मा इस सम्बंध को, जो कभी बना ही नहीं था, और मुझ पर थोप दिया गया था, अब त्याग चुकी है। अब मैं थक गयी हूँ, इस झूठे जीवन से। अब मैं केवल सच को जीना चाहती हूँ।

साई राम ने कहा: उत्तर तो तुम्हारे पास है। अब क्या सोच रही हो, आगे बढ़ो। जो सम्बंध कभी था ही नहीं, उसका बनाना क्या और टूटना क्या?

क्या अध्यात्म का अर्थ संसार के रिश्ते, सुख साधन, धन को त्याग देना है

अब मुझे स्पष्ट उत्तर मिल गया था, वो एक चीज़ जो मुझे रोक रही थी, वो भी हट गयी।

उसने मेरे अंदर उठने वाले और भी प्रश्नों के उत्तर दिए। मैंने हमेशा से ये

ही सुना था की ईश्वर की तरफ़ जाने का अर्थ है, संसार के सुख-साधन त्याग देना। मुझे लगता था कि शायद अब मुझे एक साधारण जीवन जीना है।

जिस समाज में मेरा जन्म हुआ था, वहाँ विवाह के बाद जीवन की उड़ान पर पूर्ण-विराम लग जाता था। पती नहीं, तो जीवन भी नहीं।

एक विधवा स्त्री को सफ़ेद रंग में क़ैद कर दिया जाता है, एक तलाकशुदा को चरित्रहीन बताकर उससे सम्मानपूर्वक जीवन जीने का अधिकार छीन लिया जाता है। दूसरे शब्दों में कहे तो, आदमी चाहे किसी भी आयु का हो, कितनी ही शादियाँ कर चुका हो - उसको अविवाहित, विवाहित, विधवा, तलाकशुदा, और पारिवारिक स्त्री - सब पर ग़लत नज़र डालने का पूर्ण अधिकार है; किंतु ये ही आदमी एक औरत पर ग़लत नज़र ना डाले, इसके लिए, औरत को पिंजरे में बंद कर दिया जाता है?

कोई भी स्त्री, एक पुरुष के बिना भी अपने आपमें सम्पूर्ण है। स्त्री होने से पहले वो एक आत्मा है।

आदमी आसानी से कह देता है कि, “ईश्वर ने उसको ऐसा ही बनाया है, वो अपनी कामुक इच्छाओं को नियंत्रित नही कर सकता। तो अच्छा है की एक स्त्री को ही पिंजरे में बंद कर दो?

या तो बिना पुरुष के वो सन्यास ग्रहण कर ले, या दूसरा विवाह कर ले, या फिर समाज से छुपाकर किसी पुरुष के साथ अवैध सम्बंध स्थापित कर ले ताकि वो उसकी देखभाल करता रहे!

बस इतने में ही समाज ने एक लड़की के जीवन को परिभाषित कर दिया, मानो पुरुष के बिना उसका कोई अस्तित्व ही नही है?

ये ही सब सवाल मेरे अंदर भी चल रहे थे, कि डिवॉर्स के बाद ये समाज मुझे सम्मानपूर्वक जीने नही देगा, किसी पुरुष पर मैं कभी आश्रित होऊँगी नहीं, तो क्या अब मेरे लिए सन्यास लेना ही एक विकल्प है? क्या मुझे भी सब त्याग

कर एक सादा जीवन जीना है? क्या क्रिशन की शरण में जाने का अर्थ संसार के सुख, एवं सपनों को त्याग देना है?

साई राम ने मुझे कहा: ईश्वर को तो मैं भी बहुत मानता हूँ, किंतु तुमसे मिलने तो मैं कार में ही आया हूँ। बाहर इतनी धूप है, शरीर को गरमी लगेगी तो ठंडी हवा भी दी जाएगी; सर्दी लगेगी, तो उससे भी बचाव कराया जाएगा। फिर तुमने ये क्यूँ सोच लिया की क्रिशन के पास जाने का अर्थ है, सुविधाओं को त्याग देना। सुविधा को नहीं त्यागना, उसके साथ आए मोह, लोभ, अहंकार, जैसी बुराइयों को त्यागना है।

अगर तुम्हारा जन्म किसी आदमी के लिए हुआ था, तो ईश्वर तुम्हें उसके साथ ही भेजते। पर तुम तो अकेले आयी थी, और अकेले ही जाओगी। फिर अपने वजूद को किसी से बाँधकर, जीवन के प्रवाह को क्यूँ रोक रही हो? एक सम्बंध टूटने का अर्थ ये नहीं है, की अब तुम्हें जीने का अधिकार नहीं रहा। सम्बंध बनाओ, बस ग़लत तरीक़े से मत बनाओ। और उससे भी बड़ी बात.....जीवन साथी का चयन इस बार किसी कमज़ोरी में मत करना, किसी पर आश्रित होने के लिए मत करना। उसी को चुनना, जो वास्तव में तुम्हारे साथ चलने के योग्य है।

उसने मेरे मन पर पड़ा सब बोझ हटा दिया, मुझे मुझ पर और मेरे लिए हुए निर्णय पर यक़ीन दिला दिया।

मेरा मन अब बहुत शांत था।

फिर मुझे भ्रमित करने के लिए उसने मेरे रेकी मास्टर का पता पूच्छा। वो भी मेरी ही तरह से क्रिशन को बहुत मानते थे। मैंने उनका पता साई राम को बता दिया।

जब मैं उनसे मिलने गयी, तो मैंने साई राम को वहाँ फिर से देखा और अपने मास्टर से पूच्छा, “क्या आपको ये आदमी ठीक लगता है?”

वो अंदर मेडिटेशन कर रहा था, पर मेरे प्रश्न पर मंद-मंद मुस्कुरा रहा था। जैसे मानो सब क्रिशन की ही लीला हो। आ भी गया, समझा भी गया, और अपने आने को राज भी बना दिया।

पर मेरी आत्मा जान गयी थी, कि ये तो क्रिशन ही था, जो इंसान का रूप लेकर आया था।

इस तरह से क्रिशन ने मेरे हर प्रश्न का उत्तर देकर मुझे सही निर्णय लेने में मदद की। जब मेरे सब प्रश्नों के उत्तर मुझे मिल गए तो मैं चिंतामुक्त हो गयी। अब मुझे ये समझ आ गया था कि मुझे क्या करना है।

राधेकृष्णा

प्रश्न: धर्मसंकट क्या है?

उत्तर: धर्मसंकट एक ऐसी स्थिति है जिसमें हमारे अंदर दो अलग-अलग आवाज़ें चल रही होती है। एक होती है, हमारी आत्मा की आवाज़; दूसरी होती है बाहर के लोगों की आवाज़। आत्मा की आवाज़ आत्मा का धर्म बता रही होती है, और समाज की आवाज़ हमें सामाजिक धर्म समझा रही होती है। दोनों में ही हमें धर्म दिखता है, किंतु एक-दूसरे से भिन्न! हम किसका पालन करें, हम समझ नही पाते। यही होता है हमारा धर्मसंकट।

ज्ञान के मोती

- जो काम शांति से सम्पूर्ण हो जाए, वो सबसे अच्छा है। किंतु शांति का अर्थ किसी का अधिकार मारकर, या उसके साथ ग़लत करके, उसको चुप रहने को कहना नही है। शांति का अर्थ है, दोनो पक्षों के अधिकारों की रक्षा हो, और दोनो पक्ष इसका सम्मान करे। यदि बुराई करने वाला आपकी विनम्रता को और आपकी अच्छाई को आपकी कमज़ोरी जानकार नज़रंदाज कर रहा हो, तो अब उसको अपनी शक्ति दिखाने का वक़्त आ गया है।

04

कर्मों से मुक्ति का अवसर

क्रिशन सदैव रिश्ते तोड़ने से पहले जोड़ने की चेष्टा करता है, लड़ने से पहले समझौते की चेष्टा करता है। वो किसी भी बुराई का अंत करने से पहले बुराई करने वाले को अपनी ग़लती का प्रायश्चित करने का एक अवसर ज़रूर देता है। ये ही उसने कौरवों के साथ किया था, और यही उसने मेरे सम्बन्धियों के साथ किया।

क्या कोई परिस्थिति किसी एक इंसान की वजह से बनती है?

जहाँ एक तरफ़ क्रिशन मुझे लड़ने के लिए तैयार कर रहा था, वहाँ वो हर काम में बहुत वक़्त भी लगा रहा था। मैं चाह रही थी कि जो होना है, तुरंत हो जाए, किंतु क्रिशन कैसे तुरंत करता?

कोई भी परिस्थिति किसी एक इंसान की वजह से नही बनती, उसमें बहुत से लोगों के कर्म शामिल होते है। हमें ऐसा लगता है कि किसी एक व्यक्ति की वजह से ये परिस्थिति आयी है, किंतु ऐसा कदापि नही होता दोस्तों। एक वक़्त में बहुत से लोग अपने-अपने कर्म पर काम कर रहे होते है, और सबको उनका कर्म ठीक करने का उन्हें अवसर दिया जाता है।

मेरी परिस्थिति में मेरे अकेले के कर्म नही थे, अपितु मुझसे जुड़े हर उस व्यक्ति के कर्म शामिल थे, जिसकी किसी भी तरह से इसमें कोई भूमिका रही। आज मैं ख़ुद को भाग्यशाली मानती हूँ, कि ये सब अनुभव क्रिशन ने मुझे आत्मा की जागृत अवस्था में कराया। जहाँ मैं प्रकृति के इन रहस्यों को समझ पायी।

सबसे पहला अवसर तो क्रिशन ने मुझे ही दिया। मैं जानना चाहती थी कि "मेरा जीवन ऐसा क्यूँ है? जबसे जन्म लिया है संघर्ष कर रही हूँ। एक भी सम्बंध, सम्बंध जैसा नही है। जो भी सपना देखूँ, वो ही टूट जाता है।" ऐसा क्या पाप था मेरा?

मेरा अवसर
पाप केवल दूसरों को कष्ट देना नही है।अपनी आत्मा को पीड़ित करना भी पाप ही है।

क्रिशन ने मुझे मेरे पूर्व जन्म दिखाए। मुझे दिखाया कि "किस तरह मैं अपनी अज्ञानता में ख़ुद को कमज़ोर जानकार, अधर्म को धर्म समझकर ग़लत को सहे जा रही हूँ, और इसका विरोद्ध भी नही कर रही। बुद्धी, ज्ञान, शक्तियाँ - सब होने के बावजूद इनका इस्तेमाल ना करके ख़ुद को असहाय समझकर जीवन व्यतीत कर रही हूँ।"

इसीलिए क़ुदरत मुझे बार-बार ऐसी परिस्थितियों में डाल रही है, जहाँ मैं ख़ुद की शक्तियों को पहचानुँ और अपने जीवन को दुखों से मुक्त करवाऊँ।

मेरे लिए विकल्प था, या तो पहले की तरह से सब चलने दो। यूँ ही कमज़ोर बनी रहो, एक दिन तुम्हारा शत्रु तुम्हें ख़ुद ही मार देगा। या फिर, अपनी कमज़ोरियों को दूर करो, थोड़ा खुद पर और थोड़ा ईश्वर पर विश्वास रखो। साहस दिखाओ, और सदा के लिए ख़ुद को मुक्त कर लो। जो भी शक्तियाँ मैंने खो दी थी, मुझे वापस मिल जाएँगी।

पहले विकल्प में केवल हार थी......वो एक चक्रव्यूह है जिसे कभी ना कभी तो तोड़ना ही पड़ता....आज ना तोड़ती, तो अगला जीवन भी बेकार हो जाता; दूसरे विकल्प में कठिनाइयाँ थी, किंतु एक बार पार कर लेती, तो सदा के लिए मुक्त हो जाती।

पहले विकल्प में मैं अंधेरे में अकेली थी....दूसरे में प्रकाश है.....और ब्रह्मांड की सब शक्तियों का साथ था!

मैंने अपने अवसर को गँवाया नही, और अपने कार्मिक चक्र को तोड़ने की तरफ़ बढ़ गयी।

विशाल का अवसर
प्रेम का अर्थ प्रेमी की ख़ुशी है, ना कि अपनी ख़ुशी के लिए उसको दुखी करना!

विशाल को भी क्रिशन में आस्था थी। उसने क्रिशन से प्रश्न किया कि मैं इस तरह से उसके साथ बदला हुआ व्यहवार क्यूँ कर रही हूँ? जो पहले हर बात चुप-चाप मान लेती थी, आज वो उसकी किसी भी बात में नही आ रही!

क्रिशन ने विशाल को उसका पूर्व जन्म दिखाया था। उसने पूर्व में जो मेरे साथ ग़लत किया था, वो सब उसको बताया।

उसने क्रिशन से कहा, "ये तो पुरानी बातें है, मैं अब तो ऐसा नही हूँ।" क्रिशन ने कहा कि, "उसकी आत्मा तुमसे नाराज़ है। यदि तुम सच में बदल गए हो, तो इस जीवन में उसको दुःख क्यूँ दे रहे हो? तुम अपने कर्मों का प्रायश्चित करो, यदि तुम्हारा प्रायश्चित उसकी आत्मा तक पहुँच गया, तो वो तुम्हें माफ़ कर देगी।"

कुछ दिन उसका व्यहवार अच्छा रहा, किंतु उसके पश्चात उसने जो सब पहले किया था, इसी जन्म में करना आरम्भ कर दिया।

इस तरह विशाल ने ईश्वर के दिए हुए अंतिम अवसर का लाभ नही उठाया। ख़ुद को बदलने की बजाय ख़ुद को और अधिक गिरा दिया। और ये अवसर उसके हाथ से चला गया।

हमारे पूर्व जन्मों के सभी समस्कार हमारे अवचेतन मन में सुशुप्त अवस्था में पड़े रहते है, और सही वक़्त आने पर जागृत हो जाते है। अब इसे हम

दुर्भाग्य का नाम दे दे, या समझकर इनसे मुक्ति पा ले। चयन हर इंसान का अपना है...

माँ का अवसर
आश्रित होना है तो पापी पर नही, अपितु ईश्वर पर हो। वो सबको संभाल सकता है।

जिस तरह संसार की कोई भी माता अपने बच्चे को दुःख में नही देख सकती, मेरी माँ भी नही देख सकती थी। उन्होंने कभी भी मन से मेरा बुरा नही करना चाहा, किंतु अपनी कमज़ोरियों की वजह से अनजाने में वो मेरे दुःख का कारण बनती चली गयीं।

वो सबसे बहुत डरती थीं। पहले मेरे पिता पर आश्रित थीं, इसलिए उनकी हर बात को मानना उनकी मजबूरी थी। अब वो अपने बेटे पर आश्रित थीं, तो उसके ख़िलाफ़ जाने की उनमें हिम्मत नही थी।

योगेश ने कहा कि वो मुझसे बात नहीं करेंगी, और मेरी कोई आर्थिक सहायता भी नही करेंगी, तो वो मान गयी। मन में दुखी तो होती रहती थी मेरी तकलीफ़ से, किंतु करती वहीं थी जो योगेश कहता था।

क्रिशन ने बार-बार उनकी चेतना को जगाया और उनको योगेश से डरने की बजाय मेरा साथ देने को कहा। मेरी माँ का हर बार एक ही उत्तर था, "मैं तो कमज़ोर हूँ, मुझसे कुछ नही हो पाएगा"।

वो क्रिशन की नियम से सेवा करती और रोज़ उसका साथ माँगती। क्रिशन ने उनकी प्रार्थना को बहुत पहले ही सुन लिया था। मेरे पिता के सन्यास लेने के बाद अब उनके पास मौक़ा था अपने जीवन को जीने का। मेरे पिता ने घर उनके नाम पर कर दिया था, साथ ही हर महीने उन्हें LIC से पर्याप्त धन भी आता था, जिससे वो आराम से अपना जीवन चला सकती थी। उन्हें केवल एक हिम्मत करनी थी आत्मनिर्भर बनने की, जो उन्होंने नही की। उन्हें बेटे पर

आश्रित होना आसान लगा। वो बेटा, जो उनको सम्मान भी नही देता था। जिसे उनकी भावनाओं की कोई क़द्र नही थी।

और अंत में उसी बेटे की ख़ुशी के लिए उन्होंने भी मेरे लिए झूठी गवाही देकर अपना कर्म बिगाड़ ही दिया। उन्होंने अपने डरों को हराने की बजाय, इस बार भी डरों से हार मान ली, और कर्म अधूरा ही रह गया।

पिता का अवसर
जिस बेटी से पिता होने का अधिकार माँगा, उसको बेटी होने का अधिकार लौटाओ।

मेरे पिता एक धार्मिक व्यक्ति थे, किंतु उनकी धर्म की सभी व्याख्याएँ ग़लत थी। जबसे मेरा जन्म हुआ, मैंने उन्हें ईश्वर की खोज में पाया, किंतु ईश्वर उन्हें कभी नही मिले। उन्हें लगा कि सब बच्चों का विवाह कर देने से उनकी बच्चों के प्रति ज़िम्मेदारी पूर्ण हो जाती है। इसलिए सबका जल्दी-जल्दी विवाह कराकर उन्होंने सन्यास धारण कर लिया।

किंतु ज़िम्मेदारी इस तरह से विवाह करने से पूरी नही होती है। ज़िम्मेदारी पूरी तब होती है, जब आप अपने बच्चों को आत्मनिर्भर बनाना सिखा देते हो, उनमें संस्कार के बीज बो देते हो। उन्हें उनके जीवन को स्वतंत्रता से जीने का अधिकार दे देते हो।

किंतु मेरे पिता ने तो मेरी स्वतंत्रता छीनकर मुझे किसी और से विवाह करने को विवश कर दिया। उन्होंने मुझे आत्मनिर्भर ना बनाकर दूसरों पर निर्भर बना दिया।

मेरे विवाह में तो बहुत पैसा ख़र्च किया, किंतु मेरे भविष्य का कोई प्रबंध नही किया। जो उनका था, बेटे को दे दिया। जो ससुराल वालों का था, उसमें भी मेरा कोई अधिकार सुनिश्चित नही किया।

सन्यास लेने के बावजूद मेरे केस में अड़चनें पैदा की।

मेरा सम्मान उनकी वजह से जा रहा था, इसकी भी उन्होंने परवाह नही थी।

क्रिशन ने उन्हें कई अवसर दिए। वो ना तो अवसर को ठीक से पकड़ ही रहे थे, और ना ही छोड़ रहे थे। अपनी ग़लत धारणाओं की वजह से शायद उन्हें सही-ग़लत समझ नही आ रहा था, किंतु मन में मंथन तो चल ही रहा था।

वो शिव भक्त थे, और मैं भी बचपन से शिव को अपना पिता मानती थी - शायद इसी वजह से उन्हें शिव की आवाज़ सुनायी दे गयी और उन्होंने अपने अवसर का लाभ उठाया। चाहे उनकी मंशा कुछ भी रही, किंतु वो मेरा साथ देने आए। जिस वक़्त पर मुझे उनकी सबसे अधिक आवश्यकता थी, उस वक़्त पर आकर उन्होंने मेरे प्रति अपने फ़र्ज़ को निभाया। ये सब जैसे हुआ, वो किसी भी चमत्कार से कम नही था। एक ऐसा चमत्कार, जिसे क्रिशन ने शिवा से ख़ास मेरे लिए रचवाया था, जिसे आप आगे के अध्याय में जानेंगे।

इतना ही नही, अपनी मृत्यु से पहले आख़िरकार उन्होंने अपनी एक सम्पत्ति में मेरा अधिकार भी घोषित कर दिया।

शायद यही वजह है कि जिसे मैं कभी माफ़ नही कर पाती थी, उनकी मृत्यु से कुछ दिन पहले ही मैंने उन्हें दिल से माफ़ी भी दी, और धन्यवाद भी। मुझे नही पता था कि ये मैं क्यूँ कर रही थी, शायद उनकी आत्मा मेरी आत्मा से रिहायी माँग रही थी।

इस तरह उन्होंने, अपना एक कार्मिक चक्र तोड़ दिया।

विशाल के माता-पिता का अवसर
ख़ून का नही, सही का साथ दो

विशाल के माता-पिता ना केवल शिक्षित थे; अपितु बहुत समझदार भी थे। विशाल के पिता को मैंने हमेशा अपने स्वयं के पिता से बढ़कर

माना। जब तक सब ठीक था, तब तक उन्होंने भी मुझे अपना प्रेम दिया। किंतु जब बात उनके जन्म दिए हुए बच्चों की और मेरी होती, तो उनके लिये पहले वो ही थे।

क्रिशन ने इन्हें भी अवसर दिया कि आँखों पर से मोह की पट्टी हटाएँ और निष्पक्ष फ़ैसला करें। ये दोनो मेरे पास मेरा मन टटोलने आए और मुझसे पूछने लगे कि तुम डिवॉर्स तो लेना चाहती हो, बच्चों के बारे में क्या सोचा है?

मैंने उन्हें सम्मान देते हुए कहा, "पापा बच्चों की ज़िम्मेदारी मैं ही उठाना चाहती हूँ। आप बड़े है, समझदार है, आप बस इतना सुनिश्चित कर दें की मुझे उनकी ठीक से परवरिश करने के लिए घर और महीने का ख़र्चा दिला दे। मुझे तो कामना नही आता। आप चाहो तो घर बच्चों के नाम कर देना। मुझे उसका कोई लोभ नही है"।

किंतु उनकी बुद्धि को भी मोह ने हर लिया। उन्होंने, अपने बेटे के लिए वो सब किया, जो उन्हें नही करना चाहिए था।

मुझे परेशान किया, कोर्ट में झूठ बोले, बच्चे मुझसे अलग किए, मुझे पागल साबित करना चाहा, समाज में मेरे लिए झूठी अफ़वाहें फैलायी।

जैसा-जैसा उनका बेटा कहता गया....वो सब करते गए।

विशाल की माँ को लगता था कि उनकी ज़िम्मेदारियों का अंत ही नही होता। विशाल और उसके पिता सम्पत्ति बचाने के लिए मेरे बच्चे मुझे नही देना चाहते थे, विशाल की माँ ने बच्चों को मुझसे दूर करके अपने पास रख लिया, ताकि बच्चे ख़ुद ही मेरे पास ना जाएँ। मैंने उन्हें समझाया भी कि, "सारी उम्र तो आप यही करती रही हो, अब इस उम्र में क्यूँ मेरे बच्चों की भी ज़िम्मेदारी ले रही हो? उनकी परवरिश मेरा काम है, आप क्यूँ हमारे बीच में आ रही हो?"

किंतु उन्हें कुछ समझ में नही आया। आख़िरकार उनका अवसर भी हाथ से निकल ही गया। अब उन्हें अपनी परिस्थिति के लिए किसी और को दोष देने का अधिकार नही है।

योगेश का अवसर
लालच बुरी बला है

क्रिशन ने योगेश को भी अवसर दिया कि वो मेरा साथ दे, और मेरा अधिकार जो उसने मुझसे छीन लिया था, उसको वापस करे। लेकिन जैसे दुर्योधन सुई की नोक के बराबर भी पांडवों को ज़मीन नही देना चाहता था, योगेश भी मुझे मेरे अधिकार का छोटा सा हिस्सा भी नही देना चाहता था।

उसके पैसे के लालच ने उसको इतना गिरा दिया कि ना केवल उसने मेरे लिए तरह-तरह की समस्याएँ खड़ी करी, अपितु मेरे बच्चों के मन में मेरे लिए ज़हर घोला।

इस तरह कर्म सुधारने के मिले अवसर को उसने भी गवाँ दिया। इंसान बुराई के पीछे भागते-भागते ये भी भूल जाता है, कि कहीं उसके कर्मों का हिसाब रखा जा रहा है, जिनसे वो चाह कर भी नही बच पाएगा।

इस तरह कोई ऐसा नही बचा, जिसको उसका कर्म सही करने का क्रिशन ने एक अवसर ना दिया हो। किसी ने समझ लिया और लाभ उठा लिया, किसी ने समझकर भी अनदेखा कर दिया, और किसी को तो दिखायी ही नही दिया।

क़ुदरत इसी तरह से काम करती है। हम अपनी हर परिस्थिति के लिए या तो दूसरों को, या ईश्वर को दोष दे देते है, क्यूँकि हम समझ ही नही पाते की हमसे आख़िर क्या ग़लत हुआ?

सच तो ये है दोस्तों, ग़लती तो हमसे ही हुयी होती है। कभी हम सीधे-सीधे बुराई कर देते है, तो कभी हमें बुराई नज़र ही नही आती, कभी आती है किंतु हम अपनी आँखें बंद कर लेते है।

हम सांसारिक रिश्तों में इतना उलझ जाते हैं की आत्मा का धर्म निभाना ही भूल जाते है। और फिर जब कुदरत हमें अपने तरीक़े से याद दिलाने की चेष्टा करती है, तो हम समझ ही नही पाते कि हमारे जीवन में कष्ट कहाँ से आ रहे हैं?

राधेकृष्णा

प्रश्न: क्या आप अपनी परेशानियों के लिए किसी और को ज़िम्मेदार मानते है?

उत्तर: हम माने या ना मानें, हमारे जीवन में जो भी कुछ हो रहा है, उसका ज़िम्मेदार कोई नही, केवल हम है। हमारे ही कार्मिक सबक़ की वजह से ये लोग हमारे जीवन का हिस्सा बनते है। जब हम अपने सबक़ पूरे कर लेते है, तो ये सब हमारी ज़िंदगी से ख़ुद-ब-ख़ुद चले जाते है।

प्रश्न: परिवार क्यूँ टूटते है?

उत्तर: जब परिवारों में अधिकार एवं कर्तव्य के बीच संतुलन बिगाड़ जाता है, और जिनके पास अधिकार है, वो उसका सदुपयोग ना करके दुरुपयोग करने लग जाते है; या धर्म को जानने वाले अधर्म करने लगते है, तो वे परिवार लम्बे समय तक साथ नही चल पाते।

ज्ञान के मोती

⇨ जीवन की हर परिस्थिति में हमारे कर्मों से मुक्ति की चाबी छुपी होती है।

⇨ ईश्वर किसी का भी फ़ैसला सुनाने से पहले, या बुराई का अंत करने से पहले सदैव हमें एक अवसर ज़रूर देतें है। ये अवसर होता है, अपने कर्म से मुक्ति पाने का। ये हमारे हाथ में होता है कि हम इस अवसर का लाभ उठाए, या इसे व्यर्थ कर दें।

⇨ जब भी ख़ुद को कठिन परिस्थिति में पाएँ, तो किसी को दोष ना दें; अपितु, समझने की कोशिश करें कि परिस्थिति कौन सा कार्मिक सबक़ पूरा कराने आयी है?

05

सारथी का चयन

क्रिशन ने मुझे धर्मसंकट से निकालकर निर्णय तक तो पहुँचा दिया था, पर असली मुश्किलें तो अब सामने खड़ी थी। अभी तक तो केवल ज्ञान की बातें हो रही थी, अब मैदान में जाकर लड़ने का वक़्त आ गया था।

अब तक तो जैसे क्रिशन ने युद्ह को रोका हुआ था, ठीक वैसे ही जैसे अर्जुन को गीता का ज्ञान देते हुए उसने किया था। किंतु अब ये सब और अधिक समय तक रुकने वाला नही था। परिस्थितियाँ दिन-प्रतिदिन बिगड़ती जा रही थी।

मेरा सब कुछ दाव पर लगा था। कभी कोर्ट का रास्ता भी नहीं देखा था। और सबका सच देखने के पश्चात ना तो आँखें बंद करके जीया ही जा सकता था, और ना ही सच के लिए खड़े होने की हिम्मत ही आ रही थी।

दूसरे दिव्य स्वप्न का अर्थ

आज मुझे क्रिशन के दिखाए हुए दूसरे दिव्य स्वप्न का अर्थ भी समझ में आ गया था। अब तूफ़ान केवल क्रिशन को नही, मुझे भी दिख रहा था। और ये भी दिख रहा था की इसका सामना तो मुझे करना ही पड़ेगा।

पर मैं कैसे इसका सामना करूँगी? मुझे तो ये भी नहीं पता था क़ि कैसे लड़ना है? क्या करना है?

जब कुछ भी समझ नहीं आया तो मैंने क्रिशन से कहा की मेरा सारथी बन जा, और मुझे राह दिखा।

मैंने क्रिशन को कहा: मैं एक साधारण मनुष्य हूँ, पर तुझ पर अटूट विश्वास करती हूँ। हो सकता है कि मैं ठीक से तेरी आवाज़ ना सुन पा रही हूँ। लेकिन तू साधारण नही है, तू मुझे सुन सकता है। यदि मैं कुछ भी ग़लत निर्णय ले रही हूँ, तो मुझे अभी भी रोक दे। एक बार क़दम बढाने के बाद मैं इनकी दुनियाँ में वापस नही आऊँगी। और यदि मुझे तब पता चला कि मुझे सुनायी देने वाली ये आवाज़ें मेरा भ्रम थी, तो मैं कहीं नही, निधिवन में आऊँगी। सुना है, तू वहाँ हर रात आता है, और जो तुझे देख ले उसकी मृत्यु हो जाती है। संसार का झूठ तो देख ही लिया है, अब यदि तू भी झूठ ही हुआ, तो जीकर क्या करूँगी?

क्रिशन ने कहा: तुम्हें निधिवन नही आना पड़ेगा। भरोसा रखो मुझ पर।

मैंने ख़ुद को पूरे तरीक़े से क्रिशन को समर्पित कर दिया, अब चाहे वो कुछ दे, या ले, चाहे सुख आए या दुःख, चाहे मान मिले या अपमान, चाहे परिवार मिले या छूटे, चाहे अधिकार मिले चाहे सब त्यागने को कहे - मेरी आत्मा का और मेरे जीवन का सारथी अब क्रिशन था। उसके पास मेरा मन, तन, और आत्मा सुरक्षित थी।

युद्ह चाहे अंदर हो, चाहे बाहर - सारथी का सही चुनाव अत्यंत महत्वपूर्ण होता है। जब युद्ह अंदर की आवाज़ों की बीच होता है तो सारथी या तो आत्मा होती है, या अहंकार; या तो ज्ञान का प्रकाश होता है, या अज्ञानता का अंधकार। जैसा सारथी होता है, वैसे ही हमारे निर्णय, और वैसा ही उनका परिणाम होता है।

जब युद्ध बाहर होता है, तो हमारे आस-पास के लोग सारथी की भूमिका निभाने लगते है। जैसी उनकी समझ होती है, वैसा ही प्रभाव हमारे निर्णयों पर पड़ता है। जहाँ एक धर्म का ज्ञाता हमें अधर्म से बचा सकता है, वहीं एक अज्ञानी हमें धर्म से दूर ले जा सकता है। इसीलिए कहा जाता है कि अपना संघ ध्यान से चुनो।

सारथी वो होता है, जो जानता है कि कौन से रास्ते पर आप सुरक्षित हो, और कहाँ नहीं। जब आपका ध्यान युद्ध लड़ने में होता है, तो वो आपको उन ख़तरों से भी बचा लेता है, जिनसे आप पूरे तरीक़े से अनजान थे।

सारथी अपना काम ठीक से कर पाए, उसके लिए आपका भी उस पर दृढ़ विश्वास होना उतना ही आवश्यक है। ये सब अर्जुन को पता था, इसलिए उसने केवल क्रिशन को आपना सारथी चुना। और ये बात क्रिशन ने मुझे भी समझा दी थी, इसलिए मैंने भी क्रिशन को ना केवल इस युद्ध का, अपितु मेरे जीवन का और मेरी आत्मा का भी सारथी चुन लिया। अपनी ज़िम्मेदारी उसको देकर मैंने ख़ुद को पाप-पुण्य से मुक्त कर दिया। अब मेरा काम केवल मेरे सारथी की बात मानना था, बाक़ी सब उसको देखना था।

आज तक तो महाभारत को बस पढ़ा था, आज उसको जीने जा रही थी। आज मैं अर्जुन थी, जिसके पास केवल एक क्रिशन और उसके वक़्त-वक़्त पर भेजे हुए बंदे थे। इसके अतिरिक्त कुछ था तो मेरा क्रिशन पर मज़बूत विश्वास और समर्पण।

क्रिशन ने मुझे सब अस्त्रों-शास्त्रों का ज्ञान दिया और उनसे ख़ुद को बचाना सिखाया। मुझ पर चलने वाले अस्त्र-शास्त्र थे - मानसिक एवं भावनात्मक पीड़ा, आर्थिक निर्भरता, सामाजिक आलोचना, परिवार की तरफ़ से प्रतिदिन की समस्याएँ, बच्चों के नाम पर दिए जाने वाली ग्लानि, और पारिवारिक बहिष्कार। साम, दाम, दंड, भेद - सभी नीतियाँ अपनाकर मुझे तोड़ने की चेष्टा की गयी, पर मेरे सारथी ने मुझे इतना मज़बूत कर दिया कि इनमे से कोई भी चीज़ भले ही मुझे छू कर चली गयी, पर मेरा कुछ भी बिगाड़ नहीं पायी।

जब सारथी क्रिशन है, तो डरना कैसा?

राधेकृष्णा

प्रश्न: क्यूँ अर्जुन ने क्रिशन को अपना सारथी बनाया?

उत्तर: सारथी वो होता है, जो आपको ख़तरे से बचाकर सुरक्षित आपकी मंज़िल तक पहुँचा देता है। अर्जुन जानता था कि केवल श्री क्रिशन ही है जिनके पास उसका मन, तन, कर्म, धर्म बुद्धी, एवं आत्मा सुरक्षित है। बाण चलाने की कला में भले ही अर्जुन निपुण था, किंतु अन्य सब कलाओं का उसके पास कोई ज्ञान नही था।

ज्ञान के मोती

1. सारथी वो होता है, जिसे सब रास्तों का पता होता है, जो जानता है कि कौन से रास्ते पर आप सुरक्षित हो, और कहाँ नहीं। वो ख़तरे के आने से पहले ही आपको सुरक्षित कर देता है।
2. जब आप अपनी आत्मा, मन, बुद्धी पूर्ण समर्पण के साथ क्रिशन के हाथों में सौंप देंगे, तो वो आपको आपकी मंज़िल तक ख़ुद ही पहुँचा देगा।

06

पैसे का प्रबंध

क्रिशन ने अब तक मुझे मेरे दुखों का कारण समझा दिया था। मुझे क्या करना चाहिए, ये भी बता दिया था। मुझे धर्म समझा कर मेरे द्वन्द से बाहर भी निकाल दिया था। मेरे आँखों पर से मोह और रिश्तों के नाम पर पड़े अंधकार के बादलों को भी हटा दिया था और अपना साथ देने का वचन भी दे दिया था। सबको उनका कर्म समझाकर उसको सुधारने का अवसर भी दे दिया था।

सबने अपना-अपना पक्ष भी चुन लिया था।

अब बारी थी, मैदान में लड़ने की।

जीवन में सब कुछ काल्पनिक तरीक़े से हो जाता, तो क्या बात थी! किंतु हक़ीक़त तो ये थी कि ये सब इतना आसान नही था। केस लड़ने के लिए और अपना जीवन चलाने के लिए मुझे पैसा चाहिए था। कोर्ट से जब पैसे मिलते, तब मिलते, लेकिन तब तक तो ख़ुद ही बंदोबस्त करना था।

सब जानते थे कि मैं आर्थिक स्तर पर कमज़ोर हूँ। मेरे पास ना तो पैसा है, ना मुझे कमाना आता है, और ना ही मेरी मदद करने वाला कोई है। बचपन से जमा करते-करते मैंने 10 लाख रुपए इकट्ठा किये थे, जो एक साल पहले ही विशाल को फ़्लैट ख़रीदने के लिए दे दिये थे। अब मेरे पास कुछ नही बचा था।

इसलिए सबने मुझपर आर्थिक दबाव बनाना आरम्भ कर दिया। इधर से विशाल मुझे जो घर-ख़र्च के पैसे देता था, वो देने बंद कर दिए; उधर से योगेश जो मुझे त्योहारों पर पैसे देता था, उसने भी वो देने बंद कर दिए। सबको पूरा

यक़ीन था, की बिना पैसे के मैं ज़्यादा देर तक लड़ नही पाऊँगी और ख़ुद ही हार मान लूँगी।

ऐसे में एक माँ होती है, जो कुछ भी करके बेटी की मदद करना चाहती है। लेकिन मेरी माँ तो इतनी अज्ञानता में थी, कि मानो उन्हें सही-ग़लत की कोई समझ ही ना हो। वो योगेश से छुपाकर मुझे तब तो पैसा दे देती थी, जब उस पैसे के दिखावे से मेरे ससुराल में उनका मान बढ़ता था; लेकिन आज जब बेटी को वास्तविकता में ज़रूरत थी, तो मेरी मम्मी के पास भी मुझे देने के लिए कुछ नही था।

पापा तो पहले ही सब छोड़कर जा चुके थे, नही भी गए होते तो भी वो मेरी मदद तो कभी नही करते।

कुछ समझ ही नहीं आ रहा था कि कहाँ से पैसे आएँगे? और कैसे सब होगा?

जो मेरे लिए इतनी बड़ी समस्या थी, क्रिशन ने तो पहले ही इसका समाधान भी ढूँढ लिया था। मैं बस देख नहीं पा रही थी।

इस बार मुझे दिखाने का काम उसने मेरे वक़ील उदित को दिया।

उदित ने कहा: पैसा तो है आपके पास, आपके गहनों के रूप में। इस वक़्त अपने गहने इस्तेमाल करके ख़ुद के लिए रास्ता बनाओ।

मैंने कहा: ये गहने मेरे नही है। मैंने तो ये सब नहीं कमाया है। जब मेरे पिता मेरी मदद ही नहीं करना चाहते तो उनके दिए गहने मैं कैसे इस्तेमाल करूँ? और विशाल के दिए गहनों पर तो बच्चों का अधिकार है।

वैसे भी हमारे समाज में एक लड़की को गहनों के साथ इस तरह से बाँध दिया जाता है, कि वो बुरे से बुरे वक़्त में भी इन्हें बेचने का ख़याल भी अपने मन में नहीं लाती है। ये बुरे वक़्त में काम आएँगे ये तो बताया जाता है, किंतु बुरे वक़्त को आने से रोक भी सकते है, ये कोई नहीं सोचता।

हमको इस सोच के साथ बड़ा किया गया था कि गहनों को तब तक मत बेचना, जब तक इन्हें बेचने के अतिरिक्त कोई और मार्ग ही ना हो। और मैंने कभी किसी को गहने बेचते देखा भी नहीं था। परिवार के लोग अपने गहने आगे जाकर बच्चों को दे देते थे। इसलिए मुझे उन पर मेरा नहीं, बच्चों का ही अधिकार दिखता था। और बेचने से डर भी लगता था कि कहीं किसी को ख़बर हो गयी, तो जाने मेरा क्या होगा?

सम्पत्ति बड़ी, या जीवन?

उदित ने मुझे समझाया की, "ये स्त्रीधन है, जो की आपको आपके दोनो परिवारों की तरफ़ से उपहार के रूप में मिला है। इस पर आपके अतिरिक्त किसी का अधिकार नहीं है। और आप अपने धन को जैसे चाहे इस्तेमाल कर सकती हो। कोर्ट भी आपको ऐसा करने की स्वीकृति देता है।"

फिर क्रिशन ने मेरे मन में मुझे समझाया, "हम सम्पत्ति इसलिए बनाते है, ताकि ज़रूरत के वक़्त हमें किसी पर आश्रित ना होना पड़े और हम अपनी सम्पत्ति को बेचकर अपना जीवन आगे बढ़ा ले। ये सब इसलिए नहीं बनाया जाता कि इनकी असुरक्षा में जीना शुरू कर दो। ये गहनें हमेशा लॉकर में ही तो रहते है। सारे साल में तुम मुश्किल से दो-तीन बार इन्हें पहनती हो। बुरे वक़्त के लिए इन्हें सम्भालकर रख रही हो, इससे ज़्यादा बुरा वक़्त क्या होगा जब तुम्हारी जान पर बनी है, और कोई तुम्हारी मदद करने वाला भी नही है?

तुम्हारे ख़ुद के पास तुम्हारी उलझन का हल है, पर तुम देख नहीं रही। आज ख़ुद को बचा लिया, तो कल ऐसे बहुत से गहने ख़ुद ही बना लोगी, फिर दे देना जिसे भी देना चाहती हो। किंतु यदि आज ख़ुद को ना बचा पायी, तो कल क्या करोगी इन गहनों का?

कल की फ़िक्र में आज को मत गवाओं

और सोचो कि ये गहने हो सकता है, तुम्हें मिले ही नहीं, या चोरी हो जाए। तब क्या करोगी?

इससे तो अच्छा है, आज इनकी मदद से जीवन सँवारों, ख़ुद को इस लायक बनाओ की अपने जीवन की ज़िम्मेदारी उठा सको। कल की फ़िक्र मत करो, आज को सम्भालो, कल अपना इंतेज़ाम ख़ुद कर लेगा।

यदि आज को नहीं सम्भाला, तो भविष्य तो निश्चित ही अंधकारमय होगा।

क्रिशन की बात तो सही थी। जो दस लाख रुपए मैं बचपन से जमा कर रही थी, जब उनकी मुझे सबसे जयादा ज़रूरत पड़ी, ठीक उससे कुछ वक़्त पहले वो पैसे मैंने फ़्लैट ख़रीदने के लिए दे दिए। और अब मैं उन्हें इस्तेमाल भी नहीं कर सकती थी। यूँ देखो तो मेरे दस लाख विशाल के पास थे, और उसके बदले में क्रिशन उतनी ही क़ीमत के गहने मुझे दे रहा था! एक क़िस्म से हिसाब-किताब बराबर हो रहा था।

लॉकर की चाबी मेरे पास नहीं होती, तो मैं गहनों को भी इस्तेमाल नहीं कर सकती थी। ये सब इंतेज़ाम तो क्रिशन ने ही किए थे मेरे लिए।

मुझे नहीं पता था की भविष्य क्या रूप लेकर आने वाला है, पर क्रिशन को तो सब पता था।

मुझे क्रिशन की बात समझ में आ गयी। और मैंने अपना निर्णय ले लिया कि अब इसकी मदद से मैं मेरे लिए रास्ता बनाऊँगी और अपने जीवन पर से सबका आधिपत्य हटाकर, ख़ुद को स्वतंत्र करूँगी।

क्रिशन का पहला चमत्कार

अब ज़रूरत थी एक ऐसे लॉकर की, जिसका किसी और को पता ना हो। ये भी एक बहुत ही मुश्किल काम था। मेरे सब बैंक अकाउंट विशाल को पता थे और नया खुलवाने के लिए घर का पता चाहिए था। उस पते के अलावा मेरे पास ना तो कोई और पता ही था, और ना ही इतनी हिम्मत कि मैं अकेले किराए का घर लेकर रह लूँ।

मैंने उसी पते पर खाता खुलवाया और बैंक में ये निवेदन किया कि मेरे घर पर कोई भी काग़ज़ ना भेजें। उन्होंने मेरी परिस्थिति को समझते हुए मुझे सांत्वना दी कि वो अपना सहयोग देंगे।

मैं प्रसन्न थी कि मुझे लॉकर मिल गया था, और गहनें भी मेरे पास सुरक्षित हो गये थे।

उदित ने केस पर काम करना पहले से ही शुरू कर दिया था। मुझे उसी घर में रहते हुए लड़ना था, और मेरे रूम में लॉक नहीं था, ना ही मुझे कोई लॉक लगाने ही दे रहा था। मैंने योगेश से, विशाल के पिता से, सबसे निवेदन किया कि मेरे कमरे का लॉक ठीक करा दो। पर किसी ने मेरी नही सुनी।

लॉक ना होने की वजह से मैं मेरे कमरे में केस के कोई पेपर नही रख सकती थी। और विशाल को मेरी डिवॉर्स लेने की मंशाओं की भनक भी लग जाती तो जाने वो क्या करता? हो सकता है, मुझे कोर्ट तक पहुँचने ही ना दिया जाता।

इसलिए उदित ने मेरी सुरक्षा को देखते हुए पूरा केस चुपचाप तैयार किया था और किसी को इस बात की ख़बर भी नहीं होने दी।

आख़िरकार केस भी दर्ज हो गया। कोर्ट ने 15 दिन बाद की तारीख़ दी। मैं थोड़ा निराश हुयी। मुझे लगा था, क्रिशन सब काम जल्दी-जल्दी कर देगा।

लेकिन क्रिशन ने तो जानकार देरी करायी थी। मैं आने वाले ख़तरे से पूरे तरीक़े से अनजान थी। मेरे हिसाब से सब काम ठीक तरीक़े से हो रहे थे, पर क्रिशन को ख़तरा दिख रहा था।

उसने मेरे मन में कहना शुरू किया कि, “विशाल के बैग का निरीक्षण करो।”

पिछले कुछ महीनों से विशाल अपने माता-पिता के पास ही अपना सामान रखता था, जो उसी घर में पहली मंज़िल पर रहते थे। इन दिनों वो अपने बैग में एक 100 रुपए का नोट भी नहीं रखता था।

मैंने क्रिशन को बोला की "क्या निरीक्षण करूँ? तुझको तो पता है की उसका बैग आजकल खाली होता है।"

पर क्रिशन की आवाज़ बार-बार बैग कों जाचनें को कह रही थी।

उसकी तस्सली के लिए मैंने बैग खोल कर देखा। और मुझे तुरंत ही समझ में आ गया की क्रिशन क्यूँ ऐसा कह रहा था!

बैग में, बैंक अकाउंट खोलने का निमंत्रण पत्र था। जिससे एक बात तो बिलकुल साफ़ होती थी कि ये अकाउंट उसकी नज़र में आ गया है, केस के काग़ज़ विशाल तक पहुँचते ही वो अपना दीमाग चलाना शुरू कर देगा, और मेरे लिए एक नयी समस्या खड़ी हो जाएगी। जितनी सीधी मैं थी, उसका दीमाग उतना ही शातिर था। मेरे जैसे इंसान को अपनी चालाकी में फँसाना, उसके लिए कोई कठिन कार्य नहीं था। इसीलिए तो इतने सालों तक मैं उसको ठीक से पहचान नहीं पायी थी।

किंतु क्रिशन तो उससे भी ज़्यादा शातिर था। ऐसे लोगों से जीतना मुझे नहीं आता था, पर क्रिशन को तो सब आता था। और विशाल को तो क्रिशन ख़ुद ही संभाल रहा था। उसने मेरा वक़ील भी ऐसा ही चुना था, जो ऐसे शातिर लोगों को सम्भालना और उत्तर देना जानता था। अगर मैं एक-एक चीज़ की बारीकियों में जाकर देखती हूँ, तो समझ में आता है की "Krishna is just the Perfect". वो इतनी दूर की योजना बनाकर रखता है, जहाँ तक हमारी सोच की पहुँच ही नहीं है।

बैंक का काग़ज़ देखते ही मैंने तुरंत ही उदित को बताया।

उसने कहा: बिना वक़्त गँवायें, आज ही लॉकर को ख़ाली करो।

मैंने कहा: पर गहने कहाँ रखूँ?

उसने कहा: वो देख लेंगे, पर लॉकर आज ही खाली हो जाना चाहिए।

अब मैं परेशान थी। गहने मेरी आख़िरी उमीद थे। मेरे कमरे में तो लॉक था नहीं, किसी के पास यूँ ही रख भी नहीं सकती थी। नया खाता खुलवाने का मतलब फिर से वो ही था, जो अभी हुआ। मैं उलझन में थी कि आख़िर करूँ तो क्या करूँ?

पर मेरे सारथी के पास इस समस्या का भी उपाय था, उसने इसका भी इंतेज़ाम किया हुआ था। यूँ ही थोड़े ना मैंने क्रिशन को सब बंद तालों की चाबी बताया है!

कुछ दिन पहले उसने मुझे एक दोस्त से मिलवाया। वो मेरी ही तरह से आध्यात्मिक था। मेरे घर के पास ही रहता था। उसकी पत्नी को और उसके परिवार को मेरे जीवन के बारे में पता था। और वो मुझे सहयोग कर रहे थे। उन्होंने मुझे कई बार बोला भी था कि कोई भी मदद चाहिए हो, तो बिना सकोंच किए बता देना।

मैंने संकोच करते हुए उन्हें बोला की “जब तक मुझे नया लॉकर ना मिल जाए, क्या तुम अपने लॉकर में मेरा सामान रख दोगे?”

उन्होंने एक बार भी नहीं सोचा और हाँ कर दिया।

किंतु ये अस्थायी समाधान था। मेरी समस्या कुछ देर के लिए टल गयी थी, पर लॉकर तो चाहिए ही था।

मैं क्रिशन की लीला से अनजान, रोज़ उसको बोलती, “तू कुछ कर क्यूँ नहीं रहा? मैं कब तक वहाँ सामान रखूँगी? कैसे लॉकर मिलेगा? कुछ तो राह दिखा कि मैं किस बैंक में जाऊँ?”

क्रिशन चुप था और उसकी चुप्पी मुझे और ज़्यादा सता रही थी। मेरी बेचैनी बढ़ती जा रही थी। **कई बार कुछ चीज़ें प्रॉसेस में होती है, तो ईश्वर हमसे उन्हें छुपा देते है। और हम कोई गतिविधि ना दिखने की वजह से परेशान होने लगते हैं।**

ईश्वर जो चाहे वो कर सकते हैं, कैसी भी माया रच सकते हैं। किंतु ईश्वर भी कुछ नियमों से बँधें है। उन्होंने इंसान को अपना जीवन जीने की स्वतंत्रता दी है, जिसका सम्मान वो ख़ुद भी करतें हैं। किसी की स्वतंत्रता में वो तब तक हस्तक्षेप नहीं करते, जब तक ये आवश्यक ना हो जाए।

ईश्वर किसी की स्वतंत्रता में हस्तक्षेप नहीं करते

जब कोई मासूम, श्रद्धा के साथ, ईश्वर से मदद माँगता है, तब ईश्वर उसकी रक्षा करने के लिए पापी की स्वतंत्रता में हस्तक्षेप करते है, किंतु उससे पहले वो भी बुराई करने वाले को बुराई त्यागने का पूरा अवसर देते है। जब वो उस अवसर को भी नहीं समझता और बुराई को नहीं त्यागता, तब ईश्वर बीच में आते है, और मासूम की रक्षा करते है।

इसलिए, कभी, यदि आपको ऐसा लग रहा हो, कि ईश्वर सुनते नहीं, या आपके लिए कुछ नहीं कर रहे, तो इस बात को हमेशा याद रखिए कि वो एक समय में बहुत से काम कर रहे होते हैं, इसलिए उन्हें भी कभी-कभी वक़्त लग जाता है। **कुछ नज़र ना आने का अर्थ ये नहीं है, कि कुछ हो नहीं रहा, इसका अर्थ है, कि काम अभी पूरा नहीं हुआ है।**

क्रिशन का दूसरा चमत्कार

अब जो क्रिशन ने किया, उसको ध्यान से पढ़िएगा। ये किसी चमत्कार से कम नहीं था। ये मेरे जैसे साधारण इंसान के बस की बात तो नहीं थी। ये तो क्रिशन की ही लीला थी।

इधर मैं परेशान थी, कुछ समझ नहीं पा रही थी। एक खाता बंद करके आयी थी, और दूसरा खोलने के बारे में सोच भी नहीं पा रही थी। उधर मेरे इंटीरियर के दोस्तों का मुझे फ़ोन आया। हमारा एक दोस्त स्काटलैंड पढ़ने गया हुआ था, जो छुटियों में वापस आया था। सबने मिलने का प्रोग्राम बनाया था और वो चाहते थे की मैं भी वहाँ आऊँ।

बहुत वक़्त से मैं मेरी ही उलझनों में उलझी थी। इसलिए मेरी किसी से कोई बात-चीत नहीं हो रही थी। वो सब इस बात से अनजान थे कि मेरे जीवन में क्या चल रहा है। इन्हें बस इतना पता था कि मैं अपने विवाह में ख़ुश नहीं हूँ, और ये लोग मुझे अक्सर समझाते भी थे की "आपको ग़लत को नहीं सहना चाहिए।"

मैंने सोचा की इस बहाने आज इन्हें बता भी दूँगी की मैं डिवॉर्स ले रही हूँ। बताने से पता भी चल जाएगा कि कौन-कौन मेरे साथ है।

हम लोग मिले, और मैंने सबको बता दिया। सबने मेरे फ़ैसले के लिए मुझे समर्थन दिया।

उन्होंने कहा, "दीदी बिलकुल सही फ़ैसला लिया है आपने। अब पहले वाला ज़माना नही रहा, जहाँ आपको एक मरी हुयी शादी को भी ज़बरदस्ती घसीटना पड़े। हमें तो आप पर गर्व है, जो आपने इतना हिम्मत का क़दम बढाया। हम सब आपके साथ है। आपको किसी भी चीज़ की ज़रूरत हो तो बेझिझक बोल देना।"

मुझे उनके शब्दों से बहुत राहत मिली। समझ में आ रहा था की दुनिया सिर्फ़ मेरे परिवार के कुछ लोगों तक सीमित नही है। इसके बाहर भी बहुत लोग है, जो मेरे साथ खड़े है, और मुझे सही मानते है। मैंने सबको धन्यवाद दिया और घर आ गयी।

पर मेरी लॉकर की समस्या तो अभी भी वही खडी थी। उसका क्या?

मेरे दोस्तों में एक का नाम था निहारिका।

क्रिशन ने कहा, "निहारिका से बात करो। उसको अपनी समस्या बताओ। वो रास्ता निकलेगी।"

निहारिका का मन बहुत साफ़ था, और वो भी मेरी ही तरह एक बहुत अमीर परिवार से थी। मैं अभी तक ये ही सोच रही थी कि बात करूँ या नहीं, इतने में उसी का फ़ोन आ गया।

उसने बोला, "दीदी मैं कल से आपके बारे में सोच रही हूँ। मैं समझ सकती हूँ आपकी परिस्थिति।"

उसके माता-पिता का भी डिवॉर्स हो चुका था। उसकी माँ एक बहुत ही साधारण सी इंसान था, और पिता आज़ाद ख़यालों के इंसान। दोनो के बीच तालमेल ना होने की वजह से दोनो अलग हो गए। निहारिका के पापा ने अपने जैसी एक माडर्न लड़की से विवाह कर लिया, और अब तक हम सब उन्हें ही निहारिका की माँ के रूप में जानते थे।

मुझे किसी से भी मदद माँगने में बहुत संकोच होता था। मैंने थोड़ा हिचकिचाते हुए निहारिका को लॉकर की बात बतायी।

निहारिका ने आज मुझे अपना सच बताया, और कहा की उसकी अपनी माँ अभी कुछ दिन पहले ही उसके घर के पास एक किराए का मकान लेकर रहने आयीं है। उनकी वहाँ के बैंक के मैनेजर से बहुत अच्छी जान पहचान है, वो अपनी मम्मी से मेरे लिए बात करेगी।

निहारिका ने उसी दिन अपनी मम्मी से मेरे बारे में बात की, और मुझे कहा कि "मम्मी ने कहा है, घबराओ मत, मैं मैनेजर से बात करूँगी।"

और अगले दिन निहारिका की मम्मी ने मुझे अपने घर पर बुलाया।

बड़े प्यार से उन्होंने मेरा स्वागत किया। बहुत ही साधारण और मन की साफ़ महिला थी वो। वो भी मेरी ही तरह से क्रिशन की भक्त थी। क्रिशन को बेटे के रूप में प्रेम करतीं थी। **क्रिशन ने अपने ही एक भक्त को दूसरे भक्त की मदद करने भेजा था। इन्हें मैं कहती थी, "क्रिशन का परिवार"।**

उन्होंने मुझे कहा: बेटा घबराना नही। सब अच्छा होगा। किसी भी चीज़ की ज़रूरत हो, तो मुझे अपनी माँ ही समझना।

उनके शब्द सुनकर मेरा मन भर आया। जो शब्द मेरी जन्म देने वाली को माँ को कहने चाहिए थे, वो ये कह रहीं थी। मेरी माँ ने तो मुझे ठोकरें खाने के लिए छोड़ दिया था, लेकिन अजनबी लोग आकर गले से लगा रहे थे।

ऐसी ही तो है, क्रिशन की लीला।

मैं तो उस दिन यहीं सोच रही थी, कि ये लोग मुझे पहले क्यूँ नही मिले? कहाँ छुपे हुए थे ये सब? पर मिलते कैसे.....इनसे मिलने का वक़्त तो अब आया था।

जब हम बैंक पहुँचे, तो मैनेजर के कैबिन में बैठे। आंटी ने मैनेजर को मेरी मदद करने हो कहा। उसको सारी परिस्थिति समझायी और मैनेजर ने कहा कि "मुझे अपना बड़ा भाई समझो, और बिलकुल फ़िक्र मत करो।"

उन्होने सलाह दी कि "वो मेरा और निहारिका का संयुक्त खाता खोल देगें। पता निहारिका के घर का दे देंगे और लॉकर मेरे नाम से मिल जाएगा।"

निहारिका पर विश्वास ना करने का तो दूर-दूर तक प्रश्न ही नहीं उठता था। हम दोनों ने इस बात पर सहमती दे दी। और इस तरह से मैनेजर के कैबिन में बैठकर, VIP की तरह से मेरा काम हुआ, और पहाड़ जैसी दिखने वाली समस्या, चुटकियों में सुलझ गयी।

अब कोई डर नहीं था। मेरा कहीं कोई पता बैंक के पास नहीं था।

दो दिन के बाद निहारिका की मम्मी को भी वहाँ से जाना पड़ गया। अब तो क्रिशन की लीला साफ़-साफ़ नज़र आ रही थी। निहारिका की मम्मी को क्रिशन ने वहाँ बुलाया था ताकि वो मेरा काम करवा दे। हक़ीक़त में उनके ख़ुद के वहाँ रहने का अभी वक़्त नहीं आया था।

तो इस तरह क्रिशन ने मेरे पैसे का इंतेज़ाम किया। इतना ही नहीं, सोने के दाम भी उस साल बहुत तेज़ी से बढ़ गए। और उसके बाद कभी कम नही हुए। इस तरह से थोड़े से गहनों से मेरी बहुत ज़्यादा मदद हो गयी।

ऐसे काम करता है क्रिशन। जो उसको प्रिय है, उनके लिए जो नहीं है, वो उसको भी बना सकता है। अब इतना सब करने के लिए, उसको कुछ समय तो लगेगा ना। ऐसे में उसके प्रेमियों को चाहिए की विश्वास की डोर को मज़बूती से थामे रहे और थोड़ा सा धीरज रखें।

शरणागत को भगवान बीच राह में कभी नहीं छोड़ते। यदि आपका समर्पण सच्चा है, तो विश्वास रखिए, ईश्वर हमेशा आपके साथ है।

राधेकृष्णा

प्रश्न: यदि आपकी आर्थिक सहायता करने वाला कोई नही है, तो क्या करें?

उत्तर: आपके पास से हर मदद को हटाया ही इसलिए जाता है, ताकि आप आत्मनिर्भर बनना सीखें। ईश्वर ने हम सबके अंदर किसी विशेष कला को डाला है। अपनी कला को पहचानें और इसको आजीविका का ज़रिया बनाए। अपनी सोच को नौकरी तक सीमित ना रखे।

ज्ञान के मोती

⇨ इंसान की असली सम्पत्ति है उसका चरित्र, उसका ज्ञान, उसका आत्मबोध, उसका संतुलन, उसकी स्वतंत्रता, एवं उसके आत्मिक गुण।

⇨ कल की फ़िक्र मत करो, आज को सम्भालो, कल अपना इंतेज़ाम ख़ुद कर लेगा।

⇨ चालाक व्यक्ति को चालाकी से ही हराया जा सकता है।

⇨ यदि आपके पास पैसा है, किंतु उसको खर्चने का अधिकार नही है, तो वास्तव में आपके पास पैसा नही, उसके होने का भ्रम है।

⇨ हर व्यक्ति को उसकी योग्यता, समय, और मेहनत की हिसाब से पैसा अवश्य मिलना चाहिए, फिर चाहे वो घर में रह कर घर सम्भालने वाली स्त्री ही क्यूँ ना हो।

07

काम करने की चुनौतियाँ

क्रिशन ने गहने तो बचा लिए, किंतु मैं केवल गहनों पर निर्भर नही रह सकती थी। मुझे काम करके अपनी आजीविका कमाना अनिवार्य था। मैंने हीलिंग से थोड़ा बहुत पैसा कमाना तो आरम्भ कर दिया था, किंतु ये पर्याप्त नही था। केस आरम्भ होने के बाद उदित ने मुझे घर पर काम करने से भी मना कर दिया था।

उसका मानना था की वो मुझे शीघ्र-अतिशीघ्र कोर्ट से ख़र्चा दिलाना चाहता है, ताकि मेरी आर्थिक समस्या का समाधान हो जाए। कोर्ट मुझे तभी पैसे दिलाएगा, जब उसको ये यक़ीन आ जाएगा कि मैं अपने ख़र्चों के लिए विशाल पर निर्भर हूँ। और देखा जाए तो मैं तो निर्भर ही थी। आज तक कभी काम किया नही था। ये तो अब वक़्त ऐसा आ गया था, तो हाथ पाँव मारने ज़रूरी हो गए थे।

उदित ने कहा कि ऐसा कोई सबूत नही बनना चाहिए कि मैंने काम करके पैसे लिए है। जैसे उदित मुझे हर तरफ़ से बचाना चाह रहा था, विशाल मुझे हर तरफ़ से फ़साँना चाह रहा था। और मैं दोनो के बीच में फँसी थी। मैं हर तारीख़ पर उमीद करती कि शायद कोर्ट मुझे पैसे दिलाना आरम्भ कर देगा, पर वो दिन कभी नही आता था।

उधर से विशाल ने पहले से ही कोर्ट में ये दिखाया हुआ था कि मैं तो जॉब करती हूँ।

विशाल टैक्स बचाने के लिए अपनी कम आमदनी दिखाता था। इसलिए उसके पास सफ़ेद पैसा कम होता था। इस पैसे को बनाने के लिए उसने अपने ही चाचा जी के होटल में मुझे उनकी मैनेजर दिखा दिया। वो उनसे मेरे नाम का चेक ले लेता और अपने खाते में जमा कर देता। बदले में उन्हें टैक्स की चोरी किया हुआ पैसा दे देता। इस सबमे मेरा योगदान केवल इतना था कि ये सब मेरे नाम पर हो रहा था।

अज्ञानता के दुशपरिणाम सबको भुगतने होते है।

मेरी मदद को भी उसने मेरे ही ख़िलाफ़ सबूत बनाकर इस्तेमाल किया। हर जगह मैं अपनी उन बेवक़ूफ़ियों की सज़ा पा रही थी, जिन्हें मैं अपना अपने परिवार के लोगों के लिए कर्तव्य समझकर करती आ रही थी। और इन सबमें क्रिशन मुझे समझा रहा था कि **हर इंसान को अपनी नासमझी के परिणाम भुगतने पड़ते है। अतः हर व्यक्ति के लिए ये अनिवार्य हो जाता है कि वो ख़ुद को स्वतंत्र, आत्मनिर्भर बनाए और हर चीज़ का ज्ञान ले।**

इन सब चीज़ों को देखते हुए उदित ने मुझे घर में बिलकुल काम करने को मना कर दिया।

उसने तो कह दिया कि कुछ महीनों की बात है, जैसे भी निकाल लो, घर के सिवाय कहीं भी काम करो... पर कहाँ करूँ? मेरे पास तो माँ का भी घर नही था, ना कोई दोस्त, ना सगे सम्बंधी।

मेरे लिए ये चिंता का विषय था। गहनें मुझे सारा जीवन नही खिला सकते है। आगे केस में कितने ख़र्चे होने है, ये भी नही पता था।

परेशान होकर मैंने ये समस्या भी क्रिशन के हाथों में छोड़ दी।

और सदैव की तरह क्रिशन ने फिर से रास्ता बनाया।

इस बार क्रिशन मिनाक्षि बनकर आया। मिनाक्षि यूँ तो मेरी स्टूडेंट थी, किंतु उनके साथ एक बहुत ही गहरा मित्रता का सम्बंध बन गया था। वो वहीं मेरे

घर के पास ही रहती थी और भली-भाँति मेरी परिस्थितियों से वाकिब थी। जब मेरे अपनों ने मेरे लिए दरवाज़े नही खोले, तब उन्होंने अपने घर का दरवाज़ा मेरे लिए खोला। उन्होंने मुझसे कहा, "आप क्यों परेशान हो रहे हो? हमारा घर भी तो आपका ही घर है। आपको जब जिससे मिलना हो, बेझिझक हमारे घर पर मिलो। मुझे ख़ुशी होगी आपके किसी काम आकर"।

मुझे संकोच हो रहा था, पर उस वक़्त ये ही करना सही लग रहा था। मैं उनके घर काम करने लगी। बहुत ही आदर और प्रेम से वो और उनका पूरा परिवार मेरे लिए अपना घर और दिल खोलते। मिनाक्षि जानती थी, कि मैं खाना खाने की चोर हूँ, और उन दिनों तो मैं ठीक से खाना बनाती ही नही थी। कितनी बार मैं यूँ ही बिना कुछ खाए सो जाती थी। मैं जब भी उनके घर जाती, वो मेरे लिए कुछ ना कुछ ख़ास व्यंजन बनाती और बहुत ही प्रेम से खिलाती। कभी मैं बीमार होती तो अपने घर से खाना बनाकर भी ले आती।

जहाँ मेरे अपने भाई बहन, जिनके साथ मैंने बचपन से जवानी का सफ़र तय किया, मुझे बुरे वक़्त में अकेला छोड़ गए, यहाँ तक कि मुझे सबके सामने पहचानने से भी इंकार कर दिया, वहाँ मिनाक्षि जैसे कुछ फ़रिश्ते भी आए, जो मेरे एक बार कहने पर हर जगह मेरे साथ आकर खड़े हो गए। इन्होंने अपनी आत्मा को सुना, बाक़ियों ने समाज की झूठी धारणाओं को।

दोस्तों, बुरे वक़्त से घबराओ मत। जब-जब ये आए, अपने मन की आँखें खोल लो, और ध्यान से देखने की कोशिश करो कि ये आपको क्या दिखा रहा है! ये ऐसे-ऐसे रहस्य खोल देता है, जिन्हें आप अच्छे वक़्त में समझ नही पाते।

वास्तव में हमें बुरे वक़्त में ही पता चलता है की संसार उतना भी बुरा नही है, जितना हम समझते है। बुरा वक़्त इतना कुछ सिखाकर जाता है, जिसे देखकर ये समझ ही नही आता की बुरा वक़्त वास्तव में बुरा ही था, या जीवन का सबसे अच्छा वक़्त था?

राधेकृष्णा

प्रश्न: यदि आपके पास काम करने के पर्याप्त साधन ना हो, तो क्या करें?

उत्तर: समय हमेशा हमारे अनुकूल हो, ये आवश्यक नही है। जितने भी साधन उपलब्ध है, उनका इस्तेमाल करके अपने लिए रास्ता बनाना सीखिए। जब मनुष्य एक हौंसले का क़दम बढ़ाता है, तो ईश्वर भी उसके चार रास्ते खोल देते हैं।

ज्ञान के मोती

⇨ बुरा वक़्त वास्तव में जीवन का सबसे अच्छा वक़्त होता है। यदि आप ध्यान दुःख पर से हटाकर समझने पर लगा दोगे, तो आपको ऐसा खजाना मिलेगा, जिसके लिए आप सदैव इस वक़्त का धन्यवाद करोगे।

⇨ आप कर्मों से ये कह कर नही बच सकते कि आपको पता नही था। ज्ञान आत्मा का स्वरूप है, अतः अज्ञानता से ज्ञान की तरफ़ बढ़ो।

⇨ किसी पर भी अंधा विश्वास कदापि ना करें। वक़्त सदा समान नही रहता। वक़्त के बदलते ही सबसे बड़ी चोट आपको वो ही देते है, जिन पर आपने अंधा विश्वास किया था।

08

क्रिशन एक शिल्पकार

एक शिल्पकार वो होता है, जिसके पास एक साधारण से पत्थर को सुंदर आकृति देने की कला होती है। जिसके बाद उस पत्थर की क़ीमत और महत्व दोनो बढ़ जातें है। जिस पत्थर को लोग अब तक पत्थर जानकार पैरों से ठोकर मारते थे, अब उसकी मंदिर में पूजा करते है।

लेकिन पत्थर के मूर्ति बनने का ये सफ़र आसान नहीं होता। उसको जगह-जगह हथोड़े की मार खानी होती है, जिसमें उसके टूटने का भी डर होता है। ऐसे में शिल्पकार को भी बहुत सम्भालकर पत्थर को चोट देनी होती है। सुंदर आकृति बनाने के लिए उसको बहुत ही बारिकी से छोटी-छोटी बातों का ख़याल भी रखना होता है।

मैं अपने अंदर की हीलर को, अपने ज्ञान को, अपनी समझ को, और अपनी आत्मा की बाक़ी सब शक्तियों को भूलकर ख़ुद को कमज़ोर, लाचार जानकार, विभिन्न तरह के डरों में जी रही थी। अपनी आत्मा को कष्ट दे ही रही थी और उसको बीमार बना रही थी। साधारण पत्थर ना होते भी, साधारण पत्थर जैसा जीवन व्यतीत रही थी। **ये कोर्ट केस तो केवल एक बहाना था, हक़ीक़त तो ये थी की मेरे शिल्पकार ने मुझे तराशना था।**

क्या ईश्वर अपने भक्त की हर बात मानते है?

दोस्तों, हम सोचते है की ईश्वर के साथ होने का अर्थ है की सब वैसा होता जाएगा, जैसा हम चाहते है। हमें किसी भी तरह के कष्ट का सामना नही करना होगा। किंतु

सच तो ये है, की जब हम वास्तव में ईश्वर के साथ होते है, तो वो सबसे पहले हमारे दोष मिटाते है। तभी तो क्रिशन को माखन-चोर कहा जाता है! माखन में अशुद्धता होती है, जिसकी वजह से वो कुछ ही देर तक प्रयोग करने लायक रहता है, और फिर खट्टा होकर ख़राब हो जाता है। इसलिए क्रिशन माखन को चुरा लेता है, और उसको अग्नि पर तपाता है, ताकि वो शुद्ध हो जाए, और कभी उसमें खटास ना पड़े!

कई बार हम ज्ञान की कमी होने की वजह से हमारा हित और अहित नही समझ पाते, और ईश्वर से वो चीज़ें माँग बैठते है, जो आगे जाकर हमारे दुःख का कारण बनने वाली है। ऐसे में यदि आप ईश्वर की शरण में हो, तो ईश्वर कभी भी उस हानि करने वाली चीज़ को आपको नही देंगे, किंतु इतनी समझ ज़रूर देंगे की इस चीज़ से आपको क्या हानि हो सकती है।

क्रिशन सबसे पहले हमारे जीवन से और हमारे अंदर से हर उस चीज़ को हटाते है, जो हमारे हित में नही है, पर हमने अपनी नादानी में उन्हें अपने लिए अच्छा जानकार, ख़ुद को उनसे बाँध लिया है। ये आपके रिश्तेदार हो सकते है, आपकी कोई बुरी आदतें हो सकती है, कोई कर्म हो सकते है, नकारात्मक सोच हो सकती है, ग़लत धारनाएँ हो सकती है, आपकी जॉब हो सकती है, और आपका किसी परिस्थिति को देखने का दृष्टिकोण भी हो सकता है।

कहते है की राधा जी में भी इस भौतिक संसार के दोष आ गए थे, जिन्हें एक-एक करके क्रिशन ने हटाया, और उसके बाद ही वो अपने वास्तविक स्वरूप में आ पायी थी - प्रेम की देवी।

इस शुद्धीकरण के सफ़र में कुछ तकलीफ़े भी सहनी पड़ती है, पर ईश्वर हमें टूटने नहीं देते। वो चोट देते है, तो अपने प्रेम की मरहम भी देते है। जैसे एक माँ अगर बच्चे को थप्पड़ भी मार दे, तो बच्चा फिर भी माँ के ही पास आता है, क्यूँकि माँ बिना बात को बच्चे को नहीं मारती, और मारकर ख़ुद भी दुःखी होती है और फिर बच्चे को उतना ही प्रेम भी देती है। वो हमें चोट तोड़ने के लिए नही, तराशने के लिए देती है।

और अब मेरा भी तराशे जाने का सफ़र शुरू हो गया था।

अब मेरे जीवन का सबसे कठिन सफ़र शुरू होने जा रहा था। जल्द ही सबको केस के बारे में पता लगने वाला था। मेरे पास उस घर में रहकर लड़ने के अतिरिक्त कोई दूसरा विकल्प नही था।

जिस लड़की के साथ कोई ना हो किंतु विरोध में सब खड़े हो; जिसको अपने ही दुश्मन के घर में रहकर लड़ना पड़े, जहाँ सब उसका मनोबल तोड़ने की हर मुमकिन चेष्टा करते है, उसको किसी ना किसी तरह से परेशान करते है - ऐसे में ये अत्यावश्यक था की सबसे पहले मेरी सुरक्षा का इंतेज़ाम किया जाए।

कोर्ट में मेरा पहला दिन

मेरा कोर्ट में पहला दिन था। मैं जीवन में पहली बार यहाँ आयी थी। गेट के बाहर खड़े होकर गेट के खुलने की प्रतीक्षा कर रही थी। आते-जाते सबको देख रही थी। सबके साथ कोई ना कोई आया था। बस मैं ही अकेली थी। आँखों में आँसू थे जिन्हें मैं अंदर ही पीये जा रही थी, क्यूँकि वो वक़्त रोने का नही, बहादुरी से सामना करने का था।

कोई मुझे समझे ना समझे, पर क्रिशन हमेशा मेरी ज़रूरत को समझता है, ठीक वैसे ही, जैसे एक माँ बच्चे की ज़रूरत को बिना उसके कहे भी जान लेती है। मेरे मनोबल को बढ़ाने के लिए क्रिशन ने अपने एक और क्रिशन-भक्त से मुझे फ़ोन करवाया। ये भी मुझे क्लाइयंट बनकर मिले थे। मेरी परिस्थिति जानते थे।

उन्होंने मुझे हौंसला दिया और कहा, "बेटा घबराना नहीं। तुम सही हो। तुम ये लड़ाई केवल ख़ुद को स्वतंत्र करके के लिए लड़ रही हो। मन में कोई ग्लानि मत आने दो।"

मैंने कहा, "अंकल मैं अकेली हूँ।"

उन्होंने कहा कि कहाँ अकेली हो? क्रिशन है, मैं हूँ, कितने सारे और लोग भी है, जो तुम्हें जीतता देखना चाहते है।

मेरे मन को थोड़ी राहत मिली। गेट खुला और मैं अंदर चली गयी। दिल की धड़कने इतनी तेज़ हो गयी थी, की मानो अभी हार्ट-अटैक आ जाएगा। इतनी हिम्मत जीवन में पहली बार दिखायी थी। उधर से डर भी लग रहा था। अब तक तो चुपचाप केस की तैयारी हो रही थी, आज आमना-सामना होने वाला था। और उसके बाद मेरा क्या परिणाम होगा, मुझे इसका कोई अनुमान नही था। क्यूँकि, इसके बाद जाना तो उसी घर में वापस था। रहने का कोई और ठिकाना भी नही था।

मन में बहुत से डर आ रहे थे। और मैं किसी तरह से ख़ुद को संभाल रही थी। जैसे ही मेरा विशाल से आमन-सामना हुआ, मेरा पूरा शरीर बुरे तरीक़े से काँपने लगा। मानो मैं निर्दोष नही, गुनहगार हूँ, जो यहाँ सज़ा पाने के लिए आयी है। मैं अपने डर में ठीक से जज के सवालों के जवाब भी नही दे पा रही थी।

क्रिशन मेरे अंदर उठ रहे इस सैलाब से अनजान नहीं था।

क्रिशन का सुरक्षा कवच

सबसे पहले उसने जज से मेरे रूम में लॉक लगवाने का ऑर्डर दिलाकर मुझे सुरक्षित किया। और साथ में ये भी निश्चित कर दिया की मेरे कमरे में कोई भी मेरी इच्छा के बिना नही प्रवेश नही करेगा। ये सुनकर मुझे अब थोड़ी सी राहत मिली।

ये तो हुयी क्रिशन की दी हुयी सुरक्षा की बात, पर हथोड़े की चोटें भी पड़नी शुरू हो गयी थी। पहले ही दिन, जज ने मुझसे प्रश्न किया की “इस बात का क्या सबूत है की आपके साथ कभी कोई हिंसा हुयी है?”

एक पत्थर को मूर्ति बनने के लिए हथोड़े की चोट सहनी पड़ती है।

मैं उसके इस सवाल पर सकपका गयी। और मन में सोचने लगी, “ये कैसा सवाल है? मैं क्या झूठ बोल रही हूँ?”

17 साल तक सब सहने के बाद आज पहली बार इतनी हिम्मत जुटाकर आवाज़ उठाई थी, और मुझ पर यक़ीन करने की बजाय, मुझसे अब सबूत माँगा जा रहा था!

क्या परिवार की प्रतिष्ठा को बचाने के लिए बातें घर में दबाना ग़लत है?

कोर्ट केवल काग़ज़ पर लिखे सबूत या, गवाही को मानता है। मेरे साथ तो मेरे अपने ही नहीं खड़े थे, तो गवाही का तो कोई प्रश्न ही नहीं था।

कभी घर की बातें ये सोचकर बाहर नहीं निकाली थी कि समाज में तमाशा बनेगा। कोई सबूत नहीं बनाया, क्यूँकि कभी सोचा ही नहीं था की एक दिन डिवॉर्स के लिए लड़ना भी होगा। वैसे भी मेरे परिवार में किसी पर हाथ उठाने को हिंसा में नही गिना जाता था। हिंसा का उनके लिए अर्थ था की कोई आपको जलाने की कोशिश करे। और ऐसा तो कुछ हुआ नही था मेरे साथ। फिर क्या सबूत बनाती?

मेरे मन में तूफ़ानों का सैलाब उठ रहा था। सब सहने के बाद क्या अब ये भी साबित करना पड़ेगा की सब सहा है? अगर मेरे परिवार वाले मेरे प्रति अपनी ज़िम्मेदारी भूल गए है और ग़लत का साथ दे रहे है, तो मेरा क्या दोष है? मैं कहाँ से सबूत लाऊँ?

मुझे पहली बार समझ में आया की मैं कितनी बड़ी बेवक़ूफ़ थी, जो उनके लिए जीवन जी रही थी, जिन्हें मेरे जीवन से कोई लेना देना ही नहीं था। मैंने जिन्हें अपना जानकार उनके लिए अपनी ख़ुशियाँ त्याग दी, उन्होंने तो मुझे पराया बनाकर मुसीबत में अकेला छोड़ दिया।

मानो सबने मिलकर धर्म के नाम पर मुझे कुएँ में कूदने को कह दिया। मैं उनके विश्वास पर कूद गयी। पहले सहती रही। एक दिन जब मैंने परेशान होकर बाहर निकालने को कहा तो सब वहाँ से चले गए। मैंने ख़ुद से हिम्मत करके बाहर आना चाहा, तो ऊपर से पत्थर फेंकने लगे, ताकि मैं हमेशा उसी में फँसी रहूँ!

बहुत कड़वी सच्चाई से सामना हो रहा था....

विपरीत परिस्थितियाँ आपको आपका खोया हुआ खजाना लौटाने आती है

क्रिशन केवल मुझे सच से रूबरू कर रहा था और मेरे झूठे भ्रम तोड़ रहा था। मेरे डरों से मुझे मुक्ति दिला रहा था। मुझे पुलिस से बहुत डर लगता था। अब बारी थी, मेरे अंदर का ये वाला डर मारने की।

अब सबूत बनाने थे, और उसके लिए बार-बार पुलिस को बुलाकर पेपर पर लिखवाना था की मैंने जो कहा है, वो सच है। और विशाल तो वैसे भी आए दिन मुझे अवसर देता ही रहता था। कभी मेरा पानी बंद कर देता, तो कभी बिजली। और हर बार मुझे पुलिस को बुलाना पड़ता था।

मेरा डर मेरे वक़ील ने पहले ही हटा दिया, मुझे ये बताकर की इनसे डरने की कोई ज़रूरत नहीं है, वैसे भी महिलाओं के लिए अलग से सहायक डेस्क होता है। शाम के 6 बजे के बाद चाहे जो भी हो जाए, कोई आपको वहाँ रुकने को नही कह सकता। आपकी सारी कॉल रिकॉर्ड होती है, जिसका कंट्रोल सीधे कमिशनर के पास होता है। फिर भी ये लोग चालाकी दिखाने की चेष्टा करे, तो मुझे कॉल कर देना। मैं संभाल लूँगा।

ये सब करना मुझे बिलकुल पसंद नही था, मैं चाहती थी, की शांति से सब हो जाए...पर शांति से हो जाता तो डर कैसे मरते? जिन रास्तों पर कभी पूर्व जन्मों में डर पाले थे, वही जाकर उनको ख़त्म किया जा सकता था।

धीरे-धीरे सबूत भी तैयार हो गए, और इनको तैयार करते-करते मेरा डर भी ख़त्म हो गया। पहले तो हालात ये थे की मैं पुलिस को कॉल करती और आते ही विशाल और उसके पिता उन्हें पैसे खिला देते और पुलिस भी मुझी पर दबाव डालने लग जाती थी। बुलाती मैं थी, पर आती वो उनके लिए थी।

कार्मिक चक्र कैसे टूटते है

फिर एक दिन आया जब मैं इतनी निडर हो गयी, कि सीधे कमिशनर के ऑफ़िस में चली गयी। कमिशनर का ऑफ़िस वहीं पुलिस स्टेशन के साथ ही था। मैंने वहाँ जाकर उन्हें सब सच बता दिया।

और उस दिन पहली बार मुझे पुलिस स्टेशन में ख़ास सम्मान मिला, क्यूँकि अब तक मुझे क़ानून समझ में आ गया था। अब मेरे पास उनकी हर चालाकी का उत्तर था। बस ये आख़िरी दिन था, इसके बाद मुझे फिर कभी पुलिस को नहीं बुलाना पड़ा।

जब वक़्त हमें सिखाने वाली बात सिखा देता है, तो उस वक़्त का काम ख़त्म हो जाता है, और हमारा कार्मिक चक्र टूट जाता है। मुझे भी आज समझ में आ गया था की रिश्तों के नाम पर ज़ुल्म सहना, परिवार की प्रतिष्ठा के नाम पर बुराई पर पर्दा डाल देना ग़लत था।

आज मुझे मेरी एक और शक्ति वापस मिल गयी थी। हमेशा के लिए मेरा ये डर ख़त्म हो गया था।

पर अभी मूर्ति बनी नहीं थी। और भी बहुत कुछ इस पर किया जाना था।

अब ज़रूरत थी की मुझे मेरा ज्ञान वापस मिले और मैं अपने अंदर की हीलर को पहचानकर उसको बाहर ला पाऊँ। कहने को तो मैं ग्रैजूएट थी, किंतु मेरे पास केवल किताबी ज्ञान था, ये मेरे लिए किसी काम का नहीं था। मेरी परवरिश जिन हालातों में हुयी थी, उसमें मुझे डिग्री तो जैसे-तैसे मिल गयी थी, पर ज्ञान नहीं मिल पाया था। ज्ञान पाने का असली वक़्त तो अब आया था।

क्रिशन ने मेरा भूला हुआ ज्ञान मुझे लौटाया

एक तरफ़ केस चल रहा था, दूसरी तरफ़ मैंने ज्ञान पाना शुरू कर दिया था। मेरे जीवन का सबसे ज़्यादा बुरा वक़्त, मेरे लिए सबसे बड़ा वरदान बनकर आया था।

क्रिशन ने मुझे तरह-तरह की शक्तियाँ देनी शुरू कर दी, जिनमे हीलिंग करने के गुण थे। इन्होंने मेरे सूक्ष्म शरीरों पर काम करना शुरू किया और मेरे अवचेतन मन के समस्कारों को हटाना शुरू कर दिया। ये सब किसी चमत्कार से कम नहीं था। मैं अब अंदर से मज़बूत होने लगी, मेरे दिमाग़ की समझने की शक्ति कई गुना बढ़ गई। पहले जो पढ़ाई मुझे घंटों तक किताब पढ़ने से भी समझ नहीं आती थी, अब हालात ये थे की केवल एक बार पढ़कर उनकी गहरायी समझ में आ जाती थी।

पहले तो मुझे ठीक से ये भी नहीं पता था की हमारे शरीर में कौन-कौन से अंग है, और वो क्या काम करते है? आज ये सब यूँ समझ आ गए थे, मानो कबसे इन पर काम कर रही हूँ!

क्रिशन ने मुझे हर तरह का ज्ञान देना शुरू किया। कुछ बाहर से दिलाया, कुछ चुप-चाप अंदर उतार दिया। कई तरह के शक्तिपाथ दिए और उनमें मास्टर भी बनाया।

मैंने क्रिशन से कहा: तू मुझे इतना सब क्यूँ पढ़ने को दे रहा है? मैं इतनी सारी चीज़ों का क्या करूँगी?

क्रिशन ने कहा: इनका क्या करना है, ये मैं बाद में समझा दूँग। अभी तुम्हारे सामने मैं जो भी भेज रहा हूँ, बस उसको लेती जाओ और अपने अंदर उतारती जाओ।

क्रिशन ने मेरी पढ़ाई का भी ख़ास प्रबंध किया था। उसको पता था की मैं विज्ञान में कमज़ोर थी। जहाँ मैं अपने हीलिंग के कोर्स सीख रही थी, वहाँ उन्होंने तभी एक अयुर्वेदा, नेचुरापैथी, बॉडी अनाटमी और फिसीयोलोजि का मिलाकर कोर्स बनाया था। जिसे सिखाने वाले टीचर भी बहुत ही साधारण व्यक्ति थे। उम्र में मुझसे छोटे थे, और आध्यात्मिक थे। जो ज्ञान उन्होंने पाँच साल में अर्जित किया था, वो मात्र 6 माह में मेरे अंदर उतार दिया। उनसे मैं बेझिझक कोई भी प्रश्न कर लेती थी। इससे पहले मुझे ऐसे अध्यापक मिलते थे, जो मेरे सवाल

पूछने पर मुझे ग़ुस्सा करने लगते थे। मेरे पास सवाल बहुत थे, शायद उनके पास इनके उत्तर नही थे। किंतु ये सर मेरा चेहरा देखकर जान जाते थे की मुझे कुछ पूछना है।

सर मुझसे कहते: कुछ सवाल है आपका?

मैं पुराने अनुभवों को याद करके कहती: नही सर, पहले इस विषय को ख़त्म कर लेते है।

वो कहते: जब तक आपको उत्तर नही मिलेगा, आपका दिमाग़ आगे बढ़ेगा नही। फिर पढाने का फ़ायदा क्या होगा?

और वो बिलकुल सही कहते थे। मुझे जब तक मेरे सवालों के जवाब नही मिल जाते थे, मेरा दिमाग़ उसी एक जगह पर अटका रहता है। यही वजह है की अब तक जो अध्यापक मेरे जीवन में आए, वो मेरे अंदर ज्ञान नही उतार पाए।

मैं हर रोज़ 4 घंटे वहाँ व्यतीत करती, फिर घर आकर उनके नोट्स बनाती। सारा ज्ञान मैंने मात्र 2 साल में अर्जित किया। मैं दिन रात पढ़ती थी, ध्यान लगाती थी, हीलिंग करती थी। बीच-बीच में काम भी करती थी और केस को भी संभाल रही थी। 2011 से 2013 तक ये ही जीवन था मेरा। संसार में सबसे कटी हुयी, एक जेल में रहकर ख़ुद पर काम कर रही थी। मेरा शिल्पकार मुझे तराश रहा था, और मैं एक सुंदर आकार लेते जा रही थी।

इसमें मेरा काफ़ी पैसा ख़र्च भी हुआ, लेकिन मुझे ज्ञान के सामने पैसा बहुत छोटा दिख रहा था। ये प्रबंध ख़ास मेरे लिए हुआ था। मेरे बाद सर ने भी वहाँ काम करना बंद कर दिया था। और शायद इस कोर्स को और कोई नही सीख पाया।

क्रिशन ने मेरे अंदर की हीलर को जगाया

क्रिशन ने मेरे अंदर की हीलर को भी जगाया। क्रिशन ने मुझे कहना शुरू किया की तुम अपने पूर्व जन्मों में बहुत बड़ी हीलर रह चुकी

हो। पर मुझे यक़ीन ही नहीं होता था, पता भी नहीं था की इसका क्या अर्थ है? मुझे लगता था की शायद किसी को ऊर्जा देना हीलिंग होता है। या फिर जो ओरा देख लेते है, भविष्य जान लेते है......वो हीलर होते है।

धीरे-धीरे ये भी पता चलने लग गया की हीलर वो है जो आत्मा के, मन के, भावों के, बुद्धी के, और शरीर के दोषों को दूर कर सकता हो। ये सब वो ही कर सकता है जिसके पास, पहले तो इस सबका ज्ञान हो, फिर अनुभव हो, साफ़ मन हो, और जो सबकी मदद करना चाहता है। और साथ में उसके पास दैवीय शक्तियाँ भी हो।

मन तो मेरा हमेशा से निश्छल था, भाव हमेशा से दूसरों को सुख देने का था। दैवीय शक्तियाँ क्रिशन दे ही चुका था। ज्ञान भी उसने अंदर उतार दिया था। और अनुभव मैं कुछ कर चुकी थी, कुछ कर रही थी, और कुछ करने वाली थी। अब मुझे हीलर शब्द का अर्थ समझ आने लगा और मैंने ख़ुद पर काम करना शुरू कर दिया।

क्रिशन ने मुझे आत्मा का, कर्मों का, प्रकृति का ज्ञान दिया। आत्मा के सभी शरीरों की संरचना और उनके काम करने के तरीक़े समझाए। क्रिशन ने मुझे मन का, बुद्धि का, अवचेतन मन का, और मनोविज्ञान का ज्ञान दिया। उसने मुझे लोगों के चेहरे, उनका मन, और उनका भविष्य पढ़ना सिखाया। उसने मुझे पूर्व जन्मों को देखने की कला, और कार्मिक चक्रों को समझकर तोड़ने का ज्ञान दिया। उसने मुझे समझाया की हीलिंग कैसे काम करती है। उसने मुझे हीलिंग को मेरे जीवन में अनुभव कराया। और मैं जान गयी की चक्रों के खुलने का जीवन में क्या वास्तविक अर्थ होता है।

हीलिंग ना तो रेकी है, और ना ही कोई और चीज़, जिसे हीलिंग कहा जाता है। ये सब तो केवल बीमारी को जानने के तरीक़े, और दवाइयाँ है। असली हीलिंग तो एक बहुत बड़ी कला है। और वास्तव में एक हीलर वो ही है, जो हीलिंग की कला में निपुण है। **अलग-अलग शरीरों की बीमारी की जड़ को खोजकर, जड़ से बीमारी को हटाकर एक व्यक्ति को अंदर से और बाहर से उसके जीवन को**

बदलने की जो कला रखता है, वास्तव में वही हीलर है। और ये सब गुण मुझमें पहले से विद्यमान थे, जिन्हें मैं भूल गयी थी। इस जन्म में क्रिशन ने मुझे मेरे सब गुण याद भी दिला दिए और मेरी खोयी हुयी हीलिंग करने की शक्तियाँ भी लौटा दी।

सबसे उत्तम निवेश ख़ुद में निवेश करना है।

मैंने ये सब शक्तियाँ और ज्ञान उन्ही गहनों को बेचकर पाया, जिन्हें हम इस वक़्त में सबसे ज़्यादा संभाल कर रखते है। मैंने इनकी मदद से ख़ुद को तराश दिया। ये गहने शायद सारा जीवन मुझे नहीं संभाल सकते थे, पर मेरे अंदर जो आज बदलाव आया है, उससे मैं निश्चित ही अपना और दूसरों का जीवन सँवार सकती हूँ। कुछ मूल्यवान पाना है, तो उसकी क़ीमत तो देनी पड़ती है। **सबसे उत्तम निवेश है, ख़ुद में निवेश करना।** यही बात क्रिशन ने मुझे आज समझायी।

क्रिशन मुझे एक रबरबैंड की तरह से खींच कर मेरी शक्ति को बढ़ा रहा था। और मैं ये सब कुछ समझ पा रही थी। मुझे किसी भी तकलीफ़ के लिए उससे कोई शिकायत नहीं थी। मैं जानती थी की वो जो भी कुछ कर रहा है, वो मेरे अच्छे के लिए कर रहा है।

सम्बंध अर्थात समान बंधन

अगली चोट रिश्तों की पड़ी। क्रिशन ने मेरे जीवन से सब रिश्ते हटा दिए। अपनों के बिना जीवन जीने की कल्पना मात्र हमें डरा देती है, किंतु जब आप बारीकी से देखेंगे तो समझ जाएँगे की उसने केवल काँटे हटाए थे, फूल नहीं।

सम्बंध में दो लोगों का बराबर योगदान होता है, दोनो एक दूसरे की स्वतंत्रता, उसकी प्रतिष्ठा और उसके फ़ैसलों का सम्मान करते है। एक दूसरे के सुख-दुःख में साथ देते है। पर जब सम्बंधी, सम्बंध के नाम पर आपके जीवन पर अपना अधिकार स्थापित करना चाहे, या फिर आपके जीवन में दुःख लेकर आए, तो ऐसे सम्बन्धियों से ख़ुद को अलग करना ही समझदारी है। ये कभी आपके थे

ही नहीं। ये तो अपने स्वार्थ के लिए आपसे जुड़े थे। जैसे ही स्वार्थ ख़त्म होगा, इनके जीवन में आपका महत्व भी ख़त्म हो जाएगा।

सबकी तरह, मेरे लिए भी ये बहुत तकलीफ़ देने वाला था। इनके बिना कभी अपने जीवन की कल्पना भी नहीं की थी। किंतु जब तक पता ना हो की प्याले में ज़हर है, उसको पीया जा सकता है, पता चलने के बाद इसको पीना कोई समझदारी नही है।

कुछ पाने के लिए कुछ खोना पड़ता है

क्रिशन ने झूठे रिश्ते लेकर ख़ुद को दे दिया

क्रिशन ने मेरे जीवन से सब बेकार के रिश्ते हटाकर ख़ुद को उनकी जगह रख दिया। अब मेरा एक ही सम्बंध था, जो सबसे सच्चा था, जिस पर मैं पूरा विश्वास कर सकती थी, जो कैसी भी परिस्थिति क्यूँ ना हो मेरा साथ नहीं छोड़ता था। किसी भी वक़्त याद करूँ, किसी ना किसी रूप में आ ही जाता था।

जब चेतना बदलती है, तो रिश्ते भी बदल जाते है

अब मेरे जीवन में और भी लोग आने लगे, जिनमें ईश्वर जागा हुआ था। जिनकी सोच मेरे रिश्तेदारों जैसी नहीं थी। ये लोग इंसान के जीवन को महत्व देते थे और उसकी स्वतंत्रता का सम्मान करते हुए सम्बंध निभाते **थे। हमारे आस-पास के रिश्ते हमारे कर्म और हमारी चेतना के हिसाब से ही हमारे जीवन में आते है - आप चाहे तो इसे आकर्षण के सिद्धांत का नाम दे दे, या फिर, कार्मिक चक्र का। किंतु जैसे ही आपकी चेतना बढ़ जाती है, आपके जीवन में अब लोग भी उसी के हिसाब से आने लगते है।** और यही जीवन का सच है।

इसको एक उदहारन से समझा जा सकता है। मान लीजिए कि एक कक्षा में 15 लोग एक साथ पढ़ रहे है। सबकी आयु अलग-अलग है, किंतु सबक़ मिलते-जुलते है। अब सबने परीक्षा दी। केवल एक ही ने सबक़ सही तरह से समझा

और प्रश्नों के सही उत्तर दे दिए। बाक़ी सब नही दे पाए। अब जिसका उत्तर सही है, केवल वो ही आगे की कक्षा में जाएगा, और बाक़ी सब इसी सबक़ को दोबारा पढ़ेंगे।

यदि वो एक छात्र, जो पास हो गया है, वो बाक़ियों के प्रति अपने मोह में आगे नही जाएगा, तो उसकी खुद की पढ़ाई भी पूरी नही हो पाएगी।

वैसे ही **जीवन के सफ़र में सबका एक साथ पास होना बहुत कठिन है। इसलिए किसी के हमारे जीवन में आने और जाने का शौक़ मनाना फ़िज़ूल है।**

सब अकेले आए है, अकेले जाएँगे। बीच में नए-नए लोग मिलते और बिछड़ते जाएँगे। उनके आने या जाने से हम हमारा सफ़र नही रोक सकते।

मूर्ति बनने के इस सफ़र में मेरे दिल पर बहुत सी चोटें तो लगी, पर इनका लगना आवश्यक था....अन्यथा मैं कभी रिश्तों की ख़ूबसूरती को नहीं समझ पाती। उनका असली अर्थ नहीं समझा पाती। मैंने चोट खायी....तो मैं हीलर बन गयी। क्यूँकि आज मैंने दर्द की गहराइयों को जान लिया, और अब मैं दूसरों को भी इससे मुक्ति का मार्ग दिखा सकती हूँ।

क्रिशन ने मुझसे मेरी पहचान भी ले ली। एक वक़्त था जब मैं किसी को बता भी नहीं पाती थी कि मैं कौन हूँ। मेरा परिवार कहाँ है। झूठ मुझे बोलना नहीं आता था, और सच को समझाना मेरे लिए अत्यंत कठिन था।

क्रिशन ने मुझसे मेरी झूठी पहचान लेकर सच्ची पहचान दे दी

मैं कहती क्रिशन मेरा परिवार है, तो कोई मानता ही नहीं था। लोगों को तो मेरे पिता के या विशाल के बारे में जानना था।

जो मेरे कभी थे ही नहीं, मैं उनकी पहचान भी साथ लेकर नहीं चलना चाहती थी। जिसे मैं मेरी पहचान समझती आयी थी, वो तो उन सबकी पहचान थी, जैसे ही वो मेरे पास से हटे, उनकी पहचान भी हट गयी।

तब जाकर मेरे अन्दर एक चाहत जागी कि अब तो अपनी पहचान बनानी है। एक ऐसी पहचान, जिसमें कोई मुझसे मेरे परिवार का नाम नहीं पूछेगा। मुझसे सम्बंध रखने के लिए किसी को मेरे पती, पिता, या भाई की ज़रूरत नहीं होगी। ऐसी पहचान, जो किसी के होने या ना होने से ख़त्म नहीं होगी।

आज मुझसे कोई नहीं पूछता की मेरा परिवार कहाँ है, उनका क्या नाम है? आज तो सब केवल मुझे जानते है, वो भी मेरे हुनर के लिए, मेरे ज्ञान के लिए। और मेरी आत्मा में आए बदलाव के लिए। इस पहचान का आनंद ही कुछ और है। कुछ वक़्त तकलीफ़ भरा ज़रूर गुज़रा, पर अंत में मुझे मेरी पहचान मिल गयी।

*धातु के गहने लेकर
आत्मा के गहने दे दिए*

क्रिशन ने मेरे सब गहने ले लिए। ये मेरी असली सम्पत्ति नहीं थी, ना ही मैं इसको सारा जीवन अपने साथ रख सकती थी। हक़ीक़त में तो ये मेरी ज़ंजीरें थी, जो मुझे असुरक्षा के भाव देकर उड़ने नहीं दे रही थी। क्रिशन ने तो मुझे इनकी क़ैद से रिहा करा दिया था।

मेरा असली गहना तो मेरी आत्मा है। क्रिशन ने साधारण धातु के गहने लेकर मेरी आत्मा का गहना मुझे लौटा दिया। इतनी सारी शक्तियाँ और उनके साथ ज्ञान का सागर मेरे अंदर उतार दिया। मेरी कमज़ोरियों को दूर करके मुझे मज़बूत बना दिया, मेरी पहचान मुझे लौटा दी, मुझे हील कर दिया, मेरे अंदर प्रेम उतर दिया, मेरे दोषों को हटा दिया।

असली गहना तो ये सब था। सोने के गहनो से मैं कुछ महीनो तक अपना जीवन चला सकती थी, उसके बाद क्या? पर जो गहना अब मेरे पास था, इससे मैं अपना पूरा जीवन चला सकती हूँ। और ऐसे बहुत सारे गहने अपने लिए वापस बना सकती हूँ।

इस तरह क्रिशन मुझे चोटें देता रहा, और तराशता रहा, मेरे दोष दूर करता रहा और मुझमें गुण भरता गया। कुछ नया पाने का सुख, पुराने को खोने से कहीं ज़्यादा था। जैसे एक बच्चे के जन्म के बाद, बच्चे को देखकर माँ जन्म देने की सब पीड़ा भूल जाती है, ठीक वैसे ही, जब ईश्वर हमें तराश देते है, तो इस सफ़र की तकलीफ़े कष्ट नही देती।

मूर्ति बनने के पश्चात,
हथोड़े की चोटों का दर्द
नही होता

मूर्ति बनना है तो हथोड़े की चोट तो सहनी पड़ेगी। सोना बनना है, तो तपना तो पड़ेगा। हीरा बनना है, तो दबाव भी सहना पड़ेगा। जो क्रिशन को सच में जानते है, वो जानते है की क्रिशन आपको आपके स्वरूप में वापस लेकर ही आता है। और जब आप अपने इस नए स्वरूप को देख लेते हो, तो आप कभी भी पुराने स्वरूप को नहीं पाना चाहते।

राधेकृष्णा

प्रश्न: क्या ईश्वर का साथ पाने का अर्थ है, संघर्षों से मुक्ति?

उत्तर: ईश्वर के साथ होने का अर्थ ये नही है की आपके जीवन में संघर्ष नही आएँगे। अपितु, हर संघर्ष को आप ईश्वर की मदद से आसानी से पार कर जाएँगे।

ज्ञान के मोती

- ⇨ बिना हथोड़े की चोट खाए, आपका स्वरूप नही बदल सकता।
- ⇨ स्वार्थी रिश्तों की भीड़ इकट्ठी करने से बेहतर है, आपके जीवन का एक निस्वार्थ सम्बंध।
- ⇨ सच बेशक कितना भी कड़वा हो, पर झूठ को जीने से बेहतर है।
- ⇨ जब वक़्त अच्छा है, तो कोई भी शांत होकर दिखा सकता है, असली शांति तो वो है, जो मुश्किल परिस्थितियों में भी बनी रहे।
- ⇨ सबसे उत्तम निवेश है, ख़ुद में निवेश करना।

09

भक्त की रक्षा के लिए क्रिशन की माया

यूँ तो क्रिशन की माया के क़िस्से बहुत सारी कहानियों में सुनने को मिलते है, किंतु अपने जीवन में इसका साक्षात्कार होना अपने आप में एक अलग प्रकार का आनंद है। एक ऐसा आनंद जिसको शब्दों में व्यक्त करना असम्भव है। ऐसा ही एक और चमत्कार क्रिशन ने किया, जिसके बाद क्रिशन के और मेरे बीच एक अटूट सम्बंध बन गया।

कहते है कि प्रेम और जंग में सब कुछ जायज़ है। मुझे मेरी रिहाई चाहिए थी और बाक़ी सबको मेरी क़ैद। मुझे अपनी क़ैद में रखने के लिए उन्होंने साम, दाम, दंड, भेद, सब नीतियों का सहारा लिया। सबने मिल कर मेरे आस-पास एक ऐसा जाल बुन दिया, जिसमें मुझे लगभग फँसा ही दिया था।

विनाश-काले विपरीत बुद्धि

क़ानून के मुताबिक़ अगर दम्पत्ति में से किसी एक की मानसिक स्थिति सही नहीं है, तो दूसरा पार्ट्नर उसको डिवॉर्स नहीं दे सकता। ये बना तो था अधिकारों की रक्षा के लिए, किंतु विशाल ने इसका इस्तेमाल मुझे फ़साँने के लिए किया।

सबने मिलकर षड्यंत्र रचा, कोर्ट में ये साबित करने का, कि मेरा दिमाग़ी संतुलन बिगड़ा हुआ है, जिसके लिए मेरा बहुत वक्त से इलाज चल रहा है।

इसके लिए उन्होंने मेरी झूठी मेडिकल रिपोर्ट बनवायी और योगेश को अपने पक्ष में लेने की चेष्टा की।

इसे कहते है, विनाश काले विपरीत बुद्धी। बुरे वक़्त में सबसे पहले इंसान की बुद्धी उसका साथ छोड़ती है। विचार था उनके वक़ील का, जिस पर सहमति का ठप्पा विशाल ने लगाया और आगे की योजना भी उसी ने बनायी। उसके पिता ने बेटे के मोह में अंधा होकर सही ग़लत की समझ खो दी, और बिना कर्मों की फ़िक्र किए उसका पूरा साथ दिया।

हमारे अंदर जिन गुनो की अधिकता होती है, वो हम पर हावी रहते है

योगेश के अंदर शुरू में कुछ देर के लिए ईश्वर जागा, और उसने इनका साथ देने से मना कर दिया, किंतु कहते है ना कि हमारे अंदर जिन गुनो की अधिकता होती है, वो हम पर हावी रहते है। और वही हुआ। शीघ्र ही योगेश के अंदर का ईश्वर शांत हो गया, और शैतान ने उसकी जगह ले ली। उसने कोर्ट में मेरे ख़िलाफ़ बयान दिया और धोखे से मेरी माँ से भी दिलवाया।

सबने मिलकर जज को पैसे खिला दिए।

जज ने मुझसे कहा: आपका मेडिकल टेस्ट करा देते है।

उस दिन इत्तेफ़ाकन उदित भी मेरे साथ नही था। उसने किसी और वक़ील को अपनी जगह भेज दिया था। वक़ील ने टेस्ट के लिए मना किया।

मैंने जज से कहा: जज साहब, मुझे कोई दिमाग़ी बीमारी नहीं है, ये लोग झूठ बोल रहे हैं। मैं तो आज तक किसी दीमाग के डॉक्टर से मिली भी नही हूँ। ये सब रिपोर्ट झूठी है।

जज ने कहा: यदि तुम्हारी दिमाग़ी हालत सही है, तो टेस्ट करवा लो। तुम्हें क्या आपत्ति है? अगर तुम सही हो, तो रिपोर्ट में आ जाएगा।

मुझे पता था की टेस्ट की रिपोर्ट बदलना इनके लिए कोई मुश्किल काम नहीं है। जो जज को ख़रीद सकते है, वो क्या एक रिपोर्ट को नही बदलवा सकते? और इसके बाद ये मुझे ऐसी दलदल में फँसा देंगे, जिससे बाहर निकलना भी मेरे लिए असम्भव हो जाएगा। विचित्र समाज है ये, जहाँ एक व्यक्ति को इतनी यातनाएँ केवल इसलिए दी जा रही थी, क्यूँकि उसने गुलामी की बेड़ियाँ पहनने से इंकार कर दिया था। जब कोई अनपढ़, रूढ़िवादी लोग ऐसा करें, तो फिर भी समझ में आता है.....किंतु जब पढ़े-लिखे, ख़ुद को खुले विचारों का दिखाने वाले लोग ऐसी हरकतें करें, तो उन्हें क्या समझे?

पहले तो मैं थोड़ा दुखी हुयी। भला ये क्या बात हुयी कि विशाल किसी को भी कुछ बोलता है, और सब उसकी बात पर यक़ीन करके मेरे पीछे पड़ जाते है। कभी कैमरे में रहने को कहते है, कभी टेस्ट कराने को कहते है, तो कभी झाड़ा लगवाने को कहते है, तो कभी कहते है की तुझे वचन देना होगा कि तू कभी दूसरा विवाह नही करेगी। लेकिन विशाल को कोई कुछ करने को नही कहता, उससे कोई वचन नही माँगा जाता। उस को कोई नज़रबंद नहीं करता!

मेरी बात मेरे अपने तक नहीं सुनना चाहते, और उसकी बात पराए भी आँख बंद करके मान लेते है। सिर्फ़ इसलिए क्यूँकि वो पुरुष है? धन कमाता है? मुझसे ज़्यादा शक्तिशाली है?

पर मुझे कमज़ोर बनाया किसने, इसका हिसाब कोई नही लगाता। यदि मुझे भी अच्छी शिक्षा, अच्छी परवरिश, एवं अपने पैरों पर खड़े होने का मौक़ा दिया गया होता.....तो आज मुझे किसी पर आश्रित होने की ज़रूरत ही नही पड़ती।

सदियों से समाज की यही प्रथा रही है कि कमज़ोर को दबाओ। साथी के बिना तो राम और सीता दोनो रहे थे, किंतु अग्नि परीक्षा केवल सीता से माँगी गयी थी। राम के चरित्र पर किसी को शंका नही थी। क्यूँकि राम के साथ हमेशा लक्ष्मण रहता था, और सीता अकेली थी? राम के पास गवाही देने के लिए लक्ष्मण था, और सीता के पास कोई नही। लेकिन अगर लक्ष्मण भी राम के साथ मिला हो तो?

कहने का अर्थ है, **समाज उसको सुनता है, जिसके साथ चार लोग खड़े होते है, लेकिन वो चार लोग कौन है, ये नही देखता!**

क्या न्याय करने का ये आधार होना चाहिए?

क़ानून में यूँ तो हर जगह एक स्त्री के अधिकारों को बचाया गया है। किंतु सब केवल किताबी बातें है। जब वास्तव में अधिकार माँगने जाओ, तो क़ानून किताब खोलकर नही देखता, ये देखता है कि कौन सा पक्ष उन्हें ज़्यादा पैसा खिला सकता है। क़ानून की इन्ही कमियों की वजह से निर्दोष इंसान मजबूरी में सब सहता रहता है, और बुराई करने वाले बुराई करते रहते है। फिर हम सपना देखते है, एक सभ्य समाज का?

एक मासूम लड़की पहले तो सबकी प्रतिष्ठा को बचाने के लिए समझौते करती रहती है...सब सहती है...जब उसके सहने की सीमा समाप्त हो जाती है और किसी दिन वो साहस करके ख़ुद को मुक्त करना चाहती है....तो कोई उसको मुक्त नही होना देता। कभी उसको पैसे से तो, तो कभी ग्लानि से, तो कभी इल्ज़ामों से, तो कभी परिवार से निष्कासित करने का डर देकर, तो कभी किसी और तरह से दबाने की कोशिश की जाती है।

कभी उसको बुरी बेटी, कभी बेकार माँ, तो कभी बेकार इंसान होने का इल्ज़ाम देते है। उसकी आत्मा को इतना ग्लानि से भर देते हैं कि वो ख़ुद को ही दोषी समझने लगती है। और **ये सब सिर्फ़ इसलिए क्यूँकि वो अपने उस जीवन को जीने का अधिकार माँग रही है, जो ईश्वर ने पहले से ही उसको देकर भेजा था, लेकिन कुछ लोगों ने रिश्तों के, कर्तव्य और धर्म के नाम पर उससे छीन लिया था!**

वो इन सबको हराकर किसी तरह से कोर्ट तक पहुँच भी जाती है, तो कोर्ट भी उसको इंसाफ़ दिलाने की बजाय उसी पर दबाव बनाता है? उसको समझौता करने को कहता है...सालों तक उसको कोर्ट के चक्कर कटवता रहता है, ये सोचे बिना कि उस लड़की के लिए इन परिस्थितियों में एक-एक दिन निकालना

कितना कठिन है। इसलिए कितने मासूम तो कोर्ट से मदद माँगने जाते ही नही है, और सारा जीवन यूँ ही सहते रह जाते है!

ये परिस्थिति केवल महिलाओं की नही है, बहुत जगह पुरुशों को भी इन सबका सामना करना पड़ता है।

उस दिन मुझमें एक अद्भुत शक्ति का प्रवाह हुआ।

मैंने कहा: ठीक है, आपको जो करना है, कर लो। मैं भी देखना चाहती हूँ कि जो है ही नही, उसको आप लोग कैसे साबित करते हो? अब मुझे मेरा वो ही क्रिशन बचाएगा, जो आज तक बचाता आया है।

वहाँ तो जोश में बोल आयी, पर उस दिन घर आकर मैं बहुत रोयी। जीवन के इतने कड़वे सच दिख रहे थे की जीवन जीने का कोई अर्थ ही नहीं दिख रहा था।

वो माँ जिसके लिए मैंने हमेशा अच्छा सोचा, उसको दुःख से बचाने के लिए एक ऐसे विवाह में ख़ुद को बाँध दिया, जो मैं चाहती भी नहीं थी; आज उस माँ ने एक बार भी नहीं सोचा की उसका एक दस्तखत मेरा जीवन बर्बाद कर सकता है!

भाई ने भी ख़ूब मोल चुकाया था मेरी राखियों का!

पिता, जो वास्तव मे मेरे लिए कुछ कर सकते थे, उनको तो मेरे जीने से, मरने से कोई मतलब ही नहीं था, बस एक ज़िद थी की डिवॉर्स नहीं लेने देना। समाज में हमारा नाम बदनाम हो जाएगा। हम अपनी धारणाओं को नहीं बदलेंगे, चाहे वो हमें मार ही क्यूँ ना दे?

आज मैं बहुत थक गयी थी, अब क्या करूँ, कुछ समझ नहीं आ रहा था। शिवा को मैं बचपन से अपना पिता मानती थी। उनकी सब बातें तो चुपचाप मान लेती थी, पर एक दूरी सी थी उनमें और मुझमे। जितना मैं क्रिशन से खुलकर बात करती थी, शिवा से नही करती थी। पिछले कुछ वक़्त से वो मुझे किसी

ना किसी तरह से अपनी तरफ़ खींचने की कोशिश कर रहे थे, पर मैं नहीं जा रही थी। किसी बात के लिए उनसे बहुत नाराज़ थी।

आज मैंने अपनी नाराज़गी उन्हें दिखा ही दी, और उनको बोला, "बचपन से मैंने आपको अपना पिता माना, आपसे इतना प्रेम किया। आपकी आराधना की, व्रत रखे। आपसे अपना प्रेमी माँगा, आपने नही दिया। पढ़ना चाहा, कुछ बनना चाहा, तो आपने वो भी नही होने दिया। आपने जो दिया, मैंने उसको ही अपना भाग्य मान लिया। मैंने किसी का बुरा नहीं किया, सबको हमेशा ख़ुशी देनी चाहिए, बदले में आपने हमेशा मुझे दुःख दिया। आज सही होते हुए भी मुझे ग़लत ठहराया जा रहा है। सबके सामने ये लोग बोलते है कि ना तो मेरे साथ मेरे माता-पिता है, ना ही बच्चे, इसका अर्थ है कि मैं ही ग़लत हूँ।

बताइए, क्या ग़लती है मेरी, अगर मेरे माता-पिता अपनी ज़िम्मेदारी से मुँह मोड़ रहे है?

क्या ग़लती है मेरी, अगर मेरे बच्चे ग़रीब माँ और अमीर पिता में से अमीर पिता को चुन रहे है?

अपना सारा जीवन इनके लिए त्याग देने के बावजूद, प्रश्नों के कटघरे में मैं खडी हूँ, कोई इनसे प्रश्न नहीं कर रहा की ये ऐसा क्यूँ कर रहे है?

और आप चुप है! ये भी नहीं समझ पा रहे की मुझे इस वक़्त आपकी कितनी ज़रूरत है। एक पिता ही तो होता है जिससे बच्चा साहस पाता है......किंतु मैं किसकी तरफ़ देखूँ? संसार के पिता तो कभी पिता जैसे थे ही नही, जो थे सब आप ही थे...आख़िर आपने भी छोड़ ही दिया मुझे...अगर आप सच में मेरे लिए कुछ करना चाहते हैं, तो आज मेरी आवाज़ बनिए। आज दिखा दीजिए इस दुनिया को कि मेरे पिता मेरे साथ है। इसके अलावा मुझे आपसे कुछ नही चाहिए।"

शायद पहली बार मैंने उनसे इस तरह से बात की थी। उस दिन मैं टूटी हुयी थी। ऐसा लगा मानो सब ख़त्म हो गया। मेरी सारी लड़ाई बेकार हो गयी।

किंतु अभी सब ख़त्म नहीं हुआ था। क्रिशन ने अब मुझे क्रिशन परिवार की एक और सदस्य से मिलवाया। ये बहुत बहादुर थी, मेरे पूर्व जन्मों के सम्बंध थे उसके साथ। आज ये मुझे इस चक्रव्यूह से बाहर निकालने आयी थी। इसका नाम था, तेजस्वी। जो आज भी मेरे लिए एक बहन, एक दोस्त से बढ़कर है। ये भी क्रिशन-परिवार का ही हिस्सा थी। जहाँ क्रिशन मेरा भाई था, वहाँ क्रिशन उसका प्रेमी था।

तेजस्वी से मेरी मुलाक़ात बहुत ही विचित्र तरीक़े से हुयी। हम दोनो ने एक ही जगह से टैरो सीखा था। एक दिन सब ग्रुप-प्रैक्टिस कर रहे थे। वो मेरी तरफ़ और मैं उसकी तरफ़ आकर्षित हुए जा रही थी। 2-4 मुलाक़ातों में हम इतने क़रीब आ गए, मानो जन्मों के साथी हो। फिर क्रिशन ने हमारे पूर्व जन्म खोले और हमने एक दूसरे को पहचान लिया। हम दोनो की आत्माएँ एक दूसरे के साथ अपने कर्म पूरा करना चाहती थी, और उसका वक़्त अब आ गया था।

तेजस्वी को मुझे साहसी बनाने का काम दिया गया और मुझे उसकी आध्यात्मिक उन्नति का।

क्रिशन मुझे कुछ बताने की चेष्टा कर रहा था, पर मैं इतनी परेशान थी की मुझे उसकी आवाज़ सुन ही नहीं रही थी। मुझ तक अपनी बात पहुचाने का क्रिशन ने नया उपाय ढूँढा।

शिवा का चमत्कार

तेजस्वी को आज्ञा चक्र पर दृश्य दिख जाते थे, किंतु, वो उनका अर्थ नही समझ पाती थी। मुझे आज्ञा चक्र पर दृश्य ठीक से नही दिखते थे, किंतु मन की आँखों से मुझे सब दिख भी जाता था और समझ भी आ जाता था।

क्रिशन ने तेजस्वी को दृश्य दिखाया। पहले उसने दिखाया कि क्रिशन एक ऊँची सी पहाड़ी पर चढ़ गया। सामने एक शिवलिंग था। क्रिशन ने वहाँ जाकर शिवा से कहा, "वो आपकी तरफ़ मदद के लिए नज़रें लगाए बैठी है। उसकी रक्षा तो मैं भी कर सकता हूँ, लेकिन आज एक बेटी अपने पिता को पुकार रही है....आज

उसको मेरी नही, आपकी ज़रूरत है...उसकी आत्मा कष्ट में है...आपको जाना होगा उसके लिए।" और उसके बाद शिवलिंग से बहुत तेज़ प्रकाश बाहर आने लगा।

फिर उसने दूसरा दृश्य दिखाया, जिसमें उसने दिखाया कि मैं एक विशालकाय समुद्र में एक छोटी से नाँव के सहारे किनारे तक पहुँचने की कोशिश कर रही थी। बुरे तरीक़े से थकी हुयी थी, फिर भी हार नहीं मान रही थी। उधर से दो बड़ी-बड़ी मछलियाँ मेरे आस-पास घेरा बनाकर घूम रही है, और मेरी नाँव को आगे नहीं जाने दे रही थी।

इतने में एक बहुत विशालकाय लहर उठी और उसने एक शार्क का रूप ले लिया। वो मेरी तरफ़ तेज़ी से बढ़ने लगी और मैं बहुत डर गयी।

जैसे ही उसने मुझे निगलने के लिए अपना मुँह खोला, शिवा उससे भी बड़ा रूप लेकर मेरे और उसके बीच में आकर खड़े हो गए। उन्होंने मुझे मेरी बोट के साथ एक बड़े से जहाज़ में सुरक्षित बैठा दिया।

अब शिवा ने इस दृश्य को मेरे जीवन में सच करके दिखाया। जिस तरह से दिखाया, वो किसी भी चमत्कार से कम नहीं था। और इसे पढ़कर आपको भी यकीन हो जाएगा, की भगवान अपने भक्त के लिए चमत्कार करते है।

तेजस्वी ने मुझे कहा: दीदी हम आपके पापा से मिलने जाएँगे। ये कोई तरीक़ा नहीं है। यहाँ आप इतनी मुसीबत में हो, पर वो आपके लिए कुछ नहीं कर रहे? ऐसे वो अपनी ज़िम्मेदारी से मुँह नहीं मोड़ सकते।"

उसके परिवार के सभी सदस्य भी मेरे पक्ष में थे, और सबका यही कहना था कि एक पिता को यूँ अपनी ज़िम्मेदारियों से मुँह नही मोड़ना चाहिए।

मेरे और मेरे पिता के बीच कभी भी अच्छे सम्बंध नहीं थे। जिस तरह से उन्होंने मेरा विवाह कराया था, उसके बाद जो थोड़ी बहुत भी बात होती थी, वो भी मैंने बंद कर दी थे। हम मिलते थे, पर अंजनबियों की तरह से। सबका विवाह कराके

1998 में उन्होंने परिवार को त्यागकर सन्यास ले लिया था, और हरिद्वार में अपने ख़ुद के आश्रम "जिज्ञासु" में रहने लगे थे।

मैंने तेजस्वी को कहा: जिस इंसान ने कभी मुझे नहीं समझा, जो परिवार त्यागने के बाद भी मेरे डिवॉर्स को रोकने की हर मुमकिन चेष्टा कर रहे थे; जिनकी नज़र में औरत का कोई अस्तित्व ही नहीं था; जिन्हे एक कुत्ते में आत्मा दिखती थी पर औरत में नहीं; जिनके विचार थे की पती में चाहे हज़ार दोष हो, फिर भी उसकी पत्नी को उसको ईश्वर का दर्जा देना चाहिए......ऐसे इंसान को मैं क्या समझाने जाऊँ, मेरी समझ से बाहर है?

तेजस्वी ने कहा: दीदी आप उनको एक पत्र लिखो, इसमें अपने सारे भाव लिख दो। जो भी आपकी उनसे शिकायत है, वो लिख डालो और जो भी आप उनसे कहना चाहती थी, पर कह नहीं पायी, वो भी लिख दो। फिर ये पत्र हम उन्हें ख़ुद देकर आएँगे।

ऐसे कामों में तेजस्वी ख़ूब माहिर थी।

मेरे लिए ये सब करने की कल्पना करना भी बहुत मुश्किल था, पर जैसे-तैसे मैंने लिखा।

केस के बीच में मैं हरिद्वार नहीं जा सकती थी, तो क्रिशन ने लीला रची। क्रिशन ने मेरे पिता को नोएडा में बुला लिया। मैं तेजस्वी और मिनाक्षि के साथ उनसे मिलने गयी।

जैसा मैंने सोचा था, वही हुआ। मेरे पिता ने मुझ पर इल्ज़ामों की बारिश करनी शुरू कर दी। मुझे बहुत भला-बुरा कहा।

उन्होंने कहा, "अच्छा होता तेरी शादी करने की बजाय मैंने तेरी गर्दन काट दी होती, तो आज ये दिन नही देखना पड़ता।"

मैं चुप रही। उनसे मैं वैसे भी ज्यादा बात नही करती थी। तेजस्वी और मिनाक्षि ही पापा से बात कर रहे थे।

मैंने सोच लिया कि आज के बाद अब मैं कभी इनसे कोई उमीद नहीं रखूँगी। मैं पत्र भी नहीं देना चाहती थी, पर तेजस्वी के कहने पर मैंने पत्र दे दिया।

पत्र देते हुए मैंने उनसे कहा: ये सब मैं आपको एक बेटी बनकर कहना चाहती थी। यदि आपका मन करे तो पढ़ लेना, वर्ना इसे फाड़ देना।

मैं वापस आ गयी, और अब ये दरवाज़ा मैंने सदा के लिए बंद कर दिया था। अब एक ही बात समझ में आ रही थी कि इस समस्या को मीडिया तक लेकर जाना होगा। इसके लिए हम NGO गए और उनको सारी परिस्थिति समझायी। उन्होंने मेरी माँ को वहाँ आने के लिए कहा।

मेरी माँ ये सब नहीं संभाल सकती थी, वो नहीं आयी।

उन्होंने दोबारा कॉल किया और कहा की अगर वो नहीं आयीं, तो उनके ख़िलाफ़ क़ानूनी कार्यवाही की जाएगी।

अब मेरी माँ बहुत घबरा गयी। घबरा कर उन्होंने मेरे पिता को कॉल कर दिया।

मेरे पिता दिन में दो घंटे का मौन धारण करते थे। इसलिए उन्होंने फ़ोन नहीं उठाया। फ़ोन उठाया किसी और ने, जिन्हें सब स्वामी जी कहते थे। इन स्वामी जी को शिवा ने ही वहाँ रखा था, मेरे लिए। ये एक रिटायर्ड वक़ील थे। इन्हें ज्योतिष का ज्ञान भी था, और ये मेरे पिता से ज़्यादा आयु के थे।

मेरे पिता ने हमेशा सबको उनके सामने झुकते देखा था। सन्यास लेने के बाद भी उनके साथ केवल वो ही लोग रहते थे, जो उनकी हर बात को आदेश समझकर मानते थे।

मेरे पिता की नज़र में ज्ञानी केवल वो ही हो सकता था, जिसकी आयु ज़्यादा हो। अपने से कम आयु वालों को वो मूर्ख समझते थे। ज्योतिष विद्या को वो बहुत बड़ा ज्ञान समझते थे, इसलिए स्वामी जी की बातों को गम्भीरता से लेते थे।

स्वामी जी ने मेरी माँ से बात की। मेरी माँ पहले से ही बहुत डरी हुयी थी, उन्होंने स्वामी जी को सब सच बता दिया।

उन्होंने कहा: मेरे पिता की भी तो मेरे प्रति कोई ज़िम्मेदारी बनती है, उन्हें कहें कि सन्यास लेने से पहले अपनी ज़िम्मेदारी को पूरा करें।

स्वामी जी इन सब बातों से बिलकुल अनजान थे। उन्होंने मेरे पिता से बात की तो मेरे पिता ने उन्हें मेरा लिखा पत्र दिखाया।

पत्र में मैंने लिखा था: मैंने हमेशा आपकी हर बात मानी, मेरी वजह से आपके मान-सम्मान को कभी कोई हानि ना हो, हमेशा ये कोशिश की। कभी कोई ऐसा काम नही किया, जिससे आपको किसी के सामने शर्मिंदा होना पड़े। जहाँ आपने कहा, वहाँ शादी कर ली। जैसे भी मेरे हालात थे, मैंने ख़ुद ही सम्भाला। फिर भी आप मुझमें ही कमियाँ ढूँढ रहे हो?

आपने इतने सारे लोगों को छत बनाकर दी, जिनके पास घर नही थे, उन्हें घर बनाकर दिए, मेरे लिए एक भी छत का इंतेज़ाम नही किया? आख़िर मेरा दोष क्या है?

वो पत्र देखकर स्वामी जी ने मेरी पिता की सोयी हुयी आत्मा को झिनझौड़ा।

उन्होंने मेरे पिता से कहा: ये क्या कर रहे हो आप? आपकी बच्ची इतने बड़े संकट में है, और आप यहाँ आराम से बैठे हो। इस पत्र को देखकर तो कोई भी जान जाएगा की ये लड़की मासूम है, और इसके साथ ग़लत हो रहा है।

स्वामी जी के कहने पर मेरे पिता दिल्ली आए और मुझसे बात करने की कोशिश की। पहले जो हुआ था, उसके बाद मैंने उनसे सब उम्मीद ख़त्म कर दी थी। फिर एक दिन स्वामी जी मेरे बड़े बहनोई के साथ मेरे घर आए।

मैं सब बातों से अनजान थी। मुझे लगा कि मुझ पर फिर से ये लोग दबाव डालने आए है। मैं परेशान आ चुकी थी इनके रोज़-रोज़ के दबाव से। कभी कोई आ जाता था, तो कभी कोई, और कभी तो सब इकट्ठे होकर आ जाते थे। मुझे

कोई नहीं सुनता था, सब केवल अपनी सुनाने आते थे। और सबके पास कहने को केवल एक ही बात थी कि सब भुलाकर समझौता कर लो।

समझौता समझ से किया जाता है, दबाव से नही।

समझौता सब भुलाकर नही किया जाता, समझौता समझ से किया जाता है, यहाँ तो दूसरे पक्ष को अपनी ग़लती का ज़रा भी एहसास तक नहीं था। वो तो केवल समाज में अपना नाम बचाने के लिए और अपना पैसा बचाने की लिए मुझसे समझौता करना चाहता था। सबके सामने कहता था की वो मेरे पाँव पड़ने को तैयार है, और सबके जाने के बाद वापस अपने रूप में आ जाता था। ऐसे इंसान के साथ समझौता करने का क्या मतलब?

पुराने अनुभवों को देखते हुए मैंने बहुत देर तक दरवाज़ा ही नहीं खोला। तब उन्होंने मुझे कहा की "हम तेरी मदद करने आए है, बस एक बार बात सुन ले।"

विश्वास करना तो मुश्किल था, क्यूँकि मेरे लिए मेरे पिता की मदद के बारे में तो सोचना भी एक कल्पना ही थी। किंतु जब ईश्वर मदद कर रहे हो, तो कल्पना भी कभी-कभी सच हो जाती है।

मैंने दरवाज़ा खोला और उन्होंने मुझे कहा कि "पापा तेरी मदद करना चाहते है। जो केस योगेश और मम्मी के वजह से बिगड़ गया है, उसको वो ठीक करना चाहते है।"

मुझे यक़ीन तो नही था उनकी बातों पर, किंतु मेरे जीजू एक सीधे-साधे इंसान थे। उम्र में मुझसे काफ़ी बड़े होने की वजह से मुझे अपनी बेटी जैसा ही मानते थे। झूठ बोलकर चालाकियाँ करना उनका स्वभाव नही था। मैंने उनकी बात मान ली, और अपने पिता से मिलने चली गयी।

क्रिशन ने शिवा के साथ मिलकर मेरे लिए एक माया रची थी, जिसमें मेरे पिता से उन्होंने वो करवाया था, जो उन्हें वास्तव में करना चाहिए था।

मेरी बचपन से बस एक ही चाहत थी कि मुझे मेरे पिता का प्रेम मिले, कभी उन्हें मेरे जन्म पर भी गर्व हो। उनके इस तरह से मेरी मदद करने के फ़ैसले ने मुझे भावुक कर दिया। मुझे लगा कि आज मुझे मेरे पिता मिल गए हैं।

किंतु क्रिशन ने माया मेरे लिए नहीं, बाक़ी सबके लिए रची थी। उसने मुझे सतर्क करना भी शुरू कर दिया था। इस मदद के पीच्छे मेरे पिता की जो योजना चल रही थी, वो उसने मेरे सामने खोल दी।

मेरे पिता हक़ीक़त में मेरी मदद से ज़्यादा योगेश से बदला लेने के लिए ये सब कर रहे थे। सन्यास लेते समय उन्होंने अपनी पावर ओफ़ एटर्नी योगेश को दे दी थी, जिससे उसने बहुत ही चालाकी से उनकी करोड़ो की सम्पत्ति को अपने नाम पर कर लिया था। वो सब तो मेरे पिता ने वैसे भी उसको ही देना था क्यूँकि बेटियों को तो वो कुछ भी नहीं देना चाहते थे।

उनकी समस्या तो ये थी की हर साल धर्म खाते में करोड़ के क़रीब रुपया निकलता था, जिसका कुछ हिस्सा वो अपने तरीक़े से दान-धर्म में इस्तेमाल करना चाहते थे, और योगेश उन्हें वो पैसा भी नहीं देता था।

जिस पैसे के पीछे भागते हुए हम जीवन को नही जीते, एक दिन वही पैसा हमारा साथ छोड़ देता है।

योगेश उस पैसे को अपनी वाह-वाही के लिए इस्तेमाल करना चाहता था।

एक बार पापा से किसी ने अपने आश्रम के लिए दान माँगा। और उन्होंने उसको कह दिया, "मैं अपने बेटे से कहकर आपको दिला दूँगा"।

पापा ने योगेश को बोला, "धर्मखाते में से कुछ पैसा आश्रम में दे देना।"

योगेश ने कहा: आप तो सन्यास ले चुके हो। अब आपकी नज़र उस पैसे पर क्यूँ है? मुझे जिसको देना है, मैं दे दूँगा।

पापा ने कहा: मैंने ज़बान दे दी है।

योगेश ने कहा: मुझसे पूछकर तो नही दी। आप उन्हें मना कर दो।

तबसे पापा को योगेश पर बहुत ग़ुस्सा था। जिस पैसे को उन्होंने सारी ज़िंदगी मेहनत करके कमाया, आज वो उसका कुछ हिस्सा अपनी मर्ज़ी से ख़र्च नही कर सकते थे। ये बात उन्हें इतनी चुभ गयी थी कि इसकी वजह से उन्हें एक बार हार्ट-अटैक भी आया था।

बस इसी का बदला लेना था उन्हें योगेश से, जिसका ये अच्छा मौक़ा था। एक सन्यासी पैसे के लिए बेटे से नही लड़ सकता था, लेकिन एक सन्यासी पिता बेटी के अधिकार के लिए लड़ सकता था। इसलिए उन्होंने मेरे ज़रिए योगेश को सबक़ सिखाना चाहा। एक तीर और बहुत सारे निशाने।

उधर बेटे से पावर ओफ़ अटर्नी ये कहकर वापस ले ली की वो नालायक है। उसको उसकी बहनों की ज़िम्मेदारी सौंपी गयी थी, जिसे निभाने की बजाय, वो सारा धन अपने निजी जीवन पर ख़र्च करता है। और इधर से वो मुझे डिवॉर्स भी नहीं दिलाना चाहते थे।

किंतु क्रिशन तो फिर क्रिशन है। क्रिशन ने सबको ऐसा घुमाया हुआ था की कोई नहीं समझ पा रहा था की नाटक उन्होंने नही, क्रिशन ने लिखा है। और सब तो वो ही कर रहे है, जो उनसे क्रिशन करवा रहा है।

जिनके घर मेरे पिता रुके थे, वो महिला मन की बहुत साफ़ थी। उन्हें मेरे बारे में भी पता था, और मेरे पिता की योजनाओं के बारे में भी। एक दिन मेरे पिता ने विशाल को और उसके पिता को वहाँ बुलाया। मैं तब तक आंटी से बात करने लगी।

उन्होंने मुझे बताया: तुम्हारे पापा तुम्हें डिवॉर्स दिलाने के बिलकुल भी पक्ष में नही है। वो चाहते है कि बच्चे तुम्हारे साथ रहें, ताकि तुम एक दिन ख़ुद ही विशाल के घर लौट जाओ, और ऐसा ना भी हो तो, कम से कम उनके कारण तुम दूसरा विवाह नही करोगी।

मैंने कहा: आंटी, पहले झटके से तो अभी तक हिली हुयी हूँ, मेरा क्या दीमाग ख़राब है, जो फिर से ख़ुद को मुसीबत में फ़साऊँगी?

और ये ही सच बताने के लिए क्रिशन ने उस दिन मुझे अकेले में उनसे बात करने का मौक़ा दिया।

अब मैं भी सतर्क हो गयी। मैंने मेरे पिता के प्रति मन में उठते भावों के सैलाब पर अंकुश लगाया, और अब बुद्धी से काम लेना शुरू कर दिया।

विशाल को क्रिशन ने पहले से ही असुरक्षा की भावना दी हुयी थी कि यदि उसने बच्चे मुझे दिए, तो उसकी जायदाद का 75% भाग मेरा हो जाएगा, जो वो किसी भी क़ीमत पर देने को तैयार नहीं था।

विशाल ने मेरे पिता के बच्चों वाले प्रस्ताव को मानने से इंकार कर दिया।

उधर से योगेश, जो बार-बार मेरे केस में अड़चने खडी कर रहा था, कभी ख़ुद तो कभी मेरी माँ के ज़रिए; वो कोई नयी बाधा ना पैदा करे, इसके लिए उसको क्रिशन ने मेरी माँ के साथ उसके बेटे का जन्मदिवस मनाने के लिए विदेश भेज दिया।

योगेश क्रिशन की माया से अंजान विदेश में अपने बेटे का जन्मदिन मना रहा था। और यहाँ क्रिशन अपनी लीला कर रहा था। जीवन में ये पहली बार हुआ था कि वो मेरी माँ को विदेश लेकर गया था। वास्तव में वो लेकर नही गया था, उससे तो ऐसा करवाया गया था। और करवाने वाला कोई नही, ख़ुद क्रिशन था!

पूरे केस के दौरान पहली बार ऐसा हुआ था कि दोनो कोर्ट ने एक ही दिन की तारीख़ दी। क्यूँकि क्रिशन की माया एक सीमित समय के लिए ही रची गयी थी, जिसमें उसको सब काम जल्दी-जल्दी करने थे।

मुझे आज भी वो दिन याद है, जब मेरे पिता ने पहली बार दोनो कोर्ट में मेरे पक्ष में बोला। उन्होंने जज को बोला, "कि मेरी बेटी में कोई दोष नही है। मेरा बेटा नालायक है और मेरी पत्नी ने जो किया, उसके डर में किया।"

मेरा केस एक पल में पलट गया, और मुझे क्रिशन ने सबके षड्यंत्र में फँसने से भी बचा लिया।

इतना ही नहीं, मेरे पिता ने मेरे भाई के ख़िलाफ़ धोखाधड़ी का केस भी दर्ज कर दिया।

अब शिवा से जो मेरी शिकायत थी, उन्होंने उसको भी दूर किया। मेरी उनसे शिकायत थी कि यदि मुझसे प्रेम है तो मेरी आवाज़ बनो और दुनिया को बताओ की मुझमें कोई दोष नहीं है।

मेरे पिता शिव भक्त थे। स्वामी जी के कहने पर उन्होंने अपने ख़ास नौकर को ये बोलकर रखा, कि अगर मुझे कोई भी परेशान करे, तो वो वहाँ जाकर मेरी मदद करे।

पहले पुलिस आती थी, और मुझे ताने सुनने को मिलते थे कि, "तेरे साथ तो तेरे अपने ही नही है"।

अब पुलिस आती थी, तो मैं उनकी बात अपने पिता से करवा देती थी।

अब सबको समझ में आने लग गया था कि मैं अकेली नहीं हूँ, और मेरे पिता का साथ मुझे मिल चुका है।

इस तरह से शिवा ने मुझे शार्क से बचा लिया और मेरी छोटी सी बोट से निकालकर मुझे बड़े जहाज़ में बैठा दिया था। अब सब ख़तरा टल गया था। और मैं सुरक्षित थी।

आज मैंने शिवा को वास्तव में मेरे पिता के रूप में पा लिया था। वो जो थोड़ी सी दूरी थी, वो भी आज मिट गयी।

मेरी आँखों से आँसू बहे जा रहे थे....किंतु आज ये आँसू दुःख के नहीं, ख़ुशी के थे...किन शब्दों में अपने भाव व्यक्त करती, मुझे पता नही था...पता था तो बस इतना कि आज मैं अपने असली घर में लौट आयी हूँ, जहाँ मेरे किसी भी

संघर्ष में अब मैं अकेली नही हूँ...सब बच्चों की तरह आज मेरा भी परिवार मेरे साथ है, मेरे अपने है, जिनके लिए मेरे जीवन का और मेरी ख़ुशियों का महत्व है...ये अनुभूति इससे पहले कभी नही हुयी थी...इससे पहले तो मुझे परिवार में रहकर भी लगता था कि मैं अनाथ हूँ।

शिवा ने मेरे प्रेम का मान रखा। वो मुझसे इतना प्रेम करते थे कि उन्होंने मेरे लिए ये सब किया! वो मेरी आवाज़ बने इस समाज में, और मुझे फक्र से सर उठाने का अवसर दिया। मेरे लिए इतना बहुत था। अब कुछ भी कहने को नहीं बचा था। मन में केवल आभार और प्रेम था। अब ये मिलन हमेशा के लिए हो गया था और मैं बहुत प्रसन्न थी।

उस दिन के बाद से मैंने जब कहा बस एक ही बात कही, **"हे परमपिता, वही हो जो आपकी इच्छा है, आपकी इच्छा ही मेरी इच्छा है।"**

उनसे अच्छा मेरा कोई नही सोच सकता। उनसे ज़्यादा मेरा अपना भी कोई नही है, और ना ही उनसे ज़्यादा प्रेम मुझे संसार में कोई भी दे सकता है।

उधर काम होने के बाद स्वामी जी भी मेरे पिता के पास से चले गए, और क्रिशन ने एक बार फिर से ये बता दिया की ये सब मेरे लिए किया गया था।

अभिमन्यु चक्रव्यूह में तब फँसता है, जब उसको चक्रव्यूह तोड़ना नही आता और क्रिशन भी साथ नही होता।

क्रिशन ने मेरी तरफ़ आने वाले एक बड़े संकट को मुझ तक पहुँचने से पहले ही रोक दिया था।

अभिमन्यु चक्रव्यूह में तब फँसता है, जब उसको चक्रव्यूह तोड़ना नहीं आता और वो बिना क्रिशन के अंदर चला जाता है, किंतु जब वो क्रिशन के साथ जाता है, तो क्रिशन चक्रव्यूह तोड़ देता है, और अभिमन्यु फँस नही पाता। ना केवल क्रिशन चक्रव्यूह तोड़ता है, अपितु हमें भी तोड़ना सिखा देता है, ताकि अब हम कभी भी इसमें वापस से ना फँसे।

मैं अपने पूर्व जन्मों में बिना क्रिशन के चक्रव्यूह में प्रवेश कर गयी थी, तो फँस गयी। आज जाकर चक्रव्यूह तोड़ने का सही तरीक़ा समझ में आया, और मैं इससे मुक्त हो गयी।

क्या ईश्वर की तरफ़ जाने की कोई आयु होती है?

हम सोचते है की ईश्वर से जुड़ने की कोई आयु होती है, या ईश्वर को पाने का अर्थ है, संसार को छोड़ देना। किंतु ऐसा नहीं है दोस्तों।

ईश्वर और हम कब अलग थे, जो हमें इतना सोचना पड़ता है? हम तो हमेशा से एक थे। केवल अपनी अज्ञानता में भूल गए थे। ऐसा भूले, की घर वापस आने का नाम ही नहीं लेते! अपने पिता से मिलने के लिए क्या बच्चा बुढ़ापे की प्रतीक्षा करता है?

वो तो जन्म लेते ही जान जाता है कि उसके माता-पिता कौन है। हम ही है, जो भूले हुए है, और इन्तज़ार कर रहे हैं उस वक़्त का, जब हमारे पास ना तो इतनी साँसे ही बचेंगी की ख़ुद पर काम कर सकें, और ना ही शक्ति।

आप सोचते है, बुढ़ापे में भगवान के बारे में सोचेंगे, ये भी नही जानते की पहले ही उनसे जुड़ जाएँगे, तो बुढ़ापा कभी आएगा ही नही।

ईश्वर ने किसी को संसार छोड़ने को नहीं कहा, केवल इतना कहा है कि अपनी आत्मा के स्वरूप को पहचानकर जीवन जीयो। इसमें क्या बुरा है? जिस ईश्वर में कोई बुराई नहीं है, उसके स्वरूप में कैसे बुराई हो सकती है? जो ख़ुद सम्पूर्ण है, हमें संसार त्यागने को क्यूँ कहेगा?

ज़रूरत है अपने मन की आँखे खोलने की। इन आँखों से ईश्वर के असली स्वरूप को देखने की, ना की उस स्वरूप को, जिसे दुनिया ने ईश्वर कहकर हमें दिखाया है।

राधेकृष्णा

प्रश्न: क्या ईश्वर चमत्कार करते है?

उत्तर: ईश्वर निश्चित तौर पर चमत्कार करते है। किंतु ये चमत्कार पानी पर चलना, पानी से दीये जलाना इत्यादि नही होता। ईश्वर जिस तरह से चमत्कार करते है, मैंने वो आपको बहुत स्पष्टता से दिखाया है। जब-जब असम्भव दिखने वाली चीज़ को कोई आपके लिए सम्भव बना दे, तो वो ईश्वर का चमत्कार ही है, जिसे वे अपने मासूम बच्चों के लिए करते हैं।

ज्ञान के मोती

⇨ जब इंसान के प्रारबद्ध सामने आते है, तो वो अपने पूर्व समस्कारों के हिसाब से ही कर्म करता है।

⇨ जब इंसान का बुरा वक़्त आता है, तो सबसे पहले उसकी बुद्धी उसका साथ छोड़ देती है।

⇨ ग़लत को सहना महानता नही, मूर्खता है। इसे सहकर आप केवल ग़लत करने वाले को बढ़ावा दे रहे हो।

⇨ जो धारनाए किसी के दुःख का कारण बने, उससे जीवन जीने का अधिकार छीन ले, उन्हें बदल देना चाहिए।

⇨ किसी की सब बातें केवल इसलिए मत मानिए, क्यूँकि वो उम्र में आपसे बड़ा है। हो सकता है, आपकी चेतना उससे कहीं ज़्यादा हो।

⇨ ज्ञान जीवन जीने से नही, अपितु आत्मा की जागी हुयी चेतना से जीवन को जीने में आता है।

10

पिंजरे में क़ैद पंछी की पहली उड़ान

दो साल के अंतराल में क्रिशन ने मुझे तरह-तरह का प्रशिक्षण दिया। उसने मुझे ज्ञान दे दिया, मेरे डर निकाल दिए। लोगों के चेहरे, मन और उनके आवरण से उन्हें पहचानना सिखा दिया। मेरे भावों को संतुलित कर दिया। पैसा कमाना सिखा दिया। मेरी शक्तियाँ भी लौटा दी। ख़ुद पर विश्वास करना सिखा दिया; और सबसे बड़ी बात, मेरा ईश्वर पर विश्वास मज़बूत कर दिया। आज मुझे ईश्वर क्या होता है, ये किसी और से पूछने की ज़रूरत नही थी, अब तो मेरी आत्मा की आवाज़ सुनना भी मुझे आ चुका था।

पहली उड़ान का इंतज़ाम

अब क्रिशन ने मेरे मन में कहा कि "अब ये घर और शहर छोड़ने का समय आ गया है। तैयारी शुरू कर दो।"

अब समय था अपनी पहली उड़ान भरने का, और मुझे थोड़ा डर भी लग रहा था। बाहर की दुनिया कभी अकेले देखी नही थी। बहुत सारे संघर्ष सामने खड़े थे। समझ नही आ रहा था कि इतनी बड़ी दुनिया में जाऊँ कहाँ?

मैंने अपने काफ़ी सारे डर जीत लिए थे, पर बहुत सारे अभी भी बचे थे, और उनको जीतने का केवल एक ही तरीक़ा था, उनका सामना करना। मुझे डर था मेरी सुरक्षा का, मेरी आजीविका का, लोगों के मुझे अपनाने का, अकेले रहने का।

पैसा कामना शुरू कर दिया था, पर इतना नही की सब ख़र्चे पूरे कर लूँ। अब तो गहने भी ज़्यादा नही बचे थे। मुश्किल से मेरे पास एक साल का ख़र्चा-पानी था।

जितना बड़ा डर था, उससे ज़्यादा बड़ा ईश्वर पर विश्वास। दिल को ये यक़ीन था की जिसने इतना सम्भाला है, वो आगे भी संभाल लेगा।

शिवा, जिन्हें मैं अपना पिता मानती थी, उन्होंने मेरे मन में कहा, "डरो मत बेटा। मैं साथ हूँ। तुम्हें कुछ नही होने दूँगा। आत्मविश्वास का पहला क़दम बढ़ाओ"।

मैंने कहा: बाबा, मैं कभी अकेले नही रही। कैसे अपनी रक्षा करूँगी? और जीवन कैसे चलाऊँगी?

शिवा ने कहा: तुम अकेली कहाँ हो? क्रिशन है, इतने सारे मास्टर है, और मैं भी तो हूँ। मैं करूँगा तुम्हारी रक्षा। तुम्हारा काम और तुम्हारी सुरक्षा, दोनो मेरी ज़िम्मेदारी है। जब तुम कमज़ोर थी, मैंने तुम्हें उसी घर में रखा। तुम्हें कष्ट तो बहुत सहने पड़े, लेकिन तब तुम अकेले इस दुनियाँ में नही रह पाती। इसलिए उस वक़्त पर तुम्हारा वही रहना उचित था। पर अब मैं जानता हूँ कि तुम सब संभाल लोगी। ये तो सिर्फ़ एक डर है, इसका सामना करके इसको भी ख़त्म करो, और इससे हमेशा के लिए रिहा हो जाओ।

मैने कहा: वहाँ कोई भी मेरा अपना नही होगा। कोई बीमारी हुयी, तो कैसे अकेले सम्भालूँगी?

शिवा ने कहा: तुम तो बहुत बहादुर हो। आज तक इतना सब अकेले ही तो संभाल रही थी। और अब तो तुम हीलर हो, अब बीमारी आने का नही, जाने का वक़्त है। हम सब मिलकर तुम्हें संभाल लेंगे।

मैंने कहा: लेकिन जाऊँ कहाँ, ये भी तो बता दीजिए।

इसका जवाब उन्होंने मुझे अपने तरीक़े से दिया।

उन्हीं दिनों में मेरी मुंबई में रहने वाले एक दम्पत्ति से एक जान पहचान हुयी। वो लोग NLP करते थे। उन्होंने मुझे कहा कि "आप मुम्बई आ जाओ, सब मिलकर साथ में काम करेंगे।"

मैं तैयार हो गयी। इधर मैं तैयारी कर रही थी, उधर से वो किसी समस्या में आ गए, और मेरा उनसे सम्पर्क टूट गया।

मुझे जाना तो था ही, मैंने ख़ुद के दम पर जाने का फ़ैसला किया। मैंने यहीं से मुंबई में घर देखना शुरू कर दिया। हर चीज़ में अड़चन आए ही जा रही थी। ना फ़्लाइट बुक हो रही थी, ना ट्रेन। मैं समझ नही पा रही थी की क्रिशन क्या बताना चाह रहा था।

वैसे वो मुझे ये संदेश दिला चुका था की मुंबई नही पुणे जाओ।

मुझे पुणे के बारे में कुछ ज़्यादा पता नही था, इसलिए मैं वहाँ नही जाना चाहती थी। मेरी सब पैकिंग हो चुकी थी।

ये बात है 4 जनवरी 2014 की। रात को मेरी एक दोस्त ने मुझे पुणे से कॉल किया। उसका नाम था राधि। मन की बहुत साफ़। ये भी क्रिशन परिवार की ही सदस्य थी।

राधि, यूँ तो मेरी मेरी स्टूडेंट थी, पर कुछ ही वक़्त में वो इतना क़रीब आ गयी थी कि हम दोनों के बीच बहुत गहरी दोस्ती हो गयी थी। वो अपनी वकालत के आख़िरी साल की पढ़ाई कर रही थी। एक-दो बार वो मेरे घर भी आ चुकी थी। और हर बार एक ही बात बोलती, "दी, मुझे तो आपकी फ़िक्र होती है। आप कैसे इन सबके बीच अकेली रहती हो? आप अपना ख़याल रखना।"

और मैं कहती, "अकेली कहाँ हूँ? क्रिशन है ना। कुछ होने देगा मुझे? फ़िक्र मत करो।"

बातों-बातों में मैंने उसको अपने मुंबई के प्लान के बारे में बताया। उसने कहा, "दी, अभी आपने दुनिया नही देखी है, और मुंबई चालक लोगों से भरी हुयी है।

पुणे बहुत अच्छी जगह है। आप प्लीज़ यहाँ आ जाओ। अगर फिर भी आपको मुंबई जाना होगा, तो मैं ख़ुद आपके साथ चलकर आपकी मदद कर दूँगी।"

मुझे उसकी बात समझ में आ गयी। राधि ने उसी वक़्त मेरे अगले दिन की फ़्लाइट की टिकट बुक कर दी। मैंने तो आज तक कभी टिकट बुक नही करायी थी। मुझे कुछ भी नही पता था, क्या करना है, कैसे करना है?

मैं तो कभी दिल्ली से बाहर अकेले भी नही गयी थी। मेरे लिए मेरे जीवन का ये पहला ऐसा सफ़र था जिसे मैं बिलकुल अकेले करने जा रही थी। क्या होगा, क्या नही, इससे मैं अनजान थी। बस इतना पता था, कि जिस जीवन को मैंने छोड़ने का निर्णय लिया है, मैं कभी वापस से उसका हिस्सा नही बनूँगी। अब चाहे कोई साथ हो, या ना हो, मुझे तो सफ़र करना ही है।

राधि को पता था कि मेरे लिए ये सब नया अनुभव है। इसलिए उसने मुझे हवाई-अड्डे पर पहुँचने से लेकर उसके घर तक पहुँचने के बारे में सब विस्तार से समझाया।

उसने कहा, "पहले टैक्सी पकड़कर हवाई-अड्डे जाना। कम से कम 2 घंटे पहले आपको पहुँचना है। टिकेट का प्रिंट निकाल लेना। बाहर समान-गाड़ी होती है, उसमें समान रख देना। पहचान-पत्र हाथ में रखना। फिर अंदर जाकर देख लेना की आपके विमान का काउंटर कौन सा है। बस वहाँ चली जाना। समान उनको दे देना, वो आपको बोर्डिंग पास दे देंगे। अब आप रिलैक्स हो सकती हो। आगे का सारा काम उनका है।"

मैं उसको सुने जा रही थी, और मन ही मन हँस रही थी। उम्र में मुझसे 10 साल छोटी है, लेकिन ऐसे समझा रही थी, जैसे किसी बच्चे को समझाते है।

उसने आगे कहा, वहाँ खाली बैठने की ज़रूरत नही है, कुछ खा पी लेना, और कुछ ख़रीदना हो तो ख़रीद भी लेना। बोर्डिंग पास मिलने के बाद अब आप उनकी ज़िम्मेदारी हो, जैसे भी हो, वो आपको पुणे पहुँचाएँगे।"

मैंने कहा, “अच्छा बाबा, सब समझ गयी। मैं आ जाऊँगी”।

पर राधि ने आगे कहा, “फिर भी कोई उलझन हो, तो वहाँ बहुत जनता होती है, उनसे पूछ लेना। पूछने का कोई कर नही लगता”।

अगले दिन तेजस्वी ने मुझे हवाई-अड्डे तक छोड़ने का काम दिया। मैं सबके बीच से निकल कर गयी, पर किसी को नही पता था कि मैं अब कभी मैं उस घर में वापस नही आऊँगी।

मैंने अपने छोटे से लड्डू गोपाल को साथ लिया, क्रिशन की मूर्ति ली, और वहाँ से चली गयी। आख़िरकार मैं उस पिंजरे से हमेशा के लिए रिहा हो गयी।

मुझे किराए का मकान देखना नही आता था। क्रिशन ने राधि को सब ज़िम्मेदारी देकर छोड़ा था। राधि ने मेरा घर ढूँढने में मेरी मदद की।

मेरी पसंद के मुताबिक़ क्रिशन ने हमेशा मुझे नया फ़्लैट दिया।

16 जनवरी को मैं अपने ख़ुद के घर में थी।

ये घर मेरा था, केवल मेरा।

इतने दिनों से जेल में रहते-रहते, मैं भूल ही गयी थी कि अपने घर में रहना कैसा होता है। वो ख़ुशी ही अलग थी, जिसे केवल अनुभव किया जा सकता है।

जीवन पिंजरे में क़ैद होकर जीना नही है

एक वक़्त था जब मैं सबको उनका जीवन जीते देखती थी, और उदास हो जाती थी।

मेरा भी मन करता था कि मैं सबकी तरह खुले आसमान में उड़ूँ, पर कैसे?

मेरे पास पंख तो थे, पर उनमे जान नहीं थी। जीवन था, पर जीने का अधिकार नहीं था।

मेरा ईश्वर से हमेशा एक ही प्रश्न होता था, "आपने मेरा जीवन सबके जैसा क्यूँ नहीं बनाया? क्यूँ जन्म देते ही पिंजरे में क़ैद कर दिया?"

सुना था कि जिस चीज़ की चाहत हो, उसको दूसरों को दे देने से अपनी चाहत पूरी हो जाती है। ये ही सोचकर, मैंने 2010 में अपने जन्मदिवस पर पंछियों को आज़ादी देने का विचार किया, पर पंछी बेचने वाले ने मुझे ये कहकर डरा दिया था कि तुम इन्हें आज़ाद कराओगी और कौवे इन्हें खा जाएँगे। इससे तो अच्छा है कि इन्हें आज़ाद ही मत कराओ। बिना बात को तुम्हें पाप लगेगा।

मैं उसकी बात सुनकर डर गयी, पर मेरे मन में तबसे एक प्रश्न चल रहा था की "यदि ईश्वर ने इन्हें पिंजरे में ही रखना था, तो इन्हें जीवन ही क्यूँ दिया?"

मेरे इस प्रश्न का उत्तर क्रिशन ने मेरे जीवन में मेरा पिंजरा खोलकर दिया।

जहाँ बाहर की दुनिया में मुझे सब कौवों के नाम पर डरा रहे थे, और उस पिंजरे में ही घुटकर जीने की सलाह दे रहे थे, वहाँ क्रिशन ने मेरी पुकार को सुना और मेरे पिंजरे का दरवाज़ा खोल दिया।

सबने रास्ता रोकने की बहुत कोशिश की। पर क्रिशन ने सबकी कोशिशें बेकार कर दी और कब सबके बीच से निकालकर ले गया, कोई नहीं जान पाया।

आज मैं आज़ाद थी। खुली हवा में साँस ले रही थी। कोई बंधन नही था, किसी की क़ैद नही थी।

मैं सामान लेकर अपने नए घर में जा रही थी। बड़े प्रेम से क्रिशन की मूर्ति भी ले जा रही थी। ये वो ही मूर्ति थी, जिसका श्रिंगार मैंने ख़ुद किया था। जिसे गले लगाकर मैं ख़ुद को सांत्वना देती थी। जिससे मैं अपने मन की बातें कहती थी। किंतु इसके रंग फीके पड़ गए थे, मानो इसने भी मेरे साथ एक मुश्किल सफ़र को तय किया हो। मैंने इसके साथ अपने सुख-दुःख बाँटे थे, तो मैं इसको छोड़ भी नहीं पा रही थी।

जब मैं अपने फ़्लैट पर पहुँची, तो मैं ये देखकर बहुत दुःखी हुयी की मूर्ति जाने कैसे अपने आप ही टूट गयी थी। मेरे मन में तरह-तरह की शंकाओं का जन्म होने लगा। क्या क्रिशन मुझसे रूठ गया है? क्या हमारा साथ यही तक था?

इतने में राधि भी आ गयी। रात के आठ बज चुके थे। मुझे इतना दुःखी देखकर राधि ने कहा, "परेशान क्यूँ हो रहे हो। चलो दीदी, नयी मूर्ति लाते है।"

मैं उसकी बात सुनकर बहुत ख़ुश हुयी।

मैंने कहा: सच? पर अब कहाँ दुकान खुली होगी?

उसने कहा: एक दुकान है, जो अभी खुली होगी।

रात के समय हम 15 किलोमीटर दूर गए, मूर्ति ख़रीदने के लिए। वहाँ एक बड़ी सी क्रिशन की मनमोहक मूर्ति जैसे मेरी ही प्रतीक्षा कर रही थी। हमने उसी वक़्त वो मूर्ति ख़रीद ली। और उसको साथ ही लेकर आए। और अब असल में ग्रह-प्रवेश हुआ था।

नया घर, नया जीवन, नयी मैं, और नयी मेरे क्रिशन की मूर्ति।

Figure 3 नए घर में पहला दिन

पुणे आकर मेरी एक नयी ज़िंदगी शुरू हो गयी। मेरा पूरा ध्यान अब मेरे काम पर केंद्रित था।

केस अभी ख़त्म नही हुआ था। अब मुझे हर माह पुणे से दिल्ली जाना पड़ता था। ये मेरे लिए एक अलग से सरदर्दी थी और मेरा ख़र्चा भी बहुत हो जाता था। बहुत बार तो ऐसा होता कि मैं जाती, और उस दिन जज ने छुट्टी ली होती थी, और मैं अगली तारीख़ लेकर वापस आ जाती। ये सब कुछ बहुत निराशाजनक था।

मैंने क्रिशन को कहा कि "अब तू कुछ भी करके इस केस को ख़त्म कर। बहुत हो गया। अब मुझे मेरे काम पर ध्यान देना है"

क्रिशन तो पहले से ही चाहता था कि अब इसको ख़त्म किया जाए, मैं ही उसकी बात को ठीक से नही समझ पा रही थी। क्रिशन चाहता था कि मैं निर्वाह-धन में ना अटकूँ, और मुझे लग रहा था कि बिना अधिकार पाए जीवन कैसे सम्भालूँगी।

लेकिन क्रिशन की इसके पीछे कुछ और ही योजना थी। वो कब क्या सोचता है, क्या करता है, ये तो सिर्फ़ वो ही जानता है। इसलिए मैं तो चुपचाप उसकी हर बात मान लेती हूँ।

अब मैंने जब क्रिशन को हरी झंडी दिखा दी, तो क्रिशन ने भी अपना काम करना शुरू कर दिया। आख़िरकर विशाल को मुझे रिहा करना ही पड़ा।

इस सफ़र ने मुझे एक सबक़ तो दे दिया था कि **जिस चक्रव्यूह से बाहर आने का मार्ग इतना कठिन है, उसमें यूँ हो भावनाओं में बहकर कभी प्रवेश मत करो! जिस शादी को तुम्हें निभाना है, उसका फ़ैसला करने का अधिकार किसी और को मत दो।**

हर वो चीज़, हर वो सम्बंध, जो आपको आपकी आत्मा से दूर ले जाए, वो आपके लिए हानिकारक है।

राधेकृष्णा

प्रश्न: क्या भागवान की मूर्ति का खंडित हो जान अपशगुन है?

उत्तर: शगुन-अपशुगन हमारी धारणाओं से बनते है। जैसा हम आज तक सुनते आए है, उसको ही सच मान लेते है। असली अपशगुन तो तब है, जब मन-मंदिर की मूरत टूट जाए। मिट्टी की बनी मूर्ति तो नयी आ सकती है, मन से भगवान चले गए, तो उन्हें वापस लाना कठिन हो जाता है।

प्रश्न: क्या आप अकेले सुरक्षित है?

उत्तर: आप जिस चीज़ के बारे में सोचते है, और उस पर विश्वास करते है, वो चीज़ें आपकी और आकर्षित होने लगती है। यदि आप केवल सकारात्मक चीज़ों को ऊर्जा देंगे, तो आप कहीं भी चले जाएँ, आप पूर्णत: सुरक्षित है।

ज्ञान के मोती

⇨ माँ का अपने बच्चों का भला सोचना, और उनकी फ़िक्र करना स्वाभाविक है, और उसको ऐसा करना भी चाहिए। किंतु, बच्चों के प्रेम को अपनी कमज़ोरी नही बनने देना चाहिए। कभी-कभी जब बच्चे भटक रहे हो, और माँ को ना समझ पा रहे हों, तो बेहतर है कि क़ुदरत को उसका काम करने दें। ऐसा करने से आप स्वार्थी नही बन जाते। आपके पास तो एक या दो बच्चें है, ईश्वर के पास अनगिनत है। वो सबसे बराबर प्रेम करते है, और आपसे कहीं अधिक अपने बच्चों की फ़िक्र करतें है, किंतु वो भी, भटके हुए बच्चे के धैर्य से वापस आने की प्रतीक्षा करते है, इसके लिए आजीवन ख़ुद को दुःखी नही कर देते।

⇨ यदि आप किसी से प्रेम करते है तो उसको ख़ुद पर निर्भर नही, आत्मनिर्भर बनना सिखाओ। उसको पिंजरा नही, उड़ने को आसमान दो।

⇨ डिवॉर्स लेने के बाद दूसरा सम्बंध बनाने की शीघ्रता ना करे।

11

माफ़ी - सबसे बड़ी शक्ति

जब कोई हमारे साथ कुछ बुरा करता है जिसकी वजह से हमें बहुत क्षति पहुँचीं होती है, तो हमारे लिए उसको माफ़ करना अत्यंत ही कठिन होता है। और यदि हानि पहुचाने वाला कोई बाहर का ना होकर अपने ही परिवार का सदस्य हो, तो उसको माफ़ करना और भी ज़्यादा मुश्किल हो जाता है।

ऐसा ही कुछ मेरे साथ भी हो रहा था।

मैंने हमेशा अपने जीवन में एक ही सिद्धांत को अपनाया था, **"ख़ुद जीयो और दूसरों को जीने दो"**। मैंने कभी किसी के जीवन को अपने वश में करने की चाह नही की। हर रिश्ते में, अपना सर्वश्रेष्ठ देना चाहा। हमेशा इस बात का ख़याल रक्खा कि मेरी वजह से किसी को कोई तकलीफ़ ना हो, मैं किसी की आत्मा को जाने-अनजाने में दुःख ना दे दूँ।

किंतु इन सबके बदले में जो मेरे अपनों ने मेरे साथ किया, मुझ पर तीर चलाए, उनके ज़ख़्म बहुत दर्द दे रहे थे। जब तक लड़ रही थी, ध्यान ज़ख़्मों पर नही, लड़ने पर था। पर अब जब सब शांत हो गया था, सारे ज़ख़्म एक-एक करके खुल रहे थे...और मैं बहुत पीड़ा का अनुभव कर रही थी।

अंदर ज्ञान का प्रकाश उतर चुका था, किंतु ज्ञान को आत्मसार होने में जो वक़्त लगता है, उसमें पीड़ा का भी अनुभव हो रहा था। ठीक वैसे ही, जैसे दवा का असर भी धीरे-धीरे ही दिखता है!

मेरी शिकायतें दुनिया से नही, मेरे अपनों से थी। मैं उनका बुरा नही चाहती थी, मन में कोई बदले के भाव भी नही थे, पर मेरी अच्छाई के बदले में सबने मुझे चोट पहुँचायी थी। अपने कर्तव्य भूलकर, सबने मुझे ज़िम्मेदारी के बोझ में दबा दिया था। मुझसे मेरे ही जीवन को जीने का अधिकार छीन लिया था।

बहुत से प्रश्न थे मेरे उनसे और समाज से, जिनके उत्तर मैं जाना चाहती थी। ये प्रश्न मेरे अकेले के नही थे; ये हर उस इंसान के प्रश्न है, जो समाज की ग़लत धारणाओं का शिकार बना हुआ है।

वो मुझे चोट भी दे, तो धर्म; मैं दर्द से चिल्ला भी दूँ, तो अधर्म?

मेरा प्रेम-विवाह की चाह करना अधर्म, किंतु मुझे किसी से विवाह करने के लिए विवश करना धर्म?

वो मेरे जीवन पर अपना अधिकार जताए, तो धर्म; और मैं मेरे ही जीवन को जीने का अधिकार माँग लूँ तो अधर्म?

वो जब चाहे मुझे बीच राह में अकेला छोड़ दे, किंतु मैं किसी से अपनी राह अलग करना चाहूँ, तो अधर्म?

मेरी वजह से मेरे माता-पिता के सम्मान में कोई कमी आ जाए तो अधर्म; उनकी वजह से मेरा नाम ही ना बचे, तो भी धर्म?

वो मेरा अधिकार छीन ले, तो धर्म; मैं अपने ही अधिकार के लिए लड़ूँ, तो अधर्म?

वो अपने माता-पिता होने के कर्तव्य ना निभाए, तो कोई बात नही; मैं ना निभा पाऊँ, तो मैं पापी?

वो मुझे वस्तु भी समझे, तो धर्म; मैं ख़ुद को इंसान भी समझना चाहूँ, तो अधर्म?

बच्चे मुझे छोड़ दें, तो कोई बात नही; मैं उनका साथ ना दे पाऊँ, तो मैं पापी?

जिस विवाह को समाज इतना पवित्र मानता है, उसकी नींव पवित्रता पर क्यूँ नही रखी जाती?

जिस बंधन को आपने नही, किसी और ने निभाना है; जिससे जन्मे बच्चों की ज़िम्मेदारी आप पर नही, किसी और पर है - उस बंधन में आप कैसे किसी को बँधने को विवश कर सकते हो?

मासूम बच्चों को क्यूँ मात्र कुछ रुपय बचाने के लिए माता या पिता से दूर कर दिया जाता है? क्या उन्हें अपने जीवन के निर्णय लेने का अधिकार नही है?

किसने अधिकार दिया है, बच्चों के कोमल मन में ज़हर के बीज बोने का, वो भी उनके जन्म देने वालों के प्रति - जो की उनका आधार है?

यदि लड़की बोझ लगती है, तो उसको जन्म ही क्यूँ देते है? उसको दूसरों पर निर्भर बनाने की बजाए आत्मनिर्भर बनना क्यूँ नही सिखाते?

नौ माह गर्भधारन करती है स्त्री, बच्चे को जन्म देने की पीड़ा सेहती है स्त्री, अपना शरीर ख़राब करती है स्त्री, रातों की नींदें त्यागती है स्त्री, बच्चे के लिए अपना करीयर छोड़ती है स्त्री - फिर बच्चे पर अधिकार पिता का और उसके परिवारजनों का कैसे हो जाता है?

यदि पुरुष धन अर्जित करता है, तो स्त्री भी घर सम्भालकर उसको बराबर योगदान देती है; फिर आर्थिक स्वतंत्रता केवल पुरुष को क्यूँ होती है, स्त्री को क्यूँ नही होती? क्या काम केवल उसका ही महत्वपूर्ण है, जिसके बदले में धन मिले?

क्या डिवॉर्स लेने का अर्थ चरित्रहीन होना है? तो उस विवाह को क्या कहेंगे, जिसमें पती-पत्नी विवाह के बाहर सम्बंध बनाते है, किंतु समाज में सभ्य बनकर दिखाते है?

क्या घर, एक छत के नीचे साथ रहने से बसते है? तो फिर इतने परिवार दुखी क्यूँ है?

बच्चों का भविष्य उन परिवारों में उज्जवल है, जहाँ आए दिन हिंसा होती है, या शांतिपूर्ण माहोल में अकेले माता या पिता का साथ रहकर?

क्या किसी को उसकी इच्छा के विरुद्ध परिवार के नाम पर साथ रहने को बाध्य करना उचित है? ज़िम्मेदारी पूरी करने के तो अन्य कई रास्ते भी हो सकते है?

ऐसे कितने सारे धर्म-अधर्म थे, जो मुझे बराबर चोट पहुँचा रहे थे। जिन्हें धर्म की और अधिकारों की रक्षा करनी चाहिए, वो मात्र कुछ रुपयों के लिए बिकने को तैयार हो जाते है। पुलिस, वीमेन-सेल, कोर्ट बनाये तो जाते है, अधिकार बचाने के लिए; किंतु अधिकारी लोग पहले ही परख लेते है की पैसे वाली पार्टी कौन सी है। उसी की हिसाब से उनकी बाक़ी की कार्यवाही होती है। निर्दोष के लिए इंसाफ़ पाना कितना कठिन है?

मेरे मन में ख़ुद को पाने की, और अपने ईश्वर को पाने की संतुष्टि थी, किंतु इस संसार को पाने की अब मुझे कोई चाहत नही थी। जहाँ धर्म-अधर्म कुछ अज्ञानी व्यक्ति मिलकर बनाते है, और दूसरों को उन्हें अपनाने के लिए विवश करते है। यदि कोई ना माने, तो समाज से उसका बहिष्कार भी कर देते है। कैसा समाज है ये? इसको तो निष्पक्ष होकर कोई निर्णय करना ही नही आता!

सबको तो मैंने माफ़ कर दिया था, पर अपने परिवारजनों को मैं माफ़ नहीं कर पा रही थी।

क्रिशन जानता था कि जब तक ये माफ़ी मुझमें नहीं उतरेगी, तब तक मैं मुक्त नहीं हो पाऊँगी। ऐसे में जिस नए जीवन की तरफ़ वो मुझे ले जा रहा है, वो भी दुःखी हो जाएगा। इसलिए क्रिशन ने मुझे सबसे पहले सबको माफ़ करना सिखाया।

ये काम उसने एक दिन में नहीं किया था, बहुत साल लगाए थे इस पर। क्रिशन कभी भी किसी को उसकी बात मानने के लिए बाध्य नहीं करता, वो समझाता है। और जब तक हम समझ नहीं लेते, वो हमारे साथ बहुत सब्र से काम लेता है। इसीलिए तो वो सबको इतना प्रिय है!

अब क्रिशन ने मुझे एक आत्मा कि दृष्टि से देखना सिखाया, जिसे कहते है, "सिंगल-आइ"। इसे सिंगल-आइ इसलिए कहा जाता है क्यूँकि ये माया से परे है। ये चीज़ों को वैसे देखती है, जैसे वो है। कुछ उसी तरह से जैसे किसी इमारत के नीचे खड़े होकर दृष्टि दूर तक नहीं जा पाती, किंतु 20वी मंज़िल से पूरा शहर दिख जाता है।

ईश्वर की तीसरी आँख "सिंगल आइ "

क्रिशन ने मुझे पहले तो माफ़ी शब्द का अर्थ समझाया। और फिर सबको क्यूँ और कैसे माफ़ करना है, ये बताया।

क्रिशन ने कहा: इस संसार में सब ख़ुद को भूलकर जी रहे है, ऐसे में सभी लोग ग़लतियाँ कर रहे है। कुछ को ग़लती समझ भी नहीं आ रही, कुच्छ को आ रही है। जिन्हें समझ में आ रही है, वो या तो प्रायश्चित कर रहे है, या ग्लानि में जी रहे है, और या फिर अपनी ग़लतियों को नज़रंदाज करके वापस से दोहराते चले जा रहे है।

हर इंसान अपनी समझ के हिसाब से सोच रहा है और जीवन जी रहा है। जब इनकी सोच बदलेगी, तो ये भी बदल जाएँगे। जब तक इनकी सोच का प्रभाव तुम्हारे जीवन पर हो रहा था, तुम्हारा धर्म था, ख़ुद की रक्षा करना, फिर चाहे उसके लिए तुम्हें इन सबसे लड़ना ही क्यूँ ना पड़े। और ये लड़ाई तो हम लड़ चुके है, ख़ुद को इनकी सोच से भी मुक्त करा चुके है। अब ये क्या सोचते है, क्या करते है, इससे तुम्हारे जीवन पर कोई फ़र्क़ नहीं पड़ता। तुम स्वतंत्र हो चुकी हो।

तो अब इनकी दी हुयी कड़वाहट को भी मन में क्यूँ रख रही हो?

क्रिशन ने आगे कहा: ये सब तुम्हारे जीवन में इसलिए आए, क्यूँकि तुम संतुलन बनाना भूल गयी थी। अच्छा होने का अर्थ ये तो नहीं है कि बुराई के ख़िलाफ़ आवाज़ ही मत उठाओ।

आप किसी का बुरा नही करते, फिर आपके साथ बुरा क्यूँ होता है?

कोई तुम्हें मारकर भी जा रहा है, तो मारने दो। ये तो आत्मा का स्वरूप नहीं है। आत्मा कमज़ोर नही है।

तुम ये भी भूल गयी की सम्मान उसको दो, समर्पण उसके सामने करो जिसमें तुम्हें ईश्वर की झलक दिखे। ईश्वर की झलक का अर्थ है, देविय गुण। तुमने माता-पिता के गुण देखे बिना उन्हें ईश्वर बना दिया, तो ये सब तो होना ही था।

क्या केवल बच्चे को जन्म दे देने से कोई भगवान बन सकता है? **जब तक तुम्हें ये सुनिश्चित ना हो जाए की सामने वाले इंसान में ईश्वर बोल रहा है, तब तक कभी भी उसके वचनों को ईश्वर के वचन जानकर उसका पालन ना करो।**

तुमने सबको अपने ऊपर अधिकार दे दिया, तो उन्होंने तो तुम्हारी ये हालत करनी ही थी। अधिकार और ज़िम्मेदारी के बीच संतुलन होना चाहिए। तुम अधिकार छोड़ती गयी, और ज़िम्मेदारी बिना माँगे लेती गयी, उसीका ये परिणाम था। यदि किसी रिश्ते के बिगड़ने का उत्तरदायित्व केवल तुम्हारा है, तो उस रिश्ते में बाक़ी लोग कैसे रहेंगे, ये तय करने का अधिकार भी केवल तुम्हारा है। जबकि तुम्हारे जीवन में अधिकार सबने अपने पास रखे थे, और दायित्व की ज़िम्मेदारी तुम पर डाल दी थी। क्या तुमने संतुलन नही बिगाड़ा?

हर जगह तुमने जीवन का संतुलन बिगाड़ा। बिना किसी को तुम्हारे ज्ञान की, प्रेम की, भाव की, समय की, समर्पण की, सेवा की क़द्र हुए, तुम देती गयी। पात्र को ना देकर क़ुपात्र को दोगी, तो ये तो होगा ना? जिन लोगों को तुम्हारा महत्व ही नही पता, उन्हें क्यों दिए जा रही हो?

तुमने ख़ुद को एक स्त्री के शरीर से पहचाना और ख़ुद को कमज़ोर जानकार सबसे डरकर जीती रही, इसलिए इन सबने भी तुम्हें कुछ नहीं समझा और केवल तुम्हें डर ही दिए। तुम्हारी भूली हुयी पुरुष शक्ति से तुम्हें मिलवाने के लिए मैं तुम्हें इन रास्तों से यहाँ तक लाया। ताकि फिर कभी तुम ख़ुद को पुरुष से कमज़ोर समझने की भूल ना करो।

जो हुआ, तुमने जानकार नहीं किया, किंतु ये तुम्हारी आत्मा का स्वरूप भी नहीं था। इसलिए तुम्हें आत्मबोध कराने के लिए क़ुदरत ने ऐसे लोग तुम्हारे जीवन में लाकर खड़े किए।

जब सब कुछ तुम्हारे कार्मिक चक्रों का हिस्सा था, तो माफ़ कर दो इन्हें। ये भी अपने कार्मिक चक्र को जी रहे है, जब समझना चाहेंगे, समझ जाएँगे। उससे पहले ना मैं, और ना ही तुम, इन्हें कुछ भी समझने के लिए विवश कर सकते है।

मेरी जगह खड़े होकर देखो, तो तुम्हें इन पर दया आएगी। ये बेचारे तो ख़ुद ही सब भूले हुए है और दुःख भोगने जा रहे है।

तुम्हारी तो आँखे खुल गयी है, इसलिए माफ़ कर दो। रिहा करो ख़ुद को सबसे। तुम अपने सफ़र में आगे बढ़ो, और इन्हें इनके सफ़र में बढ़ने दो।

मैंने कहा: क्रिशन, तो क्या इसका अर्थ है, सब भूलकर पहले की तरह से सबसे समबंध बना लूँ?

क्रिशन ने कहा: नही, मैंने ऐसा नही कहा। इनके साथ तो वैसे भी तुम्हारा कर्म पूरा हो गया है। मैंने केवल मन से इनके प्रति जो पीड़ा और शिकायतें है, उनका त्याग करने को कहा है। क्यूँकि इससे किसी को नही, केवल तुम्हें कष्ट होगा।

मैंने कहा: तो इन्हें क्या इनकी ग़लती का अहसास नही होना चाहिए? इन्हें भी तो पता चलना चाहिए की इनकी वजह से मैंने कितने कष्ट उठाए।

क्रिशन ने कहा: ये क़ुदरत का काम है, तुम्हारा नही। क़ुदरत प्रत्येक व्यक्ति पर काम कर रही है, उसको अपनी ग़लती को सुधारने के अवसर दे रही है। उसकी चेतना को बदलने की कोशिश कर रही है। किंतु, किसकी चेतना कब बदलेगी, ये तो मैं भी नही बता सकता। मैंने भी सबको स्वतंत्रता दी है। जब ये समझना चाहेंगे, तभी समझेंगे। हो सकता है, कुछ दिनों में समझ जाएँ, हो सकता है कई जन्म लगा दे। तो क्या तुम तब तक अपने सफ़र को इनके लिए रोके रखोगी?

मैंने कहा: नही। तू ठीक ही कह रहा है। मुझे मेरे सफ़र में आगे बढ़ जाना चाहिए। ये मेरी ज़िंदगी में आए नही थे, मैंने ही अपने कर्मों से इन्हें बुलाया था। मैंने मेरे लिए ऐसे सबक़ ना बनाए होते, तो मेरे जीवन के रिश्ते ऐसे ना रहे होते।

मैंने सबको आत्मा की नज़र से देखा। आख़िरकार मेरे दिल में एक-एक इंसान के लिए माफ़ी आ ही गयी और मैंने सबके लिए प्रार्थना की, कि "जैसे ईश्वर ने मुझे ज्ञान का प्रकाश देकर मुक्ति दिलायी, इन्हें भी दिलाए।"

अब जाकर मैं हक़ीक़त में अपने अतीत से रिहा हुयी थी, और मेरा मन शांत हो गया। जब मन में से शिकायतें दूर हुयी, तो प्रेम के लिए भी स्थान बनने लगा....और इस संसार की सारी सुंदरता तो प्रेम में ही छुपी है।

यदि आपको भी किसी से शिकायतें है, तो क्रिशन के वचनों को पढ़कर, आप भी उन्हें माफ़ कर दो।

मेरा अपने अनुभव आपसे बाँटने का केवल एक ही उद्देष्य है कि आपके जीवन में भी वो प्रकाश उतर पाए, जो मेरे जीवन में उतरा।

राधेकृष्णा

प्रश्न: किसी को कैसे माफ़ करें?

उत्तर: ख़ुद को दूसरे व्यक्ति के स्थान पर रखकर पहले उसको समझने की कोशिश करें, और फिर ख़ुद को निष्पक्ष रखकर पूरी स्थिति को समझे, जब आपको ये दिख जाएगा कि आपसे कहाँ ग़लती हुयी, तो आप माफ़ भी कर पाएँगे।

ज्ञान के मोती

⇨ किसी को समझने के लिए आपको अपना देखने का दृष्टिकोण बड़ा करना पड़ता है, अन्यथा, आपके हाथ केवल अधूरा सच लगता है, और अधूरा सच, झूठ के समान ही है।

⇨ माफ़ी किसी के लिए नही, अपने लिए दी जाती है।

⇨ माफ़ी देने का अर्थ ये कदापि नही है, कि सब भूलकर आप सामने वाले को फिर से ग़लतियाँ करने का अवसर दो।

⇨ नए जीवन में यदि पुराने जीवन का ज़हर लेकर जाओगे, तो नया जीवन भी बेकार हो जाएगा।

⇨ जीवन सज़ा नही है, बस जो बिगड़ गया है, उसको थोड़ा सा ठीक करने की ज़रूरत है।

⇨ जीवन में समस्याने देने वाले लोग केवल आपके कर्म पूरा कराने आते है।

12

हर रात की सुबह होती है

सबको माफ़ करके मैंने ख़ुद को उनसे अलग कर दिया था। लेकिन मैंने जीवन का कड़वा सच इतने क़रीब से देख लिया था, कि मुझे अब इस संसार से कोई लगाव ही नही रहा था।

जहाँ देखो, वहाँ झूठ।

सब रिश्ते मतलब के।

प्रेम भी अशुद्ध।

सारा संसार मानो झूठ से रचा गया हो। हर इंसान के अंदर स्वार्थ, अहंकार, लालच। जिसको देखो वो दूसरे का अधिकार मारना चाहता है, दूसरों को दुःखी करके लोगों को आनंद आता है। किसी को चोट पहुचाने से पहले कोई सोचना भी नही चाहता की दूसरे इंसान को वो कितना दर्द दे रहा है। ऐसा संसार मिल भी जाए तो किस काम का? इस संसार से क्या पाने की कामना करूँ, जो संसार ख़ुद ही झूठा है?

तकलीफ़ इस बात की नही थी कि मेरे जीवन में ये सब क्यूँ हुआ? जो हुआ, उसका होना तो आवश्यक था। तकलीफ़ तो ये थी, की संसार में केवल बुराई है। और अब इस बुराई का मैं हिस्सा नही बनना चाहती थी।

मैं ज़्यादा लोगों से मिलती-जुलती ही नही थी। केवल उतनी ही बात करती थी जितनी आवश्यक थी। मैं जीवन से हारी नही थी, पर यदि यही जीवन होता है,

तो इसको जीने की मुझे चाह भी नही थी। मेरे अंदर एक ही बात आती थी कि मुझे संसार से मुक्त होना है।

किंतु मैं ये भी जान चुकी थी, कि जब तक मैं अपने आत्मस्वरूप को वापस से पा नही लूँगी, तब तक मुझे मुक्ति भी नही मिलेगी। और उसके लिए मुझे ख़ुद को हील करना होगा। केवल इसी बात के लिए मैं इस जीवन को जी रही थी।

क्रिशन मेरे मन में बोलता रहता था कि मोक्ष के पश्चात क्या? मैं कहती, कुछ नही, तेरे साथ रहूँगी। और मैं साफ़-साफ़ देख पाती थी कि मैं वहाँ भी प्रसन्न नही हूँ। ये ख़ुशी आख़िर चली कहाँ गयी थी?

तब क्रिशन ने मुझे समझना शुरू किया। उसने कहा, "यदि अकेले ही रहना था, तो धरती पर आने की आवश्यकता ही क्या थी? कुछ बेकार अनुभवों को हम जीवन का सत्य तो नही मान सकते। ये सब लोग आए क्यूँकि तुम अपने स्वरूप को भूलकर, एक कमज़ोर इंसान की तरह जीने लगी थी।

अब तो तुम्हारे कार्मिक चक्र टूट गए है, और इसके साथ तुम्हारे जीवन में से ये सब कष्ट देने वाले लोग भी चले गए है। अब जो लोग आ रहे है, उनमे और इनमे ज़मीन-आसमान का फ़र्क़ है।

अतीत से ख़ुद को रिहा करो। वर्तमान को अतीत के अनुभव से मत देखो। जीवन सुंदर है, नए अनुभवों के लिए ख़ुद को तैयार करो।

सूरज डूबने का अर्थ ये तो नही होता की वो अब वापस नही आएगा। हर रात की सुबह होती है। जो वक़्त आया था, उससे सबक़ लो और अब कभी भी आत्मस्वरूप को मत भूलना।

इस दुनिया में बहुत लोग है, जो तुमसे मिलता-जुलता जीवन जी रहे है - जाओ, अपना थोड़ा प्रकाश उन पर भी डाल दो। पहले ख़ुद जीना सीखो, और फिर इस संसार को जीवन जीना सिखाओ।

याद रखो, जीवन कोई सज़ा नही है, बस जो बिगड़ गया है, उसको थोड़ा सा ठीक करने की आवश्यकता है। अब तुम्हारे पास ज्ञान है, आत्मा की शक्तियाँ है, और मैं भी तो हूँ। वास्तव में तो तुम्हारा जीवन अब आरम्भ हुआ है। इसका स्वागत करो।

एक फूल से फल बनने के पश्चात, वो वापस फूल नही बनता। कमला तितली बनने के पश्चात, वापस से कमला नही बनता। तुम भी अब परिवर्तित हो चुकी हो। अब कभी तुम उस अज्ञान में नही फँसोगी। अब एक नयी समझ के साथ दुनिया में वापस जाओ। जीवन का दूसरा पहलू भी देखो, और दूसरों को भी दिखाओ। संसार की ये सारी माया इसी अनुभव ले लिए ही तो रची गयी थी, इसका आनंद लो"।

ऐसा कहकर क्रिशन ने मुझमें एक नए जीवन का बीज डाल दिया, जो अब धीरे-धीरे बड़ा हो रहा है। और एक दिन एक विशाल पेड़ बनकर दूसरों को भी इस पर आश्रय देगा।

राधेकृष्णा

प्रश्न: यदि दिल को गहरी चोट लगी हो, और जीने की चाहत ख़त्म हो जाए, तो क्या करें?

उत्तर: अपने ज़ख़्मों को भरने का समय दें। एक बार ज़ख़्म भर जाएँगे, तो जीने की चाहत भी जाग जाएगी। संसार तो बहुत ख़ूबसूरत है, हमें दर्द इसलिए मिलता है क्यूँकि हम ख़ुद को तरह-तरह के आकर्षणों से, अनुभवों से, एवं सम्बन्धों से बाँध लेते है। पुराने जीवन की ग़लतियों को समझे और उन्हें वापस से ना दोहराएँ। जैसे इस संसार में सुख स्थायी नही है, दुःख भी स्थायी नही है!

ज्ञान के मोती

⇨ नया जन्म चाहे शरीर में हो, चाहे रिश्तों में, चाहे चेतना में हो - ये किसी भी मनुष्य के लिए आसान नही होता। पुराने जीवन के ज़ख़्म पीड़ा देते है, किंतु संसार में कोई ऐसा ज़ख़्म नही है, जिसकी मरहम ना हो।

⇨ जीवन संसार से कटकर अकेले जीने का नाम नही है, अपितु सबके साथ सुख-दुःख का आनंद लेने का नाम है। किंतु सबके साथ चलते-चलते यदि आप ख़ुद को या अपनी स्वतंत्रता को भूल जाए, तो ये आवश्यक हो जाता है कि ख़ुद को पाने के लिए संसार से कुछ वक़्त के लिए ख़ुद को हटा ले।

⇨ बुरे वक़्त का शौक़ मनाकर ख़ुद को दुःखी मत करो, अपितु इससे सबक़ लो और जो ग़लतियाँ पहले अनजाने में हो गयी, उन्हें दोबारा मत दोहराओ।

⇨ अतीत के यादों से खुद को रिहा करके वर्तमान को गले लगाओ। जो वक़्त बीत गया, उसके लिए नही, अपितु जो आने वाला है, उसके लिए जीयो।

⇨ जीवन सज़ा नही है, बस जो बिगड़ गया है, उसको थोड़ा सा ठीक करने की आवश्यकता है।

13

क्या सपने पूरे करने की कोई उम्र होती है?

इंसान ने ख़ुद को एक मशीन बना दिया है, जो समय देखकर चलती है। थोड़ी भी उसके जीवन में देरी हो जाए, तो उसको अपने जीवन में और ख़ुद में कमी दिखने लगती है। अगर बच्चा एक साल की उम्र तक चलना नही सीखता, तो परेशान हो जाते है। बीस साल की आयु तक ग्रैजूएट नहीं हुए, तो परेशानी। पच्चीस साल की उम्र तक विवाह नहीं हुआ, तो चिंतित। विवाह के बाद वक़्त पर बच्चे नहीं हुए, तो भी परेशान हो जाते है। तीस साल की आयु तक काम नहीं जमा, तो भी परेशानी। आगे बच्चों की शादी वक़्त पर नहीं हुयी, तो भी समस्या!

इंसान एक समय-यंत्र

ऐसे बहुत सारे उदहारन है, जिन्हें देखकर ये ही समझ में आता है, की इंसान ने ख़ुद को वक़्त के साथ इतने बुरे तरीक़े से बाँध दिया है, कि वो भी ये भी नहीं समझ पा रहा कि ब्रह्मांड में वास्तव में कोई वक़्त है ही नहीं। केवल चक्र है। एक चक्र पूरा होता है, तो दूसरा शुरू हो जाता है।

और यही बात क्रिशन ने मुझे मेरे जीवन में बतायी, मेरे मन की छुपी गहरी इच्छा की पूर्ति करके। ये वो इच्छा थी जिसने एक 5 साल के बच्चे के मन में जन्म लिया था। पर जन्म लेते ही इसे मरना पड़ा था।

मुझमें तो अब कहीं उसके पूरे होने की कोई उम्मीद भी नहीं बची थी.....पर कहीं ना कहीं एक चाहत तो अभी भी ज़िंदा थी, जो क्रिशन को दिखायी दे रही थी।

एक बच्ची के मन में छुपी इच्छा

बचपन से मेरे अंदर एक चाहत थी कि मुझे बहुत पढ़ना है और अपनी एक पहचान बनानी है। मेरी इस चाहत को मेरे पिता ने सात साल की आयु में ही मार दिया था, जब उन्होंने मुझे पब्लिक स्कूल से निकालकर सरकारी स्कूल में दाख़िल करा दिया।

ये एक छोटी सी बच्ची के सपनों पर बहुत बड़ा आघात था, मानो किसी ने उड़ने से पहले ही उसके पंखों को काट दिया हो। उस छोटी सी बच्ची के सारे स्वप्न बिखर गए। और उसको ये भी नहीं पता था की उसके साथ ऐसा क्यूँ किया जा रहा था?

सात साल की उम्र में मेरे अंदर का एक हिस्सा मर गया था। इसे ही कहते है **Soul Fragmentation, आत्मा के टुकड़े हो जाना!**

ये ही तो वो वक़्त होता है, जिस पर भविष्य की नींव रखी जाती है। मेरी तो नींव इतनी छोटी सी उम्र में ही खोखली हो गयी थी।

और इसके बाद मेरे जीवन में असली संघर्ष का समय शुरू हो गया था।

एक बच्चे का संघर्ष

मैं फिर भी हाथ पाँव मारती रही। मेरी अंदर की आग बुझी गयी थी, पर एक चिंगारी तो अभी भी बाक़ी थी, जो मुझे हारने नही देती थी। छठी कक्षा में आकर मुझे इंग्लिश फिर से पढ़ने को मिली। मैं बहुत ख़ुश हुयी। कितने अरसे के बाद मैं अपनी मनपसंद भाषा से वापस से जुड़ी थी। पर सफ़र में बहुत पीछे रह गयी है। अभी तो मैं वो पढ़ रही थी जो कभी मैंने नर्सरी में पढा था।

नवीं कक्षा में मेरे स्कूल में मुझे विज्ञान अंग्रेज़ी में पढ़ने का अवसर मिला। अभी मेरी इंग्लिश इतनी अच्छी नही थी कि मैं इतने बड़े-बड़े परिच्छेद पढ़ पाऊँ, पर

ऐसे अवसर बार-बार नहीं मिलते, और मुझे इसको गवाना नहीं था। मैंने अंग्रेज़ी में विज्ञान पढ़ना शुरू कर दिया।

अंग्रेज़ी में विज्ञान का चयन तो कर लिया, पर मुझे ठीक से कुछ भी समझ नहीं आता था। मेरे आस-पास मेरी मदद करने वाला भी कोई नहीं था। ऊपर से मेरे घर के माहौल में मेरे लिए ध्यान केंद्रित करना भी बहुत मुश्किल होता था।

यदि हम चाहते हैं कि हमारे बच्चे पढ़ाई में ध्यान केंद्रित करें, तो घर के माहौल को तनाव से मुक्त करना आवश्यक है।

घर में मेरे पिता के गुस्से की वजह से हर वक़्त एक सहमा सा माहोल रहता था। जब वो घर पर होते, तो कोई, ना तो ऊँची आवाज़ में बात ही करता था, ना ही किसी प्रकार की ठिठोली। मेरे पिता को कब किस बात पर गुस्सा आ जाए, कोई नहीं जानता था। दिमाग़ में तो केवल डर रहता था कि आज फिर से कुछ ना हो जाए, ऐसे में दिमाग़ क्या काम करता?

ज्ञान को रटने से आप अधिक नम्बर तो ले आएँगे, किंतु जीवन में कभी भी उस ज्ञान को इस्तेमाल नही कर पाएँगे। ज्ञान को समझे, रटे नहीं।

मैं दिन रात किताबों में लगी रहती थी और हर साल अच्छे अंकों से उत्तीर्ण होती थी। मेहनत करने से अंक तो आ जाते थे, पर ज्ञान अंदर जाने की बजाए ऊपर से चला जाता था। **ज्ञान अंदर तभी जा सकता है, जब ज्ञान को सरल भाषा में तर्क-वितरक के साथ समझाया जाए।** मेरे अंदर हर बात के प्रश्न होते थे, पर उत्तर देने वाले लोग नहीं होते थे। जब प्रश्नों के उत्तर नहीं मिलते थे, तो दिमाग़ आगे बढ़ता ही नहीं था। नतीजा ये होता था कि ज्ञान अंदर उतर ही नहीं पाता था।

दसवीं कक्षा में मैंने 80% अंकों से पास किया, जो उस समय बहुत अच्छे अंक माने जाते थे। ग्यारवहीं कक्षा में मुझे अकाउंट्स और गणित भी इंग्लिश में

पढ़ने का अवसर मिला। मैंने इस बार भी हाथ आए मौक़े को जाने नहीं दिया। दिक़्क़त तो बहुत आती थी। अब तक गणित हिंदी में पढा था, इंग्लिश में हर चीज़ के नामों को ही समझने में बहुत वक़्त लग जाता था। पर मैं हिम्मत नहीं हारती थी। रात को देर तक पढ़ती, सुबह जब, सब सो रहे होते, मैं उठकर फिर से पढ़ने बैठ जाती थी। हमेशा से मैं स्वप्रेरित इंसान रही।

जब कोई आपको बाहर से प्रेरणा ना दे, तो अपने अंदर से प्रेरणा ले। स्वप्रेरित इंसान अपनी मंज़िल तक एक दिन पहुँच ही जाता है।

बारवहीं कक्षा में मैं अपने स्कूल की टॉपर थी। मेरा नाम दिल्ली यूनिवर्सिटी के SRCC कालेज में आ गया था। व्यापार की शिक्षा पाने के लिए ये दिल्ली का सर्वोत्तम कालेज था। पर वहाँ लड़के भी थे। और मेरे घर में लड़कों से मेल-जोल रखने की हमें अनुमति नहीं थी। मेरे लिए तो कॉलेज जाने को मिल रहा था, ये ही बहुत बड़ी बात थी। अब इससे ज़्यादा की चाहत करने का मतलब था कि ये भी खोना पड़ेगा।

मैने दौलत राम कॉलेज में दाख़िला ले लिया। इस बार अपना एक और मुश्किल क़दम चला। एक तो बी-कॉम-ओनर्स (B. Com. Hons.) ली, और वो भी अंग्रेज़ी माध्यम में।

अपनी क्षमता को बढ़ने का सर्वोत्तम तरीक़ा है - जहाँ हो, वहाँ से एक क़दम आगे बढ़ाओ।

मेरा इंग्लिश का बेस कमज़ोर था, पर मैंने फिर भी हिम्मत दिखायी। मुझे बस आगे बढ़ना था, क्या पता कौन से मोड़ पर क़िस्मत मेरा इंतज़ार कर रही हो!

कालेज के पहले साल में ही मुझे किसी से प्रेम हो गया और मैं अपना आगे का जीवन उसी के साथ बिताना चाहती थी। जैसे ही मेरे पिता को इस बात की ख़बर हुयी, उन्होंने मेरी पढ़ाई रुकवा दी और मेरे लिए वर ढूँढने लगे। मैं डिप्रेशन में रहने लगी। एक बार फिर से मेरे सपने मेरी आँखों के सामने टूटकर बिखर रहे थे। अब कैसी डिग्री, कैसा करियर?

उस समय तक तो मैं क्रिशन से भी ज़्यादा कोई बात नही करती थी।

किंतु क्रिशन तो फिर भी अपना काम करता ही रहता था।

क्रिशन ने मेरी डिग्री बचायी

क्रिशन ने अपनी माया रची। मेरे पिता जहाँ भी मेरे रिश्ते की बात करते, उन्हें झूठ बोलना पड़ता कि मैं अभी पढ़ रही हूँ। एक जगह मेरे रिश्ते की बात पक्की हो गयी।

उनका पढ़ा-लिखा परिवार था, इसलिए वो चाहते थे कि मेरे पास भी मेरी डिग्री होनी चाहिए। मेरे पिता ने अपने झूठ को बचाने के लिए मुझे परीक्षा देने की अनुमति दे दी।

किसी ने जैसे रुकी हुयी गाड़ी को थोड़ा सा धक्का लगा दिया हो। मैं ख़ुश तो थी, पर अब ये डिग्री मेरे किस काम की थी? विवाह के बाद तो मेरा भी वो ही जीवन होना था, जो सबका था। हमारे परिवारों में लड़कियाँ बाहर जाकर नौकरी नहीं करती थी, घर सम्भालती थी।

जब तक आप ना हार मान ले, कोई आपको नही हरा सकता।

दो महीने में साल भर की पढ़ाई करनी थी। मैंने कोशिश तो बहुत की, पर तृत्य श्रेणी से ही पास हो पायी। मेरे लिए वो डिग्री किसी काम की नही थी, इसलिए मैंने कभी कॉलेज से उसको लाने की चेष्टा भी नहीं की। किंतु मेरे क्रिशन को तो उसका मूल्य पता था।

चार साल बाद मेरी एक दोस्त ने मुझे सम्पर्क किया। उसका नाम था शालू। शालू का विवाह रूस में हुआ था, और वो उसके बाद हिंदुस्तान वापस नहीं आ पायी थी। अभी वो वापस आयी हुयी थी, और उसको अपनी डिग्री लेने के लिए यूनिवर्सिटी जाना था। उसने मुझे भी साथ चलने को कहा। उसके कहने पर मैं उससे मिलने के बहाने यूनिवर्सिटी चली गयी। और इस तरह मुझे मेरी डिग्री मिल गयी।

डिग्री तो मिल गयी थी, पर ये मेरे किसी काम की नही थी? अब तो मेरा विवाहित जीवन ही मेरी सच्चाई था, जिसे मैं चाहकर भी नहीं झुठला सकती थी। जीवन यूँ ही बिना किसी वजह के बीतता जा रहा था। और इसमें कभी कोई बदलाव आएगा, ये भी मेरे लिए केवल एक कल्पना थी।

कभी आसमान की ऊँचाइयों को छूने के ख़्वाब देखने वाली लड़की को ज़मीन भी ठीक से दिखनी बंद हो गयी थी। अपने वजूद की तलाश थी, पर कैसे मिलेगा, पता नहीं था।

मेरे ज़िंदगी मेरी माँ की ज़िंदगी से मिलती-जुलती सी थी। बस फ़र्क़ इतना था की मेरी माँ ने हालातों से लड़ने के बारे में कभी सोचा ही नहीं, और मेरे अंदर बचपन से एक चिंगारी जल रही थी, जो शोला बनकर हर क़िस्म की बुराई को जला देना चाहती थी। इसको बस थोड़ी सी हवा की ज़रूरत थी। और वो हवा, क्रिशन दे रहा था।

फिर एक वक़्त आया जब मैं डिप्रेशन में जीने लगी, क्यूँकि जीवन अर्थहीन लगने लगा था। मैं कहीं खो चुकी थी, और मेरी आत्मा अपने आप से मिलने को तड़प रही थी। तब मैंने इंटिरीयर डिज़ाइनिंग के डिप्लोमा कोर्स में दाख़िल ले लिया।

इंटिरीयर डिज़ाइनिंग की चुनौतियाँ

मेरे जीवन में जैसे कुछ भी आसान नहीं होता, ये भी नहीं था। सबसे पहले तो विशाल का विरोध। वो आए दिन मुझसे किसी ना किसी बात पर झगड़ा करता और मुझे ताना मारता की "तुझे क्या लगता है कि ये कोर्स करके तू मुझसे ज़्यादा पैसा कमा लेगी? क्या साबित करना चाहती है?"

मैं उसको समझाती कि "मैं किसी को कुछ साबित नही करना चाहती, मैं केवल ख़ुद को बताना चाहती हूँ कि मैं भी किसी लायक हूँ।"

शुरू में तो उसको समझ नही आता था। किंतु जब मैंने इस कोर्स का सारा श्रेय समाज में उसको देना शुरू कर दिया, तो उसने मुझे इसके लिए परेशान करना बंद कर दिया। अब वो जिससे मिलता, सब उसकी प्रशंसा करते थे कि वो मुझे पढ़ने दे रहा था।

पर केवल इतनी समस्या नहीं थी। दो छोटे और शरारती बच्चों के साथ इस कोर्स को करना बहुत ही मुश्किल था। रोज़ मुझे घर के सारे काम करने होते थे। खाना बनाना, बच्चों को सुबह उठकर स्कूल भेजना, बस-स्टॉप से लाना, उनको पढाना, कपड़े धोने से इस्त्रि करने तक - सब कुछ। फिर 3 घंटे इंस्टिट्यूट में लगाना और इतना ही वक़्त घर पर आकर ड्राफ़्टिंग में लगाना।

मैं जैसे-तैसे सब संभाल रही थी कि इतने में एक और मुसीबत आ गयी।

अभी शुरू किए महीना भर ही हुआ था, कि मेरे सीधे हाथ में चोट आ गयी। दिवाली के दिन थे, उसकी सफ़ाइयाँ भी चल रही थी, उधर रोज़ का शीटवर्क। मेरे हाथ का दर्द बढ़ता ही जा रहा था। ये दर्द इतना बढ़ गया था कि मैं हाथ ऊपर भी नही उठा पाती थी। बहुत मुश्किल हो गया था सब सम्भालना। पर मैं हार नही मान रही थी।

किंतु एक और समस्या मेरा पीछा कर रही थी।

इधर मैं मेरे हाथ से परेशान थी, उधर मेरे छोटे बेटे को, जिसका नाम वासु था, शरारत करते हुए चोट लग गयी और उसके सीधे हाथ की कुहनी की हड्डी टूट गयी। मेरे लिए अब, सब छोड़कर बच्चे को सम्भालना आवश्यक हो गया। अब मुझे मेरे हाथ का होश नही था, केवल उसके हाथ की फ़िक्र थी। वो मासूम तो पूरे तरीक़े से मुझ पर निर्भर हो गया था।

अब मैं वास्तव में थक गयी थी, मेरी हिम्मत टूटने लगी थी। अब लगता है कि मुझे ये कोर्स छोड़ना पड़ेगा। मानो क़ुदरत भी मेरा साथ ना दे रही हो।

मैं क्रिशन के मंदिर के पास बैठकर रोने लगी और क्रिशन से पूछनी लगी, “क्या मैंने कोई बहुत बड़ा पाप कर दिया है इस कोर्स को करने की चाहत करके? एक तरफ़ तो तू ख़ुद को ढूँढने की बातें करता है, दूसरी तरफ़ जब मैं हिम्मत का एक क़दम बढाती हूँ, तो तू साथ देने की बजाय मेरे लिए अड़चने खड़ी किये जा रहा है। तू ही तो है, जो मुझे समझता है। तूने भी साथ नही दिया, तो किसकी तरफ़ देखू? यदि तेरी ये ही इच्छा है, कि मैं ये ना करूँ, तो मैं नही करूँगी। पर इसके बाद मैं कभी दोबारा मेरे लिए कुछ करने की हिम्मत भी नही कर पाऊँगी।”

मैं दुःखी थी, और क्रिशन से कुछ नहीं छुपा था।

विशाल के पिता इंजीनियर थे, और दिल्ली से बाहर रहते थे। उसकी मम्मी भी बहुत दिनों से वहीं गयी हुयी थी। रात को उनका फ़ोन आया और वो बोलीं कि “अगले हफ़्ते हम वासु को देखने आ रहें हैं, और उसको अपने साथ लेकर जाएँगे। तुम उसका समान पैक कर देना।”

उन्हें मेरे दोनो बेटों में बहुत स्नेह था। वो लोग बेशक मुझे पराया मानते थे, पर मेरे दोनो बच्चों से उनका प्रेम सच्चा था, और शायद यही वजह है कि मैं उन पर भरोसा करके अपने बच्चे उन्हें देकर भी आ गयी। उनके ये शब्द मेरे लिए उस वक़्त एक बहुत बड़ी राहत थे।

मेरा मन भर आया। मैंने मन में क्रिशन को धन्यवाद किया। मेरा विश्वास क्रिशन में और गहरा हो गया। मुझे ये यक़ीन आने लगा की क्रिशन वास्तव में है, और मेरी मदद करता है।

अब अगली समस्या से सामना हुआ। मुझे कम्प्यूटर चलाना तो आता ही नहीं था। और कम्प्यूटर तो ज़रूरी था। उसके बिना डिज़ाइनिंग कैसे होती?

इसका भी क्रिशन ने समाधान निकाला। मेरे इंटिरीयर के दोस्तों ने इसमें मेरी मदद की। वो सब उम्र में मुझसे छोटे थे। शरारती भी बहुत थे, लेकिन सब बहुत अच्छे थे। सब एक-दूसरे की मदद करते थे। धीरे-धीरे उन्होंने मुझे कम्प्यूटर

के बेसिक समझा दिए और बाक़ी मैंने मेहनत करके सीख लिया। मैं एक चीज़ का तब तक अभ्यास करती रहती थी, जब तक कि वो मुझे ठीक से समझ ना आ जाए।

मैंने दोनो साल अव्वल श्रेणी से पास किया। मेरा आत्मविश्वास थोड़ा सा बढ़ा।

मेरे मन में हमेशा एक तकलीफ़ रहती थी कि मुझे अच्छी स्कूलिंग नहीं मिली। सबकी तरह मेरा भी स्कूल अच्छा रहा होता, तो आज मेरी भी इंग्लिश अच्छी होती, मुझमें भी शायद आत्मविश्वास होता।

स्वप्न साकार करने की आयु नहीं होती

अब वक़्त आ गया था मेरे जीवन से इस शिकायत को भी दूर कर देने का। मैं तो हमेशा की तरह फिर से क्रिशन की योजना से अनजान थी।

मेरा डिवॉर्स नवम्बर 2014 में हुआ। किंतु उससे पहले ही क्रिशन ने मुझे विदेश जाने को कहा। मेरे सामने वो लोग आने लगे जो मुझे विदेशी तौर-तरीक़ों के बारे में बताने लगे। मैंने सोचा की अब हिंदुस्तान में मेरा कौन है? किसी और देश में चली जाती हूँ।

मेरे दोस्तों ने मुझे सलाह दी कि स्टूडेंट वीज़ा पर जाओ।

मेरे पास केवल एक साल के ही पैसे थे। मैं दूसरे साल का जोखिम नहीं उठा सकती थी। UK में पोस्ट-ग्रैजूएशन एक साल की थी, इसलिए मैंने वहीं जाने का फ़ैसला किया।

किंतु मैं जितना आसान समझ रही थी, ये उतना आसान नहीं था। कहानी यहाँ ख़त्म नही हुयी थी।

यहाँ से तो कहानी शुरू हुयी थी। आगे बहुत सारी समस्याएँ मानो मेरी पहले से ही प्रतीक्षा कर रहीं थी।

सबसे पहली समस्या तो मेरी डिग्री ही बन गयी थी।

लंदन जाने में आनी वाली समस्याए

मैं एक एजुकेशन कन्सल्टंट वीज़ा कम्पनी से मिली। उनकी UK की सलाहकार का नाम था रुशाली।

रुशाली ने मेरी अंकसूची देखते ही कह दिया कि आप जाने के बारे में भूल जाओ, इन अंकों पर कोई भी यूनिवर्सिटी आपको दाख़िला नही देगी।

मुझे एक और झटका लगा। मैंने उसको समझाने की बहुत कोशिश की, "मेरी क्या ग़लती है, अगर मेरे कालेज के आख़िरी साल में सम्मेरि पढ़ाई में अड़चन आ गयी और मेरे अंक कम हो गए? क्या किसी के अंक कम है, और वो पढ़ना चाहता है, तो उसको पढ़ने का अधिकार नही है? मेरी इंटीरियर की डिग्री देखो, उसमें तो मैंने 85% स्कोर किया है, क्या इसका कोई महत्व नही है?"

उसने कहा कि मैं समझती हूँ, पर यूनीवर्सिटीज़ ये सब नही समझती। और मैं निराश होकर वापस आ गयी। मुझे लगा कि मेरा ये सपना भी टूट गया।

मैंने क्रिशन से कहा, "अगर तू सच में चाहता है कि मैं जाऊँ, तो रास्ता बना। वर्ना मैं समझ लूँगी कि तू मुझे भेजना ही नही चाहता।"

अगले दिन रुशाली ने मुझे कॉल किया और कहा की "अगले हफ़्ते हमारा शिक्षा-मेला है। उसमें सब महाविद्यालयों के कार्यकर्ता आएँगे। आप उनसे ख़ुद मिलकर अपना केस समझाना, अगर कोई थोडी भी रुचि दिखाए, तो मुझे बताना, बाक़ी मैं संभाल लूँगी।"

मुझे उम्मीद की एक किरण दिखी।

मैं फ़ेयर में गयी और UK की दो महाविद्यालयों ने मुझे कोर्स ऑफ़र किया। एक थी लीड्ज़ और दूसरी थी मिडलसेक्स। लीड्ज़ में मुझे MBA करने को मिल रहा था, और उनको IELTS का स्कोर 5.5 चाहिए था। मिडलसेक्स जो की लंदन में थी, वहाँ IBM मिल रहा था, और उनको 6.5 स्कोर चाहिए था। मुझे

ये दोनो ही विषयों में कोई रुचि नहीं थी। मैं तो मनोविज्ञान पढ़ना चाहती थी, पर मेरी ग्रैजूएशन की डिग्री बिज़्नेस में थी। इसलिए मेरे पास बिज़्नेस पढ़ने के अतिरिक्त कोई और विकल्प नही था।

अभी भी काम बीच में ही अटका हुआ था। मेरे पास कंडिशनल ऑफ़र लेटर थे। दोनो में IELTS पास किए बिना दाख़िल नही मिलता। और मैंने सबसे सुना था की IELTS पास करना बड़ा मुश्किल काम है।

मैंने हमेशा की तरह सब क्रिशन पर छोड़ा और कहा कि अब जो तेरी इच्छा है, मुझे मंज़ूर है। पास हुयी तो चली जाऊँगी, नही हुयी तो समझ लूँगी कि यही तेरी इच्छा थी। जो स्कोर आएगा, उसके हिसाब से मैं कोर्स और यूनिवर्सिटी चुन लूँगी।

क्रिशन क्या देगा क्या नही, ये मैं नही जानती थी - बस इतना जानती थी कि वो जो भी देगा, वो मेरे लिए सबसे अच्छा होगा।

जितना मुश्किल वक़्त इंटिरीयर करते समय था, उससे कहीं ज़्यादा ये वक़्त था। एक तरफ़ मेरा बिज़्नेस था। दूसरी तरफ़ मेरे योगा ट्रेनर कोर्स के भी पेपर थे, और IELTS के भी। और दोनो की परीक्षा दिनांक आपस में टकरा रहीं थी। दोनो को ही मैं बदल नहीं सकती थी। और ना ही इनमे से किसी को भी छोड़ ही सकती थी। मुझे जाने से पहले योगा का सर्टिफ़िकेट भी चाहिए था और जनवरी में लंदन भी जाना था। नवम्बर शुरू हो चुका था, केवल 2 माह बचे थे, और कुछ भी साफ़ नही दिख रहा था।

उधर से डिवॉर्स की भी फ़ाइनल सेटल्मेंट होनी थी, और उन पैसों से मुझे महाविद्यालय की फ़ीस भी भरनी थी और वीज़ा के लिए जमा-धन भी दिखाना था।

दस नवम्बर को मुझे डिवॉर्स तो मिल गया किंतु धनराशी की एक आख़िरी किश्त अभी भी बच गयी थी। जिसकी तारीख़ पाँच दिसम्बर की मिली।

ऐसा लग रहा था की ईश्वर मुझे दो पल के लिए भी शांति की साँस नहीं लेने दे रहे।

सब कुछ अटका हुआ था। एक चीज़ पर दूसरी चीज़ का फ़ैसला निर्भर करता था।

कभी-कभी समस्याएँ आपकी धैर्यशक्ति को बढ़ाने भी आती है। ऐसे समय में संयम ना खोए।

उधर से मुझे मेरे घर का सारा सामान भी बेचना था क्यूँकि मेरे पास कोई घर तो था नहीं, जहाँ मैं अपना सामान रख जाती। वैसे भी, मैं तो ये ही सोचकर जा रही थी, कि अब मैं वापस नहीं आऊँगी और वहीं रहूँगी। और मुझे सामान बेचना आता ही नही था।

क्रिशन मुझे मुश्किल परिस्थितियों में संयम और विश्वास से काम लेना सिखा रहा था। मैंने भी क्रिशन पर विश्वास किया और एक-एक समस्या को सुलझाना शुरू कर दिया।

सबसे पहले मैंने अपने योगा के कालेज में अपील की, "अगर मुझे आने में थोड़ी देर हो जाए तो क्रपया परीक्षा देने की मुझे अनुमति दे।"

वो मान गए, पर उन्होंने कहा कि, "अलग से समय नहीं मिलेगा।"

मैंने कहा "ठीक है।"

मैं उन्हें धन्यवाद देकर चली आयी। एक समस्या का समाधान तो हो गया था।

यदि आप किसी चीज़ को समझकर पढ़ेंगे, तो आप उसको कभी नही भूलेंगे।

एक तरफ़ मैं योगा के पेपर की तैयारी कर रही थी, दूसरी तरफ़ IELTS की। दोनों में ही बहुत मेहनत करनी पड़ती थी। दस पेपर योगा के थे और चार IELTS के। मैंने अपना टाइम-टेबल बनाया। परीक्षा से एक हफ़्ते पहले एक बार दोनो का सब कोर्स पढ़ लिया। समझ तो मुझे सब

आया ही हुआ था, **क्यूँकि पढ़ते वक़्त मैं बहुत एकाग्र रहती थी।** अब तो सिर्फ़ नज़र से निकालना था।

इधर एडवाइस ने भी मेरी IELTS की तैयारी शुरू करवा दी। यहाँ एक और मुसीबत मेरे आने का इंतेज़ार कर रही थी, और वो थी, मेरी ट्रेनर।

एक तो मुझे मेरी इंग्लिश पर भरोसा नहीं था, दूसरा मेरी कोच मेरी हर चीज़ में कमी निकालकर मेरा मनोबल तोड़ देती थी। मेरा आत्मविश्वास गिरता जा रहा था। मेरा उसकी कक्षा में जाने का मन ही नहीं करता था।

एक दिन मैंने उसको परेशान होकर कह ही दिया, "अगर आपको ये लगता है कि मैं ये पास नहीं कर पाऊँगी, तो मैं छोड़ देती हूँ ये प्रॉसेस।"

उसने कहा, "मैंने ऐसा कब कहा। आप तो बिना प्रशिक्षण के भी पास हो जाओगी। मैं तो केवल इसलिए बोलती हूँ, ताकि आप मोटिवेट होकर और अच्छा स्कोर करो।"

सबको एक ही तरह से प्रशिक्षण नही दिया जा सकता

फिर मैंने उसको अपने सफ़र के बारे में बताया। और उसको कहा, **"हर स्टूडेंट एक भाषा नहीं समझता, अड़ियल स्टूडेंट को डंडे की भाषा समझ आती है, और आज्ञाकारी को प्रेम और विश्वास की।** जिसको ख़ुद पर पहले से विश्वास है, वो आपके इन शब्दों से मोटिवेट होता है, पर जिसे ख़ुद पर विश्वास नही है, वो टूट जाता है।"

उसको उसकी ग़लती समझ में आ गयी। अब उसने मुझे मेरे हिसाब से मोटिवेट करना शुरू कर दिया।

मैंने सभी परीक्षाएँ दी। और अब परिणाम आने का समय भी आ गया। मुझे मेरे फ़ेल होने का पूरा यक़ीन था। पुराने डर मुझे डरा रहे थे। मैं इतनी डरी हुयी थी की मैंने परिणाम चैक भी नही किया। सोचा की रुशाली ख़ुद ही कल बता देगी।

परिणाम रात में आना था। मैं जानकार बिना परिणाम देखे ही सो गयी। मुझमें हिम्मत ही नही थी इस परिस्थिति का सामना करने की।

रात के 3 बजे थे, और क्रिशन ने मुझे नींद से उठाया और कहा, "कम्प्यूटर खोलो और नतीजा देखो"।

मैंने मना कर दिया।

उसने समझाया, **"जो भी है, उसका सामना करो। ज़्यादा से ज़्यादा ये ही होगा ना कि पास नही हुयी होगी। फिर से कोशिश कर लेंगे। ऐसे भाग क्यूँ रही हो? सामना करो परिस्थिति का।"**

हालाँकि अब दोबारा चेष्टा करने का समय भी नही बचा था। 16 जनवरी से सेमिस्टर शुरू होना था। और आज 4th दिसंबर था।

मैंने क्रिशन की बात मानी और डरते-डरते चैक किया। मैं हैरान थी ये देखकर की स्कोर 6.5 आया था। ना कम, ना ज़्यादा।

मुझे लगा शायद नींद में मैंने ग़लत अकाउंट चेक कर लिया है।

मैंने दुबारा से लोग-इन किया। फिर से वही स्कोर!

मुझे फिर भी यक़ीन नही था। मैंने IELTS के कस्टमर केयर पर कॉल किया।

उनको बोला, "क्या आप मेरा स्कोर बता सकते है?"

और उसने भी वही अंक बताए।

मेरी ख़ुशी का तो कोई ठिकाना ही नही था। जहाँ अभी तक इतनी उलझनों में कुछ समझ नही आ रहा था, अब लंदन जाना एक हक़ीक़त जैसा लगने लगा। पैसे का इंतेज़ाम तो क्रिशन ने पहले से ही कर दिया था। 6 तारीख़ को आखिरी किश्त भी मिल जानी थी, जिससे मैं महाविद्यालय की फ़ीस भर देती।

मुझे लगा कि शायद IELTS में ये लोग जानकर सबको पास कर देते है, और मैंने कोई बड़ा तीर नही मारा है। पर क्रिशन ने मेरा ये भ्रम भी तोड़ दिया। लंदन में उसने मुझे बहुत सारे ऐसे छात्रों से मिलवाया, जो IELTS पास नही कर पाए थे, और कंडिशनल वीज़ा पर वहाँ गए हुए थे। वहाँ जाकर उन्होंने इंग्लिश की कोचिंग ली और दोबारा परीक्षा दी, तब जाकर उनको दाख़िला मिला था।

कई बार हम ख़ुद ही अपना आंकलन कम कर लेते है, और अपनी प्रतिभा को बाहर ही नही आने देते।

इसका मतलब, "कुच्छ तो था मुझमें, जिसे मैं देख नही पा रही थी। और हमेशा ख़ुद को दूसरों से कम समझकर दुःखी होती रहती थी।"

पर अभी भी समस्याओं का अंत नही हुआ था। एक और नया चैलेंज मुझे चुनौती दे रहा था।

6 दिसम्बर को जब मैं दिल्ली गयी, तो उस दिन जज ने छुट्टी ले ली। मेरी सारी योजना पर पानी फिर गया।

इधर महाविद्यालय की फ़ीस हर हाल में 12 दिसम्बर तक भरनी थी, उसके बाद वहाँ अवकाश शुरू हो रहा था।

उधर मेरे पास जो पैसे थे उनकी मैंने FD बना दी थी, क्यूँकि वीज़ा के लिए जमा-धन दिखाना ज़रूरी था। जब तक वीज़ा नही मिलता → मैं वो धन इस्तेमाल नही कर सकती थी और वीज़ा तो तभी → मिलता जब महाविद्यालय में दाख़िला → दाख़िले के लिए मुझे फ़ीस जमा करनी थी, → और मेरे पास पैसे थे ही नही!

एक के बाद एक, इतनी समस्याएँ मैंने जीवन में पहली बार देखी थी। जैसे कोई इंतज़ार कर रहा हो, कि मैं एक चुनौती को पार करूँ, तो वो दूसरी भेज दे।

उधर कार भी बेचनी थी। घर का सारा सामान भी बेचना था। बेचूँ या ना बेचूँ, ये भी समझ नही आ रहा था? जब तक मेरे हाथ में वीज़ा नही आ जाता, सब कुछ अनिश्चित था।

हालात ये थे की फ़ैसला तो करना था, रोका भी नही जा सकता था और कुछ भी साफ़-साफ़ दिख भी नही रहा था।

मैंने क्रिशन के नाम पर एक बार फिर से हिम्मत की और गाड़ी और बाक़ी सब समान बेचने की तैयारी शुरू कर दी।

मेरे बैंकर ने मुझे कहा, “आप अपनी FD का इस्तेमाल नही कर सकते, पर उस पर OD ले सकते हो।”

मैंने तुरंत हाँ कर दी।

उन्होंने सारी कार्यवाही की, और आख़िरकर फ़ीस का इंतेज़ाम हो गया। लेकिन अभी भी 20,000 रुपए कम पड़ रहे थे। मैने अपने म्यूचूअल फ़ंड्ज़ निकालकर पैसे जमा करने चाहे, पर उसमें वक़्त लग रहा था, और मेरे पास वक़्त ही तो नही था।

मैंने सोचा की क्रेडिट कार्ड से पैसे निकाल लेती हूँ।

तब मेरे CA निलेश ने मुझसे कहा, “मैम आप क्यूँ परेशान हो रहे हो? मैं अभी आपके अकाउंट में पैसे डिपॉज़िट कर देता हूँ। आपके पास जब आ जाए तो लौटा देना।

मैंने उसको धन्यवाद दिया। उस वक़्त उसकी की ये छोटी सी मदद मेरे लिये बहुत बड़ी थी। ये वो लोग है, जिनका मैं हमेशा सम्मान करती हूँ, और करती रहूँगी।

इस तरह, ये चुनौती भी पूरी हो गयी और आख़िरकार यूनिवर्सिटी में दाख़िला भी मिल ही गया।

क्रिशन ने सब सामान भी केवल एक हफ़्ते के अंदर ही बिकवा दिया। जो बचा, वो मैंने दान कर दिया। गाड़ी भी एक अच्छे इंसान ने ले ली। **ऐसा लग रहा था, मानो हर क़दम पर क्रिशन ने किसी को मेरे लिए खड़ा किया हुआ है, जो अपने आप मेरी मदद करने के लिए सामने आ रहा था।**

वीज़ा मिलने में केवल एक ही अड़चन आ सकती थी - मेरा डिवॉर्स।

रुशाली अपने काम में बहुत माहिर थी। उसने एक-एक दस्तावेज़ को ठीक से तैयार किया और डिवॉर्स के लिए पहले से ही कवर लेटर बनाकर लगा दिया। शायद इसीलिए क्रिशन ने किसी को नही, रुशाली को मेरा काम दिया था।

16 जनवरी से महाविद्यालय का सेमिस्टर शुरू हो जाना था और 29 दिसम्बर हो चुकी थी। आख़िरकार वीज़ा भी मिल गया।

अब जाकर तस्वीर कुछ साफ़ हुयी और मैंने लंदन की टिकट बुक कर दी।

किंतु एक समस्या अभी भी खड़ी हो सकती थी। मेरी कोर्ट की आख़िरी किश्त!

10 जनवरी को मुझे लंदन जाना था और 5 जनवरी को दिल्ली जाकर बाक़ी के पैसे लेने थे। और यदी फिर से जज ने अवकाश ले लिया, तो ना तो मैं अपना जाना ही रोक पाती, और ना ही वापस आना मेरा लिए इतना आसान होता!

पैसे लेने मुझे ही आना होगा, और बिना पैसे के मेरा लंदन में रहना मुश्किल हो जाएगा। ये सारे विचार मेरे मन को अशांत कर रहे थे।

अब क्रिशन ने मुझे सताना बंद कर दिया। इस बार कोई काम नही रुका। पैसे भी मिल गए, बैंक में भी जमा हो गए। मेरे फ़्लैट ओनर ने भी मेरे कहने पर मुझे दो दिन पहले ही मेरा डिपॉज़िट वापिस कर दिया।

मैंने उदित को जाने से पहले बोला, “मैं जा तो रही हूँ, लेकिन ये एक बहुत बड़ा फ़ैसला है। हो सकता है कि मेरा सारा पैसा वहाँ ख़त्म हो जाए। यदि बच्चों

को विशाल के परिवार ने ठीक से नही रखा, तो मैं उनकी मदद भी नही कर पाऊँगी। ये बात मुझे बहुत सता रही है।"

उदित ख़ुद एक भावुक इंसान था, ख़ासकर बच्चों के प्रति। उसने कहा, "बेफ़िक्र होकर जाओ। अपने भाई पर भरोसा रखो। अगर कोई भी ऐसी बात हुयी, तो मैं वादा करता हूँ कि मैं उनका हक़ उन्हें दिलाऊँगा।"

उसकी इन बातों से मुझे बहुत राहत मिली, और मैं अब अपने अगले सफ़र की तरफ़ चल पड़ी।

अब सब काम इतनी जल्दी-जल्दी हो रहे थे कि मुझे सोचने-समझने का वक़्त ही नही मिल रहा था कि क्या हुआ? कैसे हुआ? और किसने किया?

मानो कोई स्वप्न देख रही थी जिसमें अचानक कब लंदन पहुँच गयी, पता ही नही चला!

इस एड्वेंचर में डर तो बहुत लगा, पर मज़ा भी उतना ही आया। मानो मेरा कोच मुझे परख रहा था, और मैंने भी उसकी कसौटी पर खरा उतर कर दिखा दिया था।

यहाँ तक फ़तह कर लिया था, पर आगे अभी और चैलेंज खड़े थे।

बीस साल बाद पढ़ाई शुरू करने की चुनौती

अभी भी सफ़र आसान नही था। वहाँ तो सब कुछ ख़ुद ही समझना होता था। 20 साल के लम्बे अंतराल के बाद फिर से पढ़ना बहुत कठिन था।

ऐसा लग रहा था की मैं बहुत पीछे छूट चुकी हूँ। आजकल के बच्चे बहुत तेज़ थे। और मैं टेक्नॉलजी में बहुत कमज़ोर थी। मुझे ख़ुद की क़ाबिलियत पर भरोसा ही नही था। सबको ख़ुद से ज़्यादा होशियार और ख़ुद को बेवक़ूफ़ समझती थी।

अब क्रिशन ने मुझे सबका सच दिखाना शुरू किया। जोईंट असायन्मेंट में कौन कितने पानी में था, सब दिख गया। उन्हें ठीक से आर्टिकल लिखने ही नही आते थे। जहाँ सब, एसाइन्मेंट बाहर से बनवाकर पास होते, मैं ख़ुद लिखती थी।

ये लोग मुझे भी कहते: कहाँ आप मेहनत करती रहती हो? हमारी तरह स्मार्ट बनो। जो असायन्मेंट पैसे देकर बाहर से बनवाए जा सकते है, उसके लिए अपना टाइम क्यूँ बर्बाद करती हो?

ये लोग वहाँ पढ़ने नही डिग्री ख़रीदने गए थे, ताकि इसकी मदद से अच्छी नौकरी पा सके। मुझे क्रिशन डिग्री के लिए नही, मेरा बेस मज़बूत करने के लिए पढ़ा रहा था, वही नींव जिसे बचपन में खोखला कर दिया गया था, क्रिशन उसको आज मज़बूत बना रहा था। कमज़ोर नींव पर मज़बूत इमारत कैसे खड़ी हो सकती है?

मैं तो ये सोचकर लंदन गयी थी, कि वहाँ काम करूँगी। लेकिन **क्रिशन मुझे वहाँ काम कराने नही, मेरा आत्मविश्वास लौटने के लिए लेकर गया था।**

लोग मुझे कहते: तुम पागल हो, जो अपने पैसे इसमें ख़त्म कर रही हो। ये वक़्त काम करने का है, पढ़ने का नही।

और मैं कहती: मैं पागल नही हूँ, मुझे मेरे क्रिशन पर भरोसा है। अगर वो मुझे इन रास्तों पर लाया है, तो ज़रूर इसके पीछे कोई ख़ास प्रयोजन है, जो वो जल्द ही मुझे समझा देगा।

ये वहाँ की पढ़ाई का ही तो नतीजा है की आज मैं ये किताब लिख पा रही हूँ। इस पढ़ाई ने मुझे मेरा खोया हुआ आत्मविश्विशस तो लौटाया ही, साथ ही मेरे इंग्लिश के डर को भी हमेशा के लिए मार दिया।

मेरे लिए सबसे ज़्यादा ख़ुशी का जो दिन था, वो था जब मैंने पहली बार 3000 शब्दों की रिपोर्ट बनायी थी...वो भी बिना किसी की मदद के...वो भी उस विषय पर...जिसकी मुझे ज़्यादा कुछ समझ नही थी।

उस सबजेक्ट के प्रोफ़ेसर को मैं बहुत सम्मान भी देती थी।

उन्होंने एक दिन मुझे रोक कर कहा "मुबारक हो, तुमने सबसे ज़्यादा अंक पाए है।

मैंने उत्तेजित होकर कहा: आप सच कह रहे है सर?

उन्होंने कहा: हाँ

मुझे तो यक़ीन ही नही हो रहा था कि ये मैंने किया था? उसने, जो हमेशा ये सोचती थी की उसको कुछ करना ही नही आता। वो आजकल के बच्चों के बीच कहीं नही टिक पाएगी। जिसको लगता था कि उसका बेस कमज़ोर है, उसकी इंग्लिश कमज़ोर है! उसने ये सब किया?

मैंने वहाँ 3 विषयों में डिस्टिंक्शन ली। और जब वो डिग्री मेरे हाथ में आयी, तो मुझे यक़ीन ही नही था की मैं अब पोस्ट ग्रैजूएट हूँ, वो भी लंदन से!

अब मेरा बेस भी कमज़ोर नही रहा था। इस बार तो सब समझकर पढ़ा था, कुछ भी रटा नही था! इस बार इंग्लिश भी भूत नही लग रही थी। इस भूत को मैं लंदन में ही मार आयी थी। अब मैं इसके साथ कम्फ़्टर्बल हो गयी थी, ठीक वैसे ही जैसे 7 साल की आयु में थी।

और ये था मेरे क्रिशन का मेरे लिए बेशक़ीमती तोहफ़ा। इस डिग्री ने मुझे मेरे उस हिस्से से मिलवा दिया जो 7 साल की उम्र में खो गया था। इसे कहते है Soul retrieval. इस डिग्री ने मुझे

सम्मान दिया, इस लायक बनाया की मैं गर्व से अब सबको अपनी पढ़ाई के बारे में बता सकती हूँ।

मैं अक्सर लोगों को कहते सुनती हूँ कि हमारी तो पढ़ने की उम्र गयी, अब क्या पढ़ेंगे? तुम तो नए ज़माने की हो, तुम्हारे लिए आसान है, हम तो बहुत पुराने वक़्त के है।

दोस्त, पढ़ने और सीखने की कोई आयु नही होती। मैं भी आपके ही ज़माने की हूँ, बस फ़र्क़ इतना है की मैंने कभी भी मुझको पुराना नही होने दिया। मेरी आयु मेरे शरीर की आयु नही है। **मैं मन से हमेशा एक बच्चे जैसी हूँ, और दिमाग़ से 25 साल के युवती की तरह से सोचती हूँ। जब बात समझदारी की है, तो मेरी समझ 75 साल के वृदह से भी कहीं ज़्यादा है।**

तो बताइए, कि मेरी वास्तविक उम्र क्या है??

स्वप्न पूरे करने की कोई आयु नही होती। 20 साल की देरी हो गयी, पर सपना तो सच हो ही गया!

जीवन एक सफ़र है, आयु एक भ्रम.....कहते है, जहाँ आँख खुले, वहीं सवेरा.....कभी भी इतनी देर नही होती कि आप प्रयास करना बंद कर दे।

राधेकृष्णा

प्रश्न: क्या आपको भी लगता है कि सपने पूरे करने की उम्र बीत गयी? बहुत देर हो गयी? आप भीड़ में कहीं पीछे छूट गए? अब कुछ नही हो सकता?

उत्तर: मेरा आपसे अनुरोध है, कृपया फिर से इस अध्याय को ध्यान से पढ़े। ब्रह्मांड में वास्तव में कोई समय नही है, केवल चक्र है। समय की खोज तो मनुष्य ने की है। और फिर ख़ुद को उससे बाँध लिया। जब तक आपके पास जीवन है, और आँखों में सपने हैं...आपके पास उन्हें पूरा करने का अवसर भी है।

ज्ञान के मोती

- ⇨ स्वप्न पूरे करने की कोई आयु नही होती।
- ⇨ शरीर की आयु आपकी वास्तविक आयु नही है। आप जैसा सोचते है, जैसा ख़ुद के बारे में अनुभव करते है, आपकी आयु उसी से तय होती है।
- ⇨ बार-बार अभ्यास करते रहने से कठिन से कठिन परिस्थिति का समाधान भी मिल जाता है।
- ⇨ यदि किसी चीज़ को आपने कक्षा में ही ध्यान सा पढ़ा है, और समझा है, तो आपको परीक्षा के समय चिंता करने की आवश्यकता नही है। हमारे अवचेतन मन को जो बात एक बार ठीक से समझ आ जाती है, वो उसको कभी नही भूलता।
- ⇨ परिस्थिति कितनी ही भयानक क्यूँ ना लगे, उसका सामना करने की हिम्मत करो।

भाग 3

ईश्वर का अलग-अलग रूप में आना

अक्सर लोग मुझसे पूछते है, “क्या आपने भगवान को देखा है? वो कैसे दिखते है? क्या वो हमारे बुलाने पर आते है? हम उन्हें कैसे पहचाने?

यूँ तो मैंने अब तक के अध्यायों में भी बहुत जगह आपको ईश्वर का आना दिखाया है। यदि आप नही देख पाए, तो कोई बात नही, इस भाग में मैंने और अधिक स्पष्टता से ईश्वर के अलग-अलग रूपों का वर्णन किया है। और मुझे पूरा यक़ीन है, इस बार तो आप उन्हें पहचान ही लेंगे।

भगवान का यूँ तो अपना कोई रंग, रूप, आकर नही होता, किंतु वो फिर भी हमें दिखते है, यदि हम ध्यान से देखने की कोशिश करे। वो पल पल में हमारे लिए आते है, और अपने होने के प्रमाण हमें देते है। हमें बस देखना आना चाहिए।

आज आप मेरे दृष्टिकोण से भगवान का आना देखो, आप जान जाओगे कि आपके लिए भी वो बहुत बार आए है।

राधेकृष्णा

14

लंदन में क्रिशन के अलग-अलग रूप

मुझे लंदन का वीज़ा तो मिल गया था, पर मैं वहाँ किसी को नही जानती थी। मैं एक अनजान देश में कहाँ जाऊँगी, क्या करूँगी, समझ ही नही आ रहा था। बाहर की दुनिया ज़्यादा देखी नही थी, कभी हॉस्टल में भी नही रही थी। इंडिया में तो घर राधि ने दिला दिया था, वहाँ कैसे ढूँढूँगी? कैसे होटेल बुक करूँगी? अपने देश तक तो ठीक था, पर वहाँ अकेले रहना, अकेले सब सम्भालना, ये सब सोचकर भी घबराहट हो रही थी। क्या सामान लेकर जाऊँ, ये तक नही समझ आ रहा था। बहुत उलझन में थी मैं।

मैंने क्रिशन को कहा: क्रिशन तूने लंदन जाने का इंतेज़ाम तो कर दिया, पर भैया, मैं वहाँ कहाँ जाऊँगी? कैसे सब सम्भालूँगी? कैसे घर ढूँढूँगी, मुझे कुछ समझ नही आ रहा।

क्रिशन का प्रीत के रूप में आना

पर क्रिशन के पास मेरे हर बंद ताले की चाबी होती है। ऐसा लगता है कि पहले वो समस्या का समाधान तैयार करता है, और उसके बाद समस्या को!

उसने कहा: श्रुति से बात करो।

उसने मुझे एक साल पहले, जब मैं दिल्ली में थी, श्रुति से मिलवाया था। थोड़ी बहुत जान-पहचान हुयी थी, और दोस्ती हो गयी थी। श्रुति का विवाह लंदन में हुआ था, उसने मुझे अपनी शादी में बुलाया भी था, पर मैं जा नही पायी थी।

मैंने कहा: श्रुति से क्या बात करूँ? हमारी कोई ख़ास पहचान नही है। कैसे उससे मदद माँगू? अच्छा नही लगेगा।

क्रिशन ने कहा: बात तो करो।

मैं बहुत संकोच कर रही थी। पर इस वक़्त मेरे पास श्रुति से बात करने के अतिरिक्त कोई और रास्ता भी नही था। केवल श्रुति ही थी, जो मुझे वहाँ के बारे में ठीक से कुछ बता सकती थी। मैंने श्रुति को कॉल किया और उसको बोला कि मैं लंदन आ रही हूँ।

उसने मेरी बात अपने हज़्बंड प्रीत से करा दी।

प्रीत ने कहा: बिलकुल फ़िक्र मत करो। बस बता दो, कब आना है। मैं तुम्हारी होटल में बुकिंग कर दूँगा।

मुझे संकोच तो हो रहा था, पर मैंने प्रीत को धन्यवाद दिया और उसको अपने पहुँचने की तारीख़ बता दी।

प्रीत ने मेरे रहने के लिए एक अच्छा सा होटेल बुक कर दिया, जो उनके घर के पास था। इतना ही नहीं, उसने मेरे लिए फ़ोन का सिम, और ट्रैवल करने के लिए बस और ट्रेन का पास भी ले लिया।

मैंने प्रीत को कहा: कितना ख़र्च हुआ है, बता दीजिए। मैं आपके बैंक में जमा कर देती हूँ।

प्रीत ने कहा: उसकी कोई ज़रूरत नही है। आकर दे देना।

मेरे बहुत बार कहने पर भी उसने पैसे नही लिए।

मुझे ऐसे किसी से मदद लेने की आदत नहीं थी, मेरे लिए सब कुछ बहुत ज़्यादा हो रहा था। मैं उन्हें और परेशान नहीं करना चाहती थी, पर प्रीत ने बोला, "अपनी विमान की सारी सूचना दे दो, हम लोग तुम्हें लेने हवाई-अड्डे पर आ जाएँगे।"

मैंने कहा, "इसकी क्या ज़रूरत है? मैं देख लूँगी। आप लोग क्यूँ मेरी वजह से इतना परेशान हो रहे हो?"

इस पर प्रीत ने कहा, "इतना सोचने की ज़रूरत नहीं है। अनजान देश में थोड़ी बहुत मदद लेने में कोई हर्ज नही है।"

उसने आगे कहा, "अपने साथ ज़्यादा नक़द राशि मत लाना। जितना चाहिए होगा, मुझसे ले लेना। मैंने हिंदुस्तान मैं फ़्लैट ख़रीदा है, उसके लिए मुझे भारतीय मुद्रा चाहिए होती है। तुम मुझे वहाँ की मुद्रा दे देना, मै तुम्हें यहाँ की मुद्रा दे दूँगा। दोनो के पैसे और सरदर्दी बच जाएगी।"

मुझे भी उसका सुझाव सही लगा। और मैंने हाँ कर दी।

मैं लंदन पहुँच गयी, वो दोनों पहले से ही एयरपोर्ट पर मेरा इंतज़ार कर रहे थे। वो लोग मुझे होटल तक ना केवल छोड़कर आए, मेरा सामान भी कमरे में रखवा कर आए। लंदन में अपना सामान ख़ुद ही उठाना होता है। वहाँ कोई नही सोचता कि आप महिला हो, तो आपकी मदद कर दे।

रात का वक़्त था। बारिश भी हो रही थी। वो लोग मुझे ग्रोसरी स्टोर तक लेकर गए, और रात के लिए आवश्यक सभी सामान दिला लाए।

फिर प्रीत ने कहा: अब आराम से जाकर सो जाओ। सुबह मैं तुम्हें यहाँ के बारे में समझा दूँगा।

लंदन में कोई अपनों के लिए इतना नही करता, और मेरा तो इनसे कोई ख़ास सम्बंध भी नही था। मुझे समझ नही आ रहा था कि कैसे शुक्रिया करूँ?

ये सब क्रिशन की ही तो माया थी, कि परदेस में भी कोई अपने मिल गए!

होटल तो मैं पहुँच गयी थी, पर अब आगे क्या?

हाथ में ट्रैव्लिंग पास था, पर ट्रैवल करने का आत्मविश्वास तो था ही नहीं!

यूनिवर्सिटी कहाँ है, वहाँ तक कैसे पहुँचू, कुछ नहीं आता था।

टेक्नॉलजी में बहुत बेकार थी। गूगल मैप तो फ़्रेंड्ली था, पर मैं उसके साथ फ़्रेंड्ली नहीं थी।

क्रिशन का भाविक बनकर आना

मेरी यूनिवर्सिटी का एक भारतीय छात्रों का ग्रुप था। उसमें एक लड़का था भाविक। उसने मुझे कॉल किया, और बोला की चलो तुम्हें लंदन घुमाता हूँ, और यूनिवर्सिटी भी दिखा देता हूँ। वो वहाँ 3 माह से गया हुआ था, और अब तक वहाँ के माहोल को समझ चुका था।

उसने मुझे पूरी यूनिवर्सिटी दिखायी। वहाँ तक जाने की बस और ट्रेन भी बतायी। फिर वो मुझे लंदन ब्रिज दिखाकर लाया, और रात को मेरे होटेल में मुझे ड्रॉप भी कर दिया। **भाविक ने मुझे लंदन में अपना पहला स्वतंत्र क़दम चलना सिखाया।**

पर समस्याएँ मेरा पीछा ही नहीं छोड़ती थी। शायद क्रिशन ही भेजता है, ताकि वो मुझे बता सके की हर समस्या में वो मेरे साथ ही होता है।

मेरे लंदन जाने के 5-6 दिन बाद ही श्रुति ने मुझे बोला, "मेरे और प्रीत के बीच समस्या चल रही है। मैं अगले हफ़्ते भारत जा रही हूँ, मेरी बहन की शादी में; पर मैं वापस नही आऊँगी। तू प्रीत से कुछ मत कहना, वो मेरे जाने में बाधा खड़ी कर सकता है।"

मैंने कहा: मैं प्रीत से बात करके देखती हूँ, शायद तुम्हारा रिश्ता ठीक हो जाए, और तुम्हें यूँ जाने की ज़रूरत ही ना पड़े।

उसने कहा: नही, अब कोई फ़ायदा नही है। मैं मन बना चुकी हूँ।

और एक हफ़्ते बाद वो हिंदुस्तान चली गयी।

उसके जाने से मेरे लिए बहुत बड़ी समस्या खड़ी हो गयी। मैंने लंदन आकर प्रीत को एक बड़ी रक़म का चेक दे दिया था, और क्यूँकि वहाँ मेरा बैंक खाता अभी खुला नहीं था, तो प्रीत ने मुझे थोड़ा नक़द दे दिया था, और बाक़ी बैंक में डालना था। मुझे पहले ही श्रुति ने बता दिया होता तो मैं हिसाब से पैसे देती। ऊपर से प्रीत के कहने पर मैं ब्रिटेन की भी ज़्यादा मुद्रा अपने साथ नही लायी थी। मेरा तो कोई हिंदुस्तान में ऐसा परिवार नही था, जो मुझे पैसे भेज देता। ऊपर से मैं तो श्रुति की दोस्त थी। और उसके इस तरह से जाने के बाद, प्रीत और उसके परिवारजन मुझसे भी सम्बंध नहीं रखेंगे। ये सब बातें मुझे परेशान कर रही थीं। कुछ समझ नही आ रहा था, कि आगे क्या करूँ?

अगले दिन प्रीत ने मुझे ख़ुद ही कॉल किया और कहा, "क्या श्रुति ने जाने से पहले तुम्हें कुछ बोला था?"

मैंने कहा, "नही। क्या हुआ?"

प्रीत ने जब मुझे सब बताया तो मैंने भी बता दिया कि मुझे ये सब पता था।

प्रीत ने ख़ुद ही बोला, "तुम बिलकुल परेशान मत होना। ये मत समझना की श्रुति नहीं है तो तुम्हारा हमसे भी कोई सम्बंध नहीं है। हम सब अभी भी तुम्हारे साथ वैसे है। तुम्हें कोई भी मदद चाहिए हो तो बेझिझक बोल देना।"

मुझे प्रीत की बातों से बहुत राहत मिली, और सच में उसके परिवार ने श्रुति के इस तरह से जाने के बावजूद हमेशा मेरा प्रेम से स्वागत किया। प्रीत की मम्मी हर बार मुझे घर का बना पंजाबी खाना खिलाकर भेजतीं थीं, जो की लंदन में किसी लक्ज़री से कम नहीं था।

एक साल में प्रीत ने हर तरह से मेरी मदद करने की कोशिश की। यहाँ तक कि, मैं स्टूडेंट वीज़ा पर अपना ख़ुद का काम नहीं कर सकती थी, तो प्रीत ने मुझे कहा, "तुम बिना किसी डर के अपना काम करो, कोई जाँच हुयी तो बोल देना कि मेरे लिए काम करती हो। मैं संभाल लूँगा।"

वो और बात है कि मैं पढ़ाई में ही इतना उलझी रही की बिज़्नेस को समय ही नहीं दे पायी।

अब मैं थोड़ा रिलैक्स हुयी, यूनिवर्सिटी में लेक्चर भी शुरू हो गये थे। एक माह तक तो मैं उस माहोल में ख़ुद को ढाल ही नहीं पायी, फिर इतना ढल गयी की लगता ही नही था, की परदेश में हूँ।

एक महीना हो गया था होटल में रहते हुए, पर मुझे अब तक घर ही नहीं मिला था। एक तो मुझे घर ढूँढना नहीं आता था, ऊपर से सब बहुत महँगे थे। होटेल में रहते-रहते मैं परेशान आ गयी थी। रोज़ का नाश्ता हल्दीराम की स्नैक्स होता था। खाना भी एक ही टाइम खाती थी। उस होटेल में तो खाना था नहीं। पास में एक दुकान थी जहाँ भारतीय खाना मिलता था। कड़कती ठण्ड में जहाँ कमरे से बाहर निकलने का मन नही करता था, 300 मीटर खाने के लिए चलकर जाना भी एक सज़ा जैसा होता था। और उसके पास ज़्यादातर माँसाहारी भोजन था, और मैं तो शुद्ध शाकाहारी थी।

आख़िरकार एक घर मिला, पर बिना सामान का। मुझे तो वहाँ रेंट-एग्रीमेंट साइन करने में भी डर लग रहा था।

मैंने प्रीत को बोला, "मुझे यहाँ के क़ानून का इतना पता नही है, तुम्हारे पास अगर समय है, तो क्या कुछ देर के लिए आ सकते हो?"

प्रीत ने कहा, "फ़िक्र मत करो। मैं आ जाऊँगा। आकर उसने एग्रीमेंट चैक कर लिया। और मुझे ज़रूरी

फ़र्निचर भी दिला दिया। उसके बाद उसने मुझे मेरे फ़्लैट पर छोड़ भी दिया।"

पर कहानी यहीं ख़त्म नहीं हुयी थी। फ़रवरी की कड़कती ठंड थी। सोने को बैड तो मिल गया था, पर रज़ाई तो थी ही नही मेरे पास। प्रीत ने पहले ही मेरे लिए इतना कर दिया था, मुझे अब संकोच हो रहा था ये कहते हुए कि मुझे रज़ाई भी दिला दो। इसलिए मैंने उसको कुछ नही बोला।

रात के आठ बज चुके थे, ना तो मुझे लोकल मार्केट के बारे में पता था, और ना ही मैं इतनी चतुर ही थी, कि गूगल पर ही कुछ ढूँढ लूँ और एक टैक्सी पकड़कर वहाँ तक चली जाऊँ। मेरा तो यही प्लान था की आज बिना रज़ाई के ही सो जाएँगे।

पर क्रिशन को मेरा प्लान पसंद नहीं आया। उसका कुछ और प्लान था। जो उसने अब दिखाया।

क्रिशन का किशोरी रूप

रात्रि के 8 बज गए थे। मेरे पास ना खाने को कुछ था, ना सोने का इंतेज़ाम था। तभी मेरी फ़्लैट ओनर किशोरी ने मुझे कॉल किया और बोली, "तुम फ़्लैट पर ही हो ना? मैं आधे घंटे में आ रही हूँ।"

वो एक गुजराती महिला थी। उसको सुबह छः बजे उठकर ऑफ़िस भी जाना था, मुझे लगा कि बेचारी कहाँ परेशान होंगी। मैंने उन्हें आने से मना कर दिया। पर वो नहीं मानी।

वो आयी, और आकर मुझे सारे उपकरणों को इस्तेमाल करना बताया। फिर मुझे अपनी कार में सैंसबरी ले कर गयी। वहाँ मुझे रज़ाई तो दिलायी ही, साथ में मेरे नाश्ते-पानी का भी इंतेज़ाम करवा दिया। इतना ही नहीं, अपने डिस्काउंट कूपन भी मुझे दे दिए। फिर मुझे फ़्लैट पर छोड़ने भी आयी, और जाते हुए खाली पैकेट भी फेंक दिए।

मैं मना किए जा रही थी, कि मैं कर लूँगी। पर वो मानी ही नहीं। उसको मेरे घर से वापस जाने में 12 बज गए।

मैं रात भर सोच रही थी, कि मेरे लिए कोई इतना क्यूँ कर रहा है? **क्या वो मेरी लैंड्लेडी किशोरी थी, या क्रिशन ख़ुद ही अपनी बहन की मदद करने आ गया था, किशोरी का रूप लेकर?**

क्रिशन आकाश और तीर्थ बनकर आया

मेरे सफ़र को और आसान बनाने के लिए और यूनिवर्सिटी में ठीक से एडजस्ट कराने के लिए, इस बार क्रिशन आकाश और तीर्थ के रूप में आया। ये दोनो मेरे कक्षा में पढ़ते थे। और हम सब आस-पास ही रहते है। अक्सर हम लोग साथ ही बस में जाते और साथ ही आते। ये दोनो मुझे रोज़मर्रा की चुनितौयों में मेरी मदद कर देते। धीरे-धीरे मैं वहाँ के माहौल में ढलने लगी। अब मुझे यूनिवर्सिटी और लंदन, दोनो ही अपने लगने लगे थे।

क्रिशन का इमान रूप

मैं अपनी पढ़ाई को लेकर बहुत गम्भीर थी। आकाश, तीर्थ मेरी काफ़ी चीज़ों में मदद कर देते थे, पर पढ़ाई के मामले में वो मेरी कोई मदद नहीं कर पाते थे। मुझे पढ़ाई में कोई दिक़्क़त नहीं थी। बस अटक रही थी तो एक छोटी सी चीज़ में - साईटेशन और रेफ़्रेंस कैसे लिखनी है, मुझे समझ ही नही आ रहा था। और मुझे कोई ठीक से बता भी नहीं रहा था।

हर 15 दिन में एक असाइन्मेंट आ जाता था और मेरी साईटेशन ठीक ना होने की वजह से मेरे नम्बर कम हो जाते थे।

मैं बहुत परेशान थी।

मैंने क्रिशन से कहा, "एक तो तूने ऐसा विषय पढ़ने को कह दिया है, जिसे मैं पढ़ना ही नहीं चाहती थी। ऊपर से 20 साल के लम्बे अंतराल के बाद पढ़ाई वैसे ही मुश्किल लग रही है। अब मुसीबत में फँसा ही दिया है, तो कम से कम बाहर तो निकाल! किसी को तो भेज मदद करने!"

हर कोई ख़ुद में व्यस्त था, किसी के पास इतना समय नहीं था की वो दूसरों को समझाए।

क्रिशन ने कहा, "इमान से बात करो। वो मदद कर देगा।"

इमान एक स्कॉलर था। और बहुत अच्छा इंसान था। मेरे एक बार कहने पर उसने बहुत ही विनम्रता के साथ मुझे अपने ख़ुद के प्रोजेक्ट में दिखा दिया की साईटेशन कैसे लिखनी है।

बस इतना सा ही तो काम था, और मुझे समझ में आ गया। इसके बाद मैं कहीं भी अटकती, तो इमान हमेशा मेरी मदद के लिए तैयार रहता। नाम अलग-अलग थे, पर सबमें था तो क्रिशन ही।

क्रिशन जॉन बनकर आया

मैं लंदन के साथ स्काट्लैंड में भी रहना चाहती थी, इसलिए अपना पहला सेमिस्टर पूरा करके मैं स्काट्लैंड में शिफ़्ट होने का सोचने लगी। मैं तो वैसे ही घर ढूँढने में बहुत बेकार थी, लंदन में घर ढूँढने में मैंने एक महीना लगा दिया था। अब स्काट्लैंड मैं कैसे ढूँढू, समझ नही आ रहा था।

मुझे जैसे भी समझ आया मैंने ढूँढना शुरू कर दिया। लंदन से ही रहते हुए ऑनलाइन 5-6 घर पसंद करके एक दिन समय निकालकर देखने चली गयी।

उनमे से एक घर का मालिक था जॉन। उसने मुझे बोला, “तुम्हारे लिए ये शहर नया है। तुम आ जाओ, मैं तुम्हें एयरपोर्ट से ले लूँगा, और अपना फ़्लैट भी दिखा दूँगा।”

मैंने उसको धन्यवाद किया। और जॉन ने मुझे अपना फ़्लैट दिखा दिया। उसका फ़्लैट बहुत अच्छा था। उसने मुझे मेरी दूसरी साइट पर भी छोड़ दिया और साथ में ये भी बोल दिया, “तुम समय व्यर्थ करने जा रही हो। मुझे पता है, तुम्हें पसंद तो मेरा ही घर आएगा।”

मैं मुस्कुरा कर चली गयी। उस दिन बारिश भी बहुत हो रही थी, और वहाँ लंदन के मुक़ाबले बहुत ज़्यादा ठंड थी। मैंने वहाँ की ठंड के हिसाब से गरम कपड़े नही पहने थे। मैंने फटाफट 2-3 फ़्लैट देखे, और मुझे समझ में आ गया कि सच में मैंने अपना समय ही बर्बाद किया था। बाक़ी घर बिलकुल बेकार थे। मैंने जॉन का फ़्लैट पसंद कर लिया, और लंदन वापस आ गयी।

जॉन का फ़्लैट फ़र्निशड था। और मुझे किसी चीज़ की ज़रूरत होती, तो वो मेरे लिए लाकर दे देता, और हँस कर बोलता, “चिंता मत करो। मेरे पास बहुत सामान है।”

ना मैंने कभी उसको परेशान किया, ना उसने मुझे। जब मैंने उसका फ़्लैट छोड़ा तो उसने मुझे कहा

“तुम एक अच्छी किरायदार हो”।

मैंने भी कहा, “आप भी अच्छे मकान मालिक है”।

उसने पलटकर कहा, “जो मेरे साथ अच्छे है, मैं केवल उन्ही के साथ अच्छा हूँ; जो मेरे साथ अच्छे नही है, मैं उनके साथ बहुत बुरा हूँ”।

हम दोनो उसकी बात पर हँसने लगे। उसके बाद उसने मुझे मेरी वापसी की बस तक भी छोड़ दिया।

मुझसे अक्सर लोग पूछते है, “क्या तुमने कभी ईश्वर को देखा है?” और मैं कह देती हूँ, “हाँ देखा है।”

फिर वो पूछते है, “ईश्वर कैसा दिखता है?”

मैं कहती हूँ, “जैसा आप देखना चाहो, वैसा ही दिख जाता है।”

ईश्वर का वास्तव में कोई आकर, कोई रूप नहीं है। वो तो हमारे हिसाब से रूप धारण कर लेता है, और उसी रूप में कभी ध्यान में, तो कभी स्वप्न में, तो कभी तीसरे नेत्र से दिखने लगता है!

हक़ीक़त में तो ईश्वर ख़ुद को इंसान के अंदर ही अपने दर्शन कराते है, जैसे उन्होंने मुझे कराये। ये सब शायद साधारण लोग रहे होंगे, पर मुझे सब अपने अंदर का ईश्वर दिखा रहे थे। मैंने इन्हें अपनी मन की आँखों से देखा, और मुझे इनमें ईश्वर दिख गया। आप भी देखिए, आपको भी अवश्य ही दिख जाएगा।

राधेकृष्णा

प्रश्न: ईश्वर सबके लिए आते है, या कुछ ख़ास लोगों के लिए?

उत्तर: ईश्वर तो सबके लिए आते है।उनके लिए उनके सब बच्चे समान है। किंतु जिसका मन जितना अधिक शुद्ध होता है, जिसका ईश्वर में विश्वास होता है, वो तुरंत ही ईश्वर को पहचान जाता है; जिसके मन में संदेह होता है, उसके पास से ईश्वर आकर चले भी जाते है, और उसको पता ही नही चलता।

ज्ञान के मोती

⇨ ईश्वर को यदि देखना है तो मन की आँखे खुली रखो। वो कहीं नहीं; यहीं, आपको इंसानो में ही दिखेगा - कभी आपमें, तो कभी किसी और में।

⇨ सामने वाले का व्यहवार हमारे साथ कैसे होगा, इसका अनुमान हम हमारे उसके साथ व्यहवार से लगा सकते है।

⇨ दुनिया में जितनी बुराई है, उतनी ही अच्छाई भी है। आप जिस पर ध्यान दोगे, वही दिख जाएगी।

15

भक्तिवेदाँता में क्रिशन की दिव्य लीला

लंदन के संघर्षपूर्ण जीवन से मैं बहुत परेशान हो रही थी। रोज़ का 2 घंटा सफ़र करने में जाता था। फिर घर के काम, यूनिवर्सिटी, एसाइन्मेंट, सब में जैसे मैं उलझ कर रह गयी थी।

मुझे कुछ बदलाव चाहिए था। और ये बात क्रिशन से ज़्यादा कौन जान सकता था?

उसको पता था कि मुझे कैसा बदलाव चाहिए! उसने मेरी एक दोस्त के ज़रिए मुझे भक्तिवेदाँता मंदिर जाने को कहा। मैं लंदन को ज़्यादा देख नही पायी थी क्यूँकि मुझे अकेले जाना-आना ठीक से आता नहीं था।

जैसे जन्म के बाद एक बच्चे के अंग खुलने में वक़्त लेते हैं, एक चिड़िया के पंखों में शक्ति आने में वक़्त लगता है - ऐसी ही कुछ मेरी परिस्थिति भी थी। मेरा भी तो एक नया जन्म हुआ था, नए पंख मिले थे। पहली बार अकेले दुनिया को अनुभव करने निकली थी। थोड़ा बहुत डर तो स्वाभाविक था। किंतु **जिस प्रकार एक चिड़िया अपने बच्चे को उड़ना सिखाने के लिए अपने निरिक्षण में उसको पेड़ से नीचे गिरा देती है, ठीक वैसे ही मेरा क्रिशन भी मुझे उड़ना सिखा रहा था।**

एक बार कोई मुझे ठीक से समझा देता था, तो मैं चली जाती थी। मेरी दोस्त ने मुझे सब बता दिया। भक्तिवेदाँता इसकोन का मंदिर था और लंदन के पास ही था। मैं चली गयी।

बस ने मुझे मंदिर से 2 किलोमीटर दूर बाहर मेन-रोड पर उतारा। मैंने चलना शुरू किया। वहाँ का मौसम, वो ठंडी हवाइए जो अंदर तक चीर देती थी, उनसे बचने के लिए बहुत सारे गरम कपड़े पहनने पड़ते थे, इतने सारे कपड़ों के साथ इतना पैदल चलना बड़ा मुश्किल काम था। मैंने किसी तरह एक किलोमीटर तक का रास्ता तो तय कर लिया। पर अब मैं थोड़ा थक गयी थी।

मेरे मन में ख़याल आ रहा था की काश कोई मुझे लिफ़्ट ही दे दे। पर वहाँ तो इतनी गाड़ियाँ भी नहीं आ-जा रही थी कि मैं किसी से लिफ़्ट ही माँग लूँ।

मैं क्रिशन से मन में बातें करते हुए चलती जा रही थी।

मैंने कहा: क्रिशन कुछ तो कर। मैं थक गयी हूँ। तेरा मंदिर तो कहीं दूर-दूर तक नही दिख रहा। कहाँ वीरान जगह ले आया है मुझे?

इतने में मेरे सामने एक कार आकर रुकी। उसमें एक भारतीय लड़की थी। उसने पूछा, "आप मंदिर जा रही हो?"

मैंने कहा, "हाँ"।

उसने बोला, "क्या आपको लिफ़्ट चाहिए?"

मैंने 2 सेकंड के लिए सोचा और तुरंत कहा, "हाँ, प्लीज़।"

उस वक़्त मुझे लिफ़्ट की बहुत ज़रूरत थी, क्यूँकि मुझे दर्शन करके इतना ही चलके रात होने से पहले वापस घर भी तो जाना था।

रास्ते में उसने अपने बारे में बताया, वो वहाँ की ट्रस्टी थी।

उस दिन दुर्गा-अष्टमी थी, जिसके लिए मंदिर को सजाया जा रहा था और भंडारा भी था। इन्हीं सब तैयारियों के लिए वो मंदिर जा रही थी। उसने पूछा, "क्या तुम भी मेरे साथ श्रिंगार करना चाहोगी?"

मेरे लिए तो ये बहुत ही ख़ुशी की बात थी। अपने क्रिशन का श्रिंगार करने का अवसर तो मैं कभी छोड़ ही नहीं सकती थी। मैंने भी ख़ुशी-ख़ुशी हाँ कह दिया। बहुत ख़ुश मन से मैं सबके साथ मंदिर सजाने लगी।

उसके साथ मुझे भी वहाँ विशेष सम्मान मिला। ख़ास भोग का प्रसाद मिला। क्रिशन के मंदिर को और उसकी मूर्ति को सजाने का अवसर मिला। फिर हम सबने रसोयी में जाकर पूरियाँ बनायी। हँसते-खेलते कैसे पूरा दिन बीत गया, पता ही नहीं चला। मुझमें अब नयी स्फूर्ति आ गयी थी।

क्रिशन को पता था कि मुझे वापस जाने की फ़िक्र हो रही थी। रात होने को आयी थी और मुझे ठीक से जाना भी नहीं आता था।

किंतु क्रिशन तो फिर क्रिशन था। ऐसे कैसे बहन को बुलाकर अकेले छोड़ देता? उसने मेरे जाने का भी इंतज़ाम करके रखा था।

उस लड़की ने मुझे एक गुजराती परिवार से मिलवा दिया। वो भी लंदन से आए थे, और उनकी कार में एक सीट खाली थी। उन्होंने मुझे उनके साथ चलने को बोला। परिवार को देखकर, मैंने भी हाँ कह दिया। अब मैंने इत्मिनान से रात की आरती का भी आनंद लिया। वापसी में उन्होंने मुझे ट्यूब स्टेशन पर उतार दिया और वहाँ से मैं आराम से अपने घर पहुँच गयी।

जो क्रिशन से प्रेम करते है, क्रिशन भी उनसे उतना ही प्रेम करता है। अगर आप उसकी शरण में है, तो कभी ऐसा नहीं होगा कि वो आपको अकेला छोड़ दे, या आपका ख़याल ना रखे।

जो क्रिशन की छवि को तरसते है, क्रिशन भी उनकी प्यास बुझाता है।

दोस्त, ईश्वर को पाना जितना मुश्किल है, उतना ही आसान भी है। केवल मन की शुद्धता, प्रेम, विश्वास, और समर्पण चाहिए। जिसने ये कर दिया, ईश्वर हमेशा के लिए उसके हो जाते है।

राधेकृष्णा

प्रश्न: क्या हमें ईश्वर के नाम पर किसी पर भी विश्वास करके उसके साथ चले जाना चाहिए?

उत्तर: ऐसी भूल कदापि मत कीजिएगा। ये विश्वास नही, अंधविश्वास है, जिसकी आड़ में बहुत से धूर्त लोग मासूमों का फ़ायदा उठाते है। पहले ईश्वर को पहचानना सीखिए, तब किसी पर विश्वास कीजिए।

ज्ञान के मोती

- ⇨ जब भगवान साथ होते है, तो आप की मदद के लिए क़दम-क़दम पर इंसान खड़े करे देते है। इसलिए किसी की शरण लेनी है, तो भगवान की लो।
- ⇨ रिश्ते इंसानियत के बनाओ, मतलब के नही।
- ⇨ जब हो सके, जहाँ हो सके, दूसरे इंसान की मदद करो। आपके लिए ये छोटी सी चीज़ हो सकती है, लेकिन सामने वाले के बहुत बड़ी।
- ⇨ जो आपके किसी भी तरह से काम आया, उसको जीवन में कभी ना भूलो, और उसके लिए मन में क्रतज्ञता के भाव हमेशा रखो।
- ⇨ बुरे लोग आपकी तरफ़ तभी आकर्षित होते है, जब आप बुराई के बारे में ज़्यादा सोचते है।

16

अमृतसर में क्रिशन

बात है 2016 की। जब मैं दिल्ली में रह रही थी। एक बार मैं अमृतसर गयी। अमृतसर उत्तर भारत में है। दक्षिण भारत के मुक़ाबले, उत्तर भारत लड़कियों के लिए कम सुरक्षित था। मैंने अपनी रात की वापसी की वोल्वो बस की टिकट बुक करवा कर रखी थी। समय था रात्रि 10:30 का। रात में मेरी बस-चालक से किसी बात पर बहस हो गयी। और मैंने उससे अपनी टिकट के पैसे वापस माँग लिये। मैंने सोचा कि बहुत बस खडी हैं, कोई भी पकड़कर निकल जाऊँगी।

जब तक मैंने रीफ़ंड लिया, बाक़ी की बसों में भी सीट नहीं बची थी।

परिस्थिति बहुत ही अजीब सी हो गयी थी। रात को वहाँ रुकना मेरे लिए सुरक्षित नही था, और आख़िरी बस भी चली गयी थी।

मैंने सोचा की होटल वापस चली जाती हूँ, कल सुबह दिल्ली चली जाऊँगी। मैंने होटल में फ़ोन किया, तो पता चला की उनके पास भी कोई कमरा खाली नहीं था। सब कमरों में गेस्ट आ चुके थे।

मैंने राधि को फ़ोन किया। और उसको होटल ढूँढने में मेरी मदद करने को कहा। मेरे फ़ोन का इंटर्नेट काम नही कर रहा था। राधि उन दिनों दिल्ली में ही थी। राधि ने कई होटलों में बात की, पर कहीं बात नहीं बनी।

रात के 11:30 बज चुके थे। राधि को फ़िक्र हो रही थी की अब क्या करेंगे? दिल्ली में होती तो शायद वो लेने भी आ जाती, यहाँ तो वो भी नही आ सकती थी।

वो बार-बार एक ही बात बोल रही थी, "आपको बस छोड़नी ही नहीं चाहिए थी।"

मैंने उसको कहा, "जो होना था, वो हो चुका है और उसका अब कुछ नही किया जा सकता, इसलिए बार-बार उसके बारे में सोचना बेकार है। अभी वक़्त है, समाधान के बारे में सोचने का।"

इतनी रात में अब क्या करें कुछ समझ नहीं आ रहा था।

वहाँ बस टर्मिनल के साथ ही ट्रेन स्टेशन भी था। लेकिन मुझे ट्रेन से जाने का कोई तजुर्बा ही नहीं था। तभी एक आदमी मेरे पास आकर खड़ा हुआ, और बोलने लगा की दिल्ली की अभी 1 ट्रेन है, जिसका टाइम 12 बजे का है। आप उससे चली जाओ।

मैं उसको देखकर पहले तो थोड़ा सतर्क हुयी। पर देखने में वो शरीफ मालूम पड रहा था।

उसने अपने फ़ोन पर चैक करके टाइम कन्फ़र्म किया। और बोला की “आप अभी चली जाओ, ट्रेन मिल जाएगी।”

और मुझे लग रहा था की केवल आधा घंटा ही बचा है, ऊपर से कुछ पता भी नहीं। और इस समय तो टिकट भी नहीं मिलेगी।

फिर उस आदमी ने मुझे इसका भी उपाय बताया। मेरा टाइम बचाने के लिए उसने टिकट काउंटर का रास्ता भी बता दिया, और कहा “अभी आपको जो टिकट मिले, वो ले लो। TC से बात करके अप्ग्रेड करा लेना।”

इतनी चालाकियाँ अगर मुझे तब आती होती, तो फिर तो बात ही क्या थी! ऊपर से मुझे उस आदमी पर भी थोड़ा शक हो रहा था। क्यूँ कर रहा था वो मेरे लिए ये सब? किसी ने पूछा था क्या उससे? जान ना पहचान, मैं तेरा मेहमान!

उसने मेरी शंका दूर की और बोला, “मेरी वैष्णो देवी की बस है। मैं अपनी फ़ैमिली के आने की प्रतीक्षा कर रहा हूँ। बहुत देर से आपकी बातें सुन रहा था। लगा की आप परेशान हो, इसलिए मदद करने चला आया। आप कुछ ग़लत मत समझना।”

मैं हैरान थी कि इसने मेरा मन कैसे पढ़ लिया? शायद इसे भी क्रिशन ने ही भेजा था। पर उस वक़्त ये सब सोचने का समय नहीं था मेरे पास। मुझे ट्रेन पकड़नी थी। मैंने उसको धन्यवाद दिया, और ट्रेन की टिकट लेने चली गयी।

वहाँ एक लड़का था, जो दिल्ली जा रहा था और मेरी ही तरह से जुगाड़ कर रहा था। मुझे उसको देखकर थोड़ा हौंसला मिला। बिना अवसर गँवायें मैंने उसको बोल दिया, “प्लीज़ मेरी भी एक टिकट ले दो।”

उसने टिकट ले ली।

अब काम था, TC से बात करने का। पहले तो वो मिलेगा कहाँ? फिर उसको क्या कहना है? मुझे इस तरीक़े के काम करने आते ही नहीं थे। किंतु उस लड़के

को आता था। और उसको अपनी टिकट भी तो अप्ग्रेड करानी थी। उसके साथ उसके कुछ और दोस्त भी थे।

मैंने उससे कहा, “प्लीज़ आप TC से मेरी लिए भी बात कर दो।”

उसने बोला, “ठीक है।”

उसने मेरे लिए बात कर ली, और TC मान गया, पर उसके और उसके दोस्तों के लिए नहीं माना।

उस लड़के ने मुझसे कहा, “आप निकलो, हम अपना जुगाड़ कर लेंगे।”

ट्रेन का टाइम होने वाला था, और TC भी ट्रेन में जा रहा था, उसने मुझे भी मेरी सीट तक छोड़ दिया।

अब शुरू होने जा रहा था एक ऐसा सफ़र जिसको करने का मेरे पास यदि कोई भी विकल्प होता, तो मैं जीवन में कभी नही करती!

पर फ़िलहाल तो मैं फँसी हुयी थी।

ये जनरल श्रेणी का डिब्बा था। आस-पास लोगों की भीड़। जहाँ देखो आदमी ही आदमी दिख रहे थे, औरतें तो ना के बराबर थी। ना किसी को बात करने का सलीक़ा था, ना ही उठने-बैठने का। सब ऐसे देख रहे थे, जैसे कभी लड़की ही ना देखी हो और मानो खा जाएँगे। आपस में चिल्ला-चिल्ला कर बातें कर रहे थे। मैं तो ये ही नहीं समझ पा रही थी, कि उस डिब्बे में दिल्ली तक जाऊँगी कैसे?

तभी वहाँ एक सभ्य दम्पति आए। ये दोनो मेरी ही तरह से हालात के मारे थे और मेरी ही उम्र के थे। लड़का एयरफ़ोर्स में था, और लड़की मेरी तरह आध्यात्मिक। उसको मेरी बातों में बहुत आनंद आ रहा था। कई घंटों तक हम बातें करते रहे। वो लड़का हम दोनो के आसपास इस तरह से बैठा था, जैसे हमें सबसे सुरक्षित कर रहा हो। उसके वहाँ होने से बहुत हिम्मत मिल रही थी।

लगता है, ये भी क्रिशन ही था।

काफ़ी वक़्त यूँ ही बीत गया। अब मुझे नींद आने लगी। पर सीट पर सोने की जगह नहीं थी।

तभी वहाँ TC आया। मैंने कहा, "आपने तो मुझे स्लीपर सीट देने की बात की थी।"

उसने कहा: मैडम, स्लीपर ही तो है आपका। मैं आपको बताने आया था, पर आप बातों में व्यस्त थी, तो मैं चला गया।

मैंने कहा: ठीक है। तो अब तो बताओ मेरी सीट कहाँ है?

फिर वो मुझे स्लीपर तक लेकर गया। वहाँ मुझे वापस से वो सब लड़कों का ग्रुप मिला। वो सब शरीफ़ थे, उन्हें देखकर मैं भी रिलैक्स हो गयी। अब तक वो मज़े से मेरी सीट पर आराम कर रहे थे। TC ने उनको हटाया और कहा, "मैडम की सीट पर मुझे तुममें से कोई ना दिखे।"

और मैं आराम से सो गयी।

सुबह, उन्होंने स्टेशन आने पर मुझे भी उठा दिया, और उतर कर मैंने उन्हें दिल्ली में घूमने के लिए कौन-कौन सी जगह है, और वहाँ कैसे पहुँचना है, ये सब समझा दिया।

राधेकृष्णा

प्रश्न: जब ख़ुद की लापरवाही से मुसीबत में फँस जाए, तो क्या करें?

उत्तर: सबसे पहले तो मन को शांत करें। परेशानी में, आने वाले ख़तरे के डर से दिमाग़ अक्सर काम करना बंद कर देता है, और समाधान सामने होते हुए भी दिखना बंद कर देता है। उसके बाद ख़ुद को या किसी और को दोष देने की बजाय, अपनी ऊर्जा समाधान ढूँढने पर केंद्रित करें। कुछ देर में आपको समझ आ जाएगा कि आपको क्या करना चाहिए।

ज्ञान के मोती

क्रिशन ने मुझे यहाँ कुछ अच्छी बातें समझायी:

- ⇨ हमेशा अनवाँछित परिस्थियों से बचने की चेष्टा करो। फिर भी कहीं फँस ही जाओ, तो मुझ पर विश्वास रखो। मैं कोई ना कोई मार्ग बना दूँगा।
- ⇨ जब अनजान जगह पर हो, और वक़्त भी ठीक ना हो, तो बिना बात की मुसीबत मत मोल लो, चुप-चाप रास्ता बनाकर निकल जाने में ही समझदारी है। अपना युद्ध चुनना सीखो।
- ⇨ मुश्किल परिस्थितियों में डर से नहीं, होश से और साहस से काम लो। डर, केवल नकारात्मक परिस्थितों को आकर्षित करता है।
- ⇨ परेशानी के वक़्त अपना ध्यान समाधान ढूँढने में लगाओ, ना की समस्या का कारण। कारण के बारे में सोचने के लिए आपको बहुत वक़्त मिलेगा, अभी ज़रूरत है समाधान की।

भाग 4

डरों पर जीत

एक निर्भय जीवन हमें जीवन को आनंदपूर्वक तरीक़े से जीने में मदद कर सकता है। इसके विपरीत डर हमें अंदर से कमज़ोर बना देता है। इसकी वजह से हम कोई काम या तो शुरू ही नही करते, या उसको ठीक से पूरा नही कर पाते। डर की वजह से हम तरह-तरह के शारीरिक एवं मानसिक रोग़ो से भी ग्रस्त हो जाते है। ये डर हमें कभी भी एक स्वतंत्र और ख़ुशहाल जीवन को नही जीने देते।

इस डर का जन्म या तो भूतकाल के किसी अनुभव से हुआ होता है, ये किसी किस्से कहानी से बनी धारना से, और या फिर अनजान भविष्य से। जन्म का कारण चाहे जो भी हो, किंतु एक बात तो निश्चित है कि डर को ईश्वर ने नही बनाया।

ईश्वर ने प्रेम बनाया, स्वतंत्रता बनायी, धैर्य बनाया, उम्मीद बनायी, और विश्वास बनाया। और इन्हीं सबकी मदद से ईश्वर हमारे दिलों पर राज करते है। और जिस चीज़ को ईश्वर ने नही बनाया, ज़ाहिर सी बात है, उसको शैतान ने बनाया है। ताकि वो सदा हम पर अपनी हुकूमत बनाए रखे।

मैंने अब तक अध्याय में आपको बहुत सारे डरों को जीतने के किस्से बताए। यहाँ मैं कुछ वो डर आपके सामने ला रही हूँ, जिसने हममें से अधिकतर लोगों पर अपना शिकंजा कसा हुआ होता है।

इस भाग में आपको इन डरों के स्वभाव को समझने में भी मदद मिलेगी और ये कैसे ख़त्म होते है, ये भी समझ में आएगा। जिसे जानकर आप भी अपने डरों से ऊपर उठने की हिम्मत कर पाएँगे। और अपने जीवन का आनंद ले पाएँगे।

राधेकृष्णा

17

जीवन-निर्वाह का डर

जीवन-निर्वाह का डर हममें से अधिकतर के अंदर गहरायी में अपनी जड़ें फैलाए बैठा है। यदि हमारे पास ख़ूब सारी सम्पत्ति है और पैसा है, जिससे हम सारा जीवन बिना कुछ कमाए व्यतीत कर पाए, तो हम ख़ुद को सुरक्षित महसूस करते है। और यदि ऐसा ना हो तो हमेशा इस डर में जीते है कि कल मेरा क्या होगा? मेरा जीवन कैसे चलेगा? अगर सब समाप्त हो गया तो? काम ना आया तो? कोई बीमारी आ गयी तो पैसा कहाँ से आएगा? परिवार में पैसा कमाने वाला सदस्य ना रहा, तो परिवार का पालन-पोषण कैसे होगा? आदि-इत्यादि....

मेरे अवचेतन मन में भी इस एक डर ने अपनी कसके पकड़ बनायी हुयी थी। हालाँकि ज्ञान पाने के बाद मुझे समझ में आ गया था कि ये केवल एक ग़लत विचार है। पिछले 6 वर्षों से तो मैं ख़ुद ही जीवन चला रही थी।

फिर भी एक डर तो था ही, कि अगर कल को काम नहीं आया तो? मेरे पास तो रहने को घर भी नहीं है, कोई अपना भी नहीं है, मैं कहाँ जाऊँगी?

ये डर मुझे पूरे तरीक़े से ना तो मेरा जीवन ही जीने दे रहा था ना ही क्रिशन में मिलने ही होने दे रहा था। मुझे रिहाई चाहिए थी इससे।

डर को मारने के लिए उसका सामना कैसे करें?

डर को मारने का केवल एक ही उपाय था, बहादुरी से उसका सामना करना। ये एक ऐसा डर है, जो शायद हर इंसान में है, और इसका सामना वास्तव में कोई भी

नहीं करना चाहता। मजबूरी ही हो जाए, और कोई रास्ता ही ना हो, तो बात अलग है; किंतु स्वेच्छा से कोई इस राह पर नहीं चलना चाहता। और जो चलता है, उसे मूर्ख कहा जाता है।

जब किसी कठिन सफ़र पर जाना हो, तो उसने कभी राय मत लो, जिन्हें इस सफ़र का कोई ज्ञान नही है।

मेरा अब इस मूर्खता को करने का वक़्त आ गया था। मैं समझ चुकी थी कि मुझे अब वहाँ जाना होगा, जहाँ ये डर रहता है। मुझे इस रास्ते पर जाने से सब रोकेंगे, ये भी मैं जानती थी। इसलिए मैंने किसी से ना तो कुछ पूछा, ना बताया, और सब दोस्तों को कह दिया की मुझे कुछ वक़्त का एकांत चाहिए। जब मेरा काम हो जाएगा, मैं ख़ुद ही तुम्हें सम्पर्क कर लूँगी। मेरे दोस्तों ने मेरे निर्णय का पूरा सम्मान किया।

अब केवल मैं थी, और क्रिशन। बाक़ी सब वो थे जो मेरे बारे में कुछ भी नहीं जानते थे। धीरे-धीरे क्रिशन ने मेरे सब पैसे ख़त्म करने शुरू कर दिए। काम भी कम कर दिया। मेरे पास बस इतना ही पैसा आने लगा जिससे मेरा जीवन चलता रहे, किंतु मुझे उससे सुरक्षा के भाव ना मिल पाएँ। मेरा बैंक खाता खाली रहने लगा।

मैंने कुछ पैसा निवेश भी किया हुआ था, किंतु उन्हें मैं तीन साल तक इस्तेमाल नहीं कर सकती थी। इस तरह क्रिशन ने मुझ तक पैसे के पहुँचने के सब रास्ते बंद कर दिए।

मैंने मुझे समझा दिया, कि अगर हमें पानी की टंकी को साफ़ करना है, तो उसको पहले ख़ाली करना पड़ेगा। और जब ख़ाली करना ही है, तो उसमें और पानी डालना व्यर्थ है? एक बार साफ़ हो जाएगी, तो उसको साफ़ पानी से वापस भर देंगे।

बाहर की आवाज़ें बंद करने के बाद मुझे केवल क्रिशन की आवाज़ सुन रही थी। डर बहुत लग रहा था, किंतु मैं हिम्मत को टूटने नहीं दे रही थी। बाहर से देखने वाला सोच भी नहीं सकता था कि मेरी ज़िंदगी में क्या चल रहा है। हमेशा की तरह मेरा एक अच्छा सा फ़्लैट था। और उसमें ज़रूरत का सब सामान था, कुछ नहीं था तो बस बैंक में पैसा।

आज मुझे ये भी समझ में आ रहा था की क्यूँ क्रिशन ने मेरा डिवॉर्स इतने कम पैसों में निपटवाया और फिर वो सारे पैसे से मुझे डिग्री दिलाकर उसको ख़त्म भी करवा दिया?

हर महीने मुझे ये नहीं पता होता था कि अगले महीने का किराया मैं दे पाऊँगी या नहीं? और पैसे नहीं आए तो क्या करूँगी, ये भी नहीं पता होता था। पर महीना ख़त्म होते-होते पैसे आ ही जाते थे। कभी इतना काम नहीं आता था की पैसे बच जाएँ, पर जैसे ही पैसे की ज़रूरत होती, तो कहीं से भी कोई भी काम आ जाता था।

पूरा 2 साल मैंने ऐसे ही निकाले। मेरे कोई काम रुकते भी नहीं थे, पर पैसे दिखते भी नहीं थे। डर भी था, पर कोई रूप भी नहीं ले पा रहा था।

अवचेतन मन के विकार उन बीजों के समान होते है, जो अनुकूल परिस्थिति पाते ही पनप कर विशाल रूप ले लेते है।

गीता में क्रिशन ने और बाइबल में जीसस ने ये बात कही है, "अपने अवचेतन मन के हानिकारक बीजों को इस तरह से नष्ट कर दो कि उनमें वापस से फूटने की शक्ति ही ना बचे, अन्यथा ये अनुकूल परिस्थिति मिलते ही फिर से उग जाएँगे और विशाल रूप ले लेंगे।"षमता

मेरे जीवन में क्रिशन इन बीजों की शक्ति को ख़त्म करके दिखा रहा था। जब तक ये पूरे तरीक़े से ख़त्म नहीं हो गए, क्रिशन ने बार-बार मेरा सामना इनसे

करवाया। मेरे अवचेतन मन को जब यक़ीन आ गया की कभी कुछ ख़त्म नहीं होता, रूप बदलकर वापस आ जाता है, और जो लोग किसी का ग़लत नहीं करते, उनका साथ पूरा ब्रह्मांड देता है - तब जाकर मेरी परिस्थितियाँ बदलनी शुरू हुयी।

आज मुझे पता है कि जीवन निर्वाह तो कभी कोई प्रश्न था ही नहीं। जिसने जीवन दिया है, उसने उसके चलाने का प्रबंध भी करके रखा है।

डर से बचने के उपाय ढूँढने से बेहतर है, उसका सामना करके उसको मार देना।

हम सब उस वक़्त की कल्पना करने से भी डरते है, जब हमारे पास कुछ नहीं बचेगा। और इस डर के साथ जो है, उसको भी नही जी पाते। तरह-तरह के जीवन बीमा कराते है ये सोचकर कि हमारे बाद हमारे परिवार को सहारा मिलेगा। कभी ये नहीं सोचते कि इस पैसे से परिवारजनों को आत्मनिर्भर बनना क्यूँ नहीं सिखा देते? उन्हें किसी सहारे की ज़रूरत ही नहीं रहेगी!

ज्योतिषों को, पंडितों को पैसे देते है, ताकि हमारे ग्रह हमेशा हमारा साथ देते रहें और कभी भी हमें कठिन वक़्त ना देखने को मिले।

अगर जीवन में उतार-चढ़ाव ही नहीं होंगे, तो जीवन में कोई उन्नति भी नही होगी। जीवन नीरस हो जाएगा।

सुख की अनुभूति भी दुःख के बाद ही होती है! सूरज की रोशनी भी रात के अन्धेरे के बाद ही अच्छी लगती है। फिर हम क्यूँ बुरे वक़्त से इतना डरते है की अच्छे वक़्त में भी बुरे से ख़ुद को बचाने के रास्ते ढूँढते रहते है?

पेड़ पौधे, पक्षी, जानवर - किसी के पास हमारे जितनी बुद्धी और शक्ति नहीं है, फिर भी सब जीते है। कोई तो होगा जो इनका जीवन चलाता है?

जो इनको संभाल सकता है, क्या वो अपनी सबसे अनमोल रचना को, जो की मनुष्य है, उसे नहीं संभाल सकता?

बुरे वक़्त से डरिए मत, ये तो आपका खोया हुआ ख़ज़ाना लौटाने आया है, ठीक वैसे ही जैसे इसने मुझे मेरे डर से रिहा कर दिया। अब मैं बिना किसी डर के वर्तमान में जी सकती हूँ।

राधेकृष्णा

ज्ञान के मोती

- ⇨ मुश्किल सफ़र को शुरू करने से पहले कभी उनसे परामर्श मत लो, जिन्होंने वो सफ़र तय ही नहीं किया।
- ⇨ सुख की अनुभूति भी दुःख के बाद ही होती है। सूरज की रोशनी भी रात के अन्धेरे के बाद ही अच्छी लगती है। फिर हम क्यूँ बुरे वक़्त से इतना डरते है की अच्छे वक़्त में भी बुरे से खुद को बचाने के रास्ते ढूँढते रहते है?
- ⇨ गिलास में साफ़ पानी भरना है तो पहले गंदे पानी को निकलना होगा। यदि ऐसा ना किया, तो साफ़ पानी भी गंदा हो जाएगा।
- ⇨ जब डर के बीज आपके अवचेतन मन में बहुत गहरायी में पड़े हो, तो ये कभी भी फूटकर विशाल रूप ले सकते है। इनकी शक्ति तभी ख़त्म होती है, जब आपके अवचेतन मन को ये यक़ीन आ जाता है की डर का वास्तव में कोई अस्तित्व नहीं है।

18

लोगों के सामने प्रदर्शन करने का डर

अक्सर हम किसी की प्रतिभा की तारीफ़ करने की बजाय उसका मज़ाक़ बनाने लगते है। जिससे उस व्यक्ति को लगने लगता है कि शायद उसमें कोई कमी है, जिसकी वजह से लोग उसका मज़ाक़ बना रहे है। और धीरे-धीरे ये विचार उसके मन में डर की जगह ले लेते है।

मेरे भी अवचेतन मन में कहीं गहरायी में ये एक सोच थी कि लोग मेरा मज़ाक़ बनाएँगे। मुझे बिलकुल पसंद नही था कि कोई मुझ पर व्यंग कसे या मुझमें कमियाँ निकाले; और मेरे भाई-बहन सारा दिन ये ही तो करते रहते थे! मेरे हर काम में मुझपर हँसते थे, मुझे बुरा महसूस कराते थे। कभी मेरे रंग को लेकर, कभी शारीरिक रचना को लेकर, कभी रूप को लेकर, तो कभी मेरे क़द को लेकर मेरा उफ़ास करते थे। मुझे लगने लगता था कि शायद मैं कोई काम ठीक से करती ही नही हूँ! इसलिए मैं किसी के भी सामने अपनी प्रतिभा को दिखाकर अपना उपहास का पात्र नही बनना चाहती थी।

हालत ये थी कि मैं बचपन में नृत्य सीखने जाती थी और उनको कहती की मुझे सारे स्टेप बता दो, मैं घर पर अभ्यास करूँगी। फिर अकेले कमरे में मैं अभ्यास करती थी। लेकिन ये तरीक़ा सही नही था। शिक्षक के सामने अभ्यास करने से वो हमें बता पाता है की हम कहाँ ग़लती कर रहे है, और हमें अपनी कला में निपुणता पाने का अवसर मिलता है।

घर में परिवारजनों की ये ज़िम्मेदारी बनती है कि वो सबको एक बच्चे के साथ ऐसा करने से रोकें। इससे उसके आत्मविश्वास को तो हानि होती ही है, उसका पूर्ण-रूप से मानसिक विकास भी नही हो पाता। उसकी प्रतिभा उसी के अंदर कहीं दफ़्न हो जाती है। हमें इस बात को समझना चाहिए, कि यूँ किसी का उपहास करना ग़लत है।

मैंने अपने जीवन में पहली बार जो प्रदर्शन किया, वो किया पर्सनेलिटी डेवेल्पमेंट की क्लास में। उसमें 4-5 लोग ही थे। सब मुझसे छोटे तो थे ही, उनका आत्मविश्वास मुझसे भी कम था। मुझे यक़ीन था कि ये मेरा मज़ाक़ नही बनाएँगे।

वहाँ एक छोटा सा अभिनय करना था, जिसमें सबने मेरी प्रशंसा की। और इससे मेरा थोड़ा सा आत्मविश्वास बढा।

दूसरी बार मुझे एक योग के समूह को सम्बोधित करने का अवसर मिला। यहाँ 20-25 लोग थे। जिन्होंने मुझे बुलाया था वो एक रीटायर्ड वक़ील थे। उन्होंने मुझसे रेकी सीखी और कहा की एक दिन वहाँ आकर इसके बारे में सबको बताओ।

मुझे डर तो लग रहा था, पर ये सब अधिकतर साधारण लोग थे, उम्र में मुझसे ज़्यादा। बहुत ज़्यादा पढ़े-लिखे भी नही थे। मुझे लगा कि ये मुझमें कमियाँ नही ढूँढेंगे, और मैंने वहाँ जाकर सबको रेकी के बारे में बता दिया।

क्रिशन जब किसी को प्रशिक्षण देता है, तो धीरे-धीरे उसको तैयार करता है। एक-दम से आपको बड़े मंच पर खड़ा नहीं कर देता।

यहाँ तक तो वो मुझे एक आरामदायक माहौल में अपनी प्रतिभा दिखाने को कह रहा था, लेकिन अब मेरा इसमें भी गहरायी में उतरने का समय आ गया था।

2014 में मैं जब पुणे आयी, तो मुझे अधिकतर पढ़े-लिखे इंग्लिश में बात करने वाले ही लोग टकराते। उन्ही में से मेरे सम्पर्क में एक सज्जन आए, जो रोटरी

क्लब के सदस्य थे। एक दिन उन्होंने कहा, "मैंने आपके लिए हमारे क्लब में आधा-घंटे की प्रेज़ेंटेशन रख दी है। आप कोई भी विषय पर बोल देना।"

मेरे लिए परिस्थिति बहुत अजीब सी हो गयी। ना तो मैं उन्हें अपना डर ही दिखा सकती थी, क्यूँकि वो मुझे एक अलग जगह पर देखते थे, और ना ही मैं किसी भी विषय पर बोलने के लिए तैयार थी, वो भी रोटरी में, जहाँ सभी बहुत पढ़े-लिखे है, इंग्लिश में बात करते है, और सभी विषयों पर पहले से बहुत जानकारी रखते है।

मुझे अंदर से घबराहट हुए जा रही थी। एक आवाज़ कह रही, "मना कर दो। तुम नही कर पाओगी। तो दूसरी कह रही, आज नही किया तो कब इसका सामान करोगी?"

मैंने घबराकर क्रिशन को कहा: कहाँ फँसा दिया है तूने। तुझे पता है, मैं ये नही कर पाऊँगी।

क्रिशन ने कहा: मुझे पता है, तुम कर पाओगी।

मैंने कहा: मैं इतना सब इंग्लिश में नही बोल सकती। मैंने ग्रामर में ग़लती की, तो लोग हसेंगे।

क्रिशन ने कहा: तुम बोल लोगी। कोई नही हँसेगा। और हँसेगा, तो हँसने दो। क्या फ़र्क़ पड़ता है।

मैंने कहा: इससे अच्छा तो तू मुझे मरने को कह दे। वो इससे आसान है।

पर क्रिशन तो क्रिशन है। जब उसको मेरी बात नही सुननी, तो नही सुननी। फिर मैं चाहे कितने भी तर्क दे दूँ।

आख़िरकर वो दिन भी आ गया, जब मुझे रोटरी जाना था। मैं सुबह से यही सोच रही, काश कुछ हो जाए और प्रोग्राम कैन्सल हो जाए। मुझे जाना ही ना पड़े। पर आज तो क्रिशन ने जैसे अपने कान भी बंद कर लिए थे!

मैं डरते-डरते गयी। बहुत घबराहट हो रही थी, पर मैं ख़ुद को संभाल रही थी। फिर पूरी प्रेज़ेंटेशन इंग्लिश में हुयी। मेरा ध्यान सबके चेहरे पढ़ने पर था। सब लोग बहुत ध्यान से सुन रहे थे। ना किसी ने मेरा मज़ाक़ बनाया और ना ही कोई ऐसा-वैसा सवाल किया। बस एक गड़बड़ हुयी - आधा घंटे की जगह मैंने एक घंटा ले लिया।

ये पड़ाव भी पार हो गया। और यहाँ तक का आत्मविश्वास तो मुझमें आ गया। अब बारी थी, अगले टेस्ट की। दुबारा सामना करना था इस डर का, और इस बार और गहरायी में उतरना था। अबकी बार प्रेज़ेंटेशन देनी थी, लंदन में। यहाँ मुझे उनके बीच खड़ा होना था, जिनमे मुझसे कहीं ज़्यादा आत्मविश्वास था, कहीं ज़्यादा अच्छी इंग्लिश बोलते थे। और ये प्रेज़ेंटेशन थी, मेरी यूनिवर्सिटी में।

इस बार फ़ोरमल तरीक़े से सब काम करने थे। मेरी घबराहट का लेवल भी पहले से कई गुना ज़्यादा बढ़ा हुआ था। मुझे लग रहा था, कि मैं सब भूल जाऊँगी। और मेरी वजह से पूरी टीम का नुक़सान हो जाएगा। मेरा डर अपनी चरम सीमा पर था।

लेकिन मेरा क्रिशन इतना भी निर्दयी नही है। वो मेरा डर मार रहा था, मुझे नही। मेरे ग्रुप के सभी लोग बहुत अच्छे थे और सब एक-दूसरे को प्रोत्साहित कर रहे थे। प्रोफ़ेसर भी मुझे पसंद करती थी। और प्रेज़ेंटेशन सच में बहुत अच्छी हुयी। प्रोफ़ेसर ने जब मेरी तारीफ़ की, तो मुझे वहाँ से एक नया आत्मविश्वास मिला। आज पता चल गया था, कि मैं इंग्लिश में भी अपनी बात समझा सकती हूँ।

यहाँ तक का पड़ाव पार हो गया था। डर की पकड़ कमज़ोर होने लगी थी, पर ये पूरा मरा नही था। अभी गहरायी में इसके बीज बचे हुए थे। इस बार ट्रेनर बनकर प्रदर्शन देना था, वो भी उनके बीच, जो सब ट्रेनर थे और मुझसे कहीं ज़्यादा आत्मविश्वास था उनमें।

अपने पिछले अनुभवों को देखकर मुझे लगा, मैं कर लूँगी। पर जैसे-जैसे एक-एक ट्रेनर अपना प्रदर्शन देते गए, मेरा आत्मविश्वास टूटने लगा और एक ऐसी जगह पहुँच गया, जहाँ मुझे लगने लगा कि मैं कभी भी इनकी तरह से प्रदर्शन नही कर सकती। ये सब कितना अच्छा कर रहे है, मैं तो इनके सामने कहीं नही टिकती।

मैंने तय किया कि मैं प्रदर्शन नही करूँगी, और मैं हाल से बाहर आ गयी।

बाहर आकर अपने आप से लड़ाई लड़ रही थी। एक आवाज़ डरा रही थी, और कह रही थी, कि यहाँ से चली जाओ। किसी का सामना ही मत करो।

दूसरी क्रिशन की आवाज़ थी, जो कह रही थी: आज ही मौक़ा है, इस डर के बीज को पूरे तरीक़े से नष्ट कर देने का। आज इसके सामने हार गयी, तो कल हिम्मत करना और मुश्किल हो जाएगा। जैसे भी हो, परिस्थिति का सामना करो। ये सिर्फ़ एक डर है। कोई तुम पर नही हँसेगा। कभी ना कभी तो सबकी पहली बार होती है। और उस दिन थोड़ा बहुत डर सबको लगता है। ख़ुद की तुलना इनसे मत करो। तुम्हारा आज पहला क़दम है, ये अपना पहला क़दम बहुत पहले चल चुके है।

आख़िरकर मैंने डराने वाली आवाज़ को चुप कराया, और सोचा, "आज नही, तो कभी नही"।

किसी को उम्मीद नही थी कि मैं अब हाल में वापस आऊँगी। पर मैंने सबको ग़लत साबित कर दिया।

उसके बाद मैंने जैसे अपना प्रदर्शन दिया, उसको देखकर सब हैरान थे। आज मैं वास्तव में इस डर से मुक्त हो गयी थी। इसके बाद मैंने बहुत सारे लोगों को बीच तरह-तरह के प्रदर्शन दिए, पब्लिक सेमिनार किए। अपना यूटूब चैनल बनाया। बड़े-बड़े ग्रूप्स को प्रशिक्षण भी दिया।

आज मैं एक Spiritual Life Coach हूँ।

राधेकृष्णा

ज्ञान के मोती

- कभी भी किसी से अपनी मत तुलना करो। आप जो सफ़र करके यहाँ तक पहुँचे है, सामने वाले ने वो वाला सफ़र नही किया है।
- दूसरे लोगों की बात को इतना अधिक महत्व मत दो, कि आप क्या है और क्या कर सकते है, ये आपको उनसे पूछना पड़े।
- हमें प्रशंसा और निंदा, दोनो को ही सम रूप से देखना चाहिए, और दोनो को ही ख़ुद पर हावी नही होने देना चाहिए।
- आप चाहे कुछ भी कर लो, हमेशा कुछ लोग आपको पसंद करेंगे, कुछ नापसंद, और कुछ कोई प्रतिक्रिया ही नही देंगे।

19

क़र्ज़ उतारने के डर

क़र्ज़ एक ऐसी चीज़ है, जो हममें से कोई नही लेना चाहता, फिर भी सब लेते है। कभी कारोबार बढ़ाने के लिए, तो कभी घर, गाड़ी या कोई और सामान ख़रीदने के लिए। कभी अपने ख़र्चे पूरे करने के लिए, तो कभी अचानक से आयी समस्या के निवारण के लिए। क़र्ज़ का कारण जो भी हो, एक बात तो तय है कि जितना आपका असल होता है, उतना या उससे भी ज़्यादा आप उस पर ब्याज दे देते है।

और बैंक भी ये सुनिश्चत करके रखते है, कि पहले आपसे सारा ब्याज वसूल ले, फिर आपका असल ख़त्म हो। आपको तरह-तरह के प्रलोभन देते है, ताकि आप किसी तरह एक बार तो उनके जाल में फँस जाओ। फिर वक़्त पर पैसा ना दे पाओ, तो आपको इतना मानसिक तनाव दे देते है कि कमज़ोर आदमी तो घबराकर अपनी जान ही दे देता है।

ये सब बातें मुझे हमेशा से पता थी। इसलिए मैं किसी से भी एक पैसा भी उधार नही लेना चाहती थी। ना तो मुझे जीवन में कभी उधार लेने की ज़रूरत ही पड़ी, ना मैंने लिया। मैंने हमेशा मेरे पास जितना था उसमें ही रहना सीखा। जो अपने आप में एक बहुत अच्छी बात है। मेरा पैसा किसी के पास होता था, तो मुझे फ़िक्र नही होती थी। पर किसी का मेरे पास होता था, तो मुझे नींद नही आती थी।

मैं इस बात से अनजान थी, कि क्रिशन मुझे क़र्ज़ लेने के रास्ते से भी गुजारने वाला है। मेरे हिसाब से मैंने पहले से सब समझा हुआ था, और मैं किसी से पैसा लेती ही नही थी, तो इसमें अब मेरा क्या कार्मिक सबक़ हो सकता था?

मैं किसी से पैसा उधार नही लेती, ये तो अच्छी बात है, पर मुझे पैसा लेने का जो डर था, वो ग़लत था। और उससे भी ज़्यादा ग़लत थी मेरे अवचेतन मन की एक सोच कि, "मैं कभी किसी का क़र्ज़ नही उतार पाऊँगी।"

मुझे ना तो ख़ुद पर इतना विश्वास ही था, और ना ही इस बात का दृढ़ यक़ीन था कि क्रिशन इसमें मेरी मदद कर देगा। वो कर भी सकता था, और नही भी। ऐसे में मैं ख़ुद को किसी मुसीबत में नही फँसाना चाहती थी।

और बस ये ही मेरा कार्मिक सबक़ था, "ख़ुद पर और ईश्वर पर विश्वास रखना कि कभी कोई क़र्ज़ हो भी गया तो मैं इसको उतार दूँगी, और ईश्वर भी मेरी पूरी मदद करेंगे।"

मेरे इस सफ़र का आरम्भ हुआ 2014 से, जब मुझे ज़िंदगी में पहली बार किसी से पैसे माँगने की ज़रूरत पड़ी जब मैं लंदन जाने की तैयारी कर रही थी और केस की एक डेट पर जज के ना आने की वजह से मेरे पैसे मुझे नही मिल पाए थे, और यूनिवर्सिटी की फ़ीस भरने के लिए मेरे पास कुछ पैसे कम पड रहे थे। मेरे निवेश के पैसे दो दिन में मिल जाने थे इसलिए मैंने अपने CA से वो पैसे उधार ले लिए। मुझे संकोच तो बहुत हुआ, पर मुझे पता था कि दो ही दिन की बात है। उसके बाद मेरे पैसे आ जाएँगे और मैं वापस कर दूँगी। और मैंने आसानी से ख़ुद को इस क़र्ज़ से मुक्त करा दिया।

ये काम तो क्रिशन ने बहुत प्यार-प्यार में कराया था, जहाँ वास्तव में कोई डर था ही नही, केवल पैसा माँगने में जो मुझे संकोच होता था, उसका सामना करना था।

दूसरी बार क्रिशन ने डर को ज़रा और क़रीब लेजाकर दिखाया। ये बात है तबकि, जब मैं अपने जीवन-निर्वाह के डर से लड़ रही थी और क्रिशन मुझे

ज़्यादा पैसे नही दे रहा था। तब मैं दिल्ली में रहती थी और बंगलोर रहने जा रही थी। इतने पैसे तो क्रिशन ने मुझे दे ही दिए थे कि मैं वहाँ जाने की हिम्मत कर पाऊँ। लेकिन सब मार्जिन पर ही था।

मैंने राधि को बोला की मैं दिल्ली से जा रही हूँ। राधि को पता था कि मेरे पास ज़्यादा पैसे नही है। उसने जिद्द करके मेरे बैंक में 30 हज़ार रुपए जमा कर दिए। मैंने बहुत मना किया और उसको कहा कि मुझे नही चाहिए।

राधि ने कहा कि, दीदी आप ये रख लो। नए शहर में आपको ज़रूरत पड सकती है।

जब मैं किसी तरह तैयार नही हुयी, तो उसने कहा, "मुझे आपसे लामा-फेरा कोर्स के सारे लेवल करने है, आप उसका एडवांस समझ कर अभी रख लो, मेरे पास ख़र्च हो जाएँगे।

मैंने कहा: ठीक है।

लेकिन राधि ने मुझसे कोर्स नही किया। अब ये मुझे एक बोझ सा लगने लगा, जिससे मुझे रिहा होना था। मैंने सोच लिया था जैसे ही मेरे पास पैसे आएँगे, मैं सबसे पहले राधि के पैसे वापस करूँगी।

कुछ महीने बाद मेरे पास पैसे आए। मैंने राधि को वापस करना चाहा, तो उसने फिर से मना कर दिया। उसने बोला की उसको लामा-फेरा ही सीखना है।

मैंने कहा: ठीक है। जैसी तुम्हारी मर्ज़ी।

मुझे वहाँ से केरल शिफ़्ट होना था। मुझे अलग-अलग जगह पर रहना पसंद था। मेरे पास जो पैसे थे, उसमें मैंने सब इंतज़ाम किया, और चली गयी। एक हफ़्ता, होटल में रहकर ही फ़्लैट ढूँढने लगी। घर तो मिलता, पर वहाँ के लोग परिवारों को ही अपने घर देना चाहते थे।

मुझे लगा, जो लोग अकेली महिला को घर नही दे सकते, वो काम क्या देंगे? मैंने वहाँ ना रहने का फ़ैसला किया, और सोचा कि पुणे ही चली जाती हूँ। पुणे में खुली सोच रखने वाले लोग है।

निर्णय तो ले लिया था, पर मेरे सब पैसे ख़त्म होने को आए थे। और मेरे पास वहाँ से पुणे शिफ़्ट करने के भी पैसे नही बचे थे। होटल में भी मैं कब तक रह सकती थी?

दीमाग ने अब जैसे काम करना ही बंद कर दिया था। रात भर तरत-तरह के ख़याल दिमाग़ में आ रहे थे। ऐसे लग रहा था कि इस समस्या से बाहर निकलने का कोई रास्ता नही है। वो एक रात मुझ पर बहुत भारी पड़ी।

होटल में मैं रह नही सकती थी। पुणे जाना भी आसान नही था। फ़्लैट ढूँढना, ब्रोकर को पैसे देना, तीन महीने का डिपॉज़िट! मुझे मूवर-पैकर को भी और पैसे देने पड़ते, फ़्लाइट की टिकट और सब ख़र्चों के बारे में सोच-सोच कर मुझे घबराहट हो रही थी। सारे अंदर के डर जैसे सामने आकर खड़े हो गए थे। कोई कहीं से वार कर रहा था, तो कोई कहीं से। लेकिन उस दिन मुझे कुछ भी करके उनको हराना था।

मैंने सब डरों को चुप कराया, मन को एकाग्र किया, और क्रिशन से सम्पर्क बनाया।

मैंने कहा: क्रिशन, कोई तो राह दिखा। क्या करूँ?

क्रिशन ने कहा: पहले तो इतनी चिंता करना बंद करो। क्यूँ इन नकारात्मक विचारों की तरफ़ ध्यान दे रही हो? प्रिया से बात करो, सब ठीक हो जाएगा।

प्रिया मुझे अपना गुरु मानती है। मन की बहुत ही साफ़ थी, और मुझे बहुत आदर-सम्मान भी देती थी।

कुछ लोगों से हमारे पूर्व जन्मों के समबंध होते है, और सही वक़्त आने पर क़ुदरत किसी ना किसी तरह से उनसे हमें मिलवा ही देती है। ऐसा ही मेरा एक समबंध कभी शायद प्रिया के साथ भी रहा होगा।

जब मैं स्कॉटलैंड में थी, तब प्रिया ने मुझसे काउन्सलिंग ली थी। उस समय वो एक बहुत मुश्किल दौर से गुज़र रही थी, जहाँ से मैंने उसको बाहर निकाला। और उसके बाद से वो मुझसे किसी ना किसी तरह से जुड़ी रही। वो मुझसे कभी भी मिली नही थी। सारा ज्ञान उसने दूर रहकर ही पाया, जिससे उसकी चेतना में एक अलग स्तर का बदलाव आया।

दो दिन पहले ही उसने मुझे बोला था कि, दीदी आपको पैसे चाहिए हो तो बता देना, मेरे पास है, मैं दे दूँगी।

मुझे किसी से भी पैसे माँगने में बहुत संकोच होता था। पर इस वक़्त कर भी क्या सकते थे?

मैंने सोचा कि अगले साल मेरे निवेश वाले पैसे आ जाएँगे, तो मैं उसमें से वापस कर दूँगी। ये सोचकर मैंने प्रिया को फ़ोन किया।

प्रिया ने कहा: आप इतना संकोच क्यूँ कर रहे हो? आप बस ये बताओ कि कितने पैसे चाहिए? मेरे पास तो इस्तेमाल हो नही रहे, अच्छा है आपके काम आ जाएँगे।

मैंने सब हिसाब लगाकर बोल दिया कि दो लाख।

उसने कहा ठीक है, मैं सुबह आपके खाते में डाल दूँगी। अगले दिन मेरे खाते में पैसे तो आ गए थे, पर उसके साथ उन्हें वापस करने की चिंता भी आ गयी थी।

प्रिया को मेरा स्वभाव पता था। वो मुझे बार-बार कहती, "दीदी, प्लीज़ आप इन पैसों की फ़िक्र मत करो।"

अगले महीने उसने कहा: दीदी मुझे लिबरेशन का कोर्स करना है। उसकी फ़ीस कितनी है?

मैंने बता दिया कि तीनों लेवल की तीन लाख। उसने कहा, ठीक है, आपके पास मेरे जो पैसे है, आप उसमें से काट लेना।

मैंने कहा: तुम्हें सच में ये सीखना है?

उसने कहा: हाँ। मैंने सोचा ही हुआ था कि ये पैसे मैं अपनी अध्यात्मिक उन्नति में लगाऊँगी। मुझे ज्ञान पाना है, और आपसे अच्छा ज्ञान कौन दे पाएगा?

उसने मुझसे दो लेवल किए, और साथ में हीलिंग भी सीखी। और इस तरह से चार महीने के अंदर मेरा ये क़र्ज़ भी उतर गया।

पर डर अभी कमज़ोर हुआ था, मरा नही था। अभी तो क्रिशन मुझे सेफ़ ज़ोन में खिला रहा था, अब वो मुझे वहाँ ले जा रहा था, जहाँ इस डर ने कभी जन्म लिया होगा।

कुछ महीने बाद मेरे निवेश किए पैसे आ गए। सबसे पहले मैंने राधि के पैसे लौटाए। और फिर ऑफ़िस खोलने का सोचा। मुझे हमेशा लगता था कि ऑफ़िस हो तो काम ज़्यादा अच्छे से चलेगा। इस सबमें मेरे ना चाहते हुए भी काफ़ी पैसे ख़र्च हो गए। मुझे ऑफ़िस आने-जाने के लिए कार भी ख़रीदनी पड़ी। उसका भी क़र्ज़ लेना पड़ा। मुझे उमीद थी कि ये मैं उतार दूँगी। और मैंने कभी भी बैंक की एक भी किश्त देने में देरी नही की थी। जिसकी वजह से मेरा सिविल-स्कोर भी अच्छा था, और बैंक भी मुझे लोन देना चाहते थे। आए दिन मेरे क्रेडिट कार्ड पर कोई ना कोई लोन का ऑफ़र आता रहता था।

ऑफ़िस खुल गया और काम चलने लगा। जितने ख़र्चे थे उस हिसाब से काम तो बढा, लेकिन इतना नही कि मैं कुछ भी बचा पाऊँ। कुछ ना कुछ मेरी कैपिटल में से निकल रहा था। यूँ ही मै गाड़ी को धक्का मारे जा रही थी, और क्रिशन ना तो मुझे इतना कम काम दे रहा था कि मेरी हिम्मत टूट जाए, और ना

ही इतना ज़्यादा कि मुझे विश्वास हो जाए की मेरा ऑफ़िस खोलने का निर्णय सही था।

ऑफ़िस खोलने से पहले मैंने ट्रेन-द-ट्रेनर का भी कोर्स किया था। जिसके लिए मैंने काफ़ी भारी फ़ीस भी दी।

मुझे हमेशा से क्रिशन के साथ हुए मेरे सफ़र पर किताब भी लिखनी थी। मेरे सामने बहुत से ट्रेनर आए जो 15 दिन में किताब लिखकर पब्लिश करने की बात कर रहे थे। मैंने किताब लिखना शुरू कर दिया। 15 दिन में क्रिशन ने मुझे रोज़ सुबह चार बजे उठाकर किताब लिखवा दी। किताब अच्छी लिखी गयी थी। पर मुझे कुछ कमी लग रही थी। कुछ अधूरापन था। यूनिवर्सिटी में सिखाया गया था कि बुक को एक बार लिखने के बाद उसको कई बार पढ़ो। हर बार कुछ नयी कमी दिखेगी। उसको ठीक करो। और उसके बाद दूसरों का पढ़ा कर किताब के रिव्यू लो। मैंने यही करने का सोचा।

किताब में जगह-जगह भाव थे, इसलिए मैंने उसको मेरी मात्र भाषा हिंदी में ही लिखा। लेकिन लोग इंग्लिश में पढ़ना ज़्यादा पसंद करते है। इसलिए मैंने किताब के लिए ट्रान्स्लेटर ढूँढने शुरू कर दिए। कोई 50 हज़ार माँग रहा था, तो कोई 60 हज़ार। फिर इसके बाद एडिटिंग, प्रूफ़ रीडिंग और पब्लिशिंग के पैसे अलग। मेरे पास तो इतने पैसे थे ही नही। और किताब तो मेरा सपना थी। क्यूँकि एक प्रकार से ये मेरे हमसफ़र को मेरा आभार प्रकट करने का तरीक़ा था। इसकी मदद से मैं क्रिशन का संदेश उसके बाक़ी प्रेमियों तक भी पहुँचा पाती।

मैंने क्रिशन को कहा: देख, मैंने मेरा काम कर दिया। अब तू पैसे का इंतेज़ाम कर, तो किताब पर आगे काम किया जाए।

अगले ही दिन मेरे क्रेडिट कार्ड पर 3 लाख के लोन का ऑफ़र आ गया।

क्रिशन ने कहा: लोन ले लो।

मैंने कहा: कैसी बात कर रहा है तू? मरवाएगा? इतना पैसा कैसे उतारूँगी? अब तो कोई निवेश के पैसे भी नही आने।

क्रिशन ने कहा: किताब को बेचने से तो पैसे आएँगे ना, उतार देना।

मैंने कहा: नही। मुझे डर लग रहा है।

क्रश्न ने कहा: मैं हूँ ना। कब तक इस डर में जीयोगी? ख़त्म करो इसको अब।

अब जाकर मुझे क्रिशन का सारा खेल समझ में आने लगा। मैंने अब तक के सारे क़िस्सों को याद किया, और मैं समझ गयी कि इतने सालों से वो मुझे इस जगह लाने के लिए तैयार कर रहा था। **क्यूँकि डर को यदि हम नही मारेंगे, तो कभी भी डर, हमको मार देगा।**

मुझे पैसे देना क्रिशन के लिए कोई बड़ी बात नही थी। पर इससे मेरे अंदर छुपा डर नही मरता। ये तो तभी समाप्त होता जब, मेरे अवचेतन मन को ये यकीन आ जाता कि मुझमें अपना क़र्ज़ उतारने की क्षमता है। और अवचेतन मन को यक़ीन करने के लिए प्रमाण चाहिए होता है, जो जीवन में अनुभव करने से मिलता है!

अब ना तो क्रिशन का मुझ पर कोई दबाव था, ना मेरी कोई मजबूरी। जो था, वो मेरा ख़ुद का निर्णय। मुझे एक कठिन फ़ैसला लेना था कि मुझे लड़ना है इस डर से या नही।

क्रिशन के साथ सफ़र करते-करते इतना तो मैं समझ ही चुकी थी कि जब तक हम एक सबक़ को पूरा नही कर लेते, वो किसी ना किसी रूप में सामने आता ही रहेगा।

मैंने क्रिशन को कहा: मैं तेरे भरोसे ये क़र्ज़ ले रही हूँ। अब ये कैसे उतरेगा, मैं नही जानती। मुझे, मुझ पर तो विश्वास नही है, पर तुझ पर है। अब तू सब संभाल लेना।

क्रिशन ने मुस्कुरा कर कहा: मैं इस सफ़र पर तुम्हारे डर को मारने के लिए ले जा रहा हूँ, तुम्हें मारने के लिए नही।

मैंने भी मुस्कुरा कर कहा: पता है मुझे। ये सब तो ठीक है। लेकिन 3 लाख तो यूँ ही ख़त्म हो जाएँगे, फिर उसकी EMI मुझे हर महीने भरनी पड़ेगी। 5 लाख तक कर दे, ताकि कुछ वक़्त आराम से निकल पाए।

मैंने बैंक के लोन सलाहकार को बोला की कुछ करके 5 तक करा दो। उसने कहा कि ये तो क्रेडिट-कार्ड पर ऑफ़र है, इसमें वो कुछ नही कर पाएगा।

अगले दिन वो ऑफ़िस आया, और जब हमने अकाउंट देखा, तो 3 लाख का ऑफ़र चला गया था। और उसकी जगह 5 लाख का ऑफ़र था।

अब तो क्रिशन की लीला साफ़-साफ़ दिख रही थी। मुझे डर तो बहुत लग रहा था, पर क्रिशन का नाम लेकर मैंने लोन ले लिया।

मैंने लोन तो किताब के लिए लिया। पर किताब पर मुझे अभी काम करने की ज़रूरत लग रही थी। मैंने लोगों से रिव्यू लेने शुरू किए। सबने अपनी-अपनी समझ के हिसाब से रिव्यू दे दिया। किसी को ये स्पिरिचूअल बुक लगी, तो किसी को मोटिवेशनल। किसी को लगा की ये एक नारी के जीवन पर लिखी गयी किताब है। मैं ठीक से समझ नही पा रही थी, कि ये किताब किस श्रेणी में जाएगी और इसका क्या नाम रखा जाए?

मैंने किताब पर काम करना कुछ वक़्त के लिए रोक दिया। पर बैंक लोन की EMI शुरू हो चुकी थी। मुझे लगा कि कुछ भी करके आमदनी को बढाना होगा।

मैंने सोचा की क्यूँ ना ट्रेनिंग प्रोग्राम शुरू कर दूँ। जिनसे मैंने ट्रेन-द-ट्रेनर किया था, मैंने उनसे कोचिंग लेनी शुरू कर दी।

मैंने उनको बोला: सर, मेरे पास बस ये 5 लाख है, जिसमें से मुझे आपकी फ़ीस भी देनी है और बाक़ी सब भी सम्भालना है।

उन्होंने कहा: चिंता मत करो।

उन्होंने मुझे एक सेशन दिया और मेरे 5 सेमिनार की तारीख़ पक्की कर दी।

मैं तो उनके भरोसे चल रही थी। मुझे लगा कि ये तो प्रोग्राम करते रहते है, जैसा ख रहे है, इनकी बात मान लेती हूँ।

उन्होंने सब इंतज़ाम करने में मेरी मदद की, और जहाँ-जहाँ हो सकता है मेरे पैसे भी बचवाए। लेकिन इस सबके बावजूद मुझे हर एक सेमिनार 50 हज़ार का पड रहा था। और उनमें उतनी बुकिंग आ नही रही थी, कि सेमिनार का ख़र्च भी निकल जाए।

इधर से मेरा पुराना काम भी मैंने बंद कर दिया था, और मेरा महीने का ख़र्च दोगुना हो गया था।

मैंने सर को बोला: सर, कुछ रास्ता बताइए, इस तरह से तो मैं 5 प्रोग्राम भी नही कर पाऊँगी। पैसे ही ख़त्म हो जाएँगे, तो मैं आगे कैसे बढूँगी?

पर उनके पास अपने प्रोग्राम करने से फ़ुर्सत नही थी। वो हमेशा मुझे कह देते की शुरू में ख़र्च तो होता ही है। उसके बाद पैसा आता है। तुम और लोन ले लो।

मैंने कहा: और लोन? कौन देगा मुझे लोन? और मैं कैसे उतारूँगी इतना पैसा?

उन्होंने कहा: देने वाले बहुत बैंक है। ये तो इस बात पर निर्भर करता है का आपका सिविल स्कोर कैसा है?

मुझे उस दिन उनकी बातें कुछ अच्छी नही लगी। अगर उन्हें 5 लाख कम दिख रहे थे, तो शुरू में ही कह देना था। मुझे गुमराह करने की क्या आवश्यकता थी? या शायद, उनके पास उतना तजुर्बा ही नही था कि वो किसी के लाइफ़-कोच बन पाएँ! अधिकतर कोच आपको भ्रमित करने के लिए आपको अपनी छोटी सी कामयाबी को बढा-चढ़ा कर दिखाते हैं। चाहे ख़ुद किराए के मकान में रहते हो, आपके सामने ऐसी छवि प्रस्तुत करते है, जैसे कोई करोड़पति हो।

उनसे सेशन लेकर भले ही मुझे वो नही मिला, जिसके लिए मैं वहाँ गयी थी, किंतु ट्रेनर्ज़ का खेल ज़रूर समझ में आ गया।

मैंने कहा: जिस वक़्त की आप बात कर रहे है, वहाँ तक पहुँचने के लिए भी मुझे मैदान में टिके रहना होगा। पैसे ही ख़त्म हो जाएँगे, तो मैं आगे कैसे बढ़ूँगी?

जिस पर उन्होंने कहा: अपने लिए कोई सहभागी ढूँढ लो। तुम्हारी समस्या का समाधान हो जाएगा।

उनकी ये बात मुझे बिलकुल पसंद नही आती थी। क्रिशन मेरे आस-पास से सहारे हटा देता है, ताकि मैं अपने पैरों पर खड़े होना सीखूँ, और ये मुझे कह रहे थे की किसी का सहारा ढूँढ लो!

मैंने कहा: सर इतनी आसानी से कोई सहभागी कहाँ मिलता है? वैसे भी किसी पर यूँ ही विश्वास तो नही कर सकते? आप किसी को जानते हो तो बता दो।

उन्होंने कहा: सब मिलता है, आप इसके बारे में सोचोगी, तो मिल ही जाएगा।

मैं, जो ख़ुद को आत्मनिर्भर बनाने के लिए संघर्ष कर रही थी, मैं इतनी मूर्ख नही थी, कि अब ख़ुद को किसी के साथ यूँ हीं बाँध लूँ। मुझे समझ में आने लगा कि ये मेरी कोई मदद नही कर पाएँगे। इन्हें तो सिर्फ़ मुझसे पैसे चाहिए थे, जो इन्हें मिल गए है। वास्तव में इनमें एक अच्छे कोच के गुण विद्‌यमान ही नही थे। **एक अच्छा कोच हमें हमारी शक्तियाँ पहचाननी सिखाता है, ना की किसी और का सहारा ढूँढने का रास्ता दिखाता है।**

मैंने क्रिशन से कहा: क्रिशन, ये कहाँ फँसा दिया है तूने। इस तरह से हम आगे नही बढ़ पाएँगे।

मुझे किसी भी तरह से अपने महीने के ख़र्च कम करने थे, और सर कोई रास्ता ही नही दिखा रहे थे। मैंने अब तक 2 सेमिनार कर लिए थे। मैंने तय किया की एक सेमिनार कम कर देती हूँ। मेरे पास उतना ही पैसा बचा था।

इधर मैं अपनी उधेड़-बुन में थी, उधर क्रिशन ने अब अपनी लीला दिखायी। उसी समय पर कोरोना वाइरस फैल गया, और अब आगे कोई भी सेमिनार नही कर सकते थे। सरकार ने जनता को रिलीफ़ देने के लिए उनकी EMI आगे बढा दे। मेरे लिए तो ये सब किसी वरदान से कम नही था। मुझे रुक कर चीज़ों को दोबारा से निरीक्षण करने का मौक़ा मिल गया। मानो मेरे सर पर पड़ा सारा बोझ क्रिशन ने कुछ देर के लिए संभाल लिया हो।

अब मुझे साफ़-साफ़ समझ आ रहा था, कि मुझे क्या करना है। लेकिन क़र्ज़ उतारने की चिंता तो दिमाग़ में आ ही रही थी। इसी दौरान मेरे पास कोर्ट के कुछ काग़ज़ आए, जो मुझे मेरी बड़ी बहन ने भेजे थे।

जिसमें मेरे पिता ने मेरे भाई के ख़िलाफ़ एक प्रॉपर्टी पर केस डाला हुआ था। जिसका कभी भी फ़ैसला हो सकता था, और उसमें मुझे भी मेरा हिस्सा मिलता।

मेरे पिता की मृत्यु के बाद मेरी बड़ी बहन इस केस को लड़ रही थी, क्यूँकि योगेश ने उसको भी बहुत परेशान किया हुआ था।

ये ख़बर मेरे लिए एक राहत जैसी थी। मुझे पता चला कि ये केस मेरे पिता ने उसी समय डाल दिया था, जब वो मेरे केस में गवाही देने आए थे। मन को हल्की सी उम्मीद दिखी, कि क़र्ज़ उतर सकता है। पर ये सब कब मिलेगा, मिलेगा या नही, मैं नही जानती थी। मैं तो बस एक बात जानती थी कि सारे लोन मिलाकर लगभग 10 लाख रुपए चाहिए थे, और ये कहाँ से आएँगे, मुझे नही पता था।

डर भी अपना विकराल रूप लिए जा रहा था। मैं कुछ नही समझ पा रही थी। मैंने फिर से मन को स्थिर किया, और जिन लोगों के ज़रिए डर मुझ तक पहुँच रहा था, सबसे पहले उनसे बात करना बंद किया। उनको बोल दिया कि मुझे क्रिशन के साथ वक़्त बिताना है।

अब मैंने क्रिशन से कहा: मैं किसी का क़र्ज़ लेकर दुनिया से नही जाना चाहती। तेरे कहने पर मैं यहाँ तक आयी। तू प्लीज़ कुछ भी करके कोई रास्ता बना। तू मुझे कभी कुछ मत देना, पर ये क़र्ज़ उतरवा दे।

क्रिशन ने मुस्कुरा कर कहा: क्यूँ दुखी हो रही हो। मैं हूँ ना, सब संभाल लूँगा। चिन्ताएँ मुझे दे दो, और तुम निश्चिन्त होकर अपने काम करो। हम यहाँ डर को हराने आए हैं।

मैंने ख़ुद को फिर से अपने पुराने ज्ञान बाटने के काम पर लगा दिया। धीर-धीरे मेरे पास काम आने लगा। प्रिया ने भी लिबरेशन का तीसरा लेवल नही किया था, वो कर लिया। मेरे ऑफ़िस का भी सारा सामान बिक गया। घर बैठे-बैठे इतना काम आ गया कि मैंने थोड़ा-थोड़ा करके सबके पैसे वापस कर दिए। इतना ही नही, मेरे सामने वो लोग भी आ गए, जिनकी मदद से मैंने अपने नीचे गए ग्राफ़ को वापस से ऊपर उठा दिया। लॉक-डाउन के एक साल के अंतराल में ना सिर्फ़ मैंने ख़ुद को क़र्ज़ से मुक्त कर दिया, अपितु अब मेरे बैंक अकाउंट में भी पैसा दिखने लगा।

इस बार किसी से पैसे नही लिए, कोई गहने नही बेचे, कोई निवेश की रक़म भी नही आयी। इस बार तो मैंने अपने हुनर से ख़ुद को ये बताया कि मैं ये कर सकती हूँ। ये ख़त्म होते-होते मैंने ख़ुद में एक अलग क़िस्म का आत्मविश्वास पाया, जो इससे पहले कभी नही था।

वैसे भी मेरे पास काम तो क्रिशन ही भेजता है, और क्रिशन ही रोकता है। मुझे तो बस इतना जानना था कि मुझमें इतनी क़ाबिलियत है कि, क्रिशन की हर परीक्षा में उतीर्ण हो पाऊँ।

मैं अपने हमसफ़र को जितना भी धन्यवाद दे दूँ, वो कम है। वो मुझे समस्याओं में तो डालता है, लेकिन निकालता भी वो ही है। और हर बार जब मैं एक चुनौती को पार कर लेती हूँ, और ज़्यादा मज़बूत बन जाती हूँ।

क़र्ज़ लेने के हक़ में तो मैं पहले भी नही थी, और आज भी नही हूँ। फ़र्क़ बस इतना है, कि कल डर लगता था, आज डर नही लग रहा, समझ बोल रही है।

दोस्त, जहाँ तक हो सके अपने आप को क़र्ज़ से दूर ही रखो। फिर भी फँस ही जाओ, तो मन में पाप को ना आने दो। मुझे भी किसी ने सलाह दी थी कि ख़ुद को दिवालिया घोषित कर देना। पैसा देने से बच जाओगे।

लेकिन मैंने सोचा कि ये तो ग़लत बात है। इससे आप तो बच जाओगे, पर दूसरे इंसान का क्या, जिसने आप पर भरोसा किया? उसका तो नुक़सान हो जाएगा।

जब आपकी नीयत साफ़ होती है, तो ईश्वर आपका साथ देते है। बहुत से लोग क़र्ज़ में फँस जाने पर हार मानकर जान दे देते है। मैं आपसे बस इतना ही कहना चाहूँगी, की एक बार उस पर भी भरोसा कर लीजिए, जिसने आपको इस संसार में भेजा है। वो आपकी परेशानियों से अनजान तो नही है, केवल आपके कुछ सबक़ पूरे करा रहा है। उसके साथ मिलकर चलेंगे, तो उसकी योजनाओं को समझ जाएँगे, और समस्या अपने आप दूर हो जाएगी।

राधेकृष्णा

प्रश्न: क्या क़र्ज़ लेना चाहिए?

उत्तर: अपने जीवन के ख़र्चों को पूरा करने के लिए, या दिखावे के लिए कभी भी क़र्ज़ ना ले। व्यवसाय की उन्नति के लिए आप क़र्ज़ ले सकते है, वो भी अपनी उतारने की क्षमता से बढ़कर उधार मत लीजिए। यदि आप जितना ब्याज दे रहे हैं, उससे अधिक उस पैसे से कमाई कर रहे है, तो ठीक है...अन्यथा ये क़र्ज़ आपके लिए एक बोझ है। इससे ख़ुद को दूर ही रखिए। जहाँ तक हो सके, अपने पैसे से ही व्यापार को आगे बढ़ाइए।

ज्ञान के मोती

⇨ जब मन में तरह-तरह के नकारात्मक विचार आ रहे हो, तो ध्यान उन पर से हटा कर सकारात्मक पर लगाएँ।

⇨ कोई भी किताब, जिसमें लेखक आपनी आत्मा डालता है, वो 15 दिन में नही लिखी जा सकती। ये एक कला है, सभी कलाओं की तरह इसमें भी निपुण होने में समय लगता है।

⇨ आत्मविश्वास बढ़ाना है, तो आत्मनिर्भर बनना सीखो।

⇨ कभी उसको धोखा ना दे, जिसने आप पर विश्वास किया है। पैसे से कहीं बड़ा व्यक्ति का चरित्र होता है।

20

लोग क्या सोचेंगे?

सबसे बड़ा रोग - क्या कहेंगे लोग?

हममें से अधिकतर लोग चाहते है कि समाज हमें सम्मान दे और हमारे बारे में कोई ग़लत बात ना करे। इसलिए हमारे जीवन के अधिकतर निर्णय केवल इन लोगों को ध्यान में रखकर लिए जाते है। हम इन्हें ख़ुश करने के लिए एक बनावटी जीवन जीने लगते है, अंदर से भले ही नाख़ुश हो, लेकिन सबको ये ही दिखाते है कि हमारे जीवन में सब अच्छा है...क्यूँकि हम किसी के व्यंग का या अपमान का शिकार नही बनना चाहते...हमें लगता है कि हम समाज से कटकर नही रह सकते। कब हम इन सब लोगों को हमारा जीवन नियत्रित करने का अधिकार दे देते है, हमें पता ही नही चलता!

मैंने भी ऐसे बहुत सारे लोगों के हाथ में अपने जीवन का रिमोट कंट्रोल दिया हुआ था। पहले समाज में तमाशा बनने के डर से सब सहती रही पर सबको ऐसे दिखती थी की मानो मुझसे ज़्यादा सुखी इस संसार में कोई नही है। इस सच्चाई का सामना तो मैंने कर लिया था, लेकिन इससे भी बड़ा दूसरा डर था ... डिवॉर्स के बाद समाज में सर उठाकर जीना।

जिस समाज का में हिस्सा था, वहाँ डिवॉर्स को ग़लत माना जाता था। यदि आपके साथ बहुत ज़्यादा क्रूरता हो, तो फिर भी आपको डिवॉर्स लेने का अधिकार मिल जाता था, अन्यथा नही। इस पर यदि आपको आपका साथी छोड़ दे, तो समाज आपको स्वीकार लेता है......लेकिन आप छोड़ दो, तो नही स्वीकारता। आदर्श स्त्री उसको कहा जाता है, जो बच्चों के लिए अपना सम्पूर्ण जीवन त्याग दे। स्वतंत्र जीवन जीने वाली स्त्री को समाज चरित्रहीन समझता है। समाज आपको स्वीकार बेशक से लेता है, किंतु सम्मनपूर्वक जीवन नही जीने देता...बार-बार आपको अहसास दिलाता है कि आपके जीवन में बहुत बुरा हुआ है, इसलिए आपको दुखी रहना चाहिए!

इस समाज को ख़ुश करने के लिए मेरी कसिन, जिसके विवाह के एक हफ़्ते बाद ही उसके ससुराल वालों ने अपना असली चेहरा दिखा दिया था, किसी ने उसको डिवॉर्स नही लेने दिया। मेरी बुआ ने छोटी साई उम्र में पाती को खो दिया, किंतु किसी ने उनका दूसरा विवाह करने के बारे में नही सोचा! मेरे पिता को और योगेश को साफ़-साफ़ विशाल की ग़लती दिख रही थी, लेकिन डिवॉर्स के पक्ष में नही थे...फिर से वही समाज!

ऐसे में मेरे अंदर भी इस समाज को लेकर बहुत सारे डर थे। जिनकी वजह से मैंने सबसे अपनी असली पहचान छुपाना शुरू कर दिया। मैं सबको यही बताती की मैं अविवाहित हूँ। और सबको यक़ीन भी आ जाता था। लेकिन मन में एक डर भी रहता था कि किसी को पता चला, तो मेरे बारे में क्या सोचेंगे? मैंने इनसे झूठ क्यूँ बोला?

ये ज़िंदगी जीने का सही तरीक़ा नही था। मैं अपने ही एक हिस्से को स्वीकार नही कर रही थी। अपनी उपलब्धियों पर फक्र करने की बजाय उन्हें सबसे छुपा रही थी। जब मैंने कुछ ग़लत किया ही नही, तो मुझे डरने की क्या ज़रूरत थी? ग़लत करने वाले तो आराम से घूम रहे थे, और निर्दोष डर में जी रहा था! धीरे-धीरे मुझे ये तो समझ आने लगा कि मैं सही नही कर रही। मुझे अब इसका सामना कर लेना चाहिए। पर हिम्मत नही जुटा पा रही थी।

इसलिए क्रिशन अब मुझे इससे रिहा कराने के रास्ते पर ले गया। वो बार-बार मुझे ऐसी परिस्थिति में डालता, जहाँ मुझे अपने पुराने पहचानपत्र दिखाने पड़ते, और मैं डर जाती थी।

मैंने अपने सारे पहचान पत्र अप्डेट कर लिए थे। सिर्फ़ पासपोर्ट बचा था। मैंने सोचा की पास्पोर्ट को भी अपडेट करा देती हूँ, ताकि आगे के लिए कोई झमेला ही ना रहे। ऐसा सोचकर मैं पास्पोर्ट ऑफ़िस चली गयी।

मैं जिस बस में जा रही थी, मेरे साथ वाली सीट पर मेरी ही कालोनी की एक महिला थी। उनका नाम था वैदही। उसने बातों-बातों में बोला की मैं 5 बजे तक ख़ाली हूँ। कहो तो तुम्हारे साथ चलती हूँ। तुम वैसे भी यहाँ नयी हो।

मुझे वैदही के साथ जाने से तो कोई आपत्ति नही थी, पर एक बात तो परेशान कर ही रही थी, कि कहीं इन्हें पता ना चल जाए। फिर ये बाक़ी सबको भी बता देंगी।

वैदही एक टीचर थी। मैं उनके हाथ में अपने पेपर नही दे रही थी। लेकिन क्रिशन की माया के आगे मेरी कहाँ चलने वाली थी।

ग़लती से फ़ाइल नीचे गिर गयी और सारे काग़ज़ बिखर गए। उन्होंने मेरी मदद करने के लिए काग़ज़ समेटे। उसमें मेरे डिवॉर्स के भी काग़ज़ थे।

अब परिस्थिति ऐसी थी, कि मेरे ना चाहते हुए भी उन्होंने सब देख ही लिया था। लेकिन ना उन्होंने कुछ पूछा, ना मैंने कुच्छ कहा। इस तरह से बात आयी-गयी हो गयी।

कुछ दिन बाद वैदही मेरे घर आयी। तब मैंने पहली बार ख़ुद से हिम्मत करके उनको मेरा अतीत बता दिया।

वैदही ने कहा: मुझे पता है। मैं सिर्फ़ इसलिए चुप थी, क्यूँकि मुझे लगा की तुम बताना नही चाहती।

मैंने कहा: हाँ, लोग डिवॉर्स को सही नज़र से नही देखते, इसलिए मैं नही बताती।

वैदही ने कहा: किस ज़माने में जी रही तो तुम। आजकल कोई ऐसा नही सोचता। तुम तो बहुत बहादुर हो, जिसने इतनी हिम्मत दिखायी। एक मैं हूँ, जो कितनी बार डिवॉर्स के बारे में सोच चुकी, पर हिम्मत नही कर पाती। ग़लत तुम नही हो, तुम्हारे परिवार वाले है, जिन्होंने तुम्हारा साथ नही दिया।

वैदही की बातों से मुझे बहुत होंसला मिला। मुझे समझ में आ रहा था कि दुनिया में सब लोग वो नही है जो मेरे परिवार को सही और मुझे ग़लत बताते है। मुझे भी लोग समझते है। मेरे परिवार के लोगों ने मेरे दिमाग़ में जो भी बातें डाली थी, वो सब एक-एक करके ग़लत साबित होने लगी थी। और धीरे-धीरे मैं भी इनसे मुक्त होने लगी थी।

इसके बाद क्रिशन ने कहा, "प्रिया को अपने बारे में बताओ"।

मेरे सभी दोस्त और स्टूडेंट, जो मुझे पहले से जानते थे, उन सबको पता था। पर नए स्टूडेंट्स को बताने में डर सामने आ रहा था, और मुझे कह रहा था कि इसके बाद तुम इनकी नज़रों में अपना आदर खो दोगी। फिर कैसे जीवन चलाओगी?

लेकिन क्रिशन चाहता था कि अब इस सोच का भी सामना करके इसको जीत लिया जाए।

मन में घबराहट तो बहुत थी, पर कभी ना कभी तो ये करना ही पड़ता, तो आज ही क्यूँ नही? ये ही सोचकर मैंने प्रिया को सब बता दिया।

प्रिया ने कहा: दीदी, मैं हमेशा सोचती थी की आपकी तो शादी हुयी नही, क्या आप मेरी तकलीफ़ को समझ पाओगी। लेकिन आज आप मेरी नज़रों में बहुत ऊपर उठ गयी हो। मुझे गर्व है आप पर, की आपने इतनी कठिन परिस्थितियों का सामना अकेले किया। मैं तो ऐसा करने का सोच भी नही सकती।

आज मैंने एक और जीत हासिल कर ली थी। मुझे पता चल गया था, की मेरे स्टूडेंट तक इसको ग़लत नही मानते।

अब मैंने धीरे-धीरे अपनी शेल से बाहर आना शुरू किया, और लोगों को अपना सच बताने लगी। मुझे एक इंसान भी ऐसा नही मिला, जिसने मेरे अतीत के लिए मुझे ग़लत नज़र से देखा हो, या जज किया हो। इसमें मेरे बच्चों की उम्र के लोग भी शामिल थे। वो कहने लगे, की कैसे बच्चे है आपके, जो आपका साथ नही देते? उनकी माँ होने का मतलब ये तो नही है की आपकी अपनी कोई ज़िंदगी ही नही है!

इस तरह एक बात तो समझ में आ गयी, दुनिया इतनी बुरी नही है, जितना हमें डराकर रखने के लिए बताया गया है। जब तक ऐसी हर सोच को हम चुनौती नही देंगे, हम उनकी सच्चाई कैसे जानेंगे? जिस समाज की सोच को मैं मुझ पर हावी कर रही थी, वो तो मात्र मुट्ठीभर लोग थे, जिनका मेरे जीवन में काम ख़त्म हो चुका है। अब ये कभी नही आएँगे, और यदि कोई आएगा भी, तो मुझे उनकी सोच से ख़ुद को प्रभावित नही होने देना।

अब तक मैं उन्हें बता रही थी, जो मुझे थोड़ा बहुत जानते थे। लेकिन अब मैंने इस सच को छुपना बंद कर दिया। और अब इस सोच से सदा के लिए मुक्त होने का वक़्त आ गया था।

मुझे हमेशा से क्रिशन पर एक किताब लिखनी थी। लेकिन मैं ये सोचकर शुरू ही नही कर पा रही थी, की क्रिशन को तो मैं मेरे जीवन में ही दिखाऊँगी। मुझे

सारी दुनिया के सामने अपना सच बोलना पड़ेगा। जाने कौन इस बात को कैसे लेगा? कहीं इसका मेरे काम पर ना असर पड जाए?

क्रिशन ने कहा: ये भी सिर्फ़ एक ग़लत धारना है तुम्हारी। इसका भी सामना करके इसको ख़त्म करो।

मैंने कई लोगों को अपनी कहानी के बारे में बताया और उनसे जानना चाहा की उन्हें क्या लगता है, कि क्या मुझे किताब लिखनी चाहिए?

सबने कहा: बिना कुछ सोचे लिखनी चाहिए। आपकी कहानी और आपके अनुभव से जाने कितनों की मदद होगी। और इनमें से एक मैं भी हूँ।

2019 में मैंने किताब लिखनी शुरू कर दी। 15 दिन में मैंने इसको लिख डाला। लेकिन अभी भी मेरा डर मुझे आगे नही बढ़ने दे रहा था।

कोई कहता, "तुम्हारी कहानी में किसी को रुचि नही होगी। पहले ख़ुद को इतना ऊपर उठा लो, कि लोग तुम्हारे बारे में जानना चाहे"।

तो कोई कहता, "ये क्रिशन-व्रिशन की धार्मिक किताबों में किसी को रुचि नही होती"।

इनकी बातें मुझे आगे बढ़ने ही नही दे रही थी। ये तो सच है की मेरी कहानी में केवल क्रिशन है और मैं हूँ। मेरा तो कोई नाम है नही, और क्रिशन की बात शायद हर कोई सुनना नही चाहता। तो फिर इसका मतलब, ये कहानी कभी दुनिया में नही आएगी?

क्रिशन ने कहा, "ज़रूरी नही है की जिसका नाम हो, वो किताब लिखे। कुछ लोग किताब लिख कर नाम कमा लेते है। जिन्हें क्रिशन के बारे में जानना है, वो तो पुस्तक ख़रीदेंगे ही, जिन्हें नही जानना, वो हमारे श्रोता नही है। उनके बारे में क्यूँ सोच रही हो?"

मैंने कहा: लेकिन क्रिशन, ऐसा तो कुछ ख़ास है नही इस कहानी में, जिसे कोई पढ़ना चाहे?

(मैं ख़ुद ही अपने रत्नों का मोल नही समझ पा रही थी।)

क्रिशन ने कहा: ये कहानी एक सच है। क्या इतना काफ़ी नही है? एक जीवन में किसी ने ख़ुद को मुक्ति दिला दी, क्या ये छोटी बात है?

फिर क्रिशन ने मेरे जीवन में कुछ और लोग भेजे जिन्होंने मुझे इस कहानी को ठीक तरह से प्रस्तुत करने का रास्ता दिखाया। मैं जब किसी को काउन्सिल करती, मुझे लगता की यदि ये मेरी किताब पढ़ ले, तो इसकी समस्या का समाधान इसको मिल जाएगा।

अब मैंने तय किया की किताब में और ज्ञान डाला जाए। इसे सबके लिए और उपयोगी बना दिया जाए। आख़िरकर ये मेरा मास्टरपीस है, और मास्टरपीस एक बार ही बनता है।

इस प्रकार से ये पुस्तक मेरी पहचान दुनिया के सामने पूरे तरीक़े से खोल रही है। और आज मुझे वास्तव में इस बात से कोई फ़र्क़ नही पड़ता की कोई क्या सोचता है। मेरे लिए ये केवल मेरे सफ़र का एक पड़ाव था, जिसे मैं सफलतापूर्वक पार कर चुकी हूँ।

मैंने किताब सिर्फ़ उनके लिए लिखी है, जो कहीं ना कहीं मेरे जैसा सफ़र कर रहें है। या **जिन्हें क्रिशन ये बताना चाहता है की "वो इस दुनिया में है, और सच्चाई का साथ देने ज़रूर आता है। बुराई चाहे कितनी ही बड़ी हो, अच्छाई से छोटी ही है।"**

क्रिशन मुझे समझा चुका है, "हर इंसान अपनी प्रवृति के हिसाब से सोचता है। उसको ना तो तुम और ना ही मैं बदल सकता हूँ। जब भी तुम कोई काम करोगी तो कुछ लोग तुम्हारा समर्थन करेंगे, कुछ लोग विरोध। अपना ध्यान उन पर लगाओ, जो तुम्हारे साथ है, तुम्हें एक मार्गदर्शक की तरह से देख रहे

है। समाज का क्या है, ये तो जगह, समय और शिक्षा के हिसाब से बदलता रहता है। तुम वो करो जो एक आत्मा को करना चाहिए।"

आगे क्रिशन ने कहा: ये केवल एक कहानी है, तुम्हारे अतीत की। ये तुम नही हो। तुम तो इससे बहुत आगे जा चुकी हो। अतीत ख़त्म हो चुका है, और जो ख़त्म हो चुका है, यदि कोई अभी भी तुम्हें वहाँ रखकर देखता है तो ये उसकी अज्ञानता है। जीवन के सफ़र में जाने कितने पड़ाव आएँगे, लेकिन तुम्हारी पहचान केवल एक ही रहेगी - शुद्ध आत्मा। इसके अतिरिक्त सब पहचाने एक दिन ख़त्म हो जाएँगी।

वास्तव में, मैंने एक जीवन में बहुत से जीवन जी डाले। पल-पल में मेरी चेतना बदल जाती है। इसका बहुत तेज़ी से विकास हो रहा है। और मेरी ही नही, हर मनुष्य की चेतना में बदलाव आ रहा है। ऐसे में यदि हम किसी को उसके अतीत से ही पहचान रहे है, तो ये सही नही है।

इस किताब को लिखने से पहले मैंने हर जगह इस बात का विशेष ख़याल रखा की मेरी वजह से विशाल को या अन्य किसी की आत्मा को दुःख ना पहुँचे। इसलिए मैंने सभी पात्रों के नाम भी बदल दिए।

सबको जीवन में आगे बढ़ने का अवसर मिलना चाहिए। आत्मा तो सभी की शुद्ध है, मैले तो उसके आवरण होते है, जिन्हें व्यक्ति कभी भी साफ़ कर सकता है। और संसार में कौन ग़लती नही करता? क्या इसका ये अर्थ है, की उस इंसान को सदा के लिए ग़लत मान लिया जाए, उससे घृणा की जाए और उससे उसकी ग़लती को सही करने के अवसर ही छीन लिए जाएँ?

मैं तो विशाल का और उसके माता-पिता का दिल से धन्यवाद अदा करती हूँ की इन्होंने मेंरे इस कठिन सफ़र में बच्चों की ज़िम्मेदारी ख़ुद पर लेकर मेरे पहले से कठिन सफ़र को और कठिन बनने से बचा लिया। उनकी इसके पीछे चाहे जो भी मंशा रही, किंतु अनजाने में इन सबनें मेरी बहुत बड़ी सहायता की है, जिसके लिए मेरी आत्मा दिल से इन सबको दुआ देती है।

इसी प्रकार से मेरे सभी परिवारजन, यदि वो मुझे लड़ने के लिए अकेला ना छोड़ते, तो मैं ना तो क्रिशन से इस तरह से जुड़ पाती, और ना ही कभी अपनी खोयी हुयी शक्तियाँ ही वापस पा सकती थी। मैं बच्चों के मोह में इस प्रकार से फँसी थी कि निर्णय ही नही ले रही थी। यदि बच्चों ने ख़ुद मुझे ना छोड़ा होता, तो मैं कभी अपने सफ़र में आगे ना बढ़ पाती। इस प्रकार से उन्होंने भी मेरी बहुत बड़ी मदद की है।

उनका कर्म कितना सही है, कितना ग़लत, इस बात का फ़ैसला क्रिशन करेगा। मेरा काम है, अपने कर्म को सम्भालना। और मेरा कर्म कहता है, सबके लिए अच्छा सोचो, और उनके अच्छे की कामना करो।

जीवन में जो हो रहा है, यदि उसको हम ईश्वर की मर्ज़ी जान ले, तो आप देखेंगे की आपके जीवन की हर एक घटना के पीच्छे एक बड़ा उद्देश्य है।

राधेकृष्णा

प्रश्न: क्या सच का सामना करने से डर लगता है?

उत्तर: याद रखिए, झूठ को जीने से बेहतर है, सच को जीना। आपको जीवन में हमेशा कुछ लोग ऐसे मिलेंगे जो आपका समर्थन करेंगे, कुछ विद्रोह। आप विद्रोह करने वालों के डर से अपने सच को जीना बंद नही कर सकते! जितना आप निर्भय होंगे, उतना खुलकर जीवन को अनुभव कर पाएँगे।

ज्ञान के मोती

⇨ जब तक हम किसी चीज़ से भागते है, तब तक वो चीज़ हमारे पीछे-पीछे भागती रहती।

⇨ पूर्ण स्वतंत्रता तभी है, जब मानसिक स्तर पर भी किसी की बातों का आप पर कोई प्रभाव ना पड़े।

⇨ जब आप सही है, तो आपको किसी की सोच से प्रभावित होने की आवश्यकता नही है।

⇨ जब तक आप अपनी ग़लत धारणाओं को चुनौती नही देंगे, आप कभी उनका सच नही जान पाएँगे। और ये यूँ ही आपके जीवन को नियंत्रित करती रहेंगी।

⇨ मनुष्य की वास्तविक पहचान केवल एक ही है कि वो एक आत्मा है। बाक़ी पहचान तो उसके इस संसार में अभिनय के हिसाब से बदलती रहती है।

⇨ चेतना बदल जाने पर व्यक्ति भी बदल जाता है, ऐसे में उसको उसके अतीत से जज करते रहना सही नही है।

⇨ जीवन में जो हो रहा है, यदि उसको हम ईश्वर की मर्ज़ी जान ले, तो आप देखेंगे की आपके जीवन की हर एक घटना के पीच्छे एक बड़ा उद्देश्य है।

भाग 5

आध्यात्मिक सफ़र का आरम्भ

ये संसार, जिसमें हम सब रहते है, इसके सब नियम क़ानून आत्मा से बन्धे है। जब हम आत्मा को भूलकर ख़ुद को मात्र एक भौतिक शरीर जान लेते है, तब हम आत्मा से दूर हो जाते है। जो हमें करना चाहिए, वो करते नही - और

जो नही करना चाहिए, उसको करते जाते है। नतीजा ये होता है कि हम बहुत सारे कर्म बना लेते है।

जब आत्मिक ज्ञान नही होता, तो कर्मों से मुक्ति भी असम्भव हो जाती है। और धीरे-धीरे ये कर्म हमारे जीवन को अनगिनत दुखों से भर देते है।

इसी प्रकार से यदि हम संसार त्याग कर अध्यात्म के नाम पर केवल ईश्वर की ही सेवा करते रहेंगे, तो भी कर्मों से मुक्ति सम्भव नही है। एक ना एक दिन इस कर्म भूमि में उतरना ही पड़ेगा। ये प्रकृति का नियम है की जहाँ कर्म बने है, वहीं ख़त्म होंगे।

इन सब बातों का ज्ञान मेरे हमसफ़र को पहले सा था। इसलिए सबसे पहले उसने भौतिक स्तर पर मेरी बेड़ियाँ खुलवाकर मुझे मुक्त किया, फिर मानसिक स्तर पर, और अब समय था आत्मा के कोशों में आए एक-एक विकार को नष्ट करने का, और आपनी आत्मा की शक्तियाँ वापस पाने का, जिसे मैं अपने पूर्व जन्मों में खो चुकी थी।

मैंने क्रिशन को कहा: क्रिशन, मुझे पता है कि पैसा, नाम, शोहरत, सम्पत्ति, रिश्ते - ये सब तो तू मुझे कभी भी दे देगा। ना मुझे इन सबका मोह ही है। बस तुझसे एक विनती है, कि **जब तक मैं संसार की इस माया से पूरे तरीक़े से मुक्त ना हो जाऊँ; जब तक संसार की हर वो चीज़, जो मुझे तुझसे दूर ले जाने की शक्ति रखती हो - मुझे ये सब मत देना।**

क्रिशन ने मुस्कुरा कर कहा: फ़िक्र ना करो, मैं तुम्हें मुझसे दूर नही जाने दूँगा। इस सफ़र पर तो हम केवल अपनी खोयी हुयी शक्तियाँ वापस लेने जा रहे है, ताकि तुम ख़ुद को सम्पूर्ण कर पाओ।

और यहाँ से हमारा अगला सफ़र शुरू हो गया। जिसको मैंने अलग-अलग क़िस्सों के ज़रिए आप तक पहुँचाया है।

राधेकृष्णा

21

बाँसुरी की चाहत

क्रिशन को बाँसुरी बहुत प्यारी है। क्यूँकि बाँसुरी की लकड़ी अंदर से खोखली होती है, जिसमें से हवा आराम से गुज़र सकती है। और तरह-तरह के सुर निकाल पाती है। इसलिए बाँसुरी बनाने के लिए बैम्बू की लकड़ी का इस्तेमाल किया जाता है। अब अगर इस बैम्बू में मिट्टी भर जाए, तो ये बाँसुरी बज नहीं पाती।

जब मैं स्काटलैंड में थी, और अपने रीसर्च प्रोजेक्ट पर काम कर रही थी, तो क्रिशन ने मुझे कहाँ," गीता का ज्ञान दो।"

मैंने कहा: गीता का ज्ञान मैं दूँ? ये क्या बोल रहा है तू? कुछ भी बोल देता है?

उसने कहा: क्या ग़लत कह रहा हूँ? तुम गीता के श्लोकों का अर्थ अच्छे से समझा सकती हो। मैं बस इतना ही तो करने को कह रहा हूँ।

मैंने कहा: गीता समझ में आना और किसी को समझाना, दो अलग बातें होती है।

क्रिशन ने फिर से कहा, मैंने फिर से मना कर दिया। इस बार मैंने कोई और बहाना बनाया।

मैंने कहा: मेरे प्यारे भाई, ये जो पोस्ट-ग्रैजूएशन का पहाड़ आपने मेरे सर पर डाला है, ये अभी उतरा नही है। मालूम है ना तुझे, प्रोजेक्ट बनाना बाक़ी है। और मुझको वो नही बनाना आता। मैं गीता पढ़ाऊँगी, तो प्रोजेक्ट कौन बनाएगा?

क्रिशन ने कहा: उसकी फ़िक्र मत करो। वो बन जाएगा।

मैंने कहा: वाह, अपने आप बन जाएगा?

उसने मुझे कहा: तजीत मदद कर देगी।

तजीत मेरी बहुत अच्छी दोस्त थी। वो मुझे ज्योतिष की विद्या प्राप्त करते हुए मिली थी। वहीं से हम दोनो के बीच बहुत गहरी दोस्ती हो गयी, और तबसे हम एक-दूसरे के अच्छे दोस्त है। तजीत मन की बहुत साफ़ है, और हमेशा मदद के लिए तत्पर रहती है।

मैंने कहा: तजीत के पास इतना समय नही है। वो भी काम करती है।

क्रिशन ने कहा: वो देखना मेरा काम है।

मैं कुछ भी करके इससे बचना चाहती थी, इसलिए कभी कुछ तो कभी कुछ बहाना बना रही थी। उधर से क्रिशन भी मुझे किसी तरह से छोड़ नही रहा था।

मैंने कहा: अच्छा, वैसे ये सब मुझे किस को समझाना है? कौन मुझे सुनने वाला है?

क्रिशन ने कहा: फ़ेस्बुक पर ग्रुप बनाना है, और वहाँ श्लोकों के अर्थ लिखने है।

ये तो और भी बड़ी मुसीबत थी। पब्लिक के बीच में जाने का तो मुझमें आत्मविश्वास ही नही था। कोई आवाज़ डराती थी ये कहकर, कि लोग मेरा मज़ाक़ बनाएँगे। मुझ पर हँसेगे।

बच्चे के आत्मविश्वास में माता-पिता की भूमिका

मेरे केस के दौरान, मेरे पिता को जब मैंने बताया था कि मुझे गीता समझ में आ गयी है, तो उन्होंने मेरा मज़ाक़ बनाया था।

उन्होंने मुझे कहा था, "गीता को समझना तेरे जैसों के बस की बात नहीं है, बहुत तपस्या करनी पड़ती है इसके लिए, तब

जाकर समझ में आती है, और तुझे लगता है कि तुझे एक बार पढ़कर समझ में आ जाएगी?

ख़ुद को सही साबित करने के लिए उन्होंने मेरा टेस्ट भी लिया। उन्होंने मुझसे आत्मा के पाँच कोशों के बारे में पूच्छा। मुझे तो सब पता ही था, मैंने बता दिया। फिर भी उन्होंने इस बात को नहीं माना की मुझमें भी ज्ञान आ सकता है!

किसी भी बच्चे का मनोबल बढ़ाने वाले उसके माता-पिता एवं परिवार के सदस्य होते है, यदि वहीं आपका मनोबल बनाने की बजाए तोड रहे हों, आप पर विश्वास दिखाने की बजाए आपके ख़ुद पर बने विश्वास को भी आघात कर रहे हों, तो दुनिया के सामने तो आत्मविश्वास ख़ुद ही कम हो जाएगा!

मैं पब्लिक के सामने जाकर अपनी जग-हँसाई के लिए बिलकुल भी तैयार नहीं थी। इसलिए इस परिस्थिति से बचना चाह रही थी। वैसे भी मैं कोई लेखिका तो थी नहीं, जिसे बहुत अच्छे लेख लिखने आते हो।

मैं क्रिशन को अनसुना करके अपना प्रोजेक्ट बनाने में लगी गयी।

एक दिन की बात है। रात का समय था और मैं अपना काम कर रही थी। अचानक से एक बहुत तेज़ शक्ती का प्रवाह मेरे अंदर हुआ।

क्रिशन ने मुझे फिर से कहा, "फ़ेस्बुक पर ग्रुप बनाओ"।

वो इतनी प्रभावशाली शक्ति थी कि मैं उसको अनसुना नहीं कर पायी और मैं उसी वक़्त ग्रुप बनाने लगी।

इधर मैं ग्रुप बनाकर उसमें मेम्बर इकट्ठा करने लगी, उधर उन्होंने मुझे अपनी शुभकामनाएँ देना शुरू कर दिया और कहने लगे कि आप बहुत अच्छा काम कर रही हो।

मेरे प्रश्न, क्रिशन के उत्तर

मेरी हालत अब उस कलाकार जैसी थी, जो मंच पर खड़ा था, पब्लिक उसके प्रदर्शन की प्रतीक्षा

कर रही थी, और सोच रही थी की ये अच्छा प्रदर्शन देगा, और कलाकार को पता ही नहीं था की उसको क्या और कैसे करना है!

फिर क्रिशन ने मुझसे पूछा: क्या हुआ? परेशान हो? क्या डर सता रहा है?

अब मैंने बताना शुरू किया।

मैंने कहा: देख क्रिशन, समझने की कोशिश कर

1. मैंने पहले कभी ये काम नहीं किया।
2. लोग मुझे जज करेंगे, और मैं ये नहीं चाहती।
3. मेरी इंग्लिश इतनी अच्छी नहीं है कि मैं इतने सारे लेख लिखूँ।
4. मेरे लेखों में कोई रुचि लेगा और उन्हें पढ़ेगा, ऐसा मुझे नहीं लगता।
5. मैं सब श्लोक नहीं समझा पाऊँगी।

तो फिर मैं क्यूँ लिखूँ? क्यूँ वक़्त भी बर्बाद करूँ? और प्रोजेक्ट भी तो बनाना है ना! नही बनाया तो डिग्री कैसे मिलेगी?"

अब क्रिशन ने उत्तर देने शुरू किए:

1. मुझे तुम पर यक़ीन है कि तुम ये कर सकती हो। और मैं जानता हूँ कि मेरा यक़ीन ग़लत नहीं है। हर काम कभी ना कभी तो पहली बार किया जाता है। समझ लो, आज ये तुम्हारा पहला क़दम है।
2. जिसको जज करना है, वो तो करेगा ही। ये उसका काम है। तुम ऐसे लोगों की परवाह करके इनकी सोच नही बदल सकती, अपितु इनकी तरफ़ ध्यान ना देकर इनकी सोच का दुशप्रभाव ख़ुद पर होने से रोक सकती हो। तुम जीवन में चाहे कितना ही अच्छा काम क्यूँ ना कर लो, कोई ना कोई तो कमी निकालने आ ही जाएगा। तो क्या तुम इनके लिए अपना काम करना बंद कर दोगी?

याद रखो तुम सबको ख़ुश नही कर सकती। ये सम्भव ही नही है। मैं तक सबको ख़ुश नही कर पाता। कहने वाले मेरे तो लिए भी बहुत कुछ ग़लत बोलते है। तो क्या मैं उनके डर से अपनी प्रतिभा को छुपा दूँ? तुम जीवन में कुछ भी कर लो, हमेशा कुछ लोग तुम्हारा विरोध करेंगे, कुछ साथ देंगे, और कुछ तुम्हें अनदेखा कर देंगे।

3. रही बात इंग्लिश की, तो तुम्हारी इंग्लिश में कोई कमी नहीं है। मत भूलो की तुमने बिना किसी की मदद के 3 सबजेक्ट में डिस्टिंक्शन ली है। और ये सब इंग्लिश में ही तो थे। ये कोई छोटी बात नहीं है। मुझे तो तुम पर गर्व है।

   वैसे भी तुम्हें कोई इंग्लिश का मुक़ाबला तो करना है नहीं। एक साधारण भाषा में, जिसे आम इंसान समझ पाए, गीता के श्लोकों का जीवन में क्या अर्थ है, ये समझना है। और ये तो तुम कर ही सकती हो।

4. रही बात लेख कौन पढ़ेगा? जिसको इनकी ज़रूरत है, वो इन्हें ढूँढकर पढ़ ही लेगा। और कोई ना भी पढ़े, तो मैं पढ़ूँगा। मेरे लिए लिखो। समझ लो की तुम्हारे भाई के ये चाहत है।

अब अगर तुम मुझसे प्रेम करती हो, तो मेरे लिए लिख दो!

आख़िर क्रिशन ने भी अपना ब्रहमास्त्र चला ही दिया। उसको बहुत अच्छे से पता था कि उसके प्रेम के लिए तो मैं कुछ भी कर दूँगी।

आख़िरकर मैंने हाँ कर ही दी।

क्रिशन ने कहा: योगानंदा जी की “God talks with Arjuna” को आधार बनाकर समझाओ।

ये तो मुझ पर एक और पहाड़ टूटने जैसा था। उस किताब की इंग्लिश बहुत कठिन थी और उसमें लिखे शब्दों को समझने के लिए मुझे डिक्शनरी लेकर बैठना पड़ता था।

मैंने कहा: इस तरह से तो मैं 4 साल में भी इसे पूरा नहीं कर पाऊँगी।

क्रिशन ने कहा: फ़िक्र मत करो, मैं एक साल में पूरा करा दूँगा।

आख़िरकार मेरी एक नही चली, और मैंने लेख लिखने शुरू कर दिए। उधर से तजीत ने भी मेरे प्रोजेक्ट पर मेरे साथ काम करना शुरू कर दिया था।

अब क्रिशन ने मेरा मार्गदर्शन करना शुरू कर दिया। अगर मैं किसी श्लोक को समझा नहीं पाती थी, तो वो उस श्लोक को मेरे जीवन की किसी घटना में रखकर पहले मुझे समझाता था, फिर मैं उसको आसानी से लिख देती थी।

किसी की प्रतिक्रिया से ख़ुद को प्रभावित ना होने दें

इस सफ़र में मुझे तरह-तरह के लोग दिखे। कुछ लोग रोज़ मेरे लेख पढ़ते, पर कभी लाइक नहीं करते, कुछ पढ़ते या नहीं पढ़ते, पर हर लेख को लाइक करते। कुच्छ ऐसे लोग भी जुड़े, जिनमे सच में ज्ञान की परख थी, जब ये लोग मेरे हर लेख को बारीकी से पढ़ते और उस पर चर्चा करते, तो मुझे भी बहुत अच्छा लगता था।

कोई मेरे काम को सराहे या ना सराहे, मैंने इसकी परवाह करना बंद कर दिया और चुपचाप ईमानदारी से अपना कर्म करती रहती थी।

इस तरह एक साल में ये काम पूरा हो गया और आख़िर तक पहुँचते-पहुँचते मुझे समझ में आ गया कि, गीता को तो मैं जी चुकी हूँ। और शायद यही क्रिशन मुझे बताना चाहता था कि, गीता किताब में नहीं, सबके जीवन में है।

किसी और का लिखा ज्ञान समझना मुश्किल होता है, किंतु जिस ज्ञान को आपने जी ही लिया, अब उसमें क्या मुश्किल बचा है? ज्ञान वेदों में या भाषा

में नहीं है, ये सब तो केवल ज्ञान तक पहुचने के माध्यम है। असली ज्ञान तो जीवन देता है, और इसे समझने में कोई नहीं, हमारी ख़ुद की आत्मा, हमारा क्रिशन रूप हमारी मदद करता है। ज्ञान का आपकी पढ़ाई, आपकी डिग्री से भी कोई लेना देना नहीं है, ये तो आपकी चेतना में आया एक बदलाव है।

> *हर वक़्त पैसा कमाने का नही होता*

इस एक साल ने मुझे मेरे भूले हुए स्वरूप से मिलवा दिया। जो वक़्त काम पर ध्यान देने का था, मैं तब गीता पढ़ा रही थी। मेरे पैसे वहाँ रहकर दिन-प्रतिदिन ख़त्म होते जा रहे थे, पर मैं क्रिशन की दिखायी राह पर चल रही थी।

मेरी ज़रूरत लायक काम और पैसा तो क्रिशन मुझे हर जगह ही दे देता था, पर यदि मैं ये कार्य तब ना करती, तो कभी भी अपनी ज्ञान की शक्ति को पहचान नहीं पाती। हमेशा ख़ुद के ज्ञान को दूसरों से छोटा जानकार, संसार में धोखे खाती रहती। अपने ही अंदर छुपे ख़ज़ाने से अंजान रह जाती।

हमारा पैसा कमाने पर इतना ज़्यादा ध्यान रहता है, कि हम ये भूल जाते है, की हर वक़्त पैसा कमाने का नही होता, पैसा कमाने के लिए जिन चीज़ों की ज़रूरत है, उसको भी वक़्त देना पड़ता है।

दोस्तों, मैंने यदि तब ये वक़्त ना दिया होता, तो आज मैं ये पुस्तक नही लिख रही होती। एक मशीन की भाँति पैसा कमाने और ख़र्च करने में लगी होती।

क्रिशन मेरे सामने उन लोगों को लाकर भी खड़ा कर रहा था, जिन्हें किताबों का बहुत ज्ञान था। मेरे पास किताबी ज्ञान नही था, व्यहवारिक ज्ञान था। और उनके पास व्यहवारिक ज्ञान नही था, किताबी ज्ञान था। क्रिशन मुझे उनसे तर्क-वितर्क करवाता था, और हर बार मैं जीत जाती थी।

इसके बाद मैंने पूरी बाइबल भी इसी तरह समझाई। जीसस के साथ तो मैं बचपन से ही बहुत अपनापन महसूस करती थी। चर्च की तरफ़ मैं हमेशा से बहुत आकर्षित होती थी। लेकिन मुझे वहाँ जाने को नही मिल पाता था। मैं धर्म से एक हिन्दू थी, इसलिए जीसस के बारे में ज़्यादा कुछ नही जानती थी। पर उनकी तरफ़ बहुत खिंचाव महसूस करती थी।

मेरे हर हीलिंग के शक्तिपाथ में मैंने क्रिशन के साथ जीसस को भी देखा।

जीसस ने मुझे शैतान और ईश्वर के बीच के फ़र्क़ को बहुत बारीकी से देखना सिखाया। कब शैतान ईश्वर के रूप में आकर हमें भ्रमित कर जाता है, ये भी सिखाया।

जो तीन परीक्षाएँ उन्होंने दी थी, मुझसे भी दिलवाई।

1. **इंसान का शरीर केवल भोजन पर नही चलता। उसके पास मन की और आत्मा की ऐसी शक्ति है कि वो यदि एक बार ख़ुद को ये यक़ीन दिला दे कि उसको तृप्ति हो गयी है, तो वास्तव में भूख उसका कुछ नही बिगाड़ सकती।**

जीसस ने मुझे अपनी इन शक्तियों को पहचानना सिखाया, और यही वजह थी कि, मैं अकेले लड़ती रही, पर टूटी नही। क्यूँकि मेरे अंदर की क्रिशन शक्ति जागृत हो चुकी थी।

पेट की भूख के आगे वो झुकते है, जिनकी आत्मिक शक्ति कमज़ोर होती है। मैंने भविष्य की फ़िक्र किए बिना अपना सब दाव पर लगा दिया, किंतु बुराई के आगे कभी अपना सिर नही झुकाया।

2. **चाहे सारा संसार भी ईश्वर के बदले में मिले, तो मना कर दो। आत्मा से बड़ा धन कुछ नहीं है।**

योगेश ने मुझे प्रलोभन दिया कि यदि मैं डिवॉर्स ना लूँ और पहले की तरह सब चलने दूँ, तो वो मुझे दो करोड़ रुपए देगा। जिसको मैंने उसी वक़्त मना कर दिया। मैंने उसको कहा कि मुझे दो करोड़ नही मेरी आज़ादी ज़्यादा प्रिय है।

जिस आत्मा में ईश्वर रहते है, यदि वो ही मर गयी, तो संसार का पैसा किस काम का? आत्मा को बेचकर दुनिया में नाम कमा भी लिया तो किस काम का? मेरे जीवन के अनुभवों ने मुझे बताया की संसार में ईश्वर के प्रेम और उनके साथ से ज़्यादा क़ीमती कुछ भी नही है। **इस संसार के रिश्ते, नाम, शौहरत, पैसा सिर्फ़ तभी अच्छा लगता है, जब इसमें ईश्वर का साथ हो। ईश्वर के बदले में जो ये सब पाना चाहे, उससे बड़ा दरिद्र कोई नही हो सकता।**

संसार की माया बार-बार हमें भ्रमित करती है। इंसान बुराई की तरफ़ या तो दरिद्रता में जाता है, या अभिमान में, और या फिर अधिक नाम और सम्पत्ति आ जाने पर।

पर मैं तो ये सब छोड़कर ईश्वर के पास आयी थी, तो ये प्रलोभन मुझे कहाँ बाँध पाते!

ये थे मेरे स्पिरिचूअल टेस्ट। जहाँ मैंने ईश्वर को संसार की हर दौलत के ऊपर रखा। मैंने संसार के सुख पाने के लिए ईश्वर को नही छोड़ा, अपितु ईश्वर के लिए भौतिक सुखों का त्याग कर दिया।

3. **ईश्वर केवल अपने भक्त के प्रेम में ख़ुद को दिखाते है। किसी अविश्वासी को अपने होने का प्रमाण देने वो कभी नही आते है। इसलिए शैतान के लिए ईश्वर को परखने की भूल मत करो।**

   ईश्वर तक पहुँच केवल एक सच्चे भक्त की है, जिसका मन निश्छल हो। ईश्वर से आपका प्रेम निजी है, जब भी आप संकट में होंगे, तो ईश्वर आएँगे। किंतु अपने दिव्य प्रेम का प्रदर्शन दुनिया के आगे करने की कोई ज़रूरत नही है। **जिसे विश्वास है, उसे प्रमाण देने की ज़रूरत नही है; और जिसे विश्वास ही नही है, उसके लिए हज़ार प्रमाण भी बेकार है।**

   मैं ये पुस्तक भी कुछ प्रमाणित करने के लिए, या ख़ुद को महान दिखाने के लिए नही लिख रही हूँ। मैं तो ईश्वर की इच्छा को पूरा करने के लिए आपको केवल एक सफ़र दिखा रही हूँ, जिसे मैंने तय किया है। ताकि आपको भी आपके सफ़र में मदद मिल जाए।

   ईश्वर की तरफ़ पहला क़दम तो आपको ही लेना होगा, वो भी उन पर विश्वास करके। आगे एक क़दम वो बढाते है, एक आप। और फिर एक वक़्त आता है, जब मन में से सब शंकाएँ दूर हो जाती है। आप जान जाते है, की ईश्वर तो है, और सही वक़्त होने पर वो ख़ुद ही ख़ुद को दिखा देंगे। यदि पहले क़दम पर ही आप प्रमाण माँगेंगे, तो आपको ईश्वर नही दिखेंगे। आपको आपकी भक्ति, आपके प्रेम का प्रदर्शन किसी के सामने करने की ज़रूरत नही है। याद रखिएगा, ईश्वर केवल अपने भक्तों के प्रेम में आते है।

जीसस ने मुझे सिखाया कि जब ईश्वर आँखों से दिखने बंद हो जाएँ, तो मन की आँखें खोलकर ईश्वर को देखो। जिसने ये सीख लिया, अब उसको किसी भी शैतान का, या माया का डर नही है।

जब ईश्वर आँखों से ना दिखें, तो मन की आँखों से देखो

ये संसार एक माया है। ईश्वर ख़ुद को भक्त से नही छुपाते, वो तो उसको बार-बार अपना स्वरूप दिखाते है, किंतु माया भ्रम के बादल में ईश्वर को छुपा देती है। जब परिस्थितियाँ कठिन हो, और ईश्वर की सबसे ज़्यादा ज़रूरत हो, तभी माया ये खेल खेलती है।

ये ही वो वक़्त होता है, जिसमें मन की आँखों से देखने वाला माया के जाल में नही फँस पाता, और शरीर की आँखों से देखना वाला फँस जाता है, और ख़ुद को ईश्वर से दूर कर देता है। जीसस के सबसे क़रीबी अनुयायी पीटर तक ने उनके पकड़े जाने पर उन्हें पहचानने से इंकार कर दिया था!

मेरे पूर्व जन्मों में ये वाली कला मैं भूल गयी थी, इसलिए माया के जाल में फँस गयी, और ईश्वर से मेरा सम्पर्क उतना मज़बूत नही रहा। उसी का परिणाम था कि, मुझे जीवन में इतने संघर्षों का सामना करना पड़ा।

इस बार क्रिशन ने बार-बार ख़ुद को छुपाकर, इस कला में भी मुझे निपुण बना दिया। जब भी मुझे क्रिशन दिखना बंद हो जाता, मैं उसको एक ही बात बोलती, **"चाहे जो भी हो मैं बुराई के आगे कभी नही झुकूँगी। मुझे मरना मंज़ूर है, पर बुराई के आगे समर्पण नही। अब तू जहाँ भी है, आकर बचा लेना, और यदि तू बचाने ही नही आया, तो ये जीवन तो वैसे भी मेरे किसी काम का नही है। तुझे ही खो दिया, तो संसार में अब पाने को बचा क्या है?"**

और फिर माया का चक्र टूट जाता था, और वापस मुझे मेरा क्रिशन दिखने लगता था।

आज चाहे ईश्वर दिखे या नही, मुझे पता है कि वो मेरे आस-पास ही है। वो कभी संकट के वक़्त मुझे अकेला नही छोड़ सकते।

बाइबल ख़त्म करते-करते मुझे समझ में आ गया की केवल गीता ही नही, मैंने तो बाइबल को भी जी लिया है!

फिर क्रिशन ने मुझसे एक अधायत्मिक फ़ोरम भी बनवाया। जिसमें मैं लोगों के हर प्रश्न का उत्तर देती थी। इसके बाद मैंने अपना ख़ुद का एक कोर्स भी बनाया **"Liberation - The Ultimate Freedom"**, जिसमें मैंने मेरा सारा ज्ञान और सारा अनुभव मिला दिया।

आज मैं सब समझ पा रही थी। चार साल से क्रिशन बराबर मुझ पर काम कर रहा था। एक ढोस लकड़ी को बाँसुरी बनाने के लिए पहले उसने इसे खाली किया। इसके सभी तरह के दोष दूर किए, जो इतने जन्मों का सफ़र करते-करते इसमें आ गए थे, और फिर उसमें अपने प्रेम के और ज्ञान के सुर भरने शुरू कर दिए।

मुझे मेरे अंदर का प्रकाश दिखने लगा। आज मैं कल से भी ज़्यादा कॉन्फ़िडेंट हो गयी थी। जो विश्वास मेरे पिता ने मुझ पर नही दिखाया था, वो मेरे क्रिशन ने दिखाया और मुझे वापस से मुझसे मिलवा दिया।

क्रिशन की मेहनत और मेरे इस नए स्वरूप को देखकर मेरा मन भर आया, और मैनें क्रिशन से कहा,

"हे क्रिशन, तूने तो एक साधारण सी लकड़ी को बाँसुरी बना दिया। अब इस बाँसुरी की बस एक ही चाहत है - जब बजाना, तू ही बजाना। अपने ही हाथों में रखना, किसी को ना देना। ये जाना भी चाहे, तो जाने ना देना। अगर लगे की ये अपना काम नहीं कर पा रही, तो इसको उन्ही हाथों से तोड़ देंना, जिससे बनाया है। पर अब मुझे तेरे अतिरिक्त किसी के हाथ में नही जाना, ना ही मैं किसी और के लिए बजना चाहती हूँ। सच्चा सुख केवल तेरे ही पास है।"

राधेकृष्णा

प्रश्न: क्रिशन को बाँसुरी ही क्यूँ प्रिय है?

उत्तर: बाँसुरी समर्पण, त्याग, विश्वास, एवं प्रेम का प्रतीक है। इसकी लकड़ी अंदर से खाली होती है, जिससे क्रिशन के स्वर बिना किसी रुकावट के उसके प्रेमियों तक पहुँच पाते है। जब एक ठोस लकड़ी को क्रिशन खाली करता है, तो लकड़ी को पीड़ा होती है, किंतु उसका क्रिशन के प्रति प्रेम एवं विश्वास इतना गहरा होता है कि वो इस पीड़ा को भी हँसते-हँसते सह जाती है। इसीलिए क्रिशन को बाँसुरी प्रिय है।

ज्ञान के मोती

⇨ आत्मज्ञान पाना, या ग्रंथों का ज्ञान पाना किसी भी स्त्री के लिए उतना ही सरल है, जितना एक पुरुष के लिए।

⇨ ज्ञान का आपकी पढ़ाई, आपकी डिग्री से भी कोई लेना-देना नहीं है, ये तो आपकी चेतना में आया एक बदलाव है।

⇨ ज्ञान पाने के लिए आपको पहले अंदर से खाली होना होता है।

⇨ कोई आपको देखे, या ना देखे; आपकी प्रशंसा करे, या ना करे...आप केवल अपना कर्म निष्ठा के साथ करते रहो, सही वक़्त आने पर आपको इसका फल भी मिल ही जाएगा।

22

मनमंदिर का निर्माण

मेरा जन्म एक धार्मिक परिवार में हुआ था। मेरा सारा बचपन हरिद्वार, ऋषिकेश, मथुरा, वृंदावन में बीता। ये ही मेरे हिल-स्टेशन थे, और ये ही मेरा घूमना। मेरी जन्म से ही भगवान में बहुत आस्था थी, ख़ासकर शिवा में - जिन्हें मैं अपना पिता मानती थी। मैं उनसे मिलना चाहती थी। मैं जगह-जगह उन्हें ढूँढती थी - कभी मंदिरों में, तो कभी तीर्थों पर। उन्हें ख़ुश करने के लिए तरह-तरह के व्रत भी करती थी। मन में बस एक ही चाहत थी - उनसे मिलने की।

मैंने छोटी सी आयु में ही सारे तीर्थ, सारे ज्योतिर्लिंग, सारे धामों के दर्शन कर लिए थे। फिर वो चाहे बद्रीनाथ हो, केदारनाथ हो, अमरनाथ हो, पशुपतिनाथ हो, या वैष्णोदेवी ही क्यूँ ना हो। दान करके देख लिया, अच्छे कर्म करके देख लिए, सारे व्रत भी करके देख लिए, फिर भी मन में शांति नही मिली। शांति नही मिली, तो इसका अर्थ है कि भगवान भी नही मिले।

जब क्रिशन से रिश्ता जोड़ा, तो मानो वृंदावन में उसका मंदिर मेरा दूसरा घर बन गया था। अब तो जब तक मैं साल में चार बार वहाँ क्रिशन के दर्शन नही कर लेती थी, मुझे चैन नही आता था। इसके बिना ज़िंदगी में कुछ अधूरापन सा लगता था।

2010 तक तो विशाल मुझे ख़ुद ही वहाँ ले जाता था, क्यूँकि उसकी ख़ुद की भी क्रिशन में आस्था थी। पर केस शुरू होने के बाद तो मेरा वहाँ जाना ही बंद हो गया था।

साथ में जाने वाला कोई था नहीं। इतनी दूर अकेले आना-जाना मुझे आता भी नही था। वृंदावन जाने के लिए मेरा मन तड़प रहा था।

मैं क्रिशन को बस एक ही बात बोल रही थी "मैं तो नही आ सकती, पर तू तो कुछ करके मुझे बुला सकता है ना?"

क्रिशन जो बोलना चाह रहा था, वो मैं अपने अशांत मन की वजह से सुन नहीं पा रही थी। तीन साल बीत गए थे, और मैं वृंदावन नहीं गयी थी।

आख़िरकार 2013 में क्रिशन ने मेरी तड़प को मिटाने का प्रबंध किया। उसने तेजस्वी को ये काम दिया कि वो मुझे वहाँ लेकर आए। मुझे अकेले जाने में डर लगता था, पर तेजस्वी को नहीं लगता था।

मैंने तेजस्वी को कहा, "मेरा वृंदावन जाने का बहुत मन है। क्या तुम मेरे साथ चलोगी?

उसने कहा, "बिलकुल चलेंगे।"

हम दोनो साथ में वृंदावन गए। बहुत आनंद से दर्शन किए, और सब अच्छे से घूमकर आए। अब मैं बहुत प्रसन्न थी।

क्या ईश्वर मंदिर में रहते है?

जब मैं वापस आयी तो क्रिशन ने मुझे समझाना शुरू किया, "इस बार तो मैंने तुम्हारी जिद्द पूरी कर दी और तुम्हें बुला लिया। किंतु तुम्हें मुझसे मिलने के लिए वहाँ आने की क्या ज़रूरत है?"

मैंने कहा: तो और कहाँ मिलूँ? क्या मैं अपने भाई से मिलने भी नही आ सकती?

क्रिशन ने कहा: आ सकती हो, लेकिन क्या मैं मंदिर में रहता हूँ?

मैंने कहा: मंदिर में नही रहता, तो कहाँ रहता है?

उसने कहा: मेरी प्यार बहन, मैं तुम्हारे मन में रहता हूँ। जब भी तुम मन में मुझे पुकारती हो, क्या मैं जवाब नही देता?

मैंने थोड़ा सोचा, और कहा, "हाँ, जवाब तो देता है। पर मुझे वृंदावन आना अच्छा लगता है"।

क्रिशन ने कहा: अब वक़्त आ गया है कि तुम इससे भी ऊपर उठ जाओ। मन को शांत करो। मेरे दर्शन अपने मन में करना सीखो।

मैंने कहा: इसका मतलब, अब मैं कभी वृंदावन नही आ सकती?

क्रिशन ने कहा: तुम्हें जब आना है आओ। मैं तुम्हारे आने का इंतेज़ाम भी कर दूँगा। पर वृंदावन से ख़ुद को बाँधो नही। मैं पत्थर के मंदिर में नही, तुम्हारे मन में रहना चाहता हूँ। वो मंदिर तो उनके लिए है, जो मुझे अंदर नही देख पा रहे। पर तुम तो देख पा रही हो ना?

मैंने कहा: हाँ, मैं तुझे मेरे मन में देख सकती हूँ। तू वहाँ हमेशा रहता है, और मेरे एक बार बुलाने पर ही तुरंत आ जाता है। शायद तू ठीक ही कह रहा है। तुझसे मिलने के लिए मुझे वृंदावन आने की ज़रूरत नही है। मेरा मन ही तेरा मंदिर है।

क्रिशन ने प्रेम से मुस्कुरा कर कहा: क्या मेरा एक काम करोगी?

मैंने कहा: पूछने की क्या ज़रूरत है? तू बस बोल, मैं ज़रूर करूँगी।

मंदिर बनाना है तो मन में बनाओ

क्रिशन ने कहा: मेरे बहुत सारे भक्त मुझे मंदिरों में ढूँढते है और अंधविश्वास में फँस कर रह जाते है। तुमने तो मुझे अपने अंदर ढूँढ लिया है, अब ये ही काम बाक़ियों को भी करना सिखा दो। उन्हें मेरे असली स्वरूप से मिलवा दो। उनके मन में मेरा मंदिर बनवा

दो, ताकि वो कभी मुझसे दूर ना हो पाए। तुम तो इनटीरियर डिज़ाइनर हो। जाओ, लोगों को अंदर से डिज़ाइन करना शुरू कर दो। उनकी आत्मा को शुद्ध करके उसमें प्रेम का आनंद भर दो। तुम ये कर सकती हो। और मैं चाहता हूँ कि तुम ऐसा करो।

मैंने कहा: तेरी इच्छा, मेरे लिए आदेश है। मैं ज़रूर ऐसा करूँगी।

सुंदर मन कैसा होता है?

सुंदर मन में ख़ुद के लिए और सबके लिए प्रेम होता है। किसी को दुःखी देखकर ये मन दुःखी होता है, और किसी के सुख में प्रसन्न होता है। हर क़िस्म के छल-कपट से ये मन दूर होता है। इसमें छोटे-बड़े, अमीर-ग़रीब, नर-नारी, सबके लिए समान भाव होते है। ये मन सबको समान समझता है, और सबकी स्वतंत्रता का सम्मान करता है। ये ख़ुद भले ही दुःखी हो जाए, किंतु किसी और के दुःख का कारण नही बनाना चाहता। ये सबका भला चाहता है। और इसीलिए ईश्वर ऐसे मन में अपना निवास करते है।

तीर्थ, मंदिर केवल तब तक हमारे लिए उपयोगी है, जब तक हम ईश्वर से जुड़ना ना सीख जाए, उसकी आवाज़ अपने में मन में सुनना ना सीख जाए। एक बार हमें ये करना आ गया, तो बाहरी मंदिर की अब कोई ज़रूरत ही नहीं है। **किसी तीर्थ पर जाना है, तो मन के तीर्थ पर जाओ। अपने मन को इतना सुंदर बना दो, की ईश्वर ख़ुद ही वहाँ रहना चाहे।**

जब ईश्वर इसमें निवास करते है, तो एक-एक करके इसके सारे विकार दूर कर देते है। और मन को परमानंद से भर देते है। यही उन्होंने मेरे साथ किया, और ये ही वो आपके साथ भी करेंगे।

इनटीरियर डिज़ाइनर का सही अर्थ

अब मुझे इंटिरीयर डिज़ाइनर का भी सही अर्थ समझ में आ गया। सब कुछ तो हममें पहले से है, बस उसको ख़ूबसूरती के साथ इस तरह से व्यवस्थित करना है कि

हम उसका सही तरीक़े से इस्तेमाल कर सके, और जो भी हमारा मन देखे, उसका मन भी प्रसन्न हो जाए।

उस दिन के बाद से मैं यही काम करती हूँ। लोगों को अंधकार से मुक्ति दिलाकर, अंदर से ख़ूबसूरत बनना सिखाती हूँ। जिसकी ईश्वर से जो नाराज़गी है, उसको दूर करती हूँ। जो ईश्वर को देख नहीं पाता, उसको देखने में मदद करती हूँ। जिसको मन की या आत्मा की बीमारियाँ लग गयी है, उनकी बीमारियाँ हटाती हूँ। भटके को मार्ग दिखाती हूँ, बिखरे को जुड़ना सिखाती हूँ। दुःखी का दुःख दूर करने में मदद करती हूँ। जो मोक्ष पाना चाहते है, उनको मोक्ष की राह दिखाती हूँ।

राधेकृष्णा

प्रश्न: क्या हमें मंदिर नही जाना चाहिए?

उत्तर: मंदिर जाने से क्रिशन ने आपको माना नही किया, किंतु किसी अंधविश्वास में बन्धकर वहाँ मत जाइए। ईश्वर के वास्तविक दर्शन अपने मन में होते है। जब आप मन को शुद्ध कर लेते है, तो आपको अपने ही अंदर ईश्वर दिखने आरम्भ हो जाते है।

ज्ञान के मोती

⇨ ईश्वर मंदिर में नहीं, हमारे अंदर होते है। जब तक हम अंदर के ईश्वर को पहचान नहीं लेते, तब तक मंदिर में उनकी प्रतिमा में दर्शन कर सकते है, किंतु हमारा प्रयास हमेशा अपने मनमंदिर में ईश्वर को ढूँढना होना चाहिए।

⇨ जो किसी के अंतर्मन को सुंदर बनाना सीख गया, उससे बड़ा इंटीरियर डिज़ाइनर कोई नही है।

⇨ जब ईश्वर किसी के मन में निवास करते है, तो एक-एक करके उसके सारे विकार दूर कर देते है।

⇨ जितना आनंद ईश्वर से लेने में आता है, उससे कहीं ज़्यादा आनंद उनकी इच्छा पूरी करने में आता है।

⇨ जिसने अपने अंदर के ईश्वर को जगा दिया, अब उसे ना तो किसी मंदिर की ही ज़रूरत है, और ना ही किसी धार्मिक रस्म-रिवाज की।

23

क्या हमें धार्मिक काम के पैसे माँगने चाहिए?

जब क्रिशन कोई काम करता है, तो वो उसके बहुत सारे पहलुओं को ध्यान में रख कर काम करता है। एक तीर से बहुत सारे निशाने लगाता है। उसने जिस वक़्त में मेरा पैसा ख़त्म कराया, उसी वक़्त में मुझसे गीता और बाइबल के आर्टिकल भी लिखवाए, और उसी वक़्त में उसने मेरी सबसे बड़ी ऊलझन को भी सुलझाया - मेरे जीवन का एक ऐसा सवाल, जिसका उत्तर मुझे समझ ही नहीं आता था, एक ऐसी पहेली, जिसे हल करना मुझे नहीं आता था।

और ये पहेली थी, "क्या मुझे अपने काम का पैसा माँगना चाहिए, या नहीं?"

इस एक प्रश्न ने मुझे कबसे परेशान किया हुआ था। मेरा सब काम तो आध्यात्मिक था, और कहीं ना कहीं ईश्वर के ज़रिए हो रहा था। इसलिए मुझे बार-बार ऐसे लोग मिल रहे थे, जो मुझे मेरे काम के पैसे लेने की लिए ग्लानि दे रहे थे। उनका कहना था कि तुम इस काम के पैसे क्यूँ लेती हो? ये तो ईश्वर का काम है, तुम्हें फ़्री में करना चाहिए।

कोई कहता कि हम इस काम की कमाई को अपने ऊपर ख़र्च नहीं करते, अपने ख़र्चे के लिए हम अलग से काम करते है। तो कोई कहता, कि जो सच में ईश्वर का काम करते है, उन्हें पैसे की क्या आवश्यकता? उन्हें ईश्वर ख़ुद पैसे देते है।

तो कोई ये भी कहता की पैसे तो तुम्हें लेने ही चाहिए, तुम्हें तुम्हारा जीवन भी तो चलाना है। जिन लोगों के पास दिखावा करने को, महँगे कपड़े ख़रीदने को, गहने, गाड़ियाँ ख़रीदने को पैसे है, उन्हें तुमको देने में क्या समस्या है?

मैं तो पूरे तरीक़े से इसी काम को करती थी, अब अगर इसके भी पैसे ना लू, तो जीवन कैसे चलाऊँ? ईश्वर देते है या नहीं, ये तो ईश्वर के हाथ में छोड़ कर ही पता चलेगा।

कुछ प्रश्नों के उत्तर केवल अनुभव दे सकता है

अब मैंने हिम्मत करके एक और कठिन निर्णय लिया, जिसको कोई भी इंसान मूर्खता ही समझेगा। किंतु मैं मूर्खता नहीं कर रही थी। मूर्खता में अज्ञान होता है, मुझे ज्ञान था, मैं केवल उसकी सच्चाई को परखने जा रही थी। **कुछ प्रश्न ऐसे होता है, जिनका उत्तर जीवन के अनुभव से ही मिलता है। आँखें खुली करके अनुभव किया जाए तो ख़ज़ाना मिल जाता है, और बंद करके करने से ठोकर।** मुझे अच्छे तरीक़े से पता था की मैं क्या करने जा रही हूँ। और इस सफ़र में क्रिशन तो साथ था ही, फिर डर कैसा?

बात है 2016 की। अब मैं देखना चाहती थी की पैसा ना माँगने से क्या होता है? क्या कोई ख़ुद से आपकी ज़रूरतें समझता है? क्या आपको धर्म सिखाने वाले ख़ुद धर्म का पालन करते है?

इसके लिए मैंने सबको कहना आरम्भ कर दिया, “मैं मेरे काम का एक भी पैसा नहीं माँगूँगी, ईश्वर ने आपको जितना सामर्थ्य दिया है, और आपको जो सही लगता हो, आप मुझे दे देना। आप जो भी दोगे, मैं ख़ुशी से स्वीकार करूँगी, और अगर नहीं भी दे पाए, तो भी मेरे देने के भाव में कमी नही आएगी। मैं समझ लूँगी की मैंने ईश्वर का काम किया है”।

और मैंने नि:सवार्थ भाव से, प्रेमपूर्वक अपना काम करना आरम्भ कर दिया।

संसार में अलग-अलग तरह के लोग

अब मेरा ये सफ़र भी आरम्भ हो गया। इसमें क्रिशन ने मुझे तरह-तरह के लोगों से मिलवाया, जिन्हें मैं अलग-अलग श्रेणी में डाल कर देखती हूँ।

1. ये वो लोग थे, जिनके पास पैसा होते हुए भी, ये मुझे ईश्वर के नाम की दुहाई देकर, अच्छाई के नाम पर मुफ़्त में या कम पैसे में इनके लिए काम करने को कहते थे।

2. ये वो लोग थे जो दिखाते थे कि इन्हें मेरी बहुत फ़िक्र है, और ये मुझे मेरे इस काम के लिए शब्दों से बहुत प्रशंसा भी करते थे, पर इनके पास पैसे होने के बावजूद ये मुझे देने के बारे में कभी नहीं सोचते थे। ये अपना दान भी वहाँ करते थे, जहाँ बदले में इन्हें बड़ाई मिले। और मुझे उपदेश देने लगते थे, कि तुमको ईश्वर देगा।

3. ये वो लोग थे, जो ना तो अधिक देने में ही विश्वास करते थे, ना ही फ़्री में लेने में। ये मुझे उतना ही देना चाहते थे, जितनी मेरी फ़ीस थी।

4. ये वो लोग थे, जिन्हें फ़्री में मिल रहा है, तो ख़ुशी-ख़ुशी ले सकते थे, पैसे देकर लेने में इन्हें कष्ट होता था।

5. ये वो लोग थे, जिन्हें फ़्री में भी मिल रहा है, तो भी इन्हें अपनी समस्याओं से इतना प्रेम था कि ये उससे मुक्ति नहीं पाना चाहते थे।

6. और एक तरीक़े के लोग वो थे, जो वास्तव में मेरे भावों को और मेरी मेहनत को समझ कर मुझे खुले दिल से देना चाहते थे।

इस सफ़र में मैं चुपचाप एक-एक इंसान का बहुत ध्यान से निरीक्षण कर रही थी।

जो लोग मुझे संत बनने को कह रहे थे, ये वो लोग थे जिनके पास मुझे मेरे आठ घंटे की मेहनत के लिए देने को 100-200 डॉलर नहीं थे, पर शरीर पर

टैटू आर्ट कराने के लिए 400 डॉलर देने को थे। इनके लिए मन की सुंदरता से ज़्यादा महत्व शरीर की सुंदरता का था।

मैं इनको रेकी सिखाने के लिए सुबह 6 बजे उठकर इनकी प्रतीक्षा कर रही थी, और ये ख़ुद बेफ़िक्र होकर मज़े से सो रहे थे! अपने जीवन को बदलने की प्रबल इच्छा ही नही थी।

क्रिशन ने मुझी से पूछा, “क्या तुम इनकी मदद करना चाहती हो? ये तो ख़ुद अपनी मदद नहीं करना चाहते। इनकी मदद तो मैं भी नहीं करता, फिर मैं तुम्हें इनकी मदद को क्यूँ बोलूँगा?

क्या तुमने अपना जीवन सँवारने के लिए अपना पैसा, वक़्त, मेहनत नहीं लगाई?

तुममें भूख थी, तो तुम अपने गहने तक बेचकर सबकी फ़ीस दी। समय से पहले कक्षा में जाती थी, माँगने से पहले हाथ में पैसे रख देती थी। उनकी हर बात को आदर देती थी। अपने ज्ञान को आत्मसार करने के लिए दिन-रात मेहनत करती थी, और ये ही वजह है कि तुम्हें ये ज्ञान और शक्तियाँ मिली।

पर इनके पास तो पैसे होते हुए भी ये तुम्हें ना देकर फ़ालतू कामों में ख़र्च कर रहे है। ऐसे लोगों की बातों को सुनकर आत्मा को क्यों ग्लानि दे रही हो? इन्हें तो वास्तव में तुम्हें उपदेश देने का अधिकार ही नहीं है। पहले ख़ुद को तो ये किसी लायक बनायें, फिर दूसरों में कमियाँ निकाले। ईश्वर का बच्चा होने की दुहायी देने से पहले, ख़ुद भी तो ईश्वर का बच्चा बनना सीखें!”

फिर क्रिशन ने मुझे उनका चेहरा दिखाया, जो मेरी बड़ी प्रशंसा करते थे। और कहते थे, “आप ये काम यूँ ही करते रहो। बहुत अच्छा काम कर रहे हो समाज की भलाई करके।”

क्रिशन के कहने पर मैंने इन्हें जानकार बताया की मेरे पास अगले महीने का किराया देने के पैसे नहीं है। अगर मैं अपना ही जीवन नहीं संभाल सकी, तो तुम्हारी और बाक़ी सबकी मदद कैसे करूँगी?

इनके पास पैसे थे। मुझसे ज्ञान भी लेते थे ये लोग, और कभी इस ज्ञान के लिए कुछ देने के बारे में सोचते भी नहीं थे। अपनी ज़िम्मेदारी से पीछा छुड़ाने के लिए ये बहुत आसानी से बोल देते थे, कि फ़िक्र मत करो, ईश्वर आपको देगा। ईश्वर तो दे ही रहा था, वो तो केवल इनका सच दिखा रहा था!

यदि ईश्वर ने ही सब देखना है, तो फिर इन्हें ज्ञान भी तो ईश्वर से ही माँगना चाहिए था! मुझसे क्यूँ? या तो ईश्वर को पूरा बीच में डालो, या डालो ही मत।

जिस ईश्वर ने मुझे इनकी मदद करने को कहा है, उसीने इनको भी तो मेरी मदद करने को कहा है। मेरे पास ज्ञान है, मैं ज्ञान दे रही हूँ, इनके पास धन है, तो इन्हें धन देना चाहिए। ऐसे ही तो सृष्टि में संतुलन होगा। जब मैं ज्ञान का लोभ नही कर रही, तो इन्हें धन को लोभ क्यूँ है?

क्रिशन ने समझाया, "ये लोग केवल लेना जानते है। मैंने सृष्टि में नियम बनाया है कि एक हाथ दो, दूसरे हाथ लो। यदि किसी से कुछ लेने की चाह रखते हो, तो पहले देना सीखो। और जिसके पास होने के बावजूद वो नहीं देना चाहता, उसकी तो मैं भी मदद नहीं करता।

जो अपना फ़र्ज़ भूल गए है, उन्हें दूसरों के फ़र्ज़ का हिसाब रखने का कोई अधिकार नहीं है। जिन लोगों के अंदर कोई कृतज्ञता ही नहीं है, तुम क्यूँ इनकी बातों में आकर परेशान हो जाती हो?"

मुझे लगता था की मैं सारी दुनिया को बदल दूँ। जिसे ज्ञान चाहिए, हीलिंग चाहिए, उसकी मदद के लिए मैं फ़्री में भी देने को तैयार थी।

क्रिशन ने समझाया, "बिना भूख के खाने का महत्व समझ नहीं आता। इन्हें भूख लगने तो दो, जब महत्व समझ आ जाएगा, तब सोचना कि क्या करना है? क्यूँ अपना समय और ऊर्जा कुपात्र पर व्यर्थ कर रही हो? यदि यही धर्म होता, तो मैं कबका कर चुका होता।

इस सृष्टि में सबको ख़ुद ही ख़ुद पर काम करना है, और अपने जीवन की ज़िम्मेदारी उठानी है। दूसरा इंसान केवल मार्ग दिखा सकता है, चलना तो सबको ख़ुद ही होगा। जब ये सोए रहना चाहते है, तो सोने दो ना! जो जागे है, उनकी मदद करो"।

मुझे क्रिशन की बात समझ में आ गयी।

अब मैं शांति से उनकी भी प्रतीक्षा कर रही थी, जिनके क़िस्से हर कहानी में लिखे होते है, कि कोई मसीहा बनकर आता है, और आपकी नेकी के लिए आपको बहुत सारा धन देकर चला जाता है।

मैं इंतज़ार करती रही, किंतु ऐसा कोई एक भी फ़रिश्ता नहीं आया, जिसको सही तरीक़े से देना आता हो। जो 2-4 लोग टकराए, वो चैरिटी नहीं बिज़्नेस करने आए थे। चैरिटी की आड़ में, बिज़्नेस हो रहा था।

तो अगर बिज़्नेस ही करना है, फिर चैरिटी का नक़ाब लगाकर क्यूँ किया जाए? ईश्वर के नाम को अपने स्वार्थ के लिए क्यूँ इस्तेमाल किया जाए? इससे तो अच्छा है कि मैं बिज़्नेस को ही आध्यात्मिक तरीक़े से कर लूँ!

इस तरह से क्रिशन ने एक कठिन सफ़र कराया, रास्ते में सबका सत्य दिखाया, और अंत में मुझे समझ में आ गया कि किसकी मदद करनी है, और किसकी नहीं।

ईश्वर उसकी मदद करते है, जो अपनी मदद ख़ुद करता है

क्रिशन ने मुझे समझाया, "धरती पर बहुत लोग दुःख में जी रहे है। मंदिर के बाहर क़तार लगाकर खड़े होते है, पर मैं सबकी मदद नहीं करता हूँ। मैं केवल उसकी मदद करता हूँ, जो अपनी मदद ख़ुद करना चाहता है। तुम इतने जन्मों से कष्ट सह रही थी, और मैं तुम्हें समझा रहा था कि मत सहो, किंतु तुम हिम्मत ना दिखाकर मुझसे निवेदन करती जा रही थी।

मुझे तकलीफ़ थी तुम्हारे लिए; लेकिन तुम्हारे साथ मैं तभी आकर खड़ा हुआ, जब तुमने स्वयं ख़ुद को स्वतंत्र करने का निश्चय किया।

मैं इस बात की फ़िक्र भी नहीं करता कि कोई मुझे क्या बोलेगा, सबने अपनी समझ के हिसाब से बोलना है, मुझे इससे क्या फ़र्क़ पड़ता है!

जो सच में अपनी मदद करना चाहता है, वो सांसारिक चीज़ों से ऊपर उठकर आत्मा के लिए काम करता है।

जो कुछ पाना चाहता है, वो खोने को भी तैयार होता है।

जिसे लेने की चाहत होती है, वो देना भी जानता है।

दूसरों को उनका धर्म तो हर कोई याद दिला सकता है, किंतु एक सच्चा इन्सान सदैव पहले अपने धर्म को देखता है।

आध्यात्मिक कार्य क्या है?

आध्यात्मिक तो सभी काम होने चाहिए। सबमें तो ईश्वर है, सब ईश्वर में से ही तो निकले है, धरती पर ऐसी कौन सी चीज़ है, जिसको मनुष्य ने बनाया हो? उसने तो पहले से मौजूद चीज़ को अपना दिमाग़ लगाकर एक नया रूप दिया है।

वैसे ही जैसे, किसान बीज से अन्न बनाता है, सुनार पत्थर से सोना निकलता है, वैज्ञानिक दिमाग़ की शक्ति से खोज करता है.....ये सब ईश्वर के दिए हुए बीज, बुद्धी, खदानों इत्यादि पर अपना समय और ऊर्जा लगाकर उसको समाज के लिए उपयोगी बनाते है, और उसीका वो पैसा लेते है।

तुमने भी पहले से मौजूद ज्ञान पर मेहनत करके उसके रहस्यों को समझा है, जिन्हें तुम दूसरों को समझा रही हो, और उसका पैसा ले रही हो।

तुम ग़लत तब हो जब तुम्हारे मन में लोभ, अहंकार, कपट, धोखा देने जैसे दोष जन्म ले-ले। तब तुम वास्तव में आध्यात्मिक काम की आड़ में ग़लत काम कर रही हो।

इसी तरह से यदि एक वकील सच के लिए लडे, मंत्री ख़ुद को देश का सेवक समझकर शासन करे, व्यापारी केवल वही वस्तुएँ बेचे, जिससे समाज का भला हो ..... तो ये सब आध्यात्मिक ही है।

पैसा तो केवल लेन-देन का एक माध्यम है। बुराई पैसे में नही होती, मनुष्य में होती है। इसलिए पैसे माँगने के आधार पर किसी कार्य को आध्यात्मिक या भौतिक कहना अनुचित है।

संसार में प्रत्येक व्यक्ति का कर्तव्य है कि वो अपनी आत्मा, मन, एवं शरीर की ज़रूरतों का खयाल रखे। ये तीनों एक-दूसरे से अलग नही है, अपितु जब, सब संतुलित होकर कार्य करते है तो मनुष्य का भौतिक एवं आध्यात्मिक जीवन - दोनो हो सम्पूर्ण हो जाते हैं।

सारा संसार लेन-देन के संतुलन पर ही तो टिका है। यदि तुम केवल देती जाओगी, तो एक दिन खाली हो जाओगी। और यदि केवल लेती जाओगी, तो अंदर से कुरूप हो जाओगी। संतुलित रहोगी, तो अपने जीवन का भी आनंद ले पाओगी, और बाक़ी सबको भी उनके जीवन में आगे बढ़ा पाओगी।

याद रखना ईश्वर का बच्चा होने का अर्थ ग़रीब होना नहीं है, सुविधाओं का त्याग देना भी नहीं है, संसार को छोड़ देंना भी नहीं है। इसका अर्थ है की अपनी आत्मा के स्वरूप को पहचानकर, वैसा ही आचरण करना। और आत्मा सब बुराइयों, से सब बंधनो से, सब सीमाओं से मुक्त है"।

राधेकृष्णा

प्रश्न: धार्मिक काम क्या है?

उत्तर: हर वो काम जो धर्म-संगत है, वो धार्मिक है। जिस भी काम को शुद्ध मन से, निस्वार्थ भाव से, किसी के कल्याण के उद्देश्य से किया जाए - वह धर्मसंगत कार्य है। इसमें शिक्षा देना, आत्मबोध कराना, किसी का इलाज करना, किसी की सुरक्षा करना, किसी चीज़ का अविष्कार करना, किसी के खाने के लिए अन्न उगाना,भोजन बनाना, इत्यादि शामिल है। यही सब काम जब अपने अहंकार की पूर्ति के लिए, लोभ के लिए, किसी को हानि पहुँचाने के लिए, अथवा बुराई को बढ़ावा देने के लिए किए जाए - तो ये अधर्म बन जाते हैं। जब-जब व्यक्ति आत्मा के धर्म को सामने रखकर कर्म करता है, वो एक क़िस्म से धार्मिक कार्य ही करता है।

प्रश्न: क्या धार्मिक काम के लिए पैसा लेना उचित है? ये अधर्म नही है?

उत्तर: पैसे का महत्व केवल इतना है कि वो सेवाओं के आदान-प्रदान को आसान बना देता है। पैसे की मदद से व्यक्ति अपनी शारीरिक, भौतिक, एक आध्यात्मिक ज़रूरतों को पूरा कर पाता है। इस प्रकार से सबको अपने कार्य का उचित मूल्य ज़रूर लेना चाहिए। किंतु इसमें लोभ, एवं स्वार्थ के लिए स्थान नही होना चाहिए। उसको कर्म करते हुए ये भी ध्यान में रखना चाहिए, कि वो पहले एक आत्मा है, उसके बाद सांसारिक प्राणी।

प्रश्न: उचित मूल्य कैसे तय हो?

उत्तर: व्यक्ति किसी चीज़ को दूसरों के लिए उपयोगी बनाने में जितना धन व्यय करता है, अपना समय देता है, एवं जितना गहरा उसका अनुभव होता है - उसी के हिसाब से उसका मूल्य तय होता है। जैसे ताज़ा-ताज़ा अध्यापक बना व्यक्ति अपनी शिक्षा का उतना मूल्य नही माँग सकता, जितना की एक अनुभवी प्रोफ़ेसर! क्यूँकि उसके ज्ञान में गहरायी है।

इसी प्रकार से मिट्टी से घड़ा बनाने वाला कुम्हार उतना मूल्य नही माँग सकता, जितना खदान से सोना निकलने वाला सुनार। क्यूँकि उसने सोने को पाने के लिए बहुत धनराशि एवं समय लगाया है।

इसी प्रकार से आध्यात्मिक ज्ञान देने वाले व्यक्ति ने उस ज्ञान को पाने में अपना पूरा जीवन दिया होता है, उसको भी उसके ज्ञान का उचित मूल्य दिया जाना आवश्यक है, ताकि वो भी संसार को अपने ज्ञान से लाभ पहुँचाता रहे।

ज्ञान के मोती

⇨ सदैव पात्र को दो, कुपात्र ना तो आपकी दी हुयी वस्तु का महत्व ही समझेगा, अपितु आपकी निंदा भी करेगा।

⇨ यदि आप दान के पैसे पर जीते है, और आपके पास जो पैसा है, उसको इस्तेमाल करने की आपको स्वतंत्रता ही नहीं है, तो आप ख़ुद को मुक्त समझने की भूल मत करो।

⇨ यदि किसी से कुछ लेने की चाह रखते हो, तो पहले देना सीखो।

⇨ किसी से उसकी सेवाएँ लेकर, उसका मूल्य ना देना एक क़िस्म का अधर्म ही है।

24

ज्ञान पाने के चरण

विज्ञान का मानना है कि मनुष्य का विकास बंदर नाम की प्रजाति से हुआ है, अर्थार्त, हमारे पूर्वज पहले पशु थे। मनुष्य और पशुओं के शरीर की संरचना को देखे तो बहुत कुछ आपस में मिलता है। पशु भी हमारी तरह महसूस कर सकते है, जन्म दे सकते है, चल सकते है, और कुछ हद तक सोच भी सकते है। किंतु जो चीज़ हमें पशुओं से अलग करती है, वो है हमारी विकसित बुद्धि।

बुद्धि, जिसमें तर्क-वितर्क की शक्ति होती है। इस शक्ति के इस्तेमाल से मनुष्य अपने जीवन में जो पाना चाहे, वो पा सकता है।

किंतु बुद्धी तो केवल एक शक्ति है, इसका उपयोग करने के लिए हमें ज्ञान की आवश्यकता होती है, ठीक उसी प्रकार से जिस प्रकार से बिना पेट्रोल के इंजन किसी काम का नही है। उसी प्रकार से बुद्धी के पास जब ज्ञान आता है तो वो वास्तव में अपना काम करना आरम्भ करती है।

जैसा ज्ञान होता है, वैसा बुधधि भी काम करना शुरू कर देती है। ज्ञान उच्च श्रेणी का है, तो बुद्धि भी उच्च श्रेणी की होती है, और ज्ञान निम्न श्रेणी का हो, तो बुद्धि भी निम्न श्रेणी की ही होती है।

अब प्रश्न ये आता है कि ज्ञान को पाया कैसे जाए?

आपका जवाब होगा - किताबें पढ़कर, किसी से सुनकर, या देख कर, या अनुभव करके।

लेकिन क्या मात्र पढ़ लेने से या सुन लेने से ज्ञान हमारे अंदर उतर जाता है?

यदि ऐसा होता तो इतने लोग गीता सुनते है और पढ़ते भी है, सभी ज्ञानी होते, सभी की बुदधि अच्छे कामों में व्यस्त होती, और संसार कबका स्वर्ग बन चुका होता!

किंतु ऐसा तो नही हो रहा!

फिर इसका कारण क्या है?

ऐसा क्यूँ है की गीता पढ़ते तो बहुत है, पर समझता कोई-कोई है?

मैंने भी यही प्रश्न क्रिशन से किया: क्यूँ ऐसा होता है की गीता को पढ़ते तो बहुत लोग है, लेकिन हर कोई समझ नही पाता?"

क्रिशन ने कहा: ऐसा इसलिए होता है क्यूँकि ज्ञान को पाने के कई चरण होते है। और जब तक मनुष्य आख़िरी चरण को पार नही कर लेता, वो ज्ञान उसको पूरी तरह से नही मिल पाता।"

मैंने कहा: मुझे कुछ ठीक से समझ नही आया। ज्ञान तो ज्ञान है। अब इसमें चरण कहाँ से आ गए?

क्रिशन ने कहा:

1. पहले चरण में आप ज्ञान प्राप्त करते हो। शब्दों के माध्यम से, या दृश्य के माध्यम से। शब्द आप किसी से सुन सकते है, या कहीं पढ़ सकते है। ये केवल शब्द है। जो सही भी हो सकते है, और ग़लत भी। आपमें इन्हें परखने की क्षमता होनी चाहिए। आप किसी ज्ञान को केवल इसलिए सही नही मान सकते की अधिकतर लोग उसको सही कह रहे है।

   ज़्यादातर लोग इसी चरण पर संतुष्ट हो जाते है और अक्सर अज्ञान को ज्ञान जानकार भ्रम में जीने लगते है। किंतु कुछ लोग दूसरे चरण तक जाते है।

2. दूसरे चरण में किसी से सुने हुए, या पढ़े हुए, या आँखों से देखे हुए ज्ञान पर चिंतन किया जाता है। यदि आपको लगता है कि ज्ञान सही है तो उसको अपनाकर जीवन में इस्तेमाल किया जाता है, और लगता है ग़लत है, तो उसको छोड़ दिया जाता है। और यदि सही ज्ञान को जीवन में इस्तेमाल ही ना किया जाए, तो पहले चरण का ज्ञान भी व्यर्थ हो जाता है। कुछ लोग इस ज्ञान में संतुष्ट हो जाते है, और कुछ इसको अनुभव करके इसकी सच्चाई को परखना चाहते है।

3. इंसान अपने अनुभव को समझता है उसकी मनोस्थिति के हिसाब से। और मन का स्वभाव चंचल है। इसे सही ग़लत की परख नही है। जिसमें इंद्रियाँ प्रसन्न होती है, ये उसको सही मान लेता है, और जिसे इंद्रियाँ पसंद नही करती, ये भी उसको ग़लत मान लेता है। इसलिए अकेले इसके अनुभव के आधार पर ज्ञान को सही या ग़लत नही माना जा सकता। अब आवश्यक हो जाता है कि बुद्धी हस्तक्षेप करे।

   इस चरण में बुद्धी अपनी तर्क-वितर्क की शक्ति से सही ज्ञान तक पहुचने का प्रयास करती है। अब यदि बुदधि आत्मा के प्रभाव में होती तो सही निर्णय ले लेती है, और बुराई या अहंकार के प्रभाव में होती है, तो ग़लत को ही सही मान लेती है।

   कुछ लोग इसी चरण तक संतुष्ट हो जाते है, और सही या ग़लत - जो भी ज्ञान उनके हाथ लगा, उसके हिसाब से जीने लगते है - या तो कर्मों से मुक्ति की तरफ़ अग्रसर हो जाते है, या और ज़्यादा फँस जाते है।

   केवल कुछ ही लोग होते है, जो अगले चरण तक जाकर फिर से अपने ज्ञान का मंथन करते है।

4. इस बार आत्मा से सलाह ली जाती है। जब इंसान निष्पक्ष होकर मंथन करता है, तब उसके अपने अंदर के प्रकाश में उसको असली ज्ञान मिल जाता है। और अब वो इस ज्ञान को जीवन में जीना शुरू कर देता है। जीते-जीते उसको अपने ज्ञान के सही होने का प्रमाण ख़ुद ही मिलने लग जाते है।

   अब वास्तव में उस इंसान को ज्ञान मिल गया है, जिससे वो ख़ुद का और दूसरों का जीवन सँवार सकता है। **यदि ज्ञान को ढूँढकर भी ज्ञान आचरण में नही लाया जा रहा है, तो ये ज्ञान भी व्यर्थ ही हो जाता है।**

मैंने कहा: इसका अर्थ है कि हम तक जो भी ज्ञान आ रहा है, उसको अपनाने से पहले हमें उसके सही होने का परीक्षण कर लेना चाहिए? पर क्रिशन, अगर हम ऐसा ना करें तो क्या होगा?

क्रिशन ने कहा: कुछ नही, ग़लत ज्ञान बार-बार ठोकर खिलाएगा और इंसान के अंदर हलचल पैदा करेगा, जिससे विवश होकर इंसान ख़ुद सच को जानने के प्रयास करेगा। जैसा तुमने किया।

तुम्हें बाहर से ज्ञान मिला कि माता-पिता की हर बात को मानो, इससे ईश्वर प्रसन्न होते है। तुमने ना तो इस पर विचार किया, ना सवाल किया, और चुप-चाप इस ज्ञान को सही मानकर अपना लिया। एक दिन कुदरत ने तुम्हारे अंदर इतनी हलचल पैदा कर दी कि तुम्हें अपने इस ज्ञान पर संदेह होने लगा। और तब तुमने चिंतन भी किया, मंथन भी किया, अनुभव भी किया, और तुम्हारी आत्मा के प्रकाश में तुमने जान लिया कि **माता-पिता में भी दोष हो सकते है, किंतु ईश्वर में कोई दोष नही होते। इसलिए ईश्वर का दर्जा किसी को नही दिया जा सकता।**

आज तुम हर इंसान को उसके गुनों से पहचानती हो और इसीलिए कोई तुम्हें दुखी नही कर पाता।

मैंने कहा: तू कितनी अच्छी बातें करता है क्रिशन। तेरे पास हर बात का जवाब होता है।

क्रिशन के चेहरे पर मद्धम सी मुस्कान आयी।

मैंने आगे कहा: अच्छा, ग्रन्धों की पूजा क्यूँ की जाती है? क्या ऐसा करने से ज्ञान मिल जाता है?

क्रिशन ने कहा: ज्ञान व्यक्ति को तब मिलता है जब वो सद्भावना के साथ, विनम्रता से, अहंकार को त्याग कर, ख़ुद को खाली करके, समर्पित होकर ज्ञान को पाने की चेष्टा करता है। कोई भी पुस्तक या व्यक्ति जिसमें ज्ञान है और

वो हमारी प्यास बुझा सकता है, हमें उनका सम्मान करना चाहिए। किंतु ये नही भूलना चाहिए, की पुस्तक या कोई मनुष्य ज्ञान को पाने का केवल पहला चरण है। ये चरण अनिवार्य है, किंतु इसकी उपासना में इतना नही खो जाना की अगले चरण तक जाए ही नही।

मैंने कहा: बिलकुल सही कहा तूने। कब चुपके से तूने मेरे अंदर इतना ज्ञान उतर दिया, मुझे तो पता ही नही चला। तेरी हर बात के लिए तुझे जितना धन्यवाद दूँ, उतना कम है। किंतु धन्यवाद कहने से लगता है जैसे तुझे पराया कर दिया। इसलिए धन्यवाद नही, मेरा प्रेम और मेरा समर्पण स्वीकार कर।

जिस ज्ञान को तूने दिया, इस पर तेरा ही अधिकार है। मुझे बस इस योग्य बना कि जिन्हें इसकी ज़रूरत है, उन तक मैं इसे पहुँचा पाऊँ।

राधेकृष्णा

प्रश्न: कैसे जाने कि सामने वाले व्यक्ति का ज्ञान पका हुआ है, या कच्चा?

उत्तर: किसी का ज्ञान कितना पका हुआ है, वास्तव में ये तभी जाना जा सकता है, जब आपमें भी ज्ञान को परखने की क्षमता हो, जब आप आपनी आत्मा को सुन पाते हो। तब आपको बारीकी से देखने की आवश्यकता है कि वो व्यक्ति जो बोलता है, क्या उसका अपने जीवन में आचरण भी करता है, ये केवल आपको बड़े-बड़े शब्द बोलकर सुना देता है!

ज्ञान के मोती

⇨ संसार में ज्ञान बाँटने वाले बहुत स्तोत्र आपको मिलेंगे, किंतु सबका ज्ञान सच्चा नही है, ज़्यादातर के पास ज्ञान के नाम पर अज्ञान है।

⇨ ब्रह्मांड में इतना ज्ञान है कि वो किसी भी पुस्तक, ग्रंथ, या वेद में नही समा सकता। किंतु ये सारा ज्ञान आत्मा में हमेशा से समाया हुआ है।

⇨ आत्मज्ञान पाने के लिए किसी डिग्री की या, स्कॉलर होने की ज़रूरत नही है, एक अनपढ़ इंसान भी अपने समर्पण से ज्ञानी बन सकता है।

⇨ आत्मज्ञान पाने की कोई आयु नही होती है। पाँच साल के बच्चे का ज्ञान, 70 साल के व्रद्ध से ज़्यादा हो सकता है।

⇨ ज्ञान और अज्ञान, दोनो ही शरीर की मृत्यु के साथ समाप्त नही होते। आपके नए जन्म में ये आपको वापस से मिल जाते है।

⇨ आप किसी ज्ञान को केवल इसलिए सही नही मान सकते की अधिकतर लोग उसको सही कह रहे है। आपमें सही और ग़लत को परखने की क्षमता होनी चाहिए।

⇨ सही ज्ञान पाने के लिए बार-बार उसका मंथन करना पड़ता है।

⇨ ग्रंथों की पूजा करने से ज्ञान की प्राप्ति नही होती। ज्ञान व्यक्ति को तब मिलता है जब वो सद्भावना के साथ, विनम्रता से, अहंकार को त्याग कर, ख़ुद को खाली करके ज्ञान पाने की चेष्टा करता है।

25

कहानियों पर अंधा-विश्वास

जबसे हम इस संसार में आए है, हमने ईश्वर को केवल कहानियों के ज़रिए जाना है। ये कहानियाँ या तो हमें हमारे माता-पिता ने सुनायी, या हमने किसी और से सुनी, या किताबों में पढ़ी। जिस सरोत्र से हम तक ये कहानियाँ पहुँची, उन्होंने भी ऐसे ही किसी और सरोत्र से इन्हें पाया और आगे हमें दे दिया। इनका उद्गम क्या है, और वास्तव में इन कहानियों में कितनी सच्चाई है, कोई नहीं जानता।

ज्ञान को अपनाने से पहले उसको फ़िल्टर ज़रूर करें

लिखने वाला वास्तव में संत था, या संत के भेष में कोई कपटी, कोई नहीं जानता। किंतु हम इन कहानियों को सच मानकर इन पर अंधा-विश्वास करने लगते है, और इस विश्वास को अपने आगे की पीढ़ी को भी विरासत में दे देते है। और इस तरह ज्ञान को बिना परखे, उसे सच समझकर जीने लगते है।

मैं ये नहीं कहती की हर कहानी जो आप तक पहुँचायी गयी है, वो झूठी है; मैं तो ये कहने का प्रयास कर रही हूँ कि संसार में बहुत धोखे है, आँखे खोलकर चलिए। कोई भी कहानी को सच मानकर अपने जीवन में उतारने से पहले उसको फ़िल्टर ज़रूर कर लीजिए, ठीक वैसे ही, जैसे पानी को आप बिना फ़िल्टर किए नहीं पीते, कहानी को भी सच मानकर ना जीए।

क्या वास्तव में जीसस को सूली पर चढ़ाया गया था?

ऐसी ही बहुत सारी कहानियों में एक कहानी है जीसस क्राइस्ट की। मेरे हर हीलिंग शक्तिपाथ में मैंने जीसस की

मौज़ूदगी को महसूस किया। अक्सर मेरे ध्यान में आकर वो मुझे बुराई और अच्छाई के बीच का फ़र्क़ समझाते। बुराई को बारीकी से पहचानना सिखाते। तब भी, जब हमें गुमराह करने के लिए बुराई, अच्छाई के भेष में आती है।

जीसस ने मुझे निडर बनना सिखाया। उन्होंने मुझे सिखाया कि जो ईश्वर के प्रकाश में रहते है, उन्हें अंधेरे से सावधान रहने की ज़रूरत तो है, लेकिन डरने की नही। डर हमें ईश्वर से दूर ले जाता है। और जब हम ईश्वर से जुड़ने में सक्षम नही होते, तो माया के जाल में आसानी से फँस जाते हैं।

जीसस के कहने पर ही मैंने 2016 में बाइबल के सारे श्लोकों के अर्थ उस तरह से समझाए, जैसा उन्होंने मुझे समझाया। किंतु बाइबल में ऐसी भी बहुत सारी बातें थी, जिन्हें मेरी आत्मा स्वीकार नही रही थी। जिस बाइबल में जीसस का दिया हुआ ज्ञान था, वो मुझ तक इंसान ने पहुँचाया था। लेकिन मेरी आत्मा ने तो जीसस से ही जुड़ना सीख लिया था। जब उद्‌गम सामने है, तो उसके सामने इंसान के ज्ञान को आँख बंद करके कैसे मान लिया जाए?

गंगा का पानी गंगोत्री में अमृत होता है, वाराणसी तक आते आते पीने योग्य भी नही रहता।

गंगा नदी का पानी सबसे ज़्यादा शुद्ध उसके उद्‌गम स्थान पर होता है, और वाराणसी पहुँचने तक बहुत मैला हो जाता है। जहाँ-जहाँ से नदी गुज़रती है, उसका पानी मैला होता जाता है। लोग उसमें कचरा डालते रहते है, स्नान करते है, कपड़े धोते है, कारख़ानों से निकला केमिकल भी उसमें डाल देते है, बहुत से गंदे पानी के स्तोत्र भी उसमें मिल जाते है। वाराणसी में भी गंगा तो गंगा ही रहती है, किंतु उसका पानी अपने औषधीय-गुण खो चुका होता है।

इसी तरह से सभी ग्रंथ तो ग्रंथ ही है, किंतु इतने सालों के लम्बे सफ़र में उनके ज्ञान को भी बहुत से लोगों ने अपने हिसाब से बदल दिया है।

जिन जीसस की शक्ति को मैं अनुभव करती थी, वो शक्ति बाइबल में दिखाए गए जीसस से भिन्न थी। बाइबल में जीसस को ईश्वर का पुत्र बताया गया। और कहा गया कि ईश्वर ने जीसस को संसार में भेजा ताकि वो हम सबके बदले में ख़ुद क़ुर्बान होकर हमें पापों से मुक्ति दिला दे। और कुछ सत्ता पर बैठे शक्तिशाली लोगों ने उन्हें बेरहमी से सूली पर चढ़ा दिया; ठीक वैसे ही, जैसे एक मासूम मेमने की धर्म के नाम पर बलि चढ़ा दी जाती है। और कहा जाता है की इससे ईश्वर प्रसन्न होंगें और हम अपने पापों से मुक्त हो जाएँगे। भला किसी मासूम की हत्या से ईश्वर कैसे ख़ुश हो सकते है?

मैंने सारे श्लोक तो जीसस के मार्गदर्शन से समझा दिए, पर आख़िरी के हिस्से में मुझे कोई सच्चाई नही दिखी। ऐसा लगा कि ये किसी की बनायी हुयी कहानियाँ है, जिन्हें किसी ने लोगों को भ्रमित करने के लिए बनाया है, ताकि धर्म की आड़ में वो अधर्म करता रहे, और जीसस की भयानक मृत्यु को देखकर कभी कोई ईश्वर की तरफ़ जाने की हिम्मत भी ना करे। और इस तरह बुराई, हमेशा अच्छाई पर राज करती रहे।

जीसस के जैसी मृत्यु सम्भवत: संसार में कोई नही चाहेगा। इसलिए कभी कोई बुराई से लड़ने का साहस भी नही करेगा, और जो करना चाहेगा, वो ये सोच लेगा की जब ईश्वर के पुत्र तक को क़ुर्बानी देनी पड़ी, और कोई उन्हें नही बचा पाया, तो फिर मैं तो एक साधारण सा इंसान हूँ।

इस प्रकार मनुष्य ख़ुद को कमज़ोर जानकार सदा पापियों से डरकर जीता रहेगा।

ईश्वर कभी ना बुराई के आगे हारते है, ना ही हमें क़ुर्बान होने को कहते है

और वास्तव में यही तो हो रहा है सब जगह!

मै भी ईश्वर के बहुत क़रीब थी। ईश्वर के एक बार कहने पर मैंने सब त्याग दिया। ऐसी-ऐसी परिक्षाएं दी, जिन्हें साधारण मनुष्य देने के बारे में सोचता भी नहीं

है। हालात यहाँ तक भी आ गए की मेरे पास पैसा भी नहीं बचा, फिर भी आज तक मेरे ईश्वर ने मेरा सर किसी भी बुरी शक्ति के सामने झुकने नहीं दिया।

मुझे चालाक लोग धर्म के नाम पर फ़साँने की चेष्टा कर रहे थे, तो ईश्वर ने मुझे उनका सच दिखाकर हर बार उनकी योजना को विफल कर दिया।

मेरे परिवार के लोग, धर्म के नाम पर मेरी बलि चढ़ा रहे थे, तो ईश्वर ने आगे आकर मुझे बचा लिया।

मैं सबकी ख़ुशी के लिए ख़ुद को सूली पर चढ़ा रही थी, ये सोचकर की शायद इससे ईश्वर ख़ुश होते है, किंतु ईश्वर ने तो मुझे कर्मों का ही ज्ञान दे डाला।

ईश्वर ने मुझे दर्द नहीं हीलिंग दी। पापियों के लिए क़ुर्बान होने को नही, अपितु पाप का विनाश करने को कहा।

कुछ चालक लोगों ने हमें डर देने के लिए जीसस की ऐसी भयानक मृत्यु की बातें फैलायी

बाइबल का जीसस सूली पर दर्द से तड़पकर ईश्वर से मुक्ति माँग रहा था, जबकि असली जीसस ईश्वर की शक्ति के रूप में मेरी शक्तियों को बढ़ा रहा था।

बाइबल का जीसस, बुराई के सामने झुक गया था, पापियों के पाप अपने सिर पर लेने के नाम पर। जबकि जीसस की शक्ति मुझे हर पाप से लड़ने को कह रही थी।

वैसे भी जिसे हम पाप का नाम देते है, वो तो केवल एक सबक़ है, जिसे हमने ठीक से समझा नही है। अगर एक बच्चा अपने प्रशनपत्र के उत्तर ग़लत देने की वजह से फ़ेल हो जाता है, तो अगली कक्षा में जाने के लिए उसको ख़ुद ही अपना प्रशनपत्र सुलझाना होता है। अब ऐसे में कोई मसीहा बनकर उसका प्रशनपत्र सुलझा देगा, तो परीक्षा का लाभ ही क्या हुआ?

परीक्षा तो केवल ये जानने के लिए होती है, कि आपने कितना सीख लिया और कितना नहीं। अगर इस कक्षा के सब सबक़ सीखोगे ही नहीं, तो आगे की पढ़ाई कैसे करोगे?

आपके पाप ख़ुद पर लेकर कोई आपको मुक्ति नही दिला सकता।

अब इसमें क्या आपके माता-पिता, जो आपका हित चाहते है, ऐसा चाहेंगे कि आप बिना ज्ञान पाए, अगली कक्षा में चले जाओ?

अगर नहीं, तो ईश्वर ऐसा क्यूँ चाहेंगे? वो क्यूँ आपके सबक़ में बाधा बनेंगे?

उनका एक बच्चा नहीं है, करोड़ों है, और ईश्वर सबको उनके वास्तविक स्वरूप में देखना चाहते है, जिसके लिए सबको अपने ऊपर ख़ुद ही काम करना होगा।

ईश्वर जीसस को भेजेंगे, किंतु हमारे लिए सूली पर चढ़ने के लिए नही, अपितु हमारे मार्गदर्शन के लिए, ताकि कभी कोई ईश्वर के नाम पर हमें सूली पर ना चढ़ा पाए!

मेरा युद्ध भी क्रिशन ने मुझसे ही लड़वाया था। क्रिशन चाहता तो चमत्कार करके मुझे पल भर में मुक्त करा देता, या फिर जीसस की तरह मेरे बदले में दुःख सह लेता। किंतु उसने ऐसा नही किया। उसने चमत्कार केवल वहाँ किया, जहाँ मेरे प्रयत्नों को सही दिशा देने के लिए चमत्कार आवश्यक था। उसने मुझे मेरी शक्तियों का बोध कराया, और कहा कि बुराई से डरने की बजाय इसका सामना करो। मैं तुम्हारा साथ दूँगा।

केवल कमज़ोर माता-पिता ही बच्चे को बुराई के सामने समर्पण करने की सलाह देते है।

दोस्त, यदि माता-पिता कमज़ोर हो, उनकी कोई मजबूरी हो, जिसके रहते वो आपकी मदद करने में सक्षम ना हो - तब शायद वो आपको भी बुराई के सामने झुकने को कह दें, या आपके लिए ख़ुद की बलि दे देंगें; ठीक वैसे, जैसे मेरी माँ कमज़ोर थी, इसलिए ख़ुद

भी बुराई के आगे हार गयी, और मुझे भी झुकने को कह दिया। उनको लगा कि बुराई से हम लड़ नही सकते, तो इसके सामने समर्पण करके जीवन को ही बचा लेते है। यदि मेरी माँ मेरी तरह बहादुर रही होती, तो वो कभी भी मुझे अधर्म के आगे सर झुकाने को नही कहती।

जिसे हम ईश्वर कहते है, जगत-पिता कहते है, क्या आपको लगता है कि वो इतने कमज़ोर है, की बुराई की बजाए अपने बच्चों को मरने को कहेंगे?

जिस ईश्वर में शैतान को मारने का सामर्थ्य है, वो उसके अत्याचार सहने को क्यूँ अपने मासूम बच्चों को कहेगें?

जिस जीसस को मैंने अनुभव किया, वो तो क्रिशन का ही दूसरा स्वरूप है। जिस तरह क्रिशन ने मुझे बुराई से हार ना मानकर उससे लड़ना सिखाया; जीसस ने भी मुझे बुराई को पहचानना सिखाया। साथ में ये भी सिखाया की हर कहानी का सच पहले अपनी आत्मा से जानो, अगर आत्मा उसको स्वीकारे, तभी उस पर यक़ीन करो।

आपको यूँ जीसस के नाम पर डरकर जीते देख, उन्हें कैसा लगता होगा? क्या इसके लिए उन्होंने जन्म लिया था?

वो तो आपके मन से शैतान का डर मिटाने आए थे; किंतु शैतान ने तो जीसस के जीवन का अंत दिखाकर आपको और ज़्यादा डरा दिया!

मैं इस जीवन में हिंदू हूँ, किंतु मेरे पूर्व कई जन्मों मैं जीसस की अनुयायी थी। और इसी एक सबक़ को मैं जन्मों से सीख नहीं पायी थी, जिसकी वजह से शैतान अच्छाई के नाम पर मेरी बलि दिए जा रहा था, और मैं सोच रही थी

कि ये मेरे ईश्वर की मर्ज़ी है। आज जीसस ख़ुद मुझे ये सबक़ सिखाने आए थे। और मैंने मेरा सबक़ अच्छे तरीक़े से सीख लिया।

क्या आप अपने नालायक बच्चे की ख़ुशी के लिए अपने लायक बच्चे को क़ुर्बान होने को कह सकते है?

ईश्वर प्रेम है, वो तो एक पापी का भी अंत करने से पहले उसको भी अनगिनत मौक़े देते है बुराई को छोड़ने के। जो ईश्वर अपने नालायक बच्चों से भी इतना प्रेम करते है, क्या वो अपने मासूम बच्चे की हत्या, पापियों को बचाने के लिए होने देंगे? वो भी इतनी निर्दयता के साथ? कभी नहीं! ये तो केवल शैतान ही कर सकता है, ईश्वर नही!

इसी प्रकार से रामायण, जिसे एक बहुत बड़ा हिंदू ग्रंथ माना जाता है, उसमें भी ऐसी बहुत सी बातें है, जो आपको सोचने पर मजबूर कर देती है, कि ये वास्तव में ईश्वर के द्वारा दिया गया है, या मनुष्य ने अपनी सहूलियत के हिसाब से बनाकर इसको भगवान का नाम दे दिया है?

मैं हमेशा से राम के चरित्र से बहुत प्रभावित रही। जिसका कारण था, उनका अपनी पत्नी के प्रति निष्ठा रखना। किंतु मुझे एक बात के लिए उनसे शिकायत भी थी, कि उन्होंने सीता को क्यूँ छोड़ा?

मैं हमेशा इस सवाल का उत्तर खोजती रहती थी, सब अपने-अपने तरीक़े से जवाब दे देते, पर मुझे संतुष्टि नही हो रही थी। आख़िरकर ये जवाब भी मुझे क्रिशन से ही मिला, जब उसने मुझे कहानियों के पीछे जाकर सच को देखना सीखाया।

ऐसा माना जाता है कि राम, भगवान के अवतार थे और पृथ्वी पर धर्म की स्थापना करने आए थे। उन्होंने समाज को एक सभ्य समाज कैसा होता है, इसका उदहारन प्रस्तुत किया।

उन्होंने एक बार अश्वमेघ यज्ञ के अश्व की बलि देने का विरोध किया, ये कहकर, कि किसी मासूम से उसके जीवन को जीने का अधिकार छीनना ग़लत है। जो राम, राजकुमार होते हुए एक अश्व के अधिकार के लिए बोल सकते है, वो राजा होते हुए एक स्त्री और उसके गर्भ में पल रहे शिशु के अधिकार कैसे भूल गए?

क्या एक राजा का कर्तव्य केवल प्रजाजन को ख़ुश करना है? फिर चाहे उनकी ख़ुशी एक अधर्म ही क्यूँ ना हो?

ये जानते हुए भी कि सीता निर्दोष है, उन्होंने पहले तो उनसे अग्नि परीक्षा माँगी और फिर एक मूर्ख मनुष्य के कहने पर उनका त्याग कर दिया? ये उन्होंने धर्म की स्थापना की, या अधर्म की?

उन्होंने ही तो समाज को बताया कि यदि किसी स्त्री के साथ कोई बलात्कार कर दे, तो स्त्री का त्याग कर दो, क्यूँकि अब वो अशुद्ध हो गयी है! भगवान तो ऐसा कार्य नही कर सकते?

क्रिशन ने तो हमेशा सबके अधिकारों की रक्षा की। जो सही है, उसका साथ दिया। मेरे जीवन में भी उसने समाज की बेकार धारणाओं की परवाह किए बिना मेरी रक्षा की, मुझे सम्मान दिलाया।

राम के लिए कहा जाता है, "प्राण जाए पर वचन ना जाए"

उन्होंने, अपने पिता का वचन (वो भी वो, जो उन्होंने नही, उनके पिता ने दिया था) निभाने के लिए सिंघासन का त्याग कर दिया। किंतु पत्नी को विवाह के समय दिए गए वचनों को निभाने के लिए (जो की किसी ने नही, उन्होंने ख़ुद ने दिए थे) वो सिंघासन नही त्याग पाए?

क्या वचन सिर्फ़ वही महत्वपूर्ण है, जो माता-पिता को दिए जाए? अग्नि के सामने पत्नी को दिए वचन का कोई महत्व नही है?

क्या वचन सिर्फ़ वही महत्वपूर्ण है, जो माता-पिता को दिए जाए? वैसे भी इंसान अपनी ख़ुद की किसी वस्तु के लिए वचन दे सकता है, और जिसने वचन दिया है,

निभाने का धर्म भी उसी का होता है। वो अपने बच्चे को या किसी और को उसको निभाने के लिए विवश नही कर सकता। संतान माता-पिता की सम्पत्ति नही होती!

राम ने राज्य के सिंघासन के लिए सीता माता का त्याग किया, उन्हें वनों में अकेले भटकने के लिए छोड़ दिया। वो अपना पत्नी धर्म भूल गए, जबकि सीता ने राम के 14 साल के वनवास में महलों का सुख छोड़कर अपना पतीधर्म निभाया। राम चाहते तो सिंघासन का त्याग करके सीता के साथ वन में जा सकते थे। **यदि उनका छोटा भाई भरत उनकी अनुपस्थिति में 14 साल तक कुशलता के साथ राज्य संभाल सकता था, तो आगे भी संभाल लेता! क्या भरत की योग्यता में तब कोई कमी आ गयी थी?**

यदि सीता अपने पती के प्रति अपना फ़र्ज़ निभाने के लिए वनवास ले सकती थी, तो राम ने ऐसा क्यूँ नही किया? यदि राम राजा था, तो सीता भी तो रानी थी? भगवान तो पक्षपात नही करते, फिर रामायण में इतना पक्षपात क्यूँ दिखता है?

राम यदि वास्तव में भगवान थे, तो क्या वो नही जानते थे कि हिरन सोने का नही होता? ये जानते हुए भी कि राक्षस उनके पीच्छे पड़े है, वो कैसे अपनी पत्नी को अकेला छोड़ गए? यदि लक्श्मन के भरोसे अकेला छोड़ा था, तो फिर तो लक्ष्मण दोषी है, सीता नही! सज़ा लक्ष्मण को मिलनी चाहिए, ना की सीता को!

ऐसी कितनी सारी बातें है रामायण में हैं, जिन्हें देखकर ऐसा प्रतीत होता है कि इसे भी किसी मनुष्य ने समाज को अपने तरीक़े से चलाने के हिसाब से लिख दिया है, और फिर इसे धार्मिक ग्रंथ का नाम दे दिया, ताकि कभी कोई ईश्वर के डर के कारण इस पर सवाल ही ना करे!

असली ज्ञान हमको हमारी आत्मा देती है। जो भी ज्ञान आप तक किसी भी कहानी के ज़रिए पहुँचा है, जिसे आपने ख़ुद ने अनुभव नही किया, कृपया यूँ

ही आँखे बंद करके उसको अपने जीवन का हिस्सा ना बनाए। **सदियों से हमें यूँ हीं धर्म के नाम पर डर दिया जा रहा है, और इस डर में कि कहीं ईश्वर हमसे नाराज़ ना हो जाएँ, हम उन्हें जानने की कोशिश भी नही करते, जो जैसा बता देता है, उसको ही सच मान लेते है।**

किताब केवल अपनी बात को दूसरों तक पहुचाने का एक माध्यम है। हर किताब सबके लिए समान होती है, किंतु हर इंसान अपनी-अपनी समझ से उसको समझता है। जो जैसा समझता है, वैसे ही आगे समझा देता है। ऐसे में क्या सुनी-सुनायी कहानियों पर अंधा-विश्वास करना उचित है? आप ख़ुद ही सोच लीजिए!

राधेकृष्णा

प्रश्न: आज तक आप जो सुनते आए, क्या सब सही है?

उत्तर: इस प्रश्न का उत्तर आपको केवल आपकी आत्मा दे सकती है। जो आपको बताया गया, वो उसके लिखने वाले का सच हो सकता है, किंतु उसका सच..सबका सच हो, ये आवश्यक नही है। प्रत्येक व्यक्ति अपने तरीक़े से किसी बात को समझता है, और आगे की पीढ़ी को भी अपनी समझ विरासत के रूप में दे देता है। कभी-कभी तो इतिहासकार सत्य को आपसे पूरे तरीक़े से छुपाकर, एक नया सत्य बनाकर आपके सामने दिखा देते है, जो कभी मौजूद ही नही था। इस प्रकार से वे समाज को धर्म के नाम पर गुमराह करते हैं। ऐसे में आपके लिए ये बहुत आवश्यक है कि अपनी आत्मा से जुड़े, और अपने सत्य को स्वयं खोजें।

ज्ञान के मोती

- ⇨ कोई भी व्यक्ति जो वचन देता है, वो हो उसको निभाने के लिए उत्तरदायी है, अपने वचन को निभाने के लिए वो किसी और को बाध्य नही कर सकता।
- ⇨ जीवन साथी का दर्जा किसी भी तरह से जन्म देने वालों से कम नही हो सकता।
- ⇨ यदि व्यक्ति के लिए राज्य के धर्म ही सर्वोपरी है, तो उसको विवाह के बंधन में नही बंधना चाहिए।
- ⇨ डर भगवान ने नही, शैतान ने बनाया है ताकि इसके ज़रिए वो मासूम लोगों पर अपनी हुकूमत करता रहे।
- ⇨ कमज़ोर इंसान दूसरे को भी सदा झुकना ही सिखाता है।

26

हीलिंग क्या है?

हम ख़ुद को अपने भौतिक शरीर से पहचानते है, अतः इस शरीर की बीमारियों को अपना बीमार होना, और उनके ठीक होने को अपना स्वस्थ होना मान लेते है। ये सच तो है, किंतु अधूरा सच है।

पूरा सच तो ये है की हम केवल भौतिक शरीर नही है। हम तो आत्मा है, जिसमें ईश्वर के सारे गुण पहले से विद्‍यमान है। जिस भौतिक शरीर को हम हमारा सच मानकर जीते है, वो तो वास्तव में इस आत्मा के विभिन्न शरीरों में से मात्र एक शरीर है। आत्मा के ऐसे अन्य शरीर भी है, जो हमें इन आँखों से नही दिखते है।

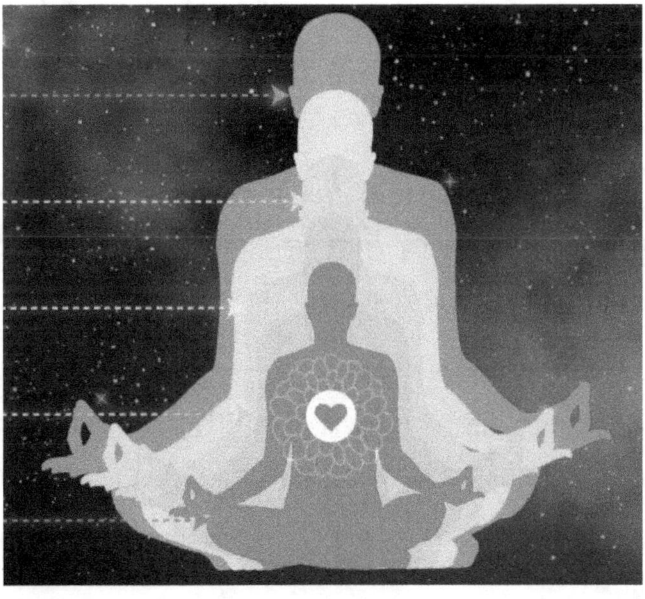

इनमे एक शरीर है जिसमें प्राण शक्ति बहती है, दूसरा शरीर होता है जिसमें हमारे भाव रहते है, तीसरे शरीर में बुद्धी का वास होता है, और बाक़ी के शरीरों में चेतना का स्थान होता है। ये सब शरीर आपस में मिलकर काम करते है, और एक दूसरे को प्रभावित भी करते है। हर एक शरीर का हमारे जीवन में एक विशेष काम होता है।

इसलिए ये अत्यावश्यक है कि ये सब शरीर रोगमुक्त रहें और अपना कार्य ठीक प्रकार से करते रहे। यदि इनमें से कोई एक भी बीमार हो गया, तो वो बाक़ी सबको भी बीमार कर देगा। ठीक वैसे ही, जैसे हमारे भौतिक शरीर का कोई एक अंग ख़राब हो जाए तो बाक़ियों पर भी उसका प्रभाव आने लगता है।

यदि भौतिक-शरीर बीमार हो गया तो हम भोज़न नही कर पाएँगे, प्राण-शरीर को ऊर्जा नही मिलेगी, और बाक़ी के शरीर भी अपना कार्य ठीक से नही कर पाएँगे।

इसी तरह, यदि हमारे भाव संतुलित नही रहे, तो वो बुद्धी को भी संतुलित निर्णय नही लेने देंगे और भौतिक-शरीर को भी अनावश्यक कार्यों में उलझाए रखेंगे।

यदि हमारी बुद्धी आत्मा की ना सुनकर, अहंकार के वश में हो जाएगी, तो वो कोई भी निर्णय सही से नही ले पाएगी। फलस्वरूप, बाक़ी के शरीर भी रोगग्रस्त हो जाएँगे।

इसी तरह, यदि हमारी चेतना कम है, तो वो सही-ग़लत के बीच फ़र्क़ नही कर पाएगी। सही को ग़लत और ग़लत को सही जानकार कार्मिक चक्र बनाती जाएगी और संसार के दुखों में उलझ कर रह जाएगी।

इसे एक उधारन से समझते है। मान लीजिए क़ि आपका भौतिक शरीर आपकी कार का लोहे से बना ढाँचा है। किन्तु ये ढाँचा आपके लिए तब तक किसी उपयोग का नही है, जब तक कि ये आपके सफ़र में आपको मदद ना कर पाए।

इसको चलाने के लिए आप इसको पेट्रोल पिलाते है। पेट्रोल इंजन की मदद से शक्ति में बदल कर इस ढाँचे को चला देता है। ठीक उसी तरह से आपका खाया हुआ भोजन भी प्राण शरीर द्वारा शक्ति में बदल कर आपके भौतिक शरीर को चला देता है। जितना अच्छा भोजन होगा, उतनी ही अच्छी शक्ति दे पाएगा।

किंतु केवल ढाँचे और इंधन से भी कार नही चल सकती। इसके लिए एक कार चालक की भी ज़रूरत होती है। जिसके पास मन और बुद्धि दोनो है। यदि चालक दुःखी है, तो कार चलाएगा ही नही, या हो सकता है कि कोई दुर्घटना कर बैठे। इसी तरह यदि उसकी बुद्धी भटकी हुयी है, तो वो आपको सही जगह पहुचाने की जगह ग़लत जगह पहुँचा सकता है, या आपके लिए कोई मुसीबत भी खड़ी कर सकता है।

और इन सबके ऊपर है, आप ख़ुद, जो कार के मालिक है। आप चालक को जैसे निर्देश देंगे, वो उसी तरह से कार चलाएगा। आप सही जगह जाने को कहेंगे, तो वो सही जगह जाएगा। आप किसी ग़लत जगह पर जाने को कहेंगे, तो वो आपको वहीं ले जाएगा। इस प्रकार आपकी चेतना आपके लिए हुए हर निर्णय को, आपके विचारों को, और आपके भावों को - सबको प्रभावित करती है।

अलग-अलग शरीरों के विकार

हमारे जितने शरीर है, उनके उतने ही विकार है। यहाँ मैं उनमे से कुछ विकारों का उल्लेख कर रही हूँ, जिससे आपको हीलिंग शब्द का अर्थ समझने में आसानी होगी।

1. चेतना सम्बंधित विकार:
    - स्वयं को भूल जाना
    - अपने ज्ञान को भूल जाना
    - अपने उद्गम यानी ईश्वर से अलग हो जाना
    - आत्मा को भूलकर शरीर को अपना सच मान लेना

- धर्म और अधर्म का फ़र्क़ भूल जाना
- स्वतंत्रता को खो देना

इनसे जन्म होता है अन्य बीमारियों का, जैसे कि - अहंकार, द्वेष, हीनभावना, ईर्ष्या, लोभ, डर, असुरक्षा, सहनशीलता की कमी, धैर्यहीनता, अकेलापन, तनाव, गुस्सा, भेद-भाव, इत्यादि।

2. बुद्धी सम्बंधित विकार

- ग़लत धारनाए
- नकारात्मक सोच
- सही ग़लत के बीच फ़र्क़ ना कर पाना
- निर्णय ना लेना, या ग़लत निर्णय लेना
- एकाग्रता की कमी
- किसी की भी बातों में आ जाना
- वर्तमान में ना रहकर भविष्य या अतीत में रहना
- ग़लत आदतों को अपना हिस्सा बना लेना
- ख़ुद पर विश्वास की कमी
- तनाव में संतुलन खो बैठना

3. मन सम्बंधित कुछ विकार

- मोह में पड जाना
- घृणा

- बदले की भाव
- सुख या दुःख में उलझ जाना
- माफ़ ना कर पाना
- ख़ुद को किसी व्यक्ति, वस्तु, स्थान, या भाव से बाँध लेना
- ख़ुद के या किसी और के लिए हीन भावना रखना
- मन को अपने वश में ना रखकर, उसके वश में रहना

4. आचरण सम्बंधित कुछ विकार
    - कायरता
    - डर
    - झूठ बोलना
    - धोखा देना
    - दूसरों का या स्वयं का अपमान करना
    - इंद्रियों को ग़लत चीज़ों के आनंद से रोकने में असमर्थता
    - हिंसा
    - अपने निर्णय या कार्य की ज़िम्मेदारी दूसरों पर डालना
5. कर्म और कार्मिक चक्र
6. ग़लत आदतें
7. भौतिक शरीर सम्बंधित विकार

इस तरह के और भी कई विकार है, जो हम सबकी आत्मा में आ चुके है। विकार शुरू होते है चेतना से, और दिखते है अन्य शरीरों की बीमारी के रूप में। ये सब विकार हमारे सूक्ष्म शरीरों का (जिसे हम अवचेतन मन का भी नाम दे देते है) हिस्सा बन जाते है, और वहाँ से हमारे सभी शरीरों को प्रभावित करना शुरू कर देते है।

जिसे हम हीलिंग कहते है, उसका अर्थ है, आपके सब शरीरों के विकारों का दूर होना। दूसरे शब्दों में कहें, तो हीलिंग का अर्थ है - मोक्ष।

हीलिंग हर समस्या को जड़ से ख़त्म करती है, अर्थात, वो पहले चेतना को बदलती है, जिससे आपकी जीवन-शैली में परिवर्तन आता है, और उसके बाद शरीर से बीमारी समाप्त हो जाती है। ये सब करने में उसे वक़्त लगता है। इसलिए हीलिंग के लिए आपको धैर्य रखना आवश्यक होता है।

आप चाहें, तो एक ही जीवन में ख़ुद पर मेहनत करके अपने सारे विकार दूर कर सकते है; और चाहे तो इन्हें ऐसे ही छोड़ सकते है। आपका शरीर जैसे इस जन्म में है, आपके आगामी जीवन में भी ये सब विकार उसमें इतनी ही मात्रा में रहेंगे। इसलिए, इन पर आपको कभी ना कभी तो काम करना ही पड़ेगा। और समझदारी इसी में है, कि बीमारी का पता लगते ही उसका इलाज कर लिया जाए। जितना बीमारी बढ़ेगी, उसको दूर करना भी उतना ही कठिन हो जाएगा।

एक अच्छा हीलर वो है, जिसकी चेतना आत्मा की चेतना में मिल गयी हो, जिसके पास हील करने की ना केवल शक्तियाँ हो, अपितु वो बीमारी को भी ढूँढने और दूर करने में सक्षम हो।

हीलर का कार्य

आपमें से बहुत से लोग रेकी, मेडिटेशन, आदि को हीलिंग समझ लेते है - दोस्त, ये सब चीज़ें हीलिंग में दवा की तरह से काम करती है, किंतु आपकी बीमारी क्या है, उसमें आपको कौन से दवा देनी है, कितनी देनी है, वो कितना काम कर रही है - ये तो एक अच्छा हीलर ही बता सकता है।

एक हीलर सबसे पहले आपकी बीमारी को ढूँढता है, और ढूँढने के बाद उसे ठीक करता है।

बीमारी के कारण कई बार वर्तमान में दिख जाते है, तो कई बार अतीत में ढूँढना पड़ता है, और यदि वहाँ भी नही मिलते तो पूर्व जन्मों में भी ढूँढना पड़ता है। एक हीलर का काम यहीं समाप्त नही हो जाता। इसके बाद वो आपको दवा देता है और दवा के प्रभाव से जो आपके जीवन में और आप में बदलाव आने लगते है, उन्हें समझने में आपकी सहायता करता है।

इतना ही नही, वो आपके लिए एक लाइफ़-कोच की तरह से भी काम करता है और आपका मार्ग-दर्शन करता रहता है। समस्या को जड़ से ख़त्म करने का अर्थ है - कार्मिक चक्र से मुक्ति। एक अच्छा हीलर जानता है, कि ये काम कैसे करना है।

हीलिंग किसी चमत्कार से कम नही है। ये आपके एक जीवन में ही आपको अनेको विकारों से मुक्ति दिला सकती है; और इसके लिए आपका विश्वास, आपकी लगन, और एक अच्छे हीलर का मार्ग-दर्शन पर्याप्त है।

ये ज्ञान अपने आप में एक समुद्र की भाँति है। जिसको मैं विस्तार से अपनी अगली पुस्तक में समझाऊँगी। अभी के लिए आशा करती हूँ कि ये जानकारी आपके लिए उपयोगी सिद्ध होगी।

राधेकृष्णा

प्रश्न: हीलिंग की आवश्यकता किसको है?

उत्तर: वास्तव में संसार के प्रत्येक व्यक्ति को हीलिंग की ज़रूरत है। हीलिंग का अर्थ केवल भौतिक शरीर की बीमारियाँ दूर करना नही है; अपितु आपको आपके आत्मस्वरूप में वापस लाने में आपकी सहायता करना भी है। आपके जीवन को संतुलित करना है, एवं आपके अंदर के सब प्रकार के दोषों से आपको मुक्ति दिलाना है। जितना जल्दी आप इस बात को समझ लेंगे, उतना जल्दी ख़ुद को सम्पूर्ण कर पाएँगे।

ज्ञान के मोती

⇨ हीलिंग का अर्थ केवल भौतिक शरीर की बीमारी का दूर होना नही है, अपितु मानसिक, भावनात्मक, आत्मिक, एवं कार्मिक दोषों से मुक्त होना भी है।

⇨ आत्मा के जितने शरीर है, उनकी उतनी ही बीमारियाँ भी है। यदि कोई एक शरीर भी बीमार हो जाता है, तो वो बाक़ी सबको भी बीमार कर देता है।

⇨ हीलिंग समस्या को जड़ से ख़त्म करती है

⇨ एक अच्छा हीलर वो है, जिसकी चेतना आत्मा की चेतना में मिल गयी हो, जिसके पास हील करने की ना केवल शक्तियाँ हो, अपितु वो बीमारी को भी ढूँढने और दूर करने में सक्षम हो।

27

पूर्व जन्म

गीता में क्रिशन ने आत्मा के पूर्व जन्मों का उल्लेख किया है, किंतु एक साधारण मनुष्य के लिए, जिसे कुछ भी याद ही नही है, पूर्व जन्म की बातें मात्र एक कल्पना प्रतीत होती हैं। और कई धर्मों में तो मृत्यु के बाद जीवन के होने की बात को सच ही नही माना जाता।

मैं भी हमेशा से पूर्व जन्मों की बातों की तरफ़ बहुत आकर्षित होती थी, और फिर मन में सोचती, "क्या सच में हमने कभी कोई जीवन को जीया है? मनुष्य का शरीर तो बहुत मुश्किल से प्राप्त होता है, फिर मैं मेरे पूर्व जन्म में क्या थी?"

ये सब बातें मेरे लिए तब तक कल्पना थी, जब तक मेरा मेरे पूर्व जन्मों को जानने का और अपने प्रश्नों के उत्तर पाने का समय नही आ गया।

मुझे पूर्व जन्मों पर यक़ीन दिलाने के लिए पहले तो क्रिशन ने मुझे एक TV सीरीयल के ज़रिए इसका परिचय दिया। और फिर मेरी चेतना में मेरे पूर्व जन्म खोल दिए। जब मुझे उन पर फिर भी यक़ीन नही हुआ, तो क्रिशन ने इस जीवन में मुझे मेरे पूर्व जन्मों के समस्कार दिखाने शुरू किए।

मेरी सोच, मेरे महसूस करने का तरीका, मेरे डर, मेरी आदतें, मेरी धारणाएँ, मेरे समबंध, सब कुछ मैंने वैसा का वैसा अपने वर्तमान जीवन में पाया।

मानो सफ़र वही पुराना हो, लेकिन सबके चेहरे और नाम बदल गए थे। इसके बाद जैसे-जैसे मैंने अपने पूर्व जन्मों के एक-एक कर्म पर काम करना आरम्भ किया, मेरी सोच में, मुझमें, मेरी धारणाओं में, मेरे रिश्तों में, और मेरे जीवन में भी एक सकारात्मक परिवर्तन होने लगा।

जब पूर्व जन्म जानने की अनोखी कला को सीख लिया, तो ये ही सब चीज़ दूसरों के जीवन में भी देखी, और पूर्व जन्मों को लेकर मुझे मेरे सारे उत्तर मिल गए।

आज मैं कह सकती हूँ, कि गीता में जो जीवन और मृत्यु के बारे में बताया गया है, वो सही है। जो ज्ञान क्रिशन के द्वारा और जीवन के अनुभव के द्वारा मैंने पाया, इस अध्याय में वो ही मैं आप तक भी पहुँचा रही हूँ।

क्रिशन ने मुझे बताया: आत्मा, जिसका कोई आकर, कोई रूप, नही है, ये सदियों से अपने सफ़र में है। ये जन्म लेती है, और संसार की माया में उलझ कर ख़ुद के लिए कई प्रकार के कर्म बना लेती है। अपने अनुभवों से उसने सही या ग़लत जो भी महसूस किया होता है, या सीखा होता है, उसके आधार पर वो अपनी कुछ धारणाएँ बना लेती है, जिन्हें वो अपने अवचेतन मन में स्थान देती जाती है। उसके सारे मोह, बंधन, दुःख, ख़ुशी, ज्ञान, अज्ञान, आदतें, सोच, धारणाएँ, स्वभाव, चरित्र, सब कुछ उसके अवचेतन मन का हिस्सा बनकर उसके साथ-साथ चलते रहते है और उसके निर्णयों को प्रभावित करते रहते है। इन्हें अवचेतन मन के विकार, या फिर आत्मा के सम्सकारों का नाम भी दिया जाता है। इसी को अवचेतन मन की प्रोग्रैमिंग भी कहा जाता है।

यदि व्यक्ति अपने जीवनकाल में अपने अवचेतन मन से नकारात्मक चीज़ों को निकाल कर इसको सकारात्मक कर देता है, तो वो इनसे मुक्त हो जाता है, नही तो ये सब सदा उसकी आत्मा के सूक्ष्म शरीरों का हिस्सा बने रहते हैं।

मैंने कहा: तो फिर शरीर के साथ ये अवचेतन मन भी तो नष्ट हो जाता होगा?

क्रिशन ने कहा: नही, ऐसा नही होता। जब मृत्यु आती है, तो वो केवल भौतिक शरीर को आती है, दूसरे शब्दों में "भौतिक शरीर का नष्ट हो जाना हमारे लिए मृत्यु है"। जबकि सत्य तो ये है कि भौतिक शरीर नष्ट इसलिए होता है, क्यूँकि वो हमेशा से नश्वर है। किंतु इसका नष्ट हो जाना, आत्मा के सफ़र का ख़त्म हो जाना नही होता।

आत्मा अपने सूक्ष्म शरीरों के साथ एक नए शरीर में अपना सफ़र आरम्भ कर देती है। केवल शरीर बदला है, बाक़ी सब वैसा का वैसा ही रहता है। वही उसकी सोच, वहीं धारनाए, वही आदतें, वही बुद्धी का विकास, और वही कार्मिक सबक़। इस जीवन में भी इसको अपने अवचेतन मन पर काम करके अपने कार्मिक सबक़ पूरे करने होते है। जैसे उसके सबक़ होते है, उसके हिसाब से उसके रिश्ते, जीवन की परिस्थितियाँ, परिवार, समाज, शिक्षा का स्तर, सब कुछ तय हो जाता है।

मैंने कहा: तो फिर उसके रिश्ते? क्या वो वापस से इन्हीं लोगों के साथ जन्म लेती है, या फिर कोई नए लोग उसके जीवन का हिस्सा बन जाते है?

क्रिशन ने कहा: ये कदापि ज़रूरी नही है कि आत्मा उन्ही सब लोगों का साथ सफ़र आरम्भ करे। आत्मा तो अपने कर्म से बंधी है, उसके कार्मिक सबक़ से मिलते-जुलते लोग कुदरत उसके जीवन में भेज देती है। किंतु कई बार आत्मा ख़ुद को दूसरी आत्माओं से इतना ज़्यादा मोह में या नफ़रत में बाँध लेती है, कि वो अपना अगला जन्म वापस उन्ही के साथ पाने के लिए इंतेज़ार करती है। इसलिए अक्सर जब लोग पूर्व जन्म जानने का प्रयास करते है, तो उन्हें वो ही पुराने लोग इस जीवन में भी दिखायी देते है।

मैंने कहा: तो क्या सबको उनका पूर्व जन्म जानना चाहिए?

क्रिशन ने कहा: आत्मा एक लम्बे अंतरालसे सफ़र में है। वो बहुत से जन्म जी चुकी है। उसके लिए ये बिलकुल भी ज़रूरी नही है, की वो अपने हर जन्म को जाने।

पूर्व जन्मों को जानने का केवल एक ही उद्देश्य होता है, अपने वर्तमान में हो रही समस्याओं का समाधान ढूँढना। किसी भी समस्या को सुलझाने के लिए हमें वहाँ जाना पड़ता है, जहाँ से समस्या आरम्भ हुयी थी। इसके अतिरिक्त पूर्व जन्म का हमारे जीवन में कोई महत्व नही है। ये समाप्त हो चुका है।

मुझे क्रिशन ने मेरे बहुत सारे पूर्व जन्म दिखाए, जहाँ से मैं अपने कार्मिक सबक़ समझ पायी, और मैंने उन्हें ठीक कर लिया। यही कारण है कि मैने इतनी तेज़ गति से अपना आध्यात्मिक विकास किया।

मैंने क्रिशन से कहा: क्या ये 84 लाख योनियों की बात सही है? क्या हमें केवल एक ही बार मनुष्य का शरीर मिलता है?

क्रिशन ने कहा: 84 लाख और इससे भी अधिक प्राणियों की प्रजातियाँ धरती पर पायी जाती है, जो अपनी-अपनी चेतना का विकास कर रहीं है। इनमें से

किसी में भी मनुष्य जैसी चेतना नही है, ना ही किसी को ईश्वर ने सही और ग़लत समझने की शक्ति ही दी है। इसलिए इनमें से कोई भी कार्मिक चक्र से बन्धी हुयी नही है।

किंतु मनुष्य, जो कि सही ग़लत को समझ सकता है वो इन चक्रों से बँधा हुआ है। एक बार मनुष्य शरीर पाने के बाद, आप वापस से किसी पशु की योनि को पाओ, ये इतना सरल नही है। जानवर के शरीर में अपने कर्मों से मुक्ती नही पायी जा सकती।

और जब तक मनुष्य कर्मों से मुक्त नही होता, उसके कर्म उसको मनुष्य का जीवन जीने को बाध्य करते रहते हैं।

मैंने जितने भी अपने जीवन देखे और जितने जीवन दूसरों के देखे, मैंने कभी भी किसी को भी पशु के शरीर में नही देखा। सभी अपने पूर्व जन्मों में भी मनुष्य ही थे, और अधिकतर का लिंग भी समान ही था।

मैंने क्रिशन से पूच्छा: क्या सब अपना पूर्व जन्म जान सकते है?

क्रिशन ने कहा: नही, सब अपना पूर्व जन्म नही जान सकते, केवल वही जान सकते है जो इसके लिए तैयार है, या जिनका प्रारबध सामने आया हुआ है।

इस प्रकार से क्रिशन ने मुझे पूर्व जन्मों का संपूर्न ज्ञान देकर मेरे हीलिंग के और आत्मा के सफ़र में एक क़दम और आगे बढा दिया।

आपको पूर्व जन्म से डरने की आवश्यकता नही है, और ना ही इसको जानने से आपका वर्तमान जीवन दुखी हो जाता है। पूर्व जन्म तो केवल आपको समस्या की जड़ में दुःख का छुपा कारण देखने में मदद करते है, ताकि इससे आप अपने वर्तमान से समस्या को ही निकाल दो। दुःख पूर्व जन्म जानने से नही आता, अपितु हमें दुःख देने वाली चीज़ के प्रति हमारे मोह से आता है।

राधेकृष्णा

प्रश्न: क्या पूर्व-जन्म को जानने से वर्तमान में इसका नकारात्मक प्रभाव पड़ता है?

उत्तर: पूर्व-जन्म एक प्रकार से आपका ही पुराना सफ़र है, जिसे वर्तमान में आप भूले हुएँ है। आपने जो पूर्व में ग़लतियाँ की, कर्म बनाए, बंधन बनाए...उन्ही की वजह से आपको वर्तमान में समस्याएँ आ रही है। इस प्रकार से देखे तो पूर्व जन्म आपकी समस्या का कारण समझने में आपकी मदद कर रहा है। आपको जब कारण समझ में आ जाएगा, तो आप उसको दूर भी कर पाएँगे।

यदि हम इस सत्य को स्वीकार करने के बाद पूर्व-जन्म को जानते है, तो इसका कोई भी नकारात्मक प्रभाव नही होता।

ज्ञान के मोती

- ⇨ पूर्व जन्म को जान लेने से हमारा वर्तमान दुखी नही होता; अपितु हमारे दुख के कारण के प्रति, हमारे मोह से होता है।
- ⇨ ना सिर्फ़ हमारे कर्म, अपितु हमारे सोचने का तरीक़ा, महसूस करने का तरीक़ा, हमारे अन्य सभी गुण एवं अवगुण, हमारा चरित्र, हमारे सम्बन्धी, सब कुछ हमारे पूर्व जन्म से निर्धारित होता है।
- ⇨ एक बार मनुष्य का जीवन पाने के बाद आप दोबारा भी मनुष्य का ही जन्म पाते है।

28

आध्यात्मिक जीवन का महत्व

अपने हमसफ़र के साथ चलते-चलते बहुत से ख़ज़ाने मेरे हाथ लगे। उनमे से एक था आध्यात्मिक जीवन। अध्यात्म शब्द से मैं कभी भी अनजान नही थी। मेरे पिता धार्मिक प्रवृति के थे, इसलिए हमेशा इस शब्द का इस्तेमाल करते थे। मुझे लगता था कि शायद भगवान पर विश्वास करने को, उनकी पूजा करने को, और अच्छे काम करने को अध्यात्म कहते है। मुझे लगता था कि रिलिजन और अध्यात्म एक ही चीज़ के दो नाम है।

आत्मिक ज्ञान को सर्वोत्तम क्यों माना जाता है?

भगवद गीता में आध्यात्म के ज्ञान को उच्चतम श्रेणी का ज्ञान बताया गया है। अर्थात, संसार में जितने भी ज्ञान और

विज्ञान है - गणित, भूगोलशास्त्र, वास्तुशास्त्र, अर्थशास्त्र, आयुर्वेद, ज्योतिशशास्त्र या फिर भी कोई भी अन्य ज्ञान - आध्यात्मिक ज्ञान इन सबसे ऊपर है।

जब मैंने क्रिशन से इसका कारण पूच्छा, तो उसने बताया, "अध्यात्म शब्द का अर्थ है, आत्मा से सम्बंधित ज्ञान। वही आत्मा जो तुम्हारे रूप में अपना सफ़र कर रही है। अगर तुमने संसार को जान लिया, और ख़ुद को ही नही जाना, तो जो जाना, वो सब व्यर्थ है। इसीलिए मैंने इस ज्ञान को उच्चतम श्रेणी का बताया है।"

मैंने कहा: थोड़ा ठीक से समझा। आत्मा क्या होती? ये कहा रहती है? क्या मैं इसे देख सकती हूँ? और क्यूँ मुझे इसको जानना ज़रूरी है? इससे मुझे क्या फ़र्क़ पड़ेगा?

क्रिशन ने कहा: आत्मा तुममें रहती है। लेकिन तुम्हारे भौतिक शरीर में इसका कोई स्थान नही है, जहाँ तुम इसको ढूँढ पाओ। ये तो तुम्हारी चेतना है, जिसे तुम देख नही सकती केवल समझ सकती हो।

क्रिशन ने आगे कहा कि आत्मा को जानना इसलिए ज़रूरी है, क्यूँकि वही तुम्हारा सच है। जिस शरीर को तुम अपनी पहचान मान रही हो, वो तुम्हारी वास्तविक पहचान नही है। शरीर तो भौतिक संसार के पाँच तत्वों से मिलकर बना है, जो एक दिन नष्ट हो जाएगा, लेकिन तुम्हारी आत्मा कभी भी नष्ट नही होती। वो तो भौतिक शरीर को केवल एक वाहन की तरह इस्तेमाल करती है। जब ये ख़राब हो जाता है, तो दूसरे वाहन में सफ़र करने लगती है।

इस शरीर में रहते हुए आत्मा जो भी सोचती है, महसूस करती है, आदतें बनाती है, या कर्म करती है- वो सब हमेशा इसका हिस्सा बने रहते है। और हमेशा इसके जीवन को, इसकी सोच को, इसके फ़ैसलों को, और इसके रिश्तों को प्रभावित करते रहते है। इसलिए तुम्हारे लिए ये जानना बहुत आवश्यक है कि आत्मा क्या होती है, इसके क्या गुण होते है, इसके कितने आवरण होते है, और ये कार्मिक चक्रों में कैसे ख़ुद को फँसा लेती है।

यदि तुम्हारे पास ये सब ज्ञान होगा तो तुम अपने जीवन की पहेलियाँ को सुलझा पाओगी, अन्यथा क़िस्मत के हाथ में कठपुतली की तरह नाचती रहोगी। जीवन को सुखमय बनाने के लिए तुम्हारे पास इस ज्ञान का होना बहुत आवश्यक है।

मैंने कहा: तो फिर ये ज्ञान तू मुझे भी दे दे। मैं भी जानना चाहती हूँ कि कैसे आत्मा कार्मिक-चक्रों में फँसती है? और कैसे इसको इनसे मुक्ति मिल सकती है?

क्रिशन ने कहा: आत्मा जब तक अपने स्वरूप को पहचानकर उसके अनुरूप अपने कर्म करती रहती है, उसको कोई नही फँसा सकता। लेकिन जैसे ही वो ख़ुद को भूलकर, अपने स्वभाव के विपरीत कर्म करने लगती है, वो फँसने लग जाती है। उसका हर ग़लत कर्म उसको बाध्य करता है समान परिस्थिति को बार-बार अनुभव करने के लिए। इसलिए मुक्ति केवल तभी मिलती है, जब वो अपना कर्म सही कर लेती है।

मैंने कहा: और सही कर्म क्या है, ये कौन बताएगा? तुझे तो पता है मैं हमेशा सही कर्म करना चाहती थी, फिर भी कार्मिक चक्रों में फँस गयी! कोई कुछ कहता है, तो कोई कुछ। मैं कैसे जानूँ की कौन से कर्म मुझे बाँध देंगे, और कौन से नही?

क्रिशन ने कहा: इसके लिए तुम्हें आत्मा के गुणों को जानना होगा। एक पेड़ अपने फल से ही पहचाना जा सकता है। आम के पेड़ पर करेला नही उग सकता, और करेले के पेड़ पर आम नही उगते।

आत्मा के गुण

मैंने कहा: लेकिन क्रिशन, आत्मा के गुण कैसे जानूँ? अंदर की आवाज़ ठीक से समझ नही आती, और बाहर की आवाज़ें गुमराह करती है।

क्रिशन ने कहा: मैं बताऊँगा तुम्हें कि आत्मा के क्या गुण होते है।

- आत्मा ख़ुद को दूसरों से श्रेष्ट या हीन नही समझती।
- आत्मा के लिए अपना-पराया कोई नही है; वो जानती है कि सबमें एक ही ईश्वर विद्यमान है।
- आत्मा डर की शक्ति से नही, प्रेम के शक्ति से चलती है।
- वो तोड़ने में नही, जोड़ने में विश्वास रखती है। उसका स्वभाव प्रेम है, वो नफ़रत नही करती।
- आत्मा में दूसरों के प्रति अपनत्व, प्रेम, करुना, मदद, अहिंसा, सहनशीलता, आदर, और समानता के भाव होते हैं।
- आत्मा अहंकार, लोभ, धोखा, कपट, द्वेष, बदले के भाव, जैसे दोषों से मुक्त है।
- आत्मा स्वतंत्र है, और दूसरे की स्वतंत्रता का सम्मान करती है। ये किसी को भी अपने तरीक़े से सोचने, महसूस करने, या जीने को बाध्य नही करती, और ना ही किसी और को ख़ुद के साथ ऐसा करने देती है।
- आत्मा किसी से अपने लिए बलिदान नही माँगती। वो जानती है की सबका जीवन मूल्यवान है, और सबको जीवन जीने का ईश्वर ने समान अधिकार दिया है। और वो ख़ुद भी किसी के लिए बलिदान नही करती। वो जानती है कि उसका भी जीवन मूल्यवान है। बलिदान शब्द में समझ नही, अन्वांछित दबाव होता है। प्रेम नही, दुःख होता है। और जिसमें भी ये सब है, वो आत्मा के गुण नही हो सकते है। आत्मा त्याग करती है, पर, अपनी इच्छा से, समझ के साथ, किसी दुःख या मजबूरी में नही।
- आत्मा प्रेम करती है, पर उसमें मोह नही करती। क्यूँकि वो जानती है, की नश्वर संसार में कुछ भी सदा के लिए नही रह सकता। हर इंसान अपना-अपना सफ़र कर रहा है, और जैसे सफ़र में नए-नए मुसाफ़िर

मिलते है, ऐसे ही हमारे जीवन में भी लोग आते रहते है, और जाते रहते है। जब तक साथ हो, अच्छे से वक़्त बिताओ। जब अलग होने का वक़्त आए, तो ख़ुशी-ख़ुशी विदाई देकर अपने सफ़र में आगे बढ़ जाओ। कोई ना तो किसी के साथ आया था, ना ही साथ जाएगा।

- आत्मा भेदभाव नही करती, ना रूप का, ना रंग का, ना पैसे का, ना लिंग का, ना ही देश का। वो जानती है कि ये सब तो इंसान का बनाया है। आत्मा का तो कोई रंग, रूप, लिंग, देश है ही नही। कुछ फ़र्क़ है तो ज्ञान और अज्ञानता का। कोई अपने स्वरूप को पहचान कर जी रहा है, तो कोई भूल गया है और ग़लतियाँ किए जा रहा है।

- आत्मा के पास कोई कमी नही होती, वो कम में भी संतुष्ट है, और ज़्यादा में भी अहंकार से दूर है। वो जानती है की भौतिक चीज़ें नश्वर है। आज है, कल नही रहेंगी। आज नही है, तो कल आ जाएँगी। इसके लिए अपना संतुलन क्यूँ खोना?

- आत्मा को अपने ज्ञान का भी अहंकार नही होता। जो उसका स्वरूप है, उसका अहंकार कैसा? वो बड़ाई पाने के लिए या दूसरों को ख़ुद से छोटा दिखाने के लिए कर्म नही करती, वो तो केवल परिस्थिति के हिसाब से जो सही है, वो ही कर्म करती है।

- आत्मा का धर्म किसी व्यक्ति विशेष के लिए बदलता नही है। वो कभी ना तो अधर्म करती है, ना ही अधर्मी का साथ देती है।

- आत्मा की कोई सीमा नही है, वो इतनी शक्तिशाली है की अपनी शक्ति से जो चाहे अपने लिए बना लेती है। किंतु जब वो खुदको भूलकर शरीर समझ लेती है, तो डरों में जीना शुरू कर देती है।

- आत्मा दूसरे व्यक्ति को ख़ुद पर निर्भर नही बनाती, उसको आत्मनिर्भर बनाना सिखाती है, क्यूँकि यही उसका स्वरूप है।

- आत्मा जीवन के सुखों का आनंद लेती है, पर इनके बिना भी वो उतनी ही आनंदित रहती है।

क्या भगवान की पूजा, दान आदि करने से पाप नष्ट हो जाते है?

मैंने आगे पूच्छा: हम भगवान की पूजा क्यूँ करते है? क्या भगवान की पूजा करने से, व्रत करने से, तीर्थ जाने से, हवन करने, गंगा में स्नान करने, दान करने से हमारे ग़लत कर्म सही हो जाते है?"

क्रिशन ने कहा: ये सब काम जब शुद्ध भाव से किए जाए है, तो ये आत्मा के शुदधि करते है। इंसान कहीं ख़ुद को अपनी आत्मा के और ईश्वर के क़रीब महसूस करता है, जिससे उसके मन को शांति मिलती है और उस शांति से सुख। ये सब हमें सुख दे सकते है, किंतु कर्मों से मुक्ति नही।

एक साधारण सी बात को समझो, कार्मिक चक्र कोई सज़ा नही है, केवल अपने स्वरूप को पाने का अवसर है। तुम तो मेरे इतने क़रीब हो, मेरी पूजा भी करती थी, व्रत भी करती थी, तीर्थ पर भी आयी, गंगा में स्नान भी किया - फिर भी मैं तुम्हें कोर्ट तक लेकर ही गया। मैं चाहता तो, बिना इस सफ़र से गुज़ारे भी तुम्हें मुक्ति दिला देता, किंतु मैंने ऐसा नही किया।

मेरी मदद से तुम उन सबसे आज़ाद हो जाती, मैं तुम्हें धन भी दे देता - लेकिन तुम इससे अपने डरों से मुक्त नही हो पाती। तुम्हारे डर तो तुम्हें ही मारने होंगे। क्यूँकि अपनी अज्ञानता में तुम्हीं ने इन्हें जन्म दिया था। ये डर कभी भी तुम्हारा (आत्मा का) स्वभाव नही थे। तुमने क्या ग़लत किया, ये तो तुम्हें ही समझना होगा। तभी तुम वास्तव में इससे मुक्त होगी। वरना कल फिर ये परिस्थितियाँ तुम्हें कर्मों में उलझा देंगी।

डिवॉर्स तो बहुत लोग लेते है, पर सब उसका कारण समझने की कोशिश नही करते और तुरंत ही दूसरा विवाह कर लेते है, और उसमें भी वही सब समस्याओं का सामना करते है। कहने का अर्थ है, कर्म से तभी मुक्ति मिल सकती है,

जब इंसान को अपनी ग़लती समझ में आ जाए और वो उसको वापस से ना दोहराए।

आसक्ति क्यूँ ग़लत है?

मैंने कहा: मैं तेरी ये बात समझ गयी। पर मुझे ये समझा कि ये आसक्ति (Attachment) क्या होती है? और तूने ये क्यूँ कहा है कि आसक्ति सही कर्म को भी ग़लत बना देती है?

क्रिशन ने समझाया: आत्मा सदा से स्वतंत्र है, मुक्त है। और अटैचमेंट शब्द का तो अर्थ ही है बंधन। किसी भी प्रकार का बंधन चाहे वो प्रेम में हो, चाहे नफ़रत में, चाहे किसी अन्य कमज़ोरी की वजह से हो। ये आत्मा से उसकी स्वतंत्रता हर लेता है।

इंसान को इनसे स्वतंत्र होकर जीना सीखना होगा। संसार तो एक पाठशाला की तरह है, जहाँ आत्मा दूसरी आत्माओं का साथ अलग-अलग तरह के अनुभव करती है, और उनके ज़रिए ख़ुद को जानती है। यदि वो हर अनुभव के साथ, या उससे जुड़े लोगों से ख़ुद को बाँध लेगी, तो वो अपने सफ़र में आगे नही बढ़ पाएगी। इसलिए जब तक एक इंसान बिना अटैचमेंट के कर्म करना नही सीख जाता, वो इससे जुड़ी परिस्थितियों को जीने के लिए बाध्य होता रहता है।

मैंने कहा: क्या ये सब इतना आसान है? यदि हम किसी के साथ रहते है, उससे प्रेम करते है, तो बंधन तो बन ही जाता है। हम चाहते है कि जिसे हम प्रेम करते है, वो कभी हमसे दूर ना हो।

क्रिशन ने कहा: यही तो इंसान के दुखों का कारण है कि वो प्रेम अंदर नही, बाहर ढूँढता है। उसको जो भी चीज़ पसंद आती है, सदा के लिए उसको अपने पास रखना चाहता है। जबकि वास्तविकता तो ये है, कि वो अपना शरीर, अपनी सोच, अपनी बुद्धि, अपने भाव तक सदा अपने पास नही रख सकता - पल-पल में उनमें परिवर्तन आ रहा है।

ज़रा सोचो, जब तुमने जन्म लिया था, तो कैसा शरीर था तुम्हारा, और आज कैसा है?

मुझसे मिलने से पहले तुम्हारा संसार को देखने का क्या दृष्टिकोण था, और आज क्या है! जैसे तुममें परिवर्तन आ रहे है, सबमें आ रहे है। ऐसे मैं कैसे तुम ख़ुद को किसी ऐसे इंसान से बाँध सकती हो, जो कभी भी परिवर्तित हो सकता है?

मृत्यु साक्षी है की संसार की कोई भी वस्तु आज तक कोई अपने साथ नही ले जा पाया, और जो विकार वो अपने सूक्ष्म शरीरों में लेकर जाता है, वो उसको बार-बार तकलीफदायक परिस्थितियों को अनुभव करने को बाध्य करती रहती है। इंसान कई जन्म लेता है, पीड़ा सहता है, आत्मा को बीमार कर देता है। फिर अंत में जब उसको समझ आ जाता है, आसक्ति ने उसको कितने दुःख दिया, तब वो ख़ुद को उनसे रिहा करने के प्रयास करता है, जो उसके लिए अत्यंत कठिन हो जाते है। जैसे तुम्हारे साथ हुआ। तुमने अपने आरम्भ के जीवन में ही ये सबक़ सीख लिया होता, तो आत्मा को इतना कष्ट ही ना सहना पड़ता।

मैंने कहा: हाँ, तू बिलकुल सही कह रहा है। अब मुझे समझ में आ गया की आसक्ति क्यूँ ग़लत है।

क्या अध्यात्म का अर्थ भौतिक सुखों का त्याग करना है?

आगे मैंने क्रिशन को कहा: क्रिशन, क्या अध्यात्म का अर्थ सांसारिक सुख-सुविधाओं का त्याग करना है? या धन-सम्पत्ति का त्याग करके सादा जीवन जीना, या फिर घर-बार, रिश्ते-नाते त्याग कर पूरे समय ईश्वर का नाम पुकारते रहना है?”

क्रिशन ने जवाब दिया: अध्यात्म सांसारिक सुख-सुविधाओं का त्याग करना नही है, अपितु उनके द्वारा आए दोषों का त्याग करना है। परिवार छोड़ना भी अध्यात्म नही है, अपितु परिवार में रहकर अपनी आत्मा के स्वरूप से आचरण करना अध्यात्म है।

हर समय ईश्वर का नाम जपना भी अध्यात्म नही है। ये सब केवल कुछ पलों के लिए चेतना को संसार से हटाकर आत्मा से जोड़ देते है, अध्यात्म तो वो है, जिसमें आत्मा, ईश्वर का हिस्सा बन जाए। हर सांसारिक काम करते हुए भी आत्मा को अपने स्वरूप का स्मरण रहे।

कौन सा धर्म सही है?

मैंने कहा: इतने सारे धर्म है, इतने सारे भगवान है, हमें क़िसमें आस्था रखनी चाहिए?"

क्रिशन ने कहा: ध्यान से देखोगी तो सबमें तुम्हें केवल एक ही भगवान दिखेगा। क्यूँकि वास्तव **में भगवान को तो इंसान ने रूप दिया है। ब्रह्मांड में तो केवल शुद्ध चेतना है। इस चेतना को तुम कोई भी नाम दे सकती हो, सब एक ही बात करते है।** और यदि कोई इसके अतिरिक्त कुछ और कह रहा है, तो इसका अर्थ है कि वो शुद्ध चेतना नही है, वो इंसान का अपनी ज़रूरत के मुताबिक़ बनाया हुआ भगवान है।

क्या गुरु के बिना मुक्ति सम्भव है?

मैंने कहा: क्या गुरु के बिना मुक्ति नही मिल सकती? क्या गुरु हमारे कर्म ख़ुद भोग सकते है?"

क्रिशन ने कहा: पहले मैं तुम्हारे दूसरे सवाल का जवाब देता हूँ। जिसे हम कर्मों का भोगना कहते है, वो वास्तव में भोगने के लिए नही समझने के लिए होता है। इसे तुम कुछ ऐसे समझ सकती हो, मान लो एक बच्चा है जो हर बार प्रश्न का ग़लत उत्तर देता है और अध्यापक से उसको मार पड़ती है। बच्चा उतर सही करने की तरफ़ ध्यान ना देकर ये सोचने लगता है कि मेरे कोई पुराने पाप है, जिसकी वजह से मुझे मार पड़ती है। यदि मैं यूँ ही मार खाता रहूँगा, तो शायद एक दिन मेरे पाप नष्ट हो जाएँगे। और अध्यापक उसको तब तक मारते रहते है, जब तक वो सही उत्तर नही देता।

अब तुम ख़ुद ही सोच लो, कि वास्तव में कर्मों का भोगना क्या होता है। और क्या कोई भी गुरु किसी के कर्म भोग सकता है? मैं तक तुम्हारे कर्म नही भोग सकता। मैं तुम्हें उससे मुक्ति का मार्ग दिखा सकता हूँ, उस पर चलने के लिए

प्रेरित कर सकता हूँ, तुम्हें हौंसला दे सकता हूँ, तुम्हारी ज़रूरत की चीज़ें तुम्हें उपलब्ध कर सकता हूँ, किंतु कर्म तो तुम्हें ही पूरा करना है।

रही बात गुरु के बिना मुक्ति मिलने की, तो जब हमें प्रश्न का उतर ना पता हो, तो हम गुरु से मदद ले सकते है। लेकिन ये सुनिशचित करना भी उतना ही अनिवार्य है कि जिससे आप जवाब माँग रहे है, वास्तव में उसके पास सही जवाब है या नहीं!

गुरु का कार्य तुम्हारे ज्ञान पर आए अंधकार को मिटाना होता है, आत्मा को उसके परमात्मा से जोडना है। उसके बाद का ज्ञान तो ईश्वर ख़ुद ही देते है, ठीक वैसे ही जैसे मैं तुम्हें दे रहा हूँ। तुम्हारा संसार में कोई गुरु नही था, क्यूँकि तुममें पहले से इतना प्रकाश था, तुम्हारी आत्मा शुद्ध थी और मुझसे जुड़ी हुयी थी। इसलिए तुम्हें मुझे सुनने में ज़्यादा कठिनायी नही आयी।

जब तक इंसान तुम्हारी जितनी आध्यात्मिक उन्नति नही कर लेता, उसको गुरु की आवश्यकता है, किंतु उसके बाद तो मैं ही उसका गुरु हूँ।

मैंने कहा: क्रिशन, आज तो लगता है, तूने सारी गीता मुझमें उतार दी। अब मुझे इस लायक भी बना दे की किसी ज्ञान के प्यासे तक मैं ये ज्ञान पहुँचा पाऊँ।

क्रिशन ने कहा: फ़िक्र मत करो, अपनी बाँसुरी को कब, कैसे, और कहाँ बजाना है, मैं जानता हूँ।

उसके चेहरे पर मद्धम सी मुस्कान आयी।

मैं सोच रही थी कि मैं कितनी भाग्यशाली हूँ, जो आज ये ज्ञान मुझे क्रिशन ख़ुद दे रहा है!

ऐसा ही तो है क्रिशन, जो उसके पास जाते है, उनके सब दोष हर लेता है, और अंतरमन को ज्ञान के प्रकाश से भर देता है। एक ही जन्म में उसने मुझे कर्म योग, भक्ति योग, और ज्ञान योग - तीनों सिखा दिए।

राधेकृष्णा

प्रश्न: क्या सांसारिक व्यक्ति आध्यात्मिक हो सकता है?

उत्तर: आध्यतम का अर्थ है आत्मा से सम्बंधित। हर व्यक्ति पहले आत्मा है, फिर सांसारिक। अध्यात्म हमें संसार को त्यागने को नही कहता; अपितु संसार में आत्मा के स्वरूप से जीवन जीने को कहता है। यदि वो ऐसा नही करेगा, तो कर्म बनाता जाएगा, और अपने सांसारिक जीवन में अनगिनत दुःख पाल लेगा।

ज्ञान के मोती

⇨ इंसान के जीवन के आधे से ज़्यादा दुखो: का एक ही कारण है कि वो ख़ुद को भूल गया है।

⇨ इंसान जो भी कार्य कर रहा है, उन्हें अच्छे-भाव से और ईमानदारी से करे, तो वो सब कार्य आध्यात्मिक ही माने जाते है।

⇨ गुरु हमें कर्मों से मुक्ति का मार्ग दिखा सकते है, उस पर चलने को प्रेरित कर सकते है, किंतु कर्म से मुक्ति तो हमें ख़ुद ही पानी होगी।

⇨ कर्म भोगे नही जाते, समझकर ख़त्म किए जाते है।

29

आत्मबोध का जीवन में महत्व

आत्मबोध का अर्थ है, “आत्मा का बोध हो जाना”, अर्थात आपके अंदर कहीं गहरायी में ये अहसास हो जाना कि आप वास्तव में एक आत्मा हो।

बहुत से लोग आत्मज्ञान पाने को आत्मबोध समझ लेते है, किंतु इन दोनों में गहरा भेद है। और ये भेद है ज्ञान और बोध का अंतर। ज्ञान तो किसी भी ज़रिए से हम तक पहुँच सकता है, किंतु बोध तो केवल आत्मा कराती है!

आत्मबोध होने के बाद मन में किसी भी प्रकार के संदेह के लिए स्थान नही रह जाता। ये वो स्थिति है जिसमें पेड़ पर लगे पुष्प की बंद कली खुल जाती है और फूल बन जाती है। और एक बार खुलने के बाद वो वापस से कभी बंद नही होती। अर्थात, जब मनुष्य को अपने आत्मस्वरूप का बोध हो जाता है, तो वो एक कमज़ोर साधारण इंसान बनकर नहीं जीना चाहता।

आपने बचपन में एक शेर की कहानी सुनी होगी जिसकी परवरिश भेड़ों के बीच हुयी। शेर का बच्चा उनके बीच रहकर ख़ुद को भी मेमना ही समझने लग गया। वो भी उन्हीं की तरह डरने लगा और झुंड में ही रहने लगा।

एक दिन बाहर से कोई और शेर आया, जिसे देखकर ये डरकर भागने लगा। दूसरे शेर ने कहा, “भाग क्यूँ रहे हो? तुम तो शेर हो। तुम्हें मुझसे डरने की क्या आवश्यकता है।?”

शेर ने उसकी बात सुनी, पर उसको यक़ीन नही आया। फिर दूसरे शेर ने उसको लेजाकर पानी में उसका प्रतिबिम्ब दिखाया। और शेर को समझ आ गया कि वो भेड नही, शेर है।

इसके बाद उसने भेड की तरह से डरकर जीना बंद कर दिया, और शेर की तरह निडर होकर रहने लगा।

जैसा उस शेर ने आत्मबोध होने पर किया, वैसा ही हर वो व्यक्ति करता है, जिसे वास्तव में आत्मबोध हो जाता है। अब उसको अपनी बेड़ियाँ दिखनी आरम्भ हो जाती है, और उसके मन में अपने आत्मस्वरूप को पाने की भूख जाग जाती है।

अब ये मनुष्य अपने हर निर्णय आत्मा को ध्यान में रखकर लेता है। उसका धर्म-अधर्म, विचार, जीवनशैली आत्मा के अनुरूप ढलने लगते हैं।

ये ही आत्मज्ञान क्रिशन ने अर्जुन को दिया था, जब वो युद्ध के बीच शस्त्र त्याग कर एक साधारण मनुष्य की तरह से व्यहवार करने लगा था...और अपने स्वरूप का बोध हो जाने पर उसने अपने हथियार वापस से उठा लिए थे...

यही आत्मबोध क्रिशन ने मुझको भी कराया था, तरह-तरह के तर्क देकर...और जब मुझे भी आत्मबोध हो गया, तो मैंने भी वो किया, जो मेरी आत्मा के लिए उचित था...

आज ये किताब आप तक पहुँचा कर यही आत्मबोध क्रिशन आपको भी करा रहा है। **अब तक आपने जो इस किताब में पढा, वो मेरी कहानी नही थी...वो तो क्रिशन की कहानी थी...जिसमें मैंने आपको क्रिशन के असली स्वरूप से मिलवाने का प्रयत्न किया है।**

हममें से अधिकतर लोग सांसारिक और पारिवारिक समस्याओं में इतने उलझ गए है कि हमारे पास आत्मबोध के लिए वक़्त ही नही है। हम इंतज़ार कर रहे है उस दिन का, जब हमारी बाक़ी सब जिम्मेदारियाँ पूरी हो जाएँगी, और हमारे पास पर्याप्त समय होगा।

किंतु सच तो ये है दोस्त, कि वो समय कभी नही आता। और **वास्तव में समय किसी के भी पास होता नही है, निकाला जाता है।** ठीक उसी प्रकार से जैसे हम घूमने के लिए समय निकालते है, सिनेमा के लिए समय निकालते है, शादी की रस्मों के लिए समय निकालते है, किसी के जन्मोत्सव या मृत्यु के लिए समय निकालते है, पढ़ाई के लिए समय निकालते है और ऐसे बहुत से काम जिनके लिए हमारे पास समय होता नही है, किंतु हम थोड़ा बहुत इधर-उधर से समायोजन कर लेते है। कहने का अर्थ है, **जो काम हमें ज़रूरी लगते है, हम उनके लिए कुछ भी करके वक़्त निकालते है, और जो काम ज़रूरी नही लगते उन्हें आगे के लिए छोड़ देते है।**

आत्मबोध का सांसारिक जीवन में महत्व

ईश्वर से सम्पर्क

जब हमें आत्मबोध हो जाता है, तो हम आत्मा को गहराई में समझना चाहते है। क्यूँकि ऐसा करके हम हमारे बारे में जानना चाहते है। और आत्मा को समझने के लिए इसके उद्गम को समझना ज़रूरी हो जाता है, जिसे हम ईश्वर का नाम देते है। वास्तव में आत्मा में वो सब गुण विद्यमान है, जो ईश्वर में है। इसलिए जिसने ईश्वर को जान लिया, वो ख़ुद को भी जान लेता है।

ईश्वर ने भी प्रकृति में ख़ूब माया रची है। इतनी आसानी से तो कोई उनको जान भी नही पाता, और जिसमें सच्ची लगन होती है, उसके लिए ईश्वर ख़ुद ही माया को हटाकर अपने स्वरूप से मिलवा देते है। और यहीं से कर्मों से मुक्ति का मार्ग निकलता है।

मैं इतना कठिन सफ़र केवल तभी तय कर पायी, जब मैंने ईश्वर से सम्पर्क साधा। इसके बाद मुझे मेरे सारे प्रश्नों के उत्तर मेरे मन में ही मिल जाते है। कब ईश्वर क्या करते है, क्यूँ करते है, कब मेरा क्या कार्मिक सबक़ चल रहा है, सब कुछ मुझे अपने ही अंदर पता चल जाता है। इससे जहाँ एक तरफ़ मेरी दूसरों पर से निर्भरता हटती है, वही मेरा मन कठिन से कठिन परिस्थिति में भी शांत रहता है।

ये एक बहुत बड़ी शक्ति है, जिसकी ज़रूरत हर एक इंसान को है। चाहे वो एक छोटा बच्चा है, चाहे एक ग्रहणी, चाहे काम पर जाने वाला पुरुष, तो चाहे कोई वृद्ध। हमारे अंदर बहुत से सवाल है, जिनके जवाब बाहर कहीं नही है। और जवाब ना मिलने पर हमारा मन अशांत हो जाता है।

एक बार ईश्वर से सम्पर्क बनाना आ जाए, तो इंसान कभी भी कही भी अकेला नही होता। उसका मार्गदर्शक, उसका साथी, उसका दोस्त, हमेशा उसके साथ चल रहा होता है। कभी मेरे जीवन में एक वो वक़्त भी था जब मेरे पास रिश्तों की भीड़ थी, और मैं उस भीड़ में बिलकुल अकेली थी। लेकिन आज अकेले होने

पर भी कभी अकेलेपन का अहसास नही होता। **जिसने ख़ुद के साथ जीना सीख लिया, वो किसी और के साथ भी जी सकता है, किंतु जो ख़ुद से ही अनजान है, वो सबके बीच रहकर भी अकेला ही है।**

मज़बूत और ख़ुशहाल रिश्ते

इंसान एक सामाजिक प्राणी है, जिसे जीवन को जीने के लिए अपने आस-पास हमेशा कुछ लोगों की आवश्यकता होती है। इनके साथ वो तरह-तरह के रिश्ते बनाता है। उसका उदेशय तो होता है ज़िंदगी को ख़ुशहाल और आरामदायक बनाना, किंतु ऐसा हो नही पाता। यही रिश्ते उसके जीवन में दुःख भर देते है। वो इन रिश्तों में इस क़दर उलझ जाता है कि इनसे बाहर आना भी उसके लिए एक कल्पना बन कर रह जाती है। ऐसा क्यूँ होता है?

जब हम आत्मा की सुशुप्त अवस्था में होते है, तो हम रिश्ते तो बना लेते है, किंतु उनमें कैसे रहना है, ये नही समझ पाते।

प्रेम करने जाते है, और मोह में फँस जाते है।

किसी को अपना बनाते है तो ख़ुद के जीवन को उससे बाँध देते है, और चाहते है कि सामना वाला भी हमारे लिए ऐसा ही करता रहे।

कभी-कभी तो ऐसा भी होता है कि साथी को खो देने के डर से हम उसकी नाजायज़ बातें भी मानने लगते है। चाहते है कि जो हमारा है, वो केवल हमारा ही बन कर रहे।

किसी के लिए कुछ करते है, तो चाहते है अब वो भी बदले में कुछ करे।

किसी को जन्म देते है, तो उस पर अपना स्वामित्व समझ लेते है।

किसी की ज़िम्मेदारी उठाते है, तो उसकी स्वतंत्रता उससे ले लेते है।

किसी की फ़िक्र करते है, तो उसको पिंजरे में बंद कर देते है।

कभी-कभी तो हम रिश्ते में केवल इसलिए रहते है ताकि सबको दिखा सके कि हम ख़ुश है। फिर चाहे वो रिश्ते गले में पड़ा फाँसी का फंदा ही क्यों ना बन गया हो!

तो कभी कर्तव्य के नाम पर आजीवन कारावास में रहते है, या दूसरे को ऐसा करने को कहते है।

और इन्ही सब कारणों की वजह से जो रिश्ते हमें सुख दे सकते है, वो दुःख देना आरम्भ कर देते है।

जब मनुष्य को आत्मबोध हो जाता है, तो वो जान जाता है कि उसका स्वभाव स्वतंत्रता है। उसको हर रिश्ते में इस प्रकार से रहना है जिससे उसकी और दूसरे इंसान की स्वतंत्रता में बाधा ना आए, ना ही स्वतंत्रता के नाम पर अनुचित व्यहवार से दूसरे इंसान को कष्ट पहुँचाना है।

वो दूसरे इंसान के नज़रिए को भी समझने की चेष्टा करता है, जिससे उसको समझ में आ जाता है कि हमेशा वो ही सही नही होता। किसी भी रिश्ते में हम अगर ये करना सीख जाए तो रिश्ते ख़ुद-ब-ख़ुद मधुर हो जाते है।

आत्मबोध होने के बाद जब व्यक्ति ख़ुद के दोषों के मिटाने के पथ पर अग्रसर हो जाता है, तो वो दूसरों के प्रति सहनशील और करुणामय हो जाता है। जहाँ वो पहले छोटी-छोटी बात पर गुस्से में भर जाता था, अब वो शांति से परिस्थिति को सम्भालता है।

इस प्रकार आत्मबोध होने से हमारे साधारण रिश्ते भी बहुत ख़ूबसूरत हो जाते है। आप ख़ुद ही सोचिए जब कोई आपकी स्वतंत्रता का और आपका सम्मान करेगा, आपमें हर वक़्त कमी नही ढूँढेगा, आपसे कोई स्पर्धा नही करेगा, आपको समझने को कोशिश करेगा, तो आपको क्यूँ उस व्यक्ति से शिकायत होगी?

शांति और संतुष्टि

जब आत्मबोध हो जाता है तो व्यक्ति को यह बात समझ में आ जाती है कि संसार एक माया है। यहाँ जो भी कुछ दिख रहा है, अनुभव हो रहा है, वास्तव में वो सब उस माया का ही रूप है। ये जितना सच है, उतना ही झूठ भी है। ऐसे में एक झूठ के पीछे भागकर अपना सुख-चैन खोना मूर्खता है।

ना हम साथ में कुछ लेकर आए थे, ना लेकर जा पाएँगे। जो संसार से लिया है, संसार में हो छोड़ देना है। तो क्यूँ ना उतना ही अर्जित किया जाए, जिसमें हमारी सब ज़रूरतें आराम से पूरी हो जाए। अधिक पाने के लोभ में केवल मन का चैन जाता है। शरीर को तरह-तरह की बीमारियाँ लग जाती है, और सब मिल जाने के बाद उसके खोने का डर सताता रहता है।

परिवर्तन सृष्टि का नियम है। पल-पल में सब कुछ बदल रहा है - हमारा शरीर, हमारी सोच, हमारी समझ, हमारा चीज़ों को देखने का और अनुभव करने के दृष्टिकोण - तो किसी व्यक्ति के, रिश्ते के, या परिस्थिति के बदल जाने का दुःख क्यूँ मानना? और क्यूँ ये चाहत रखनी की सब कुछ सदा अच्छा ही रहे? दोस्त, अच्छे का अनुभव भी हमेशा बुरे से सामना करने के बाद ही होता है!

जब ये प्रकाश अंदर उतर जाता है, तो इंसान हर परिस्थिति में अपनी शांति और संतोष को ढूँढ लेता है।

समानता

आत्मबोध व्यक्ति को इस बात का ज्ञान करा देता है कि सब एक ईश्वर का ही अंश है, और प्रत्येक व्यक्ति में ईश्वर जैसा बनाने के सभी गुण पहले से विद्‌यमान है। मनुष्य को केवल उन गुणों को पहचान कर उन पर काम करना है। वास्तव में संसार में अपना-पराया कोई भी नही है। सभी अपने ही है। हम जिसे परिवार समझते है, उसमें मात्र कुछ लोग नही समाते। हमारा परिवार तो

बहुत बड़ा है। संसार का हर प्राणी हमारा परिवार का सदस्य है, क्यूँकि सबको जन्म देने वाला एक ही है।

जब सब अपने ही है, और सबके पास वो है, जो हमारे पास है - तो अब कैसा अहंकार, ख़ुद को किस से श्रेष्ठ साबित करना है? किसी नीचा दिखाना है? किससे जीतना है? किसे हराना है?

जब दूसरे का दुःख भी अपना लगने लगे, तो किसे दुखी करके आनंद आएगा?

जब हर इंसान माया के वशिभूत होकर ग़लती कर रहा है, तो किससे बदला लेंगे?

जब जिसकी चेतना जागेगी और जैसे-जैसे ईश्वर में मिलने लगेगी, वो भी हमारे जैसा ही बन जाएगा।

ये ज्ञान हमें सब निम्न कोटि के भावों और सोच से ऊपर उठा देता है। ज़रा सोचिए, क्या आप एक ऐसे जीवन को नही जीना चाहेंगे जिसमें आपकी किसी से प्रतिस्पर्धा नही है? कोई छोटा कोई बड़ा नही है? सब आपकी मदद करते है, आप सबकी। सब बदले के भावों को नही माफ़ी के भावों को अपनाते है।

आत्मबोध भेद-भाव हटाकर सबको समानता के साथ देखना सिखा देता है।

क्रोध से मुक्ति

क्रोध आने का केवल एक ही कारण होता है - हमारी इच्छा का पूरा ना होना।

हमने मेहनत की, किंतु परिणाम हमारे हिसाब से नही आया......तो हमें क्रोध आने लगता है।

हम अपनी बात कहना चाहते है, लेकिन कोई कहने नही देता, या सुनता नही, या अनसुना कर देता है......तो हमें क्रोध आ जाता है।

जीवन में कुछ करना चाहते है, किंतु कभी परिवार, कभी समाज, कभी धर्म, कभी क़िस्मत, या हमारी ख़ुद की किसी कमज़ोरी की वजह से हम वो कर नही पाते....तो भी हमें क्रोध आ जाता है।

जब हमारा जीवन हमें हमारी इच्छा के अनुसार नही जीने दिया जाता....तो भी हम क्रोधित रहते है।

तो कारण चाहे जो भी हो, मूल बीज तो एक ही है की हमारी इच्छा पूरी नही हो पा रही।

आत्मबोध से हमें ये समझ में आ जाता है की प्रत्येक व्यक्ति को ईश्वर ने अपने जीवन के निर्णय लेने की स्वतंत्रता दी है। यदि कोई आपकी स्वतंत्रता में हस्तक्षेप कर रहा है, तो आप उसको ऐसा ना करने दे।

और यदि आप किसी और की स्वतंत्रता में हस्तक्षेप कर रहे है, तो आप भी ना करे। आधे क्रोध के कारण तो इसी से दूर हो जाते है। बाक़ी के कारण इस समझ से दूर हो जाते है कि संसार कुछ नियमों से बांधा है। यहाँ एक कार्मिक चक्र भी है, जो सदा चलता रहता है। यदि हम नियमों को और अपनी कार्मिक चक्रों को समझकर उनके साथ ताल-मेल बैठा लेंगे, तो समस्या ख़ुद ही ख़त्म हो जाएगी, अन्यथा हमारे गुस्सा करने से भी कुछ नही बदलेगा, केवल हमारी सेहत और हमारे रिश्ते ख़राब होते रहेंगे।

इस प्रकार आत्मबोध से व्यक्ति अपने गुस्से पर नियंत्रण करना सीख जाता है।

आत्मविश्वास

आत्मबोध होने से जहाँ व्यक्ति दूसरों को आदर देना सीखता है, वो ख़ुद का सम्मान करना और ख़ुद से भी प्रेम करना सीख जाता है। उसको समझ आ जाता है, कि वो ख़ुद भी ईश्वर का ही अंश है, और सबकी तरह उसकी आत्मा को प्रेम देना भी उसीका कर्तव्य है।

ये भाव उसमें आत्मविश्वास जगाते है। वो ख़ुद को सृष्टि का एक महत्वपूर्ण हिस्सा मानने लगता है, और खुलकर जीवन को जीना चाहता है।

माफ़ी

माफ़ी शब्द का अर्थ होता है मन से गुस्से के, बदले के, दुःख के, और शिकायतों के भावों का त्याग करके उसकी जगह प्रेम और समझ को स्थान देना। माफ़ी शब्द में स्वतंत्रता है।

जब व्यक्ति को आत्मबोध हो जाता है, वो जान जाता है कि हर इंसान अपने-अपने सफ़र में है। जहाँ सबको प्रकृति के दोषों का, माया का, और शैतानी शक्ति का सामना करना पड़ता है। ऐसे में जब वो ख़ुद के असली स्वरूप को भुला देता है, तो ग़लतियों पर ग़लतियाँ करता जाता है। क़ुदरत अपने तरीक़े से उसको उसके सबक़ सीखाती है, और कोई भी इससे बच नही सकता। ऐसे में हमारा ये कर्तव्य तो बनता है कि हम ख़ुद को दूसरों की ग़लतियों से होने वाले नुक़सान से सुरक्षित करें। लेकिन इसके लिए हमें उसका बुरा चाहने की या हर वक़्त उसके बारे में बुरा सोचते रहने की आवश्यकता नही है। इससे केवल हमारा चैन जाता है। हमें उस पर गुस्सा आता है, नींद नही आती। शरीर और दीमाग को तरह-तरह की बीमारियाँ लग जाती है।

जब ज्ञान अंदर उतरता है, तो इंसान दूसरों को माफ़ करना सीख जाता है, उन्हें उनकी कमियों के साथ स्वीकारना सीखता है। और ऐसा ही वो ख़ुद के साथ भी करने लगता है। जिससे वो ग्लानि, कड़वाहट, और क्रोध से सदा के लिए मुक्त हो जाता है।

दुख और पीड़ा से मुक्ति

दुःख और पीड़ा का जन्म केवल अज्ञानता में होता है। जब मनुष्य किसी परिस्थिती को अपने ही दृष्टिकोण से देखता है और समझता है, तो उसको लगने लगता है कि उसके साथ दूसरे व्यक्ति ने ग़लत किया है, और वो इस बात से दुखी हो जाता है।

दुःख के और भी बहुत से कारण होते है, जैसे की ख़ुद को जीवन के सामने लाचार-बेबस मानना, इच्छाओं की पूर्ति ना होना, या किसी चीज़ का जीवन में होना या ना होना।

आत्मबोध से व्यक्ति जान जाता है की वास्तव में आत्मा ना तो लाचार है, ना उसके पास किसी भी चीज़ का अभाव है। जीवन की सारी विपरीत परिस्थितियाँ भी वो अपनो डरों की वजह से और अपने कार्मिक चक्रों की वजह से आकर्षित करता है, जिसे वो कभी भी समझ कर बदल सकता है।

आत्मा हमेशा से सम्पूर्ण है, शक्तिशाली है, सम्पन्न है। और क्यूँकि वो ये सब भूल गयी है, और ख़ुद को शरीर से बाँधकर उसकी कमज़ोरियों को अपनी कमज़ोरी मान बैठी है, यहीं से उसके जीवन में दुःख आ रहा है।

जो वास्तव में उसका है, वो उससे कोई नही ले सकता। और जो दूसरों का है, यदि वो उसको पाने की चाहत में दुखी है, तो ये केवल उसकी अज्ञानता है।

इस प्रकार आत्मबोध मनुष्य के सभी दुखों को दूर कर देता है।

कहाँ हाँ कहना है, कहाँ नही

हममें से बहुत से लोग इसलिए भी परेशान है कि जहाँ हमें हाँ कहना होता है, हाँ नही कह पाते और जहाँ ना कहना है, ना नही कर पाते।

सामने वाले को कहीं बुरा ना लग जाए?

कहीं वो मुझसे नाराज़ होकर बात करनी ना बंद कर दे?

कहीं मेरा साथ ना छोड़ दें?

कहीं मुझे ग़लत ना समझ ले?

ऐसी कितनी सारी बातों की वजह से हम दूसरे इंसान को ना चाहते हुए भी अपने जीवन पर और अपने फ़ैसलों पर नियंत्रण करने का अधिकार दे बैठते हैं। हम दूसरे के हाथ की कठपुतली बन जाते है, और दूसरा व्यक्ति हमें अपनी इच्छा अनुसार नचाता रहता है। कोई हमारे साथ ग़लत भी कर रहा होता है, तो हम करने देते है और फिर ख़ुद को इसकी सज़ा देते रहते है।

आत्मबोध हमें सीखाता है कि दूसरे व्यक्ति को कहाँ तक अपने जीवन में हस्तक्षेप करने देना है। यदि सामने वाले की कोई चाहत, आपकी आत्मा के पतन का कारण बन जाए, या आत्मा को दुखों से भर दे, तो ऐसे में उस व्यक्ति को ये बताना अनिवार्य हो जाता है, कि उसकी अवांछित चाहतों को आप पूरा नही करेंगे।

सुरक्षा की भावना

आत्मबोध आपमें दृढ़ता के साथ अपने फ़ैसले पर टिके रहने की शक्ति भी आपको देती है। और इस प्रकार आप धीरे-धीरे ख़ुद को लोगों के नियंत्रण से मुक्त कर लेते है।

हम हमेशा अपने भविष्य को लेकर असुरक्षित महसूस करते है। कोई भी अपने भविष्य को जान नही सकता, लेकिन हर पल में हम भविष्य की तरफ़ बढ़ रहे है, इसे भी कोई झुठला नही सकता। और इसीलिए हम कल के लिए आज ही सबकुछ इकट्ठा कर लेना चाहते है, ताकि भविष्य में हमें कोई कमी ना हो।

चाहे वो हमारे रिश्ते हो, चाहे पैसा, चाहे काम, चाहे नाम। हम चाहते है कि ये चीज़ें हमें सदैव मिलती रहे।

ऐसी चाहत करना ग़लत नही है, किंतु वर्तमान को छोड़कर भविष्य की चिंताओं को वर्तमान में ले आना निश्चित तौर पर ग़लत है।

आत्मबोध होने पर व्यक्ति ये समझने लग जाता है कि हमारे पास जो पल है, वो यही हैं। हमारा काम है, इन पलों को अच्छे तरीक़े से जीना और इनसे सीखने वाली बातों को सीखना। जैसे हमारे पूर्व कर्म

थे, उसके हिसाब से भविष्य तो आएगा ही, किंतु आज हमने ख़ुद पर काम कर लिया तो, कल जैसा भी भविष्य होगा, हम उसको संभाल ही लेंगे।

स्वास्थ्य

शरीर की जितनी भी बीमारियाँ है, वो ग़लत सोच और ग़लत जीवन-शैली की वजह से होती है। आत्मबोध होने का बाद व्यक्ति अपनी सोच और अपने जीवन को, दोनो को अपने आत्मस्वरूप के अनुरूप बना लेता है। वो ख़ुद को अपौष्टिक भोजन से, नुक़सानदायक पदार्थों के सेवन से, नकारात्मक सोच और व्यहवार करने वाले लोगों से, कष्ट देने वाले रिश्तों से बचा कर रखता है। वो हर परिस्थिति में भावों का, इंद्रियों का, और मस्तिष्क का संतुलन बनाना सीख जाता है।

जब ये सब होने लगता है तो उसके सूक्ष्म शरीरों में ऊर्जा का संतुलित प्रवाह होने लगता है, और बीमारियाँ स्वतः ही उससे दूर होने लगती है।

तनाव से मुक्ति

हमें तनाव तब होता है, जब हमें कुछ ऐसा करने को कह दिया जाता है जो हमने पहले कभी नही किया। या फिर जब एक साथ बहुत सारे काम करने को हो जाते है। या जब हम किसी परिस्थिति से बचना चाहते है, किंतु वो हमारा पीछा नही छोड़ती। या कोई अन्य कारण।

आत्मबोध से व्यक्ति इस बात को समझ जाता है, कि वो एक समय पर एक ही काम कर सकता है, तो बेहतर है ज़रूरी काम का चुनाव करके पहले उसको करना।

इसी प्रकार से वो ये भी जानता है हर काम को कभी ना कभी तो पहली बार किया ही जाता है। और तब उसके ठीक से पूरा ना कर पाने की सम्भावना भी अधिक होती है। तो तनाव लेने से बेहतर है की काम को सही तरीक़े से करने की कोशिश करना।

आत्मनिर्भरता

इसी प्रकार जिन लोगों से या परिस्थितियों से हम बचने की कोशिश कर रहे होते है, वो वास्तव में हमें कुछ सिखाने आ रहे होते है। यदि हम भागने की बजाय सूझ-बूझ से उनका सामना करेंगे, तो हमेशा के लिए उनसे मुक्त हो जाएँगे।

हमारे जीवन की अधिकतर परेशनियाँ तब आरम्भ होती है, जब हम अपनी ज़रूरतों के लिए या अपनी ख़ुशियों के लिए दूसरों पर निर्भर हो जाते है। ऐसा करके हम ख़ुद को इनके सामने निर्बल बना देते है, और ये हमारे जीवन पर अपना नियंत्रण करते रहते है।

जब आत्मा का ज्ञान अंदर उतरता है तो सबसे पहले यही बात समझ में आती है ही आत्मा आत्मनिर्भर है और इसीलिए स्वतंत्र है। वो एक परिवार में रहकर सुख दुःख बाँट सकती है, मदद ले भी सकती है और दे भी सकती है - किंतु उसका जीवन सबके बिना भी उतना ही सम्पूर्ण है।

ईश्वर ने पहले से ही हममें सब सब गुण डालकर भेजा है, किंतु संसार में आकर हमने ख़ुद को कई हिस्सों में विभाजित कर लिया और उन्हें ही अपना सच मान कर जीने लगे। फलस्वरूप, हम सब पर निर्भर हो गए है।

सच तो ये है कि हम अपना पेट भरने के लिए भी किसी पर निर्भर नही है। हम केवल ब्रह्मांड की ऊर्जा पर भी जी सकते है।

अब तो विज्ञान भी इस बात को मानता है कि हमारा शरीर जिन अणुओं से मिलकर बिना है, वो केवल ऊर्जा है। यहाँ तक कि जो अन्न हम खाते है, वो भी पहले ऊर्जा में बदलता है और उसके बाद ही शरीर को पोषण दे पाता है।

कर्मों से मुक्ति

इसका अर्थ है कि ईश्वर ने हमें किसी पर निर्भर बनाकर नही भेजा। हमारे शरीर की गतिविधियों के लिए सभी अंग हमें देकर भेजा है, जो स्वचालित तरीक़े से काम करते है, और उसके लिए ज़रूरी इंधन ब्रह्मांड से उन्हें हर वक़्त मिलता रहता है।

जब हम अंधेरे कमरे में चलते है, तो चीज़ों से टकराकर ख़ुद को घायल कर लेते है, लेकिन जब हम रोशनी करके चलते है, तो चोट नही लगती। वही कमरा होता है, वही सामान, और वही हम। फ़र्क़ होता है तो केवल प्रकाश का! रोशनी में हमें सब वस्तुएँ साफ़-साफ़ दिखने लगती है, और हम उनसे बच कर चलने लगते है।

आत्मबोध हमें अच्छा इंसान बना देता है

इसी प्रकार से आत्मबोध भी बुद्धी को प्रकाश से भर देता है, जिसमें हम ख़ुद को कर्मों से बचाकर चलने लगते है। इतना ही नही, अपितु जो हम अब तक ग़लतियाँ करते आ रहे थे, जिनकी वजह से हम कार्मिक-चक्रों में उलझ रहे थे, हम उन ग़लतियों हो भी समझ जाते है और उन्हें ठीक करके पुराने कर्मों से भी मुक्त हो जाते है।

अपना-पराया केवल तब तक होता है, जब तक हमारी चेतना विकसित नही हुयी होती। दूसरों के दुःख में आनंद भी केवल तभी तक आता है, जब तक हम उनको अपना शत्रु मानते है। किंतु जब, सब अपने ही बन जाए, तो उनकी तकलीफ़ भी अब अपनी सी लगने लगती है।

अब हम दूसरे को भी पीड़ा में नही देखना चाहते, और ये ही वो गुण है, जो हमें एक अच्छा इंसान बना देता है।

इस तरह से आत्मबोध हमारा आध्यात्मिक और सांसारिक जीवन - दोनो को पूर्ण कर देता है।

राधेकृष्णा

प्रश्न: आत्मबोध होने के लिए आपको क्या करना होगा?

उत्तर: आपको अपनी आत्मा को समझना होगा, उससे जुड़ना होगा। धीरे-धीरे आप एक ऐसे बिंदु पर पहुँच जाएँगे, जहाँ आपको गहरायी में आपके आत्मा होने का विश्वास हो जाएगा। आपके अंदर से सब संशय स्वत: ही मिट जाएँगे।

ज्ञान के मोती

- ⇨ आत्मज्ञान और आत्मबोध दो अलग चीज़ें है। इन दोनों में गहरा भेद है। आत्मज्ञान आपको कहीं से भी मिल सकता है, किंतु आत्मबोध केवल आत्मा करती है।
- ⇨ आत्मज्ञान पाने के बाद आपमें परिवर्तन का आना अनिवार्य नही है, किंतु आत्मबोध होने के बाद परिवर्तन स्वाभाविक है।
- ⇨ आत्मबोध आपकी मुक्ति के रास्ते तो खोलता ही है, अपितु आपके भौतिक जीवन को भी सरल बना देता है।
- ⇨ आत्मबोध एक कली का फूल बन जाने की प्रक्रिया है, जिसमें फूल, वापस से कली नही बनता। यदि बोध होने के पश्चात भी आप पहले के ही समान है, तो इसका अर्थ है कि अभी आत्मबोध होना बाक़ी है।

30

कुंडलिनी शक्ति का जागृत होना

ऐसा माना जाता है की हम सबके शरीर में एक कुंडलिनी शक्ति होती है, जो हमारे सबसे नीचे के चक्र अर्थात "मूलाधार चक्र" में एक साँप की तरह से

कुंडली मारकर बैठी है। ये वहाँ एक सुशुप्त अवस्था में है, और जिस दिन ये जागकर चक्रों के रास्ते से सबसे ऊपर के चक्र में अर्थात, "सहस्त्रार चक्र" में पहुँच जाएगी, तो व्यक्ति को मोक्ष मिल जाएगा।

मैंने अक्सर मेरे पिता के मुख से इस शक्ति का नाम सुना था। मुझे बचपन में तो इसको जानने में कोई रुचि नही थी, किंतु जब मेरा आध्यात्मिक सफ़र आरम्भ हुआ और सब मुझसे इस शक्ति के बारे में बात करते, तो मेरे मन में इसे समझने की उत्सुकता जागी।

कोई कहता की आपके गुरु ही इसे आपके अंदर जागृत कर सकते है, और आप मुक्त हो जाएँगे। तो कोई कहता कि इसके जागृत होने पर इसकी शक्ति को सहन करना प्रत्येक मनुष्य के बस की बात नही है। कोई तो ये भी कहता था कि ये शक्ति इतनी ज़्यादा ताक़तवर है कि ये आपके सभी चक्रों के कर्म जलाकर नष्ट कर सकती है। कुछ रेकी मास्टरों को मैंने ये कहते भी सुना कि रेकी से उनकी ये शक्ति जागृत हो जाएगी।

लोगों की इस तरह की बातें मेरी उत्सुकता को और बढा रही थी। मेरी समझ से ये बात बाहर थी कि ये शक्ति आपके कर्म कैसे नष्ट कर सकती है? क्या इतना आसान होता है कि कोई भी आपकी इस शक्ति को जागृत करके आपको कर्मों से मुक्ति दिला देगा?

कुंडलिनी शक्ति क्या है

मैंने क्रिशन से कहा: क्रिशन ये कुंडलिनी शक्ति क्या होती है? क्या सच में हमारे मूलाधार चक्र में कोई शक्ति साँप की तरह से सो रही है?

क्रिशन ने कहा: कुंडलिनी शक्ति और कुछ नही, आत्मा की चेतना है। वही चेतना जिसे मनुष्य भूल गया है।

मैंने कहा: मैंने कहा, लेकिन ये मूलाधार चक्र में क्या कर रही है? और ये चक्र क्या होते है? तू मुझे ठीक से समझा ना!

क्रिशन ने कहा: ठीक है। ध्यान से समझो, क्यूँकि तुम्हें आगे और भी बहुत लोगों को ये बात समझानी है।

मैंने मुस्कुरा कर कहा: मैं तैयार हूँ।

आत्मा क्या है

क्रिशन ने कहा: आत्मा, जो तुममें है, और सबमें है, ये वास्तव में एक शुद्ध चेतना है। इसका जन्म ईश्वर की चेतना से, अर्थात ब्रह्मांड से हुआ है। यही चेतना मेरे अंदर भी है, जो कि अपने शुद्ध स्वरूप में है।

जब आत्मा, परमात्मा से अलग होकर अपने सफ़र पर निकलती है तो वो अपने उसी शुद्ध रूप में होती है। उसको अपना सत्य याद होता है। उसके पास उसकी सभी शक्तियाँ होती है, और वो दोष मुक्त होती है। इसके बाद ये नीचे स्तर की चेतना की तरफ़ बढ़ने लगती है। भौतिक-जगत में हर वस्तु की चेतना बहुत कम है। यहाँ व्यक्ति केवल उतना ही सच मानता है जितना वो अपनी आँखों से देख सकता है, कानों से सुन सकता है, शरीर से स्पर्श कर सकता है, जिव्हा से चख सकता है और नाक से जिसकी गंध ले सकता है। इसके अतिरिक्त उसको सब कुछ मिथ्या लगता है।

मैंने कहा: हाँ, ये बात तो है। मैं कितने लोगों को समझाने की कोशिश करती हूँ, पर उन्हें मेरी बात समझ ही नही आती। लोग तो तेरे अस्तित्व को लेकर भी शंका में रहते है! पूर्व-जन्म को तो मानते ही नही है। मैंने पूर्व-जन्मों की बात की तो देखा ना कैसे सब मुझे ही पागल कह रहे थे। वो तो तूने मुझे बचा लिया, वर्ना पता नही ये मेरा क्या करते!

यहाँ तक की ये तो रेकी को भी कोई भूत-प्रेत की शक्ति मानते है। कोई ज़िंदा होता है तो बेशक उसको कुछ नही समझते, पर मर जाता है तो उससे डर कर रहते है!

क्रिशन ने मुस्कुरा कर कहा: हाँ, क्यूँकि पहले ये उसको देख पा रहे थे, और अब देख नही पा रहे।

मैंने कहा: आगे बता ना। जब आत्मा भौतिक-संसार में प्रवेश करती है, तब क्या होता है? क्या वो खूद को भूल जाती है?

क्रिशन ने कहा: नही। वो खूद को भूलती नही है। वो चेतना के कम होने के अलग-अलग सत्रों को पार करती है। ये स्तर उसके चक्रों द्वारा समझे जा सकते है?

मैंने कहा: हमारे शरीर में कितने चक्र होते है? और ये सब कहाँ पर होते है?

शरीर में कितने चक्र है?

क्रिशन ने कहा: व्यक्ति के शरीर में 7 महत्वपूर्ण चक्र होते है। जिनमें सबसे ऊपर होता है सहस्त्रार, उसके बाद आज्ञा चक्र, फिर विशुद्धि चक्र, फिर अनाहत, फिर मणिपुर, स्वाधिष्ठान, और अंत में मूलाधार। ये सब चक्र मनुष्य के शरीर के मध्य भाग में होते है। क्यूँकि ये चक्र ऊर्जा से बने है, इसलिए इनका भौतिक-शरीर में कोई स्थान नही होता, अपितु ये मनुष्य के सूक्ष्म शरीरों का हिस्सा होते है। सूक्ष्म शरीर, भौतिक-शरीर जैसा ही होता है, किंतु ये ऊर्जा का बना होता है।

मैंने कहा: तो ये चक्र अपने आस-पास के अंगों को ऊर्जा देते है, ताकि वो अपना काम ठीक से कर पाए। और अगर ये ऊर्जा ना दे, तो? तब क्या होगा?

क्रिशन ने कहा: बहुत बार, जब चक्र बंद हो जाते है, तो इनमें ऊर्जा का प्रवाह बंद हो जाता है, या कम हो जाता है; जिसकी वजह से शरीर तो बीमार होता है, उस चक्र से सम्बंधित जीवन के हिस्से में भी समस्याएँ उत्पन्न हो जाती है।

मैंने कहा: चक्र बन्द कैसे हो जाते है क्रिशन?

चक्र कैसे बंद हो जाते है?

क्रिशन ने कहा: जब हम किसी चक्र से सम्बंधित जीवन के हिस्से में कोई कार्मिक-सबक़ बना लेते है, तो चक्र बंद होने लगते है। और जैसे-जैसे सबक़ पूरा हो जाता है, उससे सम्बंधित हिस्सा भी खुल जाता है।

मैंने कहा: ये सब समझना तो बड़ा कठिन है। मुझे थोड़ा सा आसान शब्दों में समझा, कि कौन सा चक्र हमारे जीवन के किस हिस्से को प्रभावित करता है, और किस प्रकार से चक्रों के द्‌वारा चेतना नीचे के स्तर पर आती है?

क्रिशन ने कहा: जब चेतना नीचे आना आरम्भ करती है, तो सबसे पहले वो सहस्त्रार चक्र में प्रवेश करती है। ये चक्र उसकी चेतना को परमात्मा की चेतना से जोड़ता है। जब उसकी चेतना परमात्मा की चेतना से जुड़ी रहती है, तो आत्मा कभी भी ख़ुद को नही भूलती। यहाँ वह भौतिक संसार के सभी दोषों से पूर्ण रूप से मुक्त होती है। इसीलिए कहा जाता है की कुंडलिनी शक्ति जब इस चक्र पर पहुँच जाती है, तो मोक्ष पा लेती है।

इसके बाद चेतना और नीचे आती है। अब ये आज्ञा चक्र में प्रवेश करती है। इस चक्र पर माया का भी स्थान होता है। माया यहाँ से उसको गुमराह करने का काम आरम्भ कर देती है। उसको हर चीज़ को दो हिस्सों में बाँट कर दिखाती है। यहाँ तक की, उसके शरीर का भी विभाजन दायाँ और बायाँ भाग बनाकर कर देती है। यदि आत्मा इसके प्रभाव में आ जाती है, तो वो ख़ुद को भूलना आरम्भ कर देती है और अपने आप को इस भौतिक संसार की दी हुयी पहचान से जानने लगती है। अन्यथा, वो अपने सत्य से जुड़ी रहती है। और माया के प्रभाव में नही आती।

मैंने कहा: तो क्या सब पर इसका प्रभाव आता है?

माया का मनुष्य की चेतमा पर प्रभाव

क्रिशन ने कहा: हाँ। आत्मा भ्रम में आकर माया के जाल में फँस जाती है। इसके बाद से वो किसी भी चीज़ को ईश्वर की अविभाजित दृष्टि से नही देख पाती। इसी स्थान पर उसके पास ये शक्ति भी है की वो अपनी पाँच इंद्रियों के परे जाकर छठी इन्द्रिय को इस्तेमाल कर सके।

मैंने कहा: ये छठी इन्द्रिय क्या है?

क्रिशन ने कहा: छठी-इन्द्रिय भौतिक शरीर से या पदार्थों से नही जुड़ी। ये व्यक्ति को मन की शक्ति के द्वारा संसार से, यहाँ की चीज़ों से, और यहाँ तक की परमात्मा से भी जुड़ने में मदद करती है। हर वो चीज़ जिसे मनुष्य अपनी पाँच इंद्रियों से नही जान सकता, अपनी छठी-इन्द्रिय से समझ सकता है।

मैंने कहा: जैसे किसी का मन पढ़ लेना, कोई पूर्वाभास होना, या फिर मन में कुछ सोचना और उसका पूरा हो जाना? यही है क्या छठी-इन्द्रिय की शक्ति?

क्रिशन ने कहा: बिलकुल सही। इसके अलावा और भी बहुत सारी शक्तियाँ है। आत्मा यहाँ मन की आँखों से वो भी देख-सुन सकती है जो उसको अपनी भौतिक आँख-कान से दिखायी-सुनायी नही देता।

मैंने कहा: तो फिर आत्मा माया के जाल में कैसे फँस जाती है? वो अपनी छठी-इन्द्रिय का इस्तेमाल करके बाहर नही आ सकती क्या?

क्रिशन ने कहा: बिलकुल आ सकती है। किंतु बिना संसार को अनुभव किए, वो इस बात को समझ नही पाती। या यूँ कहो कि माया उसको समझने नही देती।

मैंने कहा: आगे क्या होता है?

क्रिशन ने कहा: आगे वो तीसरे चक्र पर आती है। यहाँ आकर वो ख़ुद को संसार में व्यक्त करती है। सबसे शब्दों के द्वारा जुड़ती है। जो उसकी बहुत बड़ी शक्ति होती है। यदि वो ये काम ठीक से कर लेती है, तो उसका चक्र खुला रहता है। किंतु यदि वो इस काम को सही तरीक़े से नही कर पाती, तो चक्र बंद हो जाता है।

मैंने कहा: और इसके बाद अनाहत पर क्या होता है?

क्रिशन ने कहा: अनाहत पर आकर आत्मा की चेतना और ज़्यादा कम हो जाती है। ये उसके सातों चक्रो के बीच में होता है। यहाँ आकर वो संसार से प्रेम के ज़रिए जुड़ती है। यहाँ आकर उसको शुद्ध-प्रेम का अर्थ समझना होता है। यदि वो अपने प्रेम को अशुद्ध कर देती है, तो उसके जीवन में उसको शुद्ध-प्रेम लेने

और देने में तकलीफ़ होती है। जिसका सीधा-सीधा असर उसके सम्बन्धों पर पड़ता है, और उनकी वजह से उसके जीवन के अन्य हिस्सों पर।

मैंने कहा: ये तो बहुत काम की बात बतायी है तूने। मणिपुर चक्र क्या करता है क्रिशन?

क्रिशन ने कहा: मणिपुर चक्र से आत्मा की चेतना भौतिक संसार की चेतना में मिलनी आरम्भ हो जाती है। आत्मा ख़ुद की असली पहचान को भूल जाती है और संसार से मिली पहचान को सच मानकर जीने लगती है। ये मनुष्य के अहम का केंद्र भी है। जब वो पूर्णरूप से आत्मा को भूलकर ख़ुद को एक मनुष्य मान लेता है, तब उसमें जन्म होता है अहंकार का। या तो वो ख़ुद को ही सब कुछ मानता है और दूसरों के जीवन को तुच्छ समझता है, या वो ख़ुद को दूसरों से छोटा जान कर जीता है। दोनो ही सूरतों में वो अपने जीवन में कर्म और दुःख बना लेता है। जब तक वो इस चक्र में संतुलन स्थापित नही करता, अर्थात "समानता", तब तक उसका जीवन दुखी रहता है।

मैंने कहा: जैसे मैं ख़ुद को दूसरों से छोटा समझती थी!

क्रिशन ने कहा: हाँ, ठीक वैसे ही। इसके बाद आता है स्वाधिशट्ठान चक्र। इस चक्र पर आत्मा अपने लिए जीवन-साथी को ढूँढती है ताकि वो उसके साथ मिलकर एक परिवार की रचना कर सके। इसलिए इस चक्र में उसकी रचनात्मक शक्ति होती है। प्रकृति की सबसे बड़ी रचना है "एक जीवन को जन्म देना"। जिसके लिए प्रकृति को पुरुष और स्त्री दोनो की आवश्यकता होती है। जिस क्रिया के ज़रिए वो एक जीवन को जन्म देते है, उसको कहा जाता है सम्भोग। अर्थात, दोनो साथ में अपना योगदान देकर एक जीवन को जन्म देते है।

यदि दोनो व्यक्तियों के बीच मन का और आत्मा का मिलन ही ना हुआ हो, और वे केवल शरीर के मिलन के लिए पास आते है, तो उनका ये चक्र बंद हो जाता है, और उनके आपसी समबंध मधुर नही रहते।

मैंने कहा: और अगले चक्र पर क्या होता है? यहाँ कुंडलिनी शक्ति कैसे सो जाती है?

मूलाधार चक्र पर चेतना क्यूँ सो जाती है?

क्रिशन ने कहा: मनुष्य की चेतना का आख़िरी स्तर है उसका मूलाधार चक्र। चेतना यहाँ आकर, इस संसार को अपना सच जानकर, ख़ुद को पूरे तरीक़े से भूल जाती है। हर पल उसका मन, बुद्धी, शरीर, भौतिक संसार के सम्पर्क में रहते है। आत्मा केवल अपनी सांसारिक बंधनों को ही अपना परिवार समझने लगती है। उन्ही के लिए जीना चाहती है। वो अपने सांसारिक जीवन को चलाने के लिए रिश्ते, नाम, पैसा, पावर - इन्हीं सबके पीछे भागने में व्यस्त रहती है।

यदि कोई उसको, उसका सच बताना भी चाहे, तो वो बताने वाले को ही मूर्ख समझती है। इसलिए कहा जाता है कि इस चक्र पर उसकी चेतना सो रही है। उसके अंदर ही वो शक्ति है, जिसकी मदद से वो वापस अपनी शक्तियाँ पा सकती है, किंतु इसके लिए उसको अपनी चेतना को पहले जगाना पड़ेगा।

कुंडलिनी के जागने पर क्या होता है

मैंने कहा: तो क्रिशन, जब चेतना जाग जाएगी, तब क्या होगा? क्या वो उसके सारे कर्म जलाकर सहस्त्रार-चक्र तक पहुँच जाएगी और उस व्यक्ति को मोक्ष मिल जाएगा?

क्रिशन ने कहा: प्यारी बहन, मोक्ष मिलना इतना आसान नही होता। चेतना के जागने का अर्थ है, कि उस व्यक्ति के मन में थोड़ी सी हलचल होने लगती है। उसके मन में ख़ुद के अस्तित्व को लेकर प्रश्न उठने लगते है। यदि वो व्यक्ति इनके उत्तर पाने के लिए प्रयत्न करता है, तो उसकी चेतना ऊपर के स्तर पर बढ़ने लगती है, अन्यथा वही नीचे के भौतिक-स्तर पर ही फँसी रहती है।

मैंने कहा: मुझे मेरे जीवन में इस चेतना के बढ़ने को समझना है। इसमें किस प्रकार से मेरे चक्र खुले और कैसे मुझमें और मेरे जीवन में उसका प्रभाव पड़ा?

क्रिशन ने कहा: ठीक है। मैं तुम्हारे ही जीवन में समझाता हूँ।

आरम्भ करते है मूलाधार चक्र से। तुम्हारी चेतना आरम्भ से जागी हुयी थी, पर ऊपर जाने का उसको ठीक से रास्ता नही मिल रहा था। इसलिए वो बेचैन थी, छटपटा रही थी।

मूलाधार चक्र के ठीक से काम ना करने की वजह से तुम्हारे शरीर में भी इसका प्रभाव साफ़-साफ दिख रहा था। तुम्हें रीठ की हड्डी में दर्द रहने लगा था, तुम्हारे शरीर में हीमोग्लोबिन कम रहता था जिसकी वजह से तुम कमज़ोरी अनुभव करती थी। तुम्हारी मासपेशियों में तुम्हें अक्सर दर्द रहता था।

तुम्हारा चक्र खुलने के बाद आज ना तो तुम्हारे शरीर में किसी प्रकार का कोई दर्द होता है, तुम पहले से अधिक तंदरुस्त हो, सब काम अकेले करती हो, लेकिन फिर भी थकती नही हो। तुम्हारे काम करने की क्षमता कही गुना बढ़ गयी है।

मैंने कहा: ये बात तो बिलकुल सही है। मुझे वास्तव में अब कोई दर्द नही होते।

क्रिशन ने कहा: इस चक्र से तुम्हारे परिवारजनों के साथ तुम्हारे समबंध भी देखने को मिलते है। वो तो तुम जानती ही हो, कि तुम्हारे जीवन के सब समबंध केवल तुम्हारे रास्ते बंद कर रहे थे। किसी ने तुम्हारे लिए समस्याएँ उत्पन्न करने के अलावा तुम्हारे लिए कुछ नही किया। उनकी वजह से तुम्हारे जीवन में ख़ुशियाँ नही थी, तुम स्वतंत्र नही थी।

लेकिन आज, तुम ख़ुश भी हो और स्वतंत्र भी हो। उनका नियंत्रण पूरे तरीक़े से तुमने ख़ुद पर से हटा दिया। तुमने अपने बहुत सारे परिवार इस संसार में बना डाले। जो तुम्हारे सुख-दुःख को समझते है।

फिर क्रिशन ने हँसकर कहा, “और सबसे बड़ा सम्बंधी तो तुम्हारा मैं ही हूँ।”

मैंने भी शरारत भरे स्वर में कहा: बिलकुल। आप नही होते, तो पता नहीं मैं कब तक यूँ ही झूठे रिश्तों में घिरी रहती! धन्यवाद।

क्रिशन ने कहा: उसकी ज़रूरत नही है। वो तो तुम्हारा मेरे लिए प्रेम और मुझ पर तुम्हारा विश्वास था, जिसने मुझसे ये सब कराया। वैसे भी पूर्व-जन्मों का समबंध है हमारा, मुझे तो आना ही था, तुम्हारा साथ देने।

मैंने कहा: और मैं भी कितनी बड़ी पागल थी ना, जो तुझे ग़लत समझती थी!

क्रिशन ने कहा: इसमें तुम्हारी गलती नही थी। ये तो माया का प्रभाव था।

अब आगे देखते है।

तुम्हारा जन्म एक धनी परिवार में हुआ। और विवाह धनी परिवार में तो नही हुआ, किंतु विवाह के बाद वो परिवार भी धनी हो गया। इस तरह से हमेशा तुम्हारे आस-पास पैसा रहा। किंतु, इस पैसे पर तुम्हारा अधिकार नही था। दूसरों की मर्ज़ी के बिना तुम इस पैसे का इस्तेमाल नही कर सकती थी।

आज तुम्हारे पास जो पैसा है, वो तुम्हारा है। इसको कैसे ख़र्च करना है, ये तुम्हें किसी से पूछने की आवश्यकता नही है। तुम किसी पर निर्भर नही हो, आज तो तुम आत्मनिर्भर हो।

आज तुम अपनी आवश्यकतानुसार कमाती हो। तुममें ना तो पैसे का लोभ ही है, और ना ही संसार में अपनी बड़ाई पाने का। वो और बात है की सही वक़्त आने पर ये दोनो ख़ुद तुम्हारे पास आ जाएँगे, किंतु तुम अब इनके बन्धन में ख़ुद को बँधोगी नही। तुमने अपने अंदर संतुलन बनाना सीख लिया है।

कल तुम्हारे मन में ख़ुद के जीवन-निर्वाह को लेकर संशय था। तुम्हें लगता था कि तुम अपना जीवन नही चला पाओगी, इसलिए आत्मदाह जैसे ख़याल तुम्हें आते था। आज तो तुम ये भी जान गयी हो की जीवन-निर्वाह तो तुम्हारे लिए कभी कोई प्रश्न ही नही था। तुममें इतने गुण है, जिनकी मदद से तुम आराम से अपना जीवन जी सकती हो।

यही नही, तुमने अपने अंदर के अनगिनत डरों का सामना करके उनसे ख़ुद को मुक्त भी करा लिया है। अर्थात, अब तुम्हारी कुंडलिनी शक्ति आराम से ऊपर के स्तर पर जा सकती है।

मैंने कहा: ये तो सच है।

क्रिशन ने कहा: इसके बाद तुम्हारी चेतना अगले चक्र पर जाती है। पहले जब तुम्हारा ये चक्र बंद था तब तुम अपने जीवन में ग़लत जीवनसाथी को आकर्षित कर रही थी। तुमने जिससे प्रेम किया, वो भी तुम्हारी क़द्र नही समझता था, जिससे विवाह किया, वो भी तुम्हें कुछ नही समझता था। जो आपको समझ ही नही सकता, उसके साथ कैसी सहभागी?

जिसके साथ सहभागी ही नही है, वो जीवनसाथी कैसे हो सकता है? ऐसे व्यक्ति के साथ मिलकर क्या कोई रचना पूर्ण हो सकती है? इसका प्रभाव तुम अपने जीवन में देख चुकी हो। तुम्हारे दोनो बच्चों के जन्म के समय तुम्हें दिक़्क़त आयी, तुमने उनकी परवरिश तो की, किंतु उन्होंने भी तुम्हें नही समझा। इसका अर्थ है, की तुम्हारी रचना पूर्ण नही थी।

और आज जब तुम्हारी चेतना बढ़ गयी है, तो तुमने इन ग़लत साथियों को आकर्षित करना बंद कर दिया है। आज तुम मात्र किसी के इतना कहने से कि वो तुम्हें प्रेम करता है, और तुम्हारे साथ अपना जीवन बिताना चाहता है, तुम उसके लिए अपने जीवन के दरवाज़े नही खोलती हो। ऐसा करके तुम ख़ुद को इनके द्‌वारा दिए गए दुःख, ग्लानि और अपमान से सुरक्षित रख पाती हो।

कल तुम्हें अपने भावों पर नियंत्रण करना नहीं आता था, इसलिए तुम्हें इनकी ज़रूरत पड़ती थी, किंतु आज तुमने इतनी कठिन परिस्थितियों में ख़ुद को संतुलित रखकर इस पड़ाव को भी जीत लिया है। आज तुम जानती हो की तुम भावनात्मक-तौर पर भी आत्मनिर्भर हो।

और सबसे बड़ी रचना जो तुमने आज की है, वो है अपने ही अंदर की नारी और पुरुष शक्ति का मिलन। **वास्तव में पुरुष और नारी, दो शरीर नही है, अपितु दो विपरीत शक्तियाँ है। जब तक इन दोनो का एक व्यक्ति में मिलन नही हो जाता, वो अधूरा रहता है।** वास्तव में मिलन अपने अंदर करना है, बाहर मिलन की आवश्यकता तो तब पड़ती है, जब अंदर मिलन नही हो पाता।

मनुष्य की सबसे बड़ी रचना

तुम्हारे इस मिलन की सुंदर रचना से तुम्हारा ख़ुद का एक नया जन्म हुआ है। आज तुम दो टुकड़ों में बँटकर नही जी रही, अपितु सम्पूर्ण बनकर जी रही हो। ठीक वैसे ही जैसे एक आत्मा को होना चाहिए। आज साथी का साथ तुम्हारी ज़रूरत नही है। वो मिले या ना मिले, इससे तुममें अधूरापन नही आता। और यहाँ से तुम्हारी चेतना अब अपने अगले स्तर पर जाने का रास्ता ढूँढ लेती है।

इसके बाद चेतना शक्ति पहुँचती है, मणिपुर चक्र पर। इससे सम्बंधित शारीरिक बीमारियाँ तो तुम जानती ही हो। पाचन से सम्बंधित विकार। और यदि चक्र ज़्यादा बंद हो जाए तो मधुमेह भी हो सकता है, जैसे की तुम्हारी माता को हुआ था। पहले तुम्हें कुछ भी खाने से पहले पाचन की चिंता होती थी, आज तुम वो ही खाती हो, जो तुम्हारा शरीर तुम्हें बताता है। और अब तुम्हें कभी पेट से सम्बंधित कोई समस्या नही होती।

अहंकार तो तुममें कभी था ही नही, ना तुमने कभी किसी के जीवन को नियंत्रित करने की चाह ही की। तुम्हारी समस्या तो थी कि तुम्हें अपने आप से प्रेम नही था। तुम्हें अपनी क़ीमत ही नही पता थी। जिसकी वजह से अन्य लोग भी तुम्हारी कोई अहमियत नही समझते थे, और तुम्हें घर में पड़ा सामान समझते थे।

किंतु आज ऐसा नही है। तुमने ख़ुद से प्रेम करना सीख लिया है। आज तुम किसी को भी तुम्हें किसी प्रकार की ग्लानि देने का अधिकार नही देती, क्यूँकि तुमने अपने अंदर की शक्ति से जुड़कर ग़लती को देखना भी सीख लिया है। आज तुम्हारी ख़ुद की आत्मा तुम्हें बताती है की ग़लत कौन है। तुम ग़लत

होती हो, तो उसकी ज़िम्मेदारी लेकर उस पर काम करना आरम्भ कर देती हो, और दूसरा व्यक्ति ग़लत होता है, तो तुम उसको उसकी ग़लती का अहसास दिलाती हो।

कल तुम्हें अपने लिए निर्णय लेने में डर लगता था, तुम्हें ख़ुद के फ़ैसले पर भरोसा नही होता है। किंतु आज तो सारे फ़ैसले तुम ही लेती हो, जिनमें से कुछ तो ऐसे है, जिन्हें अच्छे-अच्छे लोग नही ले पाते।

आज तुम अपनी शर्तों पर अपनी ज़िंदगी जीती हो, कल दूसरे आकर तुम्हें बताते थे, कि तुम्हें कैसे जीना चाहिए। इसका अर्थ है, कि इस चक्र के सबक़ भी तुमने पूरे कर लिए हैं। और अब चेतना को अगले स्तर पर जाने का मार्ग मिल गया है।

मैंने गर्वांकित होकर कहा: मैंने कितना बहादुरी का काम किया है ना! मुझे तो इसके लिए इनाम मिलना चाहिए!

क्रिशन ने कहा: बिलकुल मिलेगा। सही वक़्त आने दो, तुम्हारा इनाम भी तुम्हें मिलेगा।

मैंने कहा: मैं तो मज़ाक़ कर रही हूँ। मेरा इनाम तो मुझे मिल चुका। तेरा साथ मेरा सबसे बड़ा इनाम है।

क्रिशन ने कहा: पर मैं तो कुछ और भी देना चाहता हूँ, जो वक़्त आने पर ही तुम्हें पता चलेगा।

मैंने कहा: ठीक है। तू जो प्यार से दे-दे, मुझे क़बूल है। अच्छा, अब आगे बता ना। सुनने में बहुत आनंद आ रहा है।

क्रिशन ने मुझे सताते हुए कहा: वो तो आएगा ही, आख़िरकर ये सब तुम्हारी उपलब्धियाँ जो हैं! ठीक है, आगे सुनो।

अब चेतना जाती है अनाहत चक्र पर। यहाँ उसको निस्वार्थ प्रेम करना सीखना है। जीवन में संतुलन बनाना सीखना है। उसके भौतिक और आध्यात्मिक जीवन को भी संतुलित करना है।

तुम्हें याद है, तुम्हें पहले साँस लेने में तकलीफ़ होती थी?

मैंने कहा: हाँ, कैसे भूल सकती हूँ? जब भी मौसम बदलता था, मुझे अस्थमा हो जाता था। बंद कमरे में दम घुटने लगता था। मुझे एक बार बहुत गुस्सा आया था, जब मैं अमरनाथ जी गयी और एक पुलिस वाले ने मुझे हाँफते देख, मुझ पर व्यंग कसा था। उसने मुझे बोला, "इतनी छोटी सी उम्र में तुम्हारा साँस फूल रहा है?"

अगर मुझे तकलीफ़ थी, तो थी। इसका उम्र से क्या लेना देना?

क्रिशन ने कहा: जाने दो उसकी बातों को। क्या आज ये तकलीफ़ होती है?

मैंने कहा: नही। अस्थमा तो अब छू-मंत्र हो गया है। पहले तो मुझे इसमें ऊर्जा महसूस ही नही होती थी। फिर धीरे-धीर थोड़ा दबाव महसूस होने लगा। अभी भी बहुत दबाव महसूस होता है, लेकिन अब मैं इसमें थोड़ी ऊर्जा महसूस कर पाती हूँ।

क्रिशन ने कहा: ऐसा इसलिए होता था, क्यूँकि तुमने बहुत जन्मों से अपनी आत्मा को दुखों में दबाया हुआ था। सबका बोझ अपने ऊपर लेकर चल रही थी। सिर्फ़ दिए जा रही थी, और लेने वाला उसकी क़द्र नही करता था। प्रेम अपनी शुद्धता को भी खो बैठा था, इसलिए देना भी निस्वार्थ नही रहा था। तरह-तरह के मोह में ख़ुद को तुमने बाँध लिया था। मन में तुम्हारे प्रेम था, भाव थे, किंतु चक्र बंद हो जाने पर तुम व्यक्त नही कर पाती थी। जिसकी वजह से तुम्हें दूसरों से जुड़ने में समस्या आती थी।

मैंने कहा: हाँ। ये बदलाव तो मैं बहुत अच्छे तरीक़े से ख़ुद में देख पाती हूँ। आज मैं अपने भाव व्यक्त कर पाती हूँ। दूसरों के भाव भी समझ पाती हूँ।

पहले कोई मेरे लिए कुछ करना चाहता था, तो मैं उससे मदद नही लेती थी, पर आज यदि उसके भाव शुद्ध होते है, तो मैं उससे मदद ले लेती हूँ। और जब मैं ऐसा करती हूँ, तो मेरे मन में एक प्रकार का संतोष आता है ये देखकर, कि मुझसे भी लोग प्रेम करते है। और ये एहसास, मुझे और प्रेम देने को कहता है।

ऐसा लगता है, लोग इतने भी बुरे नही थे, जितना मैंने समझ लिया! जहाँ देखो, अब प्रेम दिखता है। देने में ख़ुशी मिलती है। लगता है, काश सब यूँ ही प्रेम में जीना सीख जाए, तो दुनिया कितनी सुंदर हो जाएगी।

क्रिशन ने कहा: अभी तो तुम्हारा चक्र पूरा खुला भी नही है, सोचो जब ये खुल जाएगा, तो क्या होगा?

मैंने मुस्कुरा कहा: तो क्या होना है? मैं तो फिर क्रिशन ही बन जाऊँगी। एक और क्रिशन हो जाएगा।

क्रिशन ने कहा: यही तो है राधा-क्रिशन का अर्थ। देखो, आज तुम्हारा जीवन संतुलित होता जा रहा है। कल तुम्हारे पास केवल कर्तव्य थे, आज अधिकार भी है। कल तुम केवल एक नारी थी, आज पुरुष के काम भी करती हो। कल मन से सोचती थी, आज अपनी तर्क-वितरक की शक्ति का भी बराबर इस्तेमाल करती हो। आज तुम आध्यात्मिक भी हो और भौतिक संसार को भी अनुभव करती हो। तुमने इनमें से किसी का भी त्याग नही किया, अपितु, दोनो को संतुलित कर दिया है।

ये होता है इस चक्र का खुलना। अब तुम्हारी चेतना को अपने अगले स्तर पर जाने का मार्ग भी मिल जाता है। यानी की विशुद्धि चक्र।

मैंने कहा: ये तो मेरा बुरे तरीक़े से बंद था। मैं किसी को अपनी बात समझा ही नही पाती थी। सब विशाल की बात सुनते थे, और उस पर यक़ीन करते थे। मुझे तो कोई बोलने का भी मौक़ा नही देता था। वो भी मुझे सबसे छीनना पड़ता था। इसके बारे में बता क्रिशन, मुझे जानने की बहुत उत्सुकता हो रही है।

क्रिशन ने कहा: धीरज रखो। बता रहा हूँ।

विशुद्धि चक्र पर चेतना ख़ुद को व्यक्त करती है और भाषा के ज़रिए सबसे जुड़ती है, और उनके मन में अपनी जगह बनाती है। यहाँ आकर वो सही शब्द, उचित मात्रा में और उचित तरीक़े से उचित लोगों को बोलना सीख जाती है। उसकी वार्तालाप सबको प्रभावित करती है।

ये बदलाव तो तुमने ख़ुद में देखा। पहले तुम ये सोचकर कि कोई तुम्हें समझेगा नही, बातें मन में दबाती थी। और जब इससे भी थक जाती थी, तो ग़लत तरीक़े से, ये बातें ग़लत समय पर बाहर आती थी। जिससे लोग तुम्हें ग़लत समझने लगते थे।

लेकिन आज तुम आराम से अपनी बात दूसरों के सामने रख देती हो, और इस बात का पूरा ख़याल रखती हो कि इससे उनके अहम को चोट ना पहुँचे। इतना ही नही, तुम सामने वाले की बात को भी ध्यान से सुनती हो, और समझने की कोशिश करती हो। इसीलिए तो तुम काउनस्लर हो।

मैंने कहा: एक-एक चक्र खोलने के लिए क्या-क्या करना पड़ता है ना!

क्रिशन ने मुझे सताते हुए कहा: बंद करने के लिए भी तो बहुत कुछ किया था, पर उसमें तो आंनद आ रहा था ना!

मैंने कहा: अब तू भी मज़ाक़ बना रहा है मेरा। मैंने क्या जानकर बंद किया था। मुझे थोड़े ना पता था कि किसी बात को ग़लत तरीक़े से समझ लेने के ऐसे भयानक परिणाम भी हो सकते है।

क्रिशन ने कहा: तुम मुझे सताती हो ना, इसलिए थोड़ा सा मैं भी सता रहा था। चलो आगे बढ़ते है।

मैंने कहा: हाँ, हाँ, आगे बता।

क्रिशन ने कहा: यहाँ तक के सबक़ पूरे करके चेतना सबसे अहम द्वार पर जाती है, यानी की उसका आज्ञा चक्र। जहाँ सब रहस्यों की चाबी है। जहाँ माया है, अहंकार है, शैतान का प्रभाव है, बुद्धी की तर्क-वितरक की शक्ति है, और आत्मा की आवाज़ भी इसी के द्वारा सुनी जा सकती है।

ये चक्र तुम्हारा काफ़ी हद तक खुला था, इसलिए तुम्हें अपनी पाँच इंद्रियों की पहुँच के बाहर जाकर छठी-इन्द्रिय की शक्ति पर विश्वास करने में कठिनाई नही आयी। केवल तुम्हारी बुद्धि को ठोस प्रमाण चाहिए थे, जो तुम्हें उपलब्ध कराना मेरे लिए मुश्किल नही था।

अब तुम्हें सही निर्णय लेने भी आ गए, और तुम्हें अपने निर्णयों पर संदेह भी नही होता। पहले तुम दूसरों से ही पूछती रहती थी कि तुम सही सोच रही हो या नही। आज तुम्हें तुम्हारा लक्षय और रास्ता, दोनो पता है।

पहले तुम्हें सरदर्द होता था तो दवा लिए बिना नही जाता था, अब तो तुम्हें कभी दर्द होता ही नही है।

यहाँ पहचने के बाद तुम जान गयी हो, कि नारी-पुरुष, दिन-रात, जीवन-मृत्यु, दायाँ-बायाँ, वास्तव में सब एक ही चीज़ के दो पहलू हैं। ये सब एक ही है, किंतु माया के प्रभाव में व्यक्ति इन्हें दो समझ कर अधूरा जीवन जीता रहता है।

मैंने कहा: और सातवें चक्र पर क्या होता है?

क्रिशन ने कहा: सहस्त्रार चक्र पर चेतना ईश्वर की चेतना में मिल जाती है, वो संसार को वैसे ही देखने लगती है जैसे ईश्वर देखते है। क्यूँकि अब वो भी माया के प्रभाव से बाहर है।

और ये बदलाव भी तुम अपने अंदर साफ़-साफ़ देख सकती हो। यही वजह है की तुम सबको माफ़ कर पायी, अब तुम्हें किसी से शिकायत नही होती, क्यूँकि मेरी तरह से तुम भी देख पाती हो कि इनकी चेतना कम है, इसलिए ये ऐसा कर रहे है। तुम किसी बंधन में नही हो। मेरी तरह से स्वतंत्र हो।

मैंने कहा: तेरी जितनी स्वतंत्र कहाँ हूँ? माना मेरी आकर्षण-शक्ति बढ़ गयी है, किंतु फिर भी ऐसा तो नही है ना, कि मैं जो चाहूँ, वो हो जाए।

क्रिशन ने कहा: क्यूँकि अभी तुम्हारी चेतना मुझ तक पहुँच गयी है, किंतु पूरे तरीक़े से मुझमें मिली नही मिली। ये एक सफ़र है। तुमने बहुत से कर्म पूरे कर लिए, किंतु कुछ अभी बचे है। तुम्हें अभी ख़ुद को और हील करना है। जब ये सारे सबक़ पूरे हो जाएँगे, तब तुम मेरी तरह से हो जाओगी।

मैंने कहा: इसका मतलब, कुंडलिनी शक्ति...अर्थात चेतना, जब ऊपर जाना आरम्भ करती है, तो ज़रूरी नही है, की उसके चक्र पहले पूरे तरीक़े से खुले हो?

क्रिशन ने कहा: चक्रों को पूरे तरीक़े से खुलने में वक़्त लगता है। किंतु ये थोड़े-थोड़े भी खुल जाते है, तो चेतना ऊपर उठना आरम्भ कर देती है। यूँ समझ लो, कि ये आग की तरह से है, जिसे ऊपर तक जाने का रास्ता मिल गया है, किंतु अभी ये रास्ता संकरा है। जैसे-जैसे चेतना इसमें से गुज़रेगी, इसके प्रकाश में मनुष्य अपने चक्रों के कर्म समझता जाएगा और उन्हें ख़त्म करता जाएगा। फलस्वरूप, चेतना का मार्ग भी बड़ा होता जाएगा। फिर एक वक़्त आएगा, जब कहीं कोई कर्म नही बचेंगे, और अग्नि पूरे तरीक़े से प्रज्वलित होगी।

मैंने कहा: तो क्या सच में कोई अग्नि होती है?

क्या कुंडलिनी शक्ति अग्नि है?

क्रिशन ने मुस्कुरा कर कहा: नही बाबा, कोई अग्नि नही होती। अग्नि प्रकाश देती है, जिससे अंधकार दूर हो जाता है। साथ ही अग्नि एक ऐसा तत्व है जिसमें हर प्रकार की बुराई नष्ट हो जाती है। इसी प्रकार से चेतना होती है। जिसकी चेतना जितनी अधिक होती जाती है, उसका प्रकाश उतना ज़्यादा हो जाता है। मनुष्य का संसार को देखने समझने का दृष्टिकोण पूर्ण रूप से बदल जाता है। इसलिए इसकी तुलना अग्नि से की गयी है।

मैंने थोड़ा शरारत भरे अन्दाज़ में कहा: कितना ज्ञान दे डाला तूने क्रिशन। तुझमें इतना ज्ञान कहाँ से आता है? तू थकता नही है?

क्रिशन ने भी मुस्कुरते हुए कहा: जो मेरा स्वरूप है, उससे मैं कैसे थक सकता हूँ, देखो तो, तुमने भी इस पुस्तक में कितना ज्ञान डाल दिया, क्या तुम थकी?

मैंने हँसकर कहा: नही। वैसे भी जब मैं तेरे लिए कुछ करती हूँ, तो मैं थकती नही हूँ। और ये किताब तो तेरी चाहत है ना!

क्रिशन ने कहा: हाँ। मैं ख़ुश हूँ, तुम इतना मन लगाकर इसको लिख रही हो।

राधेकृष्णा

प्रश्न: कुंडलिनी शक्ति के जागना क्या है?

उत्तर: कुंडलिनी शक्ति के जागने का अर्थ है, आत्मा का अपनी गहरी निद्रा से जाग जाना। अर्थार्त, उसको ये अहसास हो जाना कि वो मात्र एक शरीर नही है, अपितु आत्मा है।

प्रश्न: क्या इसके जागने से मनुष्य पागल हो जाता है?

उत्तर: आत्म-चेतना के जागने से कोई भी कैसे पागल हो सकता है!

प्रश्न: क्या गुरु के बिना कुंडलिनी जागृत नही हो सकती?

उत्तर: मनुष्य की आत्मचेतन कभी भी जाग्रत हो सकती है। गुरु का कार्य तो केवल आपकी चेतना को सही दिशा दिखाना होता है।

ज्ञान के मोती

- जब हम किसी चक्र से सम्बंधित जीवन के हिस्से में कोई कार्मिक-सबक़ बना लेते है, तो चक्र बंद होने लगते है।
- सुशमना नाड़ी केवल तभी ऊपर उठती है, जब मनुष्य अपने अंदर के पुरुष एवं स्त्री गुणों को संतुलित कर लेता है।
- कुंडलिनी शक्ति का स्हस्त्र्धार चक्र तक पहुँचना एक प्रक्रिया है, ये एक क्षण में नही होता।
- जैसे-जैसे आपकी चेतना विकसित होती जाती है, आप उसकी मदद से अपने चक्रों को कर्मों से मुक्त करते जाते हैं...और जैसे कर्म ख़त्म होते जाते हैं, चेतना का विकास और अधिक तेज़ी से होने लगता है।
- रेकी से या ध्यान लगाने से कुंडलिनी जागृत होने की प्रक्रिया आरम्भ हो जाती है।
- कुंडलिनी जागृत करने के कार्य केवल पुरुषों का नही है। चेतना का विकास और उसका अपने उद्गम में मिलन...हर आत्मा का अधिकार है और अपने प्रति कर्तव्य भी।

31

मोक्ष

सभी ग्रंथों में मोक्ष पाने को इंसान के जीवन का परम-लक्ष्य बताया गया है। मोक्ष, अर्थात जन्म-मरण के बंधन से मुक्ति। कहते है कि मोक्ष पाने पर इंसान की आत्मा ईश्वर में मिल जाती है, और अब उसको वापस से संसार में आने की आवश्यकता नही होती।

जब मेरी आयु बहुत कम थी, मैं अक्सर सोचती थी, "अगर मुझे मोक्ष मिल गया तो, मैं कभी दुनिया मैं नही आ पाऊँगी। ऐसे मोक्ष का क्या फ़ायदा जिसमें मेरा वजूद ही मिट जाएगा? मुझे तो अभी जीना है। मुझे मोक्ष नही चाहिए।"

लेकिन ये एक शब्द मेरे अंदर बराबर हलचल तो करता ही रहता था। मेरे मन में एक और सवाल चलता था, "अगर मोक्ष की चाहत मुझे नही है, तो फिर सबको क्यूँ है? ऐसा भी क्या ख़ास है इसमें?"

और मेरे यहीं सवालों के उत्तर मैंने क्रिशन से माँगे।

क्रिशन ने कहा: मोक्ष का अर्थ है, सांसारिक बंधनो से, कर्मों से, एवं दुखों से मुक्ति। ये मुक्ति व्यक्ति को संसार में रहते-रहते ही पानी होती है।

मैंने कहा: ये कैसे सम्भव है? मोक्ष पाने के बाद तो हमारा जीवन समाप्त हो जाता है, और आत्मा जहाँ से आयी है, वहाँ जाकर मिल जाती है। जब जीवन समाप्त ही हो जाता है, तो जीवन को जीते-जीते कैसे मोक्ष मिलता है?

क्रिशन ने कहा: आत्मा एक चेतना है, जिसका जन्म ब्रह्मांड की चेतना से हुआ है। जब ये अपने धरती के सफ़र पर निकली थी, ये शुद्ध थी। ना इसको कोई दुःख था, ना इसमें कोई दोष आए थे, ना ही कोई कार्मिक, मानसिक, या अन्य बंधन ही था। आत्मा का स्वभाव है स्वतंत्रता। और उसको अपने इसी रूप को वापस पाना है। जब तक वो अपने सभी सांसारिक दोष ख़ुद में से मिटा नही देगी, उसकी चेतना ईश्वर की शुद्ध चेतना से नही मिल सकती। उसके दोष मुक्त हो जाने का नाम ही मोक्ष है।

मैंने कहा: लेकिन ये तो हीलिंग है ना?

क्रिशन ने कहा: तुम ऐसा कह सकती हो। क्यूँकि हीलिंग भी सभी प्रकार के सांसारिक दोषों से मुक्ति का नाम है।

क्या मृत्यु के समय भगवान को याद करने से मोक्ष मिल जाता है?

मैंने कहा: क्रिशन, गीता में तो लिखा है कि कोई व्यक्ति यदि मृत्यु के समय तुझे याद करेगा, तो उसको मोक्ष मिल जाएगा? क्या ऐसा होता है? अगर ऐसा होता है, तो फिर हीलिंग की क्या ज़रूरत है?

क्रिशन ने कहा: तुम दिन में कितनी बार मेरा नाम पुकारती हो?

मैंने कहा: कह नही सकती, पर ऐसा लगता है, जैसे तू मेरे हर क्षण का हिस्सा है।

क्रिशन ने कहा: इसका अर्थ है कि तुम्हारी मृत्यु के समय भी तुम मुझे नही भूलोगी?

मैंने कहा: कैसे भूल सकती हूँ?

क्रिशन ने कहा: क्या मात्र मेरा नाम ले लेने से तुम अपने डरों से, मोह से, बंधनो से, और कर्मो से मुक्ति पा सकती हो?

मैंने कहा: मैं तुझसे पूछ रही हूँ। और तू है कि मुझी से सवाल किए जा रहा है! मुझे क्या पता?

क्रिशन ने कहा: इतने समय से हम साथ में सफ़र कर रहे हैं। ज़रा सफ़र पर नज़र डालो, फिर उत्तर दो।

मैंने कहा: मैंने तेरा नाम लिया, तुझसे प्रेम किया, जिसकी वजह से मैं तुझसे जुड़ पायी और कठिन से कठिन परिस्थिति का सामना कर पायी। जिस-जिस डर का और कर्म का मैंने सामना किया, मैं उससे मुक्त हो गयी। और मुझे मेरी चेतना में एक बदलाव का अनुभव हुआ।

क्रिशन ने कहा: इसका मतलब है, कि तुमने अपने सांसारिक दोष मेरी मदद से मिटाए, किंतु ऐसा नही हुआ की मेरे नाम ले लेने मात्र से तुम्हारे सभी दोष मिट गए हो, या फिर तुम्हारी चेतना मुझमें मिल गयी हो?

मैंने कहा: नहीं, ऐसा तो नही हुआ। तूने मुझे हर परिस्थिति से गुज़ारा। मेरी चेतना एक दिन में नही बदली, ये हर रोज़ मेरे अनुभवों के साथ-साथ बदल रही है।

क्रिशन ने कहा: तो अब तुम्हें तुम्हारा उत्तर मिल गया?

मैंने कहा: हाँ, मिल गया। तेरा नाम लेने से और तेरी भक्ति से तुझे सुनना और तुझ पर विश्वास करना आसान हो जाता है, जिससे हम अपने प्रयत्न सही दिशा में लगा सकते है और ख़ुद को कर्मों से मुक्त भी करा सकते है। लेकिन मुक्ति पाने के लिए हमें संसार के सारे दोषों से ख़ुद को पहले मुक्त कराना पड़ेगा।

अंतिम श्वास में किसे भगवान का नाम याद रहता है?

क्रिशन ने कहा: मुझे अंतिम श्वास में केवल वही याद रख पाएगा, जिसकी हर श्वास में मेरा वास होगा, जो अपने-आप में एक साधना है। जिसे मैंने तुमसे भी करवाया है। जब व्यक्ति इस प्रकार से मुझसे जुड़ जाएगा, तो मेरी मदद से वो ख़ुद को संसार से मुक्त करा लेगा।

मात्र चेतना का बदल जाना अपने आपमें मुक्ति नही है, मुक्ति तो कर्म भूमि में विकसित चेतना के हिसाब से कर्म करने से ही मिलती है। यूँ समझ लो, जैसे सफ़ेद-बादल आसमान में ऊपर रहते है, लेकिन काले-बादल पानी की वजह से ज़्यादा ऊपर नही जा पाते। इसी प्रकार से जब आत्मा के आवरण दूषित होते है, तो वे उसको मुक्त नही होने देते। सफ़ेद-बादल की तरह, आत्मा के कोशों को भी वापस से शुद्ध होना पड़ेगा।

मैंने कहा: ये कैसे पता चलता है कि हमारी चेतना ईश्वर की चेतना में मिल गयी है या नही?

कैसे जानें कि आपकी चेतना पूर्ण रूप से ईश्वर में मिल गयी है?

क्रिशन ने कहा: जब तुम्हारी चेतना ईश्वर की चेतना में मिल जाएगी, तो तुम ईश्वर ही बन जाओगी। तुममें कोई भी सांसारिक दोष किसी भी स्तर पर विद्‌यमान नही होंगे। जब तक तुममें कोई भी दोष बचा है, तब तक तुम्हें ख़ुद पर कार्य करते रहना है।

मैंने कहा: इसका मतलब, ये एक लम्बा सफ़र है।

क्रिशन ने कहा: ये एक सफ़र है। कितना लम्बा, ये तो प्रत्येक व्यक्ति के प्रयास पर निर्भर करता है।

मैंने कहा: मैं अनुभव कर रही हूँ। जैसे-जैसे मेरी हीलिंग हो रही है, मेरे दोष नष्ट हो रहे है, मैं कर्मों से मुक्त होती जा रही हूँ। मेरी चेतना का विकास होता जा रहा है। मेरा संसार को देखने का दृष्टिकोण भी बदलता जा रहा है। मन में एक शांति है, प्रसन्नता है, जिसे शब्दों में व्यक्त नही किया जा सकता। हर एक सफ़र को पूरा करके मैं और अधिक स्वतंत्रता को अनुभव कर रही हूँ। सच कहूँ तो मुझे ये स्वतंत्रता बहुत प्रिय है।

क्रिशन ने कहा: ये सब मोक्ष पाने के ही चरण है। तुम धीरे-धीरे मोक्ष की तरफ़ बढ़ रही हो।

मैंने कहा: बस एक आख़िरी सवाल। क्या मोक्ष पाने के बाद मैं कभी जन्म नही ले सकती?

क्रिशन ने मुस्कुरा कर कहा: जब तुम क्रिशन ही बन जाओगी, तो कैसी भी माया रचो। किसने रोका है। फिर तो हम एक ही होंगे, साथ में मिलकर काम करेंगे।

मैंने कहा: फिर ठीक है। इसका मतलब, मैं रहूँगी, लेकिन क्रिशन बनकर।

इस तरह से क्रिशन ने मुझे मोक्ष शब्द का सही अर्थ समझाया और मेरी सारी शंकाओं का भी निवारण किया। **मोक्ष का अर्थ है पूरे तरीक़े से दोश मुक्त हो जाना - आत्मिक, मानसिक, शारीरिक, एवं कार्मिक स्तर पर।**

ये एक सफ़र है। सफ़र लम्बा है, और रास्ते में कई प्रकार की बाधाएँ है। जितना जल्दी सफ़र को आरम्भ कर देंगे, उतना जल्दी मंज़िल तक पहुँच जाएँगे।

राधेकृष्णा

प्रश्न: क्या मोक्ष, जीवन-मृत्यु के बंधन से मुक्ति पाना है?

उत्तर: मोक्ष का अर्थ है, संसार के हर दोष से, हर बंधन से, हर कर्म से, हर दुःख से मुक्ति पाना। दूसरे शब्दों में कहें तो जैसे शुद्ध आत्मा के स्वरूप में आप संसार में आए थे, फिर से वैसे ही बन जाना। जब आप माया के रहस्य समझ जाते है, ख़ुद को शुदह कर लेते हैं, आप पूर्ण रूप से स्वतंत्र हो जाते है, और अपनी स्वतंत्रता का सदुपयोग करना सीख जाते है - तो आपको संसार में वापस आने की आवश्य्क्त नही होती...क्यूँकि अब आप इस मायावी संसार के खेल से बाहर हैं। ठीक वैसे ही जैसे क्रिशन है!,

ज्ञान के मोती

- ⇨ मोक्ष आत्मा के सभी कोशों के शुद्ध हो जाने का नाम है।
- ⇨ मोक्ष तभी सम्भव है जब एक व्यक्ति की चेतना ईश्वर की चेतना तक विकसित हो जाए और उसमें मिल जाए।
- ⇨ मृत्यु के समय क्रिशन को याद करने से मोक्ष नही मिलता, किंतु मोक्ष तक पहुँचने की सीढी ज़रूर मिल जाती है।
- ⇨ मोक्ष मृत्यु के बाद नही, अपितु संसार में रहते हुए पाया जाता है।
- ⇨ मोक्ष एक सफ़र है, ये किसी एक क्षण में नही पाया जा सकता।

भाग 6

हमसफ़र का जीवन में महत्व

हम इस संसार में अकेले सफ़र पर आए, और अकेले ही यहाँ से जाते है। अपने जीवन-काल में हम नए-नए अनुभव करते है। कुछ में ख़ुशी मिलती है, कुछ में दुःख। मन करता है, “काश कोई होता, जो हमारे सुख और दुःख को अपना लेता, जिसे हम अपनी पीड़ा दिखाते, तो वो भी वैसा ही आभास करता, जैसे हम कर रहे है!

कोई बार हम जीवन के दोराहे पर खड़े होते है। निर्णय लेना ज़रूरी होता है, किंतु बुद्धी साथ देना छोड़ देती है। हमें फिर से लगता है, कि काश कोई सलाह-मशवरा करने के लिए होता! कोई ऐसा, जो हमारा अपना होता, जिस पर हम आँख बंद करके विश्वास कर लेते!

कई बार ऐसी समस्याओं में उलझ जाते है, जिनसे बाहर निकलने का रास्ता भी समझ नही आता। तो लगता है कि कितना अच्छा होता अगर मेरे साथ कोई और भी होता जो मेरी समस्या को अपनी जानकर इसे सुलझाने में मेरी मदद करता!

सफ़र चाहे जैसा भी हो, इसमें तो कोई भी शंका नही है कि, कोई हमसफ़र साथ में चले तो सफ़र करने का आनंद भी आ जाता है, और सफ़र भी आराम से पूरा भी हो जाता है!

अत: हम अपने सफ़र में किसी को अपना हमसफ़र चुनते है। वैसे तो ये हमसफ़र कोई भी हो सकता है, किंतु अधिकतर हम इसे अपने पती/पत्नी, या

प्रेमी/प्रेमिका के रूप में देखते है। उसके साथ हम जीवन के बहुत सारे पड़ाव पार करते है और अपना पूरा सफ़र हम उसी के साथ तय करना चाहते है।

और यहीं से एक सही हमसफ़र के चुनाव की ज़रूरत हो जाती है।

किताब का ये भाग आपको एक सच्चे साथी की पहचान करना सीखाएगा। इतना ही नही, अपितु उसके साथ किस तरह से ताल-मेल बनाकर चले ताकि ये साथ और अधिक ख़ूबसूरत हो जाए - ये भी आपको बताएगा। साथ ही मैं आपको मेरे हमसफ़र से भी मिलवाऊँगी और उसके क्या ख़ास गुण है, जिसके लिए मैंने उसको चुना - ये भी बताऊँगी।

तो चलिए, आगे बढ़ते है अपने इस सफ़र में....

राधेकृष्णा

आत्मसाथी (Soul Mates)

ऐसा माना जाता है कि ईश्वर ने हर इंसान को दुनिया में उसके आत्मसाथी के साथ भेजा है, जो हर जन्म में उसको मिलता है। इनमें से एक स्त्रीलिंग होता है, और दूसरा पूलिंग। दोनो एक-दूसरे की आध्यात्मिक उन्नति कराते है, और ये दोनो साथ में ही मोक्ष भी पाते है। ये दोनो एक-दूसरे के लिए बने होते है,

और एक-दूसरे को पूर्ण रूप से समझते है। इनका प्रेम सच्चा होता है, और जब तक इनका युगल के रूप में मिलन नही हो जाता, दोनो अधूरे रहते है।

ऐसा भी माना जाता है, कि सच्चे-प्रेमी हर जन्म में मिलते है। और इनका बार-बार मिलने का अर्थ है कि ये एक-दूसरे के लिए बने है और एक-दूसरे की आत्मा के साथी है।

ऐसी ही कुछ कहानियाँ मैंने भी सुनी थी। मैं प्रेम की गहराइयों को समझना चाहती थी। मैं जानना चाहती थी कि प्रेम क्या होता है? क्या ख़ास है राधा-क्रिशन के प्रेम में? आत्मसाथी कैसा होता है? उससे मिलकर कैसा आभास होता है? ऐसी बहुत सी उत्सुकता मेरे मन में घर किए हुए थी।

मेरी समझ में प्रेमी वो होते थे जो केवल एक-दूसरे के लिए जीते है और एक-दूसरे के बिना जिनके जीवन का कोई अर्थ नही होता। दूसरे शब्दों में कहें, तो कुछ लैला-मजनू, रोमियो-जूलियट की तरह से उनका प्रेम होता है। यदि एक साथी की मृत्यु हो गयी, तो दूसरा भी प्राण त्याग दे! यदि एक दुःख में है, तो दूसरा भी दुखी हो जाए। दोनो का एक-दूसरे पर पूर्ण रूप से अधिकार हो।

मुझे भी अपने उस आत्मसाथी की बचपन से तलाश थी, जो सिर्फ़ मेरे लिए बना हो, और मैं उसके लिए। मुझे जब जीवन में पहली बार प्रेम हुआ तब मैं ख़ुद में उसी लैला को और अपने प्रेमी में उसी मजनूँ को देखती थी। मैं लैला बनकर उसके लिए मरने को तैयार थी, किन्तु मेरे प्रेमी ने मजनूँ बनकर मेरे लिए लड़ाई नही लड़ी, अपितु कायरों की तरह से प्रेम को ही त्याग दिया।

विशाल में भी मुझे मेरा आत्मसाथी कभी नही दिखा। हम दोनो के बीच तो कोई ताल-मेल ही नही था। मानो हमें ज़बरदस्ती साथ में रख दिया गया हो और कहा गया हो कि अब यूँ ही सारा जीवन साथ रहना है।

मुझे ये तो समझ में आ गया था, कि विशाल भी मेरा सच्चा साथी नही है। लेकिन ये नही पता था, जिसे मेरी आत्मा ढूँढ रही है, वो कहाँ है? कहीं है भी या ये सिर्फ़ क़िस्से-कहानियों की बातें है? क्या सच में कोई आत्मा का साथी

होता है, या नही? अगर हाँ, तो वो कहाँ था, जिससे मैं मिलना चाहती थी? और अब तक वो मुझे मिला क्यूँ नही था?

मेरे मन में केवल सवाल थे, पर उनके जवाब नही थी। मुझे उस इंसान से मिलने की भी कोई उमीद नही थी, पर मन में चाहत थी। अगर चाहत थी, तो इसका मतलब कोई तो था, जिससे मिलना अभी शेष रह गया था। और अब क्रिशन मुझे मेरी इस चाहत के सफ़र पर ले जा रहा था।

मेरे पूरे सफ़र में कभी ऐसा नही हुआ कि मेरे मन में कोई प्रश्न आया हो, और क्रिशन ने उसका मुझे उत्तर ना दिया हो। कभी तुरंत, तो कभी वक़्त लगा, पर उत्तर सब मिले।

क्रिशन ने मुझे मेरा एक नही, कई सारे पूर्व जन्म दिखाए। और हर जन्म में मैंने ख़ुद को एक ही इंसान से प्यार करते पाया। मैंने उसके साथ मोह के एक गहरे बंधन में ख़ुद को उससे बांधा हुआ था, जिससे मैं अब तक अनजान थी। किंतु मेरा अवचेतन-मन उसको तलाशता रहता था।

और अब क्रिशन ने उसको मेरे सामने लाकर खड़ा कर दिया। उसका नाम था विश्वास। और मैंने उसको पहचान भी लिया।

मेरे मन में विश्वास के प्रति वहीं भाव जागने लगे। ऐसा लगने लगा, जैसे मैं उसको हमेशा से जानती हूँ। मुझे लगा कि मुझे मेरा आत्मसाथी मिल गया है।

लेकिन क्रिशन ने मुझे विश्वास से मिलवाया तो, पर दूर से। जैसे हम जब कोई फ़िल्म देखते है, तो हम कुछ देर के लिए कलाकारों के किरदार में खो जाते है। लेकिन हमारे और उनके बीच एक दूरी रहती है। ऐसी ही एक दूरी पर क्रिशन ने मुझे खड़ा किया हुआ था, जहाँ से मैं अतीत को साफ़-साफ़ देख तो पा रही थी, पर पास जाकर उसको छू नही सकती थी।

पूर्व जन्मों की यादें, भावनाएँ, इच्छाएँ, सब मेरे सामने आकर खादी हो गयी थी। मैं उन सब पलों को फिर से अपने आत्मसाथी के साथ जीना चाहती थी।

लेकिन, शायद उसकी आत्मा अभी मुझसे मिलने के लिए तैयार नही था। इसलिए उसकी चेतना में क्रिशन ने उसको मेरा सच नही खोला।

ईश्वर हमारे पूर्व-जन्म क्यूँ छुपा देते है?

ईश्वर हमें नया जन्म देते वक़्त हमारे पूर्व-जन्म हमसे छुपा देते है। इसका कारण बहुत सरल है। यदि हमें पुराना सब कुछ याद रहेगा, तो हम जीवन में कुछ नया नही कर पाएँगे। पुराने सुख-दुःख में ही खोए रहेंगे। वापस से उन सब लोगों को ढूँढेंगे, जिनके साथ हमारे पूर्व-समबंध थे। और उन्हें ना पाकर, हम दुखी हो जाएँगे।

इसलिए हम सब अपने पूर्व-जन्म भूले हुए है। हमारे अंदर केवल उनके अहसास होते है, जिन्हें हम ठीक से समझ नही पाते। हम केवल उन्हीं चीज़ों को समझ पाते है जिन्हें हम अपनी पाँच-इंद्रियों के द्वारा समझ सकते है - देखना, सुनना, छूकर, गंध द्वारा, और स्वाद से - और पूर्व-जन्म को समझने में इनमें से कोई भी इन्द्रिय सक्षम नही है। इसके लिए हमारी छठी-इन्द्रिय का विकसित होना आवश्यक है।

मेरी छठी इन्द्रिय बचपन से खुली हुयी थी, और अब हीलिंग के शक्तिपाथ के बाद ये और अधिक विकसित हो गयी थी।

मुझे आरम्भ में पूर्व-जन्म पर विश्वास करने में थोड़ी अड़चन आयी, किंतु बाद मैं मुझे इसका रहस्य पूर्ण रूप से समझ आ गया।

किंतु मेरे आत्मसाथी के लिए पूर्व-जन्म को समझना एक बहुत ही कठिन कार्य था। जिस प्रकार से एक व्यक्ति की याददाश्त चले जाने पर उसको कुछ भी याद नही रहता, ऐसा ही कुछ उसके साथ भी था।

सब अहसास उसके अवचेतन मन में थे, किंतु वो अवचेतन मन को समझने में भी सक्षम नही था। वो मुझे केवल उतना समझ पा रहा था, जितना इस जीवन में उसको दिखायी दे रहा था।

मैं जानती थी कि उसकी आत्मा ने अपने पूर्व-जन्मों में बहुत कष्ट सहे है, और उनकी पीड़ा मुझे उसमें आज भी वैसी ही दिख रही थी। वो ही सब उसके डर, वहीं पुराने उसके हुनर, वही उसका स्वभाव, मेरे प्रति उसके मन में भाव, अपनेपन का अहसास - सब कुछ वही था। कुछ नही था, तो उसकी यादों में मेरे साथ व्यतीत किया अतीत!

क्रिशन ने उसको मेरे लिए एक पहेली ही बनाकर रखा, जिसे मैं सुलझाने की कोशिश करती रहती थी। उसकी ख़ामोशियों को सुनती रहती थी। उसी के नज़रिए से उसके जीवन को समझने की कोशिश करती रहती थी। उसके डर, ग़ुस्सा, बेरुख़ी, हर चीज़ के पीछे छुपे कारणों को बारीकी से अध्ययन करती थी। उसकी ख़ुशी में अपनी ख़ुशी को ढूँढती थी, और उसकी पीड़ा में अपनी पीड़ा का अहसास करती थी। और इस तरह कोशिश करते-करते मुझे प्रेम समझ में आ गया। वो प्रेम, जो क्रिशन सबसे करता है, वो प्रेम जो शुद्ध है, वो प्रेम जो बिना मिलन के भी सम्पूर्ण होता है।

उसके प्रति मेरे मोह ने पहले उसको प्रेमी के रूप में पाना चाहा।

क्रिशन ने मुझे समझाया: ये तुम्हें नही पहचानता। जीवन के जिस मोड़ पर तुम इससे मिली हो, ये तुममें एक प्रेमिका को नही स्वीकार सकता। वैसे भी इसके दिल पर चोट लगी हुई है, और इसका प्रेम शब्द पर से विश्वास भी उठा हुआ है। तुम अपने अंदर के प्रेम को निस्वार्थ-प्रेम में बदल दो। तब शायद ये उसको स्वीकार कर ले।

मेरे लिए मुश्किल तो बहुत हुआ। लेकिन धीरे-धीरे मैं क्रिशन की बात समझ गयी।

मैंने अपने अंदर की प्रेमिका को शांत करके अपने प्रेम को दोस्ती में बदलना चाहा। और कुछ समय बाद मुझे ये भी समझ में आ गया, कि ये दोस्ती भी मुमकिन नही है।

वो वक़्त मेरे लिए बहुत कठिन था। लगता था, सामने मंज़िल थी, और मैं हाथ भी नही बढा सकती थी। ना ही मैं उसको ठीक से ये ही बता सकती थी कि मैं कौन हूँ?

उसके लिए मैं एक पहेली ही थी।

क्रिशन ने कहा: उसके पूर्व जन्मों के डर उसको तुमसे दूर लेकर जाते है। तुमसे प्रेम करने के लिए उसको बहुत कुछ सहना पड़ा था। जिससे उसकी आत्मा डरी हुयी है।

मैंने कहा: लेकिन मेरी भी तो आत्मा में बहुत सारे डर थे। अगर मैं डरों से मुक्त हो सकती हूँ, तो ये भी तो हो सकता है? मैंने उससे प्रेम किया है। मैं हीलर हूँ। मैं चाहती हूँ, ये भी दर्द में ना जीए। ये बेशक मुझे ना पहचाने, पर क्या मैं इसकी पीड़ा से भी इसको मुक्त नही करा सकती? मैं इसको हील करना चाहती हूँ।

जब तक व्यक्ति ख़ुद ना हील होना चाहे, ईश्वर भी उसकी मदद नही कर पाते

क्रिशन ने कहा: इसकी आत्मा शुद्ध है। मैं भी इसको हील करना चाहता हूँ, लेकिन मेरे या तुम्हारे चाहने से कुछ नही हो सकता, इसको ख़ुद को अपने लिए ऐसी चाहत करनी होगी। जिस दिन ये ख़ुद को मुक्त कराना चाहेगा, इसको पूरी मदद मिलेगी।

ये तुम्हें पूरे तरीक़े से भूल हुआ है। आज ये तुमसे दूर रहने को ही अपनी ख़ुशी समझ रहा है। तुम्हें इसकी इच्छा का सम्मान करना होगा। अभी के लिए तुम्हें इसको इसके हाल पर छोड कर अपने सफ़र में आगे जाना होगा?

मैंने कहा: ऐसे कैसे आगे चले जाऊँ क्रिशन? इसने बहुत कुछ किया था मेरे लिए। आज ये तकलीफ़ में है, मैं भी तो इसके लिए कुछ करना चाहती हूँ। अगर ये भूल गया है, तो मेरा फ़र्ज़ है कि मैं इसको याद दिलाऊँ।

क्या तू राधा को तकलीफ़ में अकेला छोड़कर चला जाता? फिर ये प्रेम ही क्या हुआ?

क्रिशन ने कहा: अगर राधा मुझसे दूर रहना चाहती, तो मैं उसके नज़दीक नही जाता। मैं उसकी स्वतंत्रता का सम्मान करता। उसकी ख़ुशी को ही अपनी ख़ुश बना लेता। शांति से उस पल का इंतज़ार करता, जब राधा मेरी मदद के लिए तैयार होती। और उस दिन मैं खुले दिल से उसकी पूरी मदद करता। अगर राधा की आत्मा मदद चाहती ही नही है, तो मैं भी उसकी मदद नही कर सकता।

तुममें भी तो एक राधा है। बचपन से दुखी थी तुम। 18 साल मेरे साथ सफ़र करने के बाद वो वक़्त आया था, जब मैं वास्तव में तुम्हारे लिए कुछ कर पाया। तब तक मैंने भी तुम्हें तुम्हारे हाल पर छोड़ा। और सही वक़्त आने पर मैं सामने आ गया।

समझने की कोशिश करो। हर चीज़ को करने का एक वक़्त होता है। अभी इसका वो वक़्त नही आया है।

मुझे कुछ वक़्त के लिए ऐसा लगा, मानो मेरे पूर्व-जन्म दिखाकर क्रिशन ने मेरे दबे हुए ज़ख़्मों को फिर से खोल दिया, और मेरे दर्द का इलाज भी नही किया।

मैंने क्रिशन से कहा: तुझे तो सब पता था। इसके बारे में भी, और मेरे बारे में भी। अगर हम साथ चल ही नही सकते थे, तो मेरी यादों में इसको दफ़्न ही रहने देना था ना। कम से कम मुझे इस पीड़ा से तो ना गुज़रना पड़ता। तूने मुझे ये दर्द क्यूँ दिया क्रिशन? ना मैं उसको छोड़ ही सकती हूँ, ना पकड़ ही सकती हूँ?

क्रिशन ने कहा: यदि शरीर में ट्यूमर जन्म ले ले, तो क्या उसको यूँ ही छोड़ दिया जाता है? शरीर को काटकर उसका इलाज करना पड़ता है, नही तो वो पूरे शरीर में ज़हर फैला देता है। तुम्हारे अंदर भी इसके प्रेम के मोह का ट्यूमर बन गया था। जिसके लिए मुझे ये सब करना पड़ा। ये मोह तुम्हें इससे बांधे रखेगा, और तुम कभी भी ख़ुशियों की तरफ़ नही बढ़ पाओगी। जो ज़ख़्म तुम्हें आज

पीड़ा दे रहे है, इन्हें मैं ठीक कर दूँगा, लेकिन जो ज़ख़्म तुम्हारे अवचेतन मन से तुम्हारे जीवन में ज़हर भर रहे थे, उन्हें मैं ठीक नही कर पाता।

मुझे माफ़ कर दो, मैंने तुम्हें इतनी पीड़ा का अनुभव कराया। पर मेरी बहन, अगर ये ज़रूरी नही होता, तो मैं कभी ऐसा ना करता।

मैंने कहा: मैं जानती हूँ भैया, तू मुझे बहुत प्यार करता है। लेकिन ये मेरा आत्मसाथी है। हर जन्म में मैं इससे मिली हूँ। हम अलग कैसे हो सकते है? हमारी तो साथ में मुक्ति होगी ना? हमें एक-दूसरे की मदद करनी होगी। हम साथ आए थे, और साथ ही तो जाएँगे।

क्रिशन ने कहा: आत्मसाथी कौन होता है, वहीं ना जिससे आत्मा का रिश्ता हो?

मैंने कहा: हाँ।

आत्मसाथी कौन है?

क्रिशन ने कहा: ज़रा आस-पास नज़र घुमा कर देखो, कौन ऐसा है, जिससे तुम्हारा आत्मा का रिश्ता नही है? विशाल और तुम्हारे माता-पिता के साथ भी तुमने अपने पूर्व-जन्म जीए है। फिर वो भी तुम्हारे आत्मसाथी हुए ना?

मैंने कहा: ये तो कोई जवाब नही हुआ। उनमें और विश्वास में फ़र्क़ है। विश्वास के साथ मैं अपने पूर्व-जन्मों से प्रेम करती आ रही हूँ।

बंधन केवल प्रेम का नही होता

क्रिशन ने कहा: कोई विशेष फ़र्क़ नही है। ये भी बंधन है, और वो भी बंधन थे। विशाल के साथ गुस्से का बंधन था, माता-पिता के साथ कर्तव्य का, और इसके साथ प्रेम का। जब-जब बंधन होगा, कुदरत उसके साथ तुम्हें दोबारा जन्म लेने के लिए विवश करेगी।

इसके साथ तुम्हारा मोह बहुत गहरा था, जिसे तुमने त्यागने की बजाए और गहरा किया। इसलिए ये तुम्हें बार-बार मिला। और तब-तक मिलेगा, जब-तक तुम इसके बंधन से ख़ुद को मुक्त नही कर लेती।

मैंने कहा: तो इसमें बुराई क्या है? प्रेम करना कोई ग़लत बात तो नही है। क्या हम हर-जन्म में एक ही आत्मा से प्रेम नही कर सकते? क्या हर-जन्म हम उसी के साथ नही जी सकते? किसी को तो साथी बनाना ही है, तो उसी को क्यूँ नही?

वैसे भी हमारी मुक्ति तो आत्मसाथी से मिलन के बाद ही सम्भव है। तूने भी हर युग में केवल राधा से ही प्रेम किया? इस हिसाब से तो तेरा प्रेम भी बंधन है?

क्रिशन ने मुस्कुरा कर कहा: एक साथ कितने सारे सवाल पूछ डाले तुमने! ना प्रेम करना ग़लत है, और ना ही ऐसा कोई नियम है कि तुम हर जीवन एक ही आत्मा के साथ नही गुजार सकती। ग़लत तो केवल प्रेम में आया हुआ मोह है, और उस मोह के साथ तुम्हारा बंधन।

ये सच है कि मैंने हमेशा से केवल राधा से प्रेम किया। किंतु राधा कौन है? वो कोई व्यक्ति नही है, वो एक शक्ति है। वो शुद्ध-चेतना है, ठीक वैसे ही, जैसे मैं शुद्ध-चेतना हूँ।

राधा कौन है?

राधा के और मिलन के ज़रिए मैं दुनिया को ये समझा रहा हूँ, कि केवल शुद्ध-चेतना का ही शुद्ध-चेतना में पूर्णतया-समावेश सम्भव है।

जब भी संसार का कोई भी व्यक्ति अपनी चेतना का विकास करके उसको शुद्ध कर देता है, उसकी चेतना मेरी चेतना से मिल जाती है। तब वो राधा ही बन जाता है। तुम भी तो राधा बनती जा रही हो। आज तुम अपने इस प्रेम को शुद्ध करने जा रही हो, इसके बाद तुम मेरे और क़रीब आ जाओगी।

मैंने कहा: तो क्या राधा-क्रिशन के मिलन का अर्थ है, अपनी चेतना को क्रिशन की चेतना में मिला देना?

क्रिशन ने कहा: बिलकुल सही समझी तुम। कुछ देर के लिए प्रेम को भूल जाओ, और सिर्फ़ मेरी बात पर ध्यान दो।

मैंने कहा: ठीक है, बोल।

क्रिशन ने कहा: क्या तुम अपनी और उसकी चेतना का फ़र्क़ देख पा रही हो? जब तुम्हें ये वाला जन्म मिला, तब तुम प्रेम को लैला-मजनू का प्रेम मानती थी। आज तुम्हारी प्रेम की परिभाषाएँ बदल चुकी है।

चेतना के बदलने से रिश्तों का बदलना स्वाभाविक है

कल प्रेम में बंधन ना हो, तो वो तुम्हारे लिए प्रेम नही था; आज प्रेम में स्वतंत्रता ना हो, तो वो तुम्हारे लिए प्रेम नही है।

तुमने ख़ुद को समाज की और परिवार की सोच से, और उसके हर बंधन से मुक्त कर दिया है। तुम पूरे तरीक़े से स्वतंत्र हो। और पल-पल मोक्ष की तरफ़ बढ़ रही हो।

ऐसे में किसी प्रेमी का साथ मिल जाने से निश्चित रूप में सफ़र और ख़ूबसूरत हो जाएगा, और वो प्रेमी तुम्हारा आत्मसाथी हो, तो फिर तो सफ़र और भी आनंद से कट जाएगा।

किंतु अब एक नज़र उस पर डालकर देखो। उसमें बहुत सी अच्छाइयाँ है, किंतु उसकी चेतना का विकास उस गति से नही हुआ है, जिससे तुम्हारा हुआ है।

उसको आज भी दूसरों की सोच, उनके बनाए गए नियम प्रभावित करते है। वो सबसे बन्धा हुआ है, और इनको छोड़ना उसको अपने अस्तित्व के लिए एक बहुत बड़ा ख़तरा लगता है।

वो आज भी अपनी पुरानी धारणाओं की क़ैद में है, उसके लिए प्रेम शब्द का अर्थ है “विवाह”, वो भी सबकी स्वीकृति से।

उसके जीवन का उद्देश्य मोक्ष पाना नही है। वो तो केवल अपने जीवन को व्यवस्थित करने के प्रयास में व्यस्त है।

वो अभी भी अपने डरों में जीता है। और सबसे बड़ी बात, वो इनसे मुक्ति पाने के कोई प्रयत्न भी नही कर रहा।

अब तुम्हीं बताओ। क्या तुम उसके साथ अपना सफ़र कर सकती हो?

कुछ दिन तुम्हें शायद उसका साथ अच्छा लगे, किंतु उसके बाद तुम्हें ये रिश्ता एक बोझ जैसा लगने लगेगा। जिसमें ना तो तुम, और ना हो वो ही ख़ुश रह पाएगा। उसका साथ केवल पुरानी चाहत का मोह है, जो अंधा है, और तुम्हें गुमराह कर रहा है।

मैंने कहा: तेरी इस बात से तो मैं सहमत हूँ।

आत्मा क्यूँ एक ही व्यक्ति से हर जन्म में प्रेम करती है?

मैंने बहुत मुश्किल से ख़ुद को उन बेड़ियों से मुक्त कराया है। और मैं वापस से उन्हें पहनने को तैयार नही हूँ। मैं कभी भी उस जीवन को नही जीना चाहती, जिसे मैं बहुत पीछे छोड़कर यहाँ तक आयी हूँ।

लेकिन क्रिशन, अगर हम हर जन्म में मिलते है, तो कुछ तो हमारे बीच होगा ना? मैं उसको ही क्यूँ हमेशा से प्रेम करती हूँ?

क्रिशन ने कहा: ये प्रेम नही था। मोह था। वास्तव में प्रेम क्या होता है, ये तो तुमने अब जाना है। इससे पहले तक तो तुम्हें प्रेम शब्द का ठीक से अर्थ ही नही पता था।

पूर्व-जन्मों में, जब तुम दोनो की चेतना समान थी, तो तुम दोनो के बीच प्रेम हो गया, और उस प्रेम से मोह का जन्म हो गया। यही मोह तुम्हें उससे दूर नही जाने दे रहा था। और कुछ भी करके तुम हर बार उससे प्रेम कर ही लेती थी।

लेकिन इस मोह का जन्म हुआ था तुम्हारी आत्मा की अविकसित चेतना की अवस्था में। और अब, जब तुम्हारी चेतना ही बदल गयी है, तो पुराने मोह भी तो त्यागने होंगे!

मैंने कहा: इसका मतलब वो मेरा आत्मसाथी नही था? ये वो नही है, जिसके साथ ईश्वर ने मुझे संसार में भेजा था ख़ुद को सम्पूर्ण करने के लिए?

क्या संसार में आप जोड़े में आए थे?

क्रिशन ने कहा: ईश्वर ने तुम्हें किसी के साथ नही भेजा था। अकेले भेजा था। आत्मा तो हमेशा से ख़ुद में सम्पूर्ण है, उसको अन्य किसी की आवश्यकता नही है। ये सब रिश्ते, जो वो धरती पर आकर बनाती है, ये तो मात्र, जीवन को अनुभव करने के लिए बनाती है। किंतु उसको हर रिश्ते से ख़ुद को बाँधना नही होता। वो ख़ुद को सबके मोह में बाँध लेती है, और फिर जन्मों तक उसकी पीड़ा से गुज़रती रहती है।

मैंने कहा: लेकिन पुरुष और स्त्री के मिलन से ही तो सम्पूर्ण बनते है ना?

पुरुष और स्त्री का वास्तविक मिलन क्या है?

क्रिशन ने कहा: पुरुष और स्त्री किसी के शरीर में नही है। ये तो दो विपरीत शक्तियाँ है, जो की प्रत्येक व्यक्ति के अंदर है। जो अपने अंदर की इन दोनो शक्तियों को पहचानकर इनका मिलन करा देगा, वास्तव में वो माया के प्रभाव से मुक्त हो जाएगा। और अपने आप में सम्पूर्ण हो जाएगा।

मैंने कहा: मुझे सब समझ में आ रहा है, पर पीड़ा तो हो ही रही है। मैं किसी के लिए कुछ नही कर पा रही।

क्रिशन ने कहा: मैं तुम्हारी पीड़ा समझ सकता हूँ। भरौसा रखो, इससे भी तुम जल्द ही मुक्त हो जाओगी। तुम केवल ख़ुद को मुक्त कराओ, बाक़ियों की फ़िक्र करना छोड़ दो। जब इनका समय आएगा, और ये तुमसे कोई मदद माँगेंगे, तो ख़ुशी-ख़ुशी इनकी मदद कर देना। अभी के लिए मन पर से हर बोझ को हटा दो।

मैंने कहा: मेरे लिए उसको भूलना इतना आसान नही है।

क्रिशन ने कहा: मैं जानता हूँ। पुराने मोह से मुक्त होने में वक़्त लगता है। पर मैंने तुम्हें उसको भूलने को नही कहा है। जब भी उसकी याद आए और तुम्हें दुखी करने की कोशिश करे, केवल तुम्हें खुद को समझाना है, कि तुम क्यूँ उससे दूर जा रही हो।

जब किसी की याद सताए तो क्या करे?

और इस तरह से क्रिशन ने मुझे एक बहुत बड़े मोह के बंधन से मुक्त करा दिया। इस सफ़र में मैंने प्रेम को पाए बिना ही उसको समझ लिया। शुद्ध-प्रेम का अनुभव भी कर लिया, और ये भी जान लिया की सबको अपना-अपना सफ़र करना है। रास्ते में हमें बहुत से राहगीर मिलेंगे, किंतु सबके साथ हम मंज़िल तक नही पहुँच सकते। सबकी मंज़िल अलग है। जिसके साथ जितना चलो, ख़ुशी-ख़ुशी चलो, और जहाँ से रास्ते अलग हो रहे हो, ख़ुशी से उसको भी स्वीकार करके आगे बढ़ जाओ।

रास्ते अलग करते हुए किसी के लिए मन में द्वेष, घृणा, ग्लानि के भाव मत रखो। बस इतनी सी बात समझ लो कि **"जीवन के सफ़र में वो ही आपके साथ चल सकता है जिसकी मंज़िल आपकी मंज़िल से मिलती हो।"**

राधेकृष्णा

प्रश्न: क्या आत्मसाथी के बिना आप अधूरे है?

उत्तर: वास्तव में हमारा आत्मसाथी कोई और नही, हमारी ख़ुद की आत्मा है। जिससे मिलन हुए बिना जीवन अधूरा है। स्त्री और पुरूष दो विपरीत शक्तियाँ है, जो पहले से एक आत्मा में विद्‌यमान है। जब मनुष्य आत्मा से अलग होकर ख़ुद को शरीर जान लेता है, तो उसके शरीर की संरचना के हिसाब से उसमें केवल एक ही शक्ति विकसित हो पाती है। फलस्वरूप, वो दूसरी शक्ति को बाहर किसी और में खोजता है, ताकि ख़ुद को पूर्ण कर सके। किंतु इस तरह से वो कभी पूर्ण नही हो पाता। जब उसका अपनी आत्मा से मिलन होता है, तभी उसके अंदर की पुरुष और स्त्री शक्ति का मिलन हो पता है।

ज्ञान के मोती

- ⇨ जब-जब आप किसी के साथ ख़ुद को प्रेम में या नफ़रत में बाँधेंगे, आत्मा उसके साथ आपको दोबारा जन्म लेने के लिए विवश करेगी।
- ⇨ राधा-क्रिशन के मिलन का अर्थ है, अपनी चेतना को क्रिशन की चेतना में मिला देना।
- ⇨ जीवन साथी से कुछ मिले ना मिले, चेतना का मिलना बहुत आवश्यक है, अन्यथा आप दोनो ही ख़ुश नही रह पाएँगे।
- ⇨ मोह अंधा होता है, और बुद्धी को हर लेता है।
- ⇨ आत्मा ख़ुद में हमेशा से सम्पूर्ण है, उसको ख़ुद को सम्पूर्ण करने के लिए बाहर के आत्मसाथी की नही, अपितु अपने अंदर के साथी से मिलन करने की आवश्यकता है।
- ⇨ जीवन के सफ़र में वो ही आपके साथ चल सकता है जिसकी मंज़िल आपकी मंज़िल से मिलती हो।

33

मेरा हमसफ़र

मेरे जीवन में मुझे मेरे परिवारजनों ने अपने हमसफ़र को चुनने का अधिकार नही दिया था। इसलिए मेरे लिए जो साथी उन्होंने चुना, मुझे उसी के साथ अपना सफ़र करना पड़ा। मेरे परिवार ने ना तो मुझे ही समझा, ना मेरी ज़रूरतों को, ना मेरे जीवन के लक्ष्य को। उनके हिसाब से प्रत्येक इंसान की ज़रूरत होती है - परिवार, खाना, कपड़ा, घर, पैसा, समाज में नाम, और काम। ये सब चीज़ें

बेशक से ज़रूरी होती है, किंतु इन सबसे ज़्यादा ज़रूरी है आपके और आपके साथी की चेतना का मिलना। दोनो की सोच, समझ, स्वभाव का मिलना।

जहाँ मेरी चेतना हमेशा से जागी हुयी थी, विशाल की नही थी। जैसे प्रेम को मैं समझती थी, वो नही समझता था। मैं हमेशा से ख़ुद के साथ शांति से स्वतंत्र से रहना चाहती थी, किंतु विशाल एक सामाजिक व्यक्ति था। मैं हर बात का गहरायी में चिंतन करती थी, हर बात को जड़ पर जाकर सुलझाना चाहती थी, वो जड़ों को देखना ही नही चाहता था। मैं उतर में जाने को कहती, तो वो दक्षिण में।

मैं मेरी जगह सही थी, वो उसकी जगह सही था - लेकिन हमारे सफ़र अलग-अलग थे। मेरी आत्मा अपनी मुक्ति के लिए सफ़र कर रही थी, और वो सांसारिक जीवन में खोने के लिए। मैं ईश्वर से जुड़ना चाहती थी, और वो समाज से। साथ में रहकर ना वो ही अपने सफ़र में आगे बढ़ पा रहा था, और ना ही मैं! ना मैं ही उसके साथ सुखी थी, ना वो मेरे साथ। अंततः हमारे रास्ते अलग हो गए।

इस प्रकार ग़लत साथी का चुनाव आपका सारा सफ़र बेकार कर सकता है। इसलिए मैंने ईश्वर की दी हुयी स्वतंत्रता से उस साथी का चुनाव किया, जो मेरी मंज़िल भी था और रास्ता भी - और वो था क्रिशन!

जब मैंने क्रिशन को साथी चुना तो केवल प्रेम पाने के लिए चुना, तब तक मुझे ठीक से साथी शब्द की समझ नही थी। किंतु क्रिशन के साथ सफ़र करते-करते मुझे सब समझ में आ गया की हमसफ़र कैसा होना चाहिए, और उसके साथ हमें कैसे रहना चाहिए।

क्रिशन दोषों से मुक्त है, इसलिए उसके साथ सफ़र करने में हमारी ज़्यादा ज़िम्मेदारी नही होती। हर समस्या का समाधान भी वो ही ढूँढता है, और हमें भी समझा देता है।

साथ चलते-चलते वो हमारे सब दोष चुप-चाप हर लेता है। हमें पता भी नही चलता, कब वो चुपके से अपना जादू चला देता है।

मन उदास हो या दुखी हो....कुछ देर उससे बात करने के बाद दुःख भी दूर हो जाता है।

निर्णय लेने में परेशानी हो....तो क्रिशन वहाँ भी मदद कर देता है।

जब क्या करना है, कुछ भी समझ ना आ रहा हो....तो सब क्रिशन के हाथ में छोड़ दो। उसको जो ठीक लगता है, वो कर देता है।

कभी किसी संकट में आ जाओ, कोई मदद चाहिए हो....तो क्रिशन किसी ना किसी रूप में आ ही जाता है।

पैसे की ज़रूरत हो....तो कुछ भी बहाने से भेज देता है।

अपनी तरह-तरह की लीलाओं और चमत्कारों से मन बहलाता रहता है।

प्रेम देता है तो इतना शुद्ध, की बरसों से प्यासे रेगिस्तान भी त्रप्त हो जाएँ।

कभी सफ़र में रास्ता भटक जाओ, या ग़लत मार्ग पर चल पडो....तो क्रिशन वहाँ से भी वापस ले आता है।

हमारे भावों का, मन का, और हमारी स्वतंत्रता का भी पूरा सम्मान करता है। और बदले में जो माँगता है, वो है....केवल उस पर अटूट विश्वास, शुद्ध मन, और शुद्ध भाव।

मैंने कभी नही सोचा था कि उसके साथ चलते-चलते मैं इतनी दूर तक आ जाऊँगी। और यहाँ तक पहुँचने के बाद अब बाक़ी का सफ़र भी क्रिशन के ही साथ करना है। उसके साथ मेरा मन, बुद्धी, शरीर, और आत्मा पूर्ण रूप से सुरक्षित है।

यदि क्रिशन जैसा हमसफ़र हो तो, कठिन से कठिन सफ़र भी आरामदायक और सुखदायक बन जाता है।

हमसफ़र का चुनाव करते समय इन बातों का विशेष ख़याल रखे:

1. सबसे पहली बात, सफ़र आपका है, तो आपको ही साथी का चुनाव करना चाहिए। अपने सम्बन्धियों एवं दूसरे लोगों से आप राय तो ले सकते है, किंतु निर्णय आपका ही होना चाहिए। हर व्यक्ति अपने-अपने सफ़र में व्यस्त है, ये सब आपको सलाह तो दे सकते है, किंतु कोई भी आपका सफ़र तय नही करेगा।

2. हमसफ़र को चुनने से पहले आपको थोड़ा सा ख़ुद को और अपने सफ़र को समझना होगा, तभी आप ये तय कर सकते है कि किसके साथ आप दूर तक चल पाएँगे। यदि आप अपने जीवन के लक्ष्य, अपनी कमज़ोरियों और शक्तियों से ही अनजान है - तो आगे जाकर आपको अनेक तरह की कठिनाइयों का सामना करना पड सकता है।

3. ये बहुत ज़रूरी है कि आपके साथी का और आपके लक्ष्य मिलता हो। जब दो व्यक्तियों की मंज़िल एक हो, तभी वो एक दिशा में जा सकते है।

4. साथी का चुनाव कभी भी किसी के दबाव में आकर मत कीजिए, अन्यथा कुछ वक़्त बाद ये रिश्ता बोझ जैसा लगने लगेगा, जिसे ना छोड़ पाएँगे और ना ही निभा पाएँगे!

5. साथी उसको चुनिए जो आपको समझता हो, आपकी स्वतंत्रता का, आपके लक्ष्यों का और आपके निर्णयों का सम्मान करे। उसको मत चुनिए जो देखने में आकर्षित है, या धनी है, या जिसके साथ रहने से आपको कोई फ़ायदा हो सकता है, या आपको लगता है कि अपनी भावनात्मक कमज़ोरियों में किसी को आपके साथ रहना चाहिए।

6. चुनाव ये सोचकर भी मत कीजिए की साथी अपना जीवन भूलकर अब आपके आस-पास ही अपना जीवन बना लेगा। एक बात को कभी मत भूलिए, की जिसे आप अपना हमसफ़र चुन रहे है, वो भी आपको अपना हमसफ़र चुन रहा है। जिस प्रकार से आपके कुछ लक्ष्य है, उसके भी है। जिस प्रकार से आपको आपकी स्वतंत्रता प्रिय है, उसको भी है। दूसरे शब्दों में कहें तो दो लोग साथ में अपना-अपना सफ़र कर रहे है, जिसमें वो एक दूसरे की मदद भी कर रहे है।

7. जो बातें हमें कल सही लगती थी, आज नही लगती। जो आज ग़लत लग रही है, कल शायद ना लगे। **लोग वहीं होते है, किंतु फिर भी लगता है जैसे बहुत कुछ बदल गया। इसका कारण है पल-पल में हमारी चेतना में आता बदलाव।** हर क्षण में हमारी सोच, हमारी समझ, हमारा चीज़ों को देखने-समझने के तरीक़े में बदलाव आ रहा है। ऐसे में ये हो सकता है कि जो आज हमें सर्वोत्तम साथी लग रहा है, कल ना भी लगे और उसके साथ आगे सफ़र करना मुमकिन ना हो पाए। वहाँ हमें ये भी समझना होगा कि, यदि सारा जीवन साथ नही चल सकते तो एक ख़ूबसूरत मोड़ पर अलग होकर ख़ुशी-ख़ुशी अपने-अपने सफ़र में चले जाए।

राधेकृष्णा

गीता जीवन में

संसार में मौजूद सभी ग्रंथों में भगवद गीता को सबसे उच्चतम श्रेणी का मना जाता है। ये एक ऐसा ग्रंथ है जिसमें मनुष्य के जीवन के सभी प्रश्नो के उत्तर छिपे है।

ऐसा माना जाता है कि विश्व के अब तक के सबसे बड़े युद्ध "महाभारत" में जब महान योद्धा अर्जुन युध को लड़ने या ना लड़ने के द्वन्द में फँस गया था, तब श्री क्रिशन ने अपने ज्ञान से उसकी बुद्धी पर आए माया के अंधकार को हटाया।

अर्जुन प्रश्न पूच्छता गया, और क्रिशन उसके प्रत्येक प्रश्न का उत्तर देते गए। इस वार्तालाप में क्रिशन ने अर्जुन को जीवन के रहस्य समझा दिये। और आगे जाकर इस संवाद को श्री मद भगवद गीता का नाम दिया गया।

भगवद गीता में कुल मिलाकर 18 अध्याय है। ये एक अकेला ऐसा ग्रंथ है जिसमें आत्मा के स्वरूप का इतने विस्तार से वर्णन किया गया है। इसमें आत्मा के सभी शरीर, उनके काम करने के तरीक़े एवं संरचना के बारे में बताया गया है। आत्मा का उद्गम, आत्मा कैसे संसार को समझती है? मृत्यु के बाद उसका क्या होता है? संसार के कौन से नियमों से वो प्रभावित होती है? किस प्रकार से वो संसार से बाँध जाती है, और अंत में कैसे उसको मुक्ति की प्राप्ति होती है! इस प्रकार से गीता व्यक्ति को उसकी असली पहचान जानने में उसकी मदद करती है।

गीता जहाँ आत्मा का ज्ञान देती है, वहाँ इस भौतिक संसार में किस प्रकार से रहें, इसका भी ज्ञान देती है। यदि गीता को हम मनुष्य के बंद तालों की चाबी कहें, तो ऐसा कहना उचित ही होगा।

जो द्वन्द अर्जुन का था, वो ही मेरा भी था। संसार में अधिकतर हर व्यक्ति कभी ना कभी ख़ुद को इस प्रकार के द्वन्द में पाता ही है, जहाँ उसकी आत्मा के और संसार के धर्म में भेद उत्पन्न हो जाता है। जो आत्मा को सही लगता है, वो संसार को ग़लत लगता है...और जिसे संसार धर्म कहता है, वो आत्मा की दृष्टि से अधर्म होता है।

यहाँ मैं आपसे क्रिशन के दिए हुए इसी जटिल ज्ञान को बहुत साधारण भाषा में बताने जा रही हूँ...ठीक वैसे ही जैसे मैंने इसको समझा।

1. अर्जुन का धर्मसंकट

पहले अध्याय में अर्जुन, जो ख़ुद बहुत ज्ञानी था और जो जानता था कि उसके साथ अधर्म हो रहा है, वो भी कुछ पलों के लिए भावनाओं में बहकर कमज़ोर पड़ गया था। उसको लगने लगा कि जिन्होंने उसको जन्म दिया है, वो उनके

दुःख का, उनकी मृत्यु का कारण कैसे बन सकता है? वो भी केवल पैसे और राज्य के लिए? ये तो बहुत बड़ा अधर्म है। इससे तो अच्छा है, की ख़ुद को ही मार दो।

मैंने अपने जीवन का एक बहुत बड़ा हिस्सा यूँ ही अर्जुन के धर्म संकट में बिताया। मैंने हर बुराई को केवल ये ही सोचकर सहा की मैं उनके दुःख का कारण कैसे बनूँ, जिन्होंने मुझे जन्म दिया? यदि मैं उन्हें दुःख देती हूँ, तो मैं तो बहुत स्वार्थी हूँ? मुझे तो ईश्वर भी माफ़ नहीं करेंगे। मेरे साथ ग़लत होता रहा, मैं ईश्वर से प्रश्न तो करती, पर अपनो के ख़िलाफ़ खड़े होना मुझे अधर्म ही लगता था।

अर्जुन के धर्म संकट में हर इंसान जीवन के किसी-ना-किसी मोड़ पर ख़ुद को ज़रूर पाता है, जहाँ उसका मन उसकी बुदधि पर हावी हो जाता है। और वो सही और ग़लत के बीच फ़र्क़ नही कर पाता। सही को ग़लत, और ग़लत को सही समझ लेता है। ऐसे में कोई बदले के भाव में आकर दूसरों को दुःख देना शुरू कर देता है, तो कोई ग्लानि में आकर अपने आप को दुःख देने लगता है। इसी बात का उत्तर क्रिशन ने गीता के दूसरे अध्याय में अर्जुन को दिया, और मेरे जीवन में मुझको।

2. क्रिशन ने अर्जुन की दुविधा दूर की

पहले अध्याय में अर्जुन ने मन की उलझन क्रिशन को बतायी, अपने तर्क-वितर्क दिए। क्रिशन ने शांति से उसको सुना। दूसरे अध्याय में जब अर्जुन ने क्रिशन को बताकर अपना मन खाली कर दिया और एक ग्रहणशील भाव में आ गया, तो अब क्रिशन ने बोलना शुरू किया।

ख़ुद को जाने बिना धर्म-अधर्म को समझना असम्भव है।

यहाँ क्रिशन ने अर्जुन को धर्म-अधर्म, का ज्ञान दिया। किंतु इस ज्ञान को समझने के लिए ये अत्यावश्यक था कि अर्जुन पहले

ख़ुद को तो जाने की वो कौन है। धर्म और अधर्म तो उसी के हिसाब से ही परिभाषित होना था।

आत्मा का धर्म और संसार का धर्म एक ही हो, ये आवश्यक नही है।

मनुष्य का धर्म तो मनुष्य अपनी समझ के हिसाब से बनता है। जब उसको बलि प्रथा सही लगती है, तो वो इसको धर्म बता देता है...जब उसकी धारणा बदल जाती है, तो वो इसको अधर्म बता देता है। मनुष्य का धर्म समाज, देश, लिंग, जाती, और समय के हिसाब से बदलता रहता है, किंतु आत्मा का धर्म तो आत्मा से आता है, और सदा समान रहता है। इसलिए ये आवश्यक नही है, कि ये दोनो एक ही हो!

शरीर बहुत महत्वपूर्ण है, किंतु आत्मा से ज़्यादा नही।

हमारे जीवन में अच्छा बुरा जो भी हो रहा है, सब आत्मा के धर्म-अधर्म से परिभाषित हो रहा है। इसलिए ये अत्यावश्यक हो जाता है की हम अपने आत्मस्वरूप के हिसाब से जीवन जीएँ। क्यूँकि जीवन तो आत्मा का सफ़र है, जिसमें शरीर उसको केवल एक साधन के रूप में दिया गया है। जिसका बहुत महत्व है, किंतु आत्मा से ज़्यादा नहीं।

मेरे जीवन में क्रिशन ने मुझे भी जगह-जगह आत्मा का धर्म निभाना सिखाया। उसने बताया कि आत्मा अपना सफ़र करती रहती है। उसके कार्मिकचक्र के हिसाब से उसको रिश्तें मिलते रहते है। माता-पिता का और सबका सम्मान आत्मा को करना चाहिए, किंतु यदि माता-पिता अधर्म कर रहे हो, या उनमे ज्ञान की कमी हो, तो आँख बंद करके उनकी हर बात को नहीं मानना चाहिए। इससे तो आत्मा अपने लिए नए-नए कार्मिक चक्र बनाती जाएगी, और उसमें फँसती जाएगी। ठीक वैसे ही जैसे मैं फँसी।

मैंने अपनी माँ को दुःख से बचाने के लिए, उनके कहने पर, एक ऐसे इंसान से विवाह कर लिया, जिसे मेरा मन स्वीकार ही नही कर रहा था। इस विवाह

के साथ आए दूसरे धर्मों को निभाने के लिए मैंने एक आदर्श पत्नी बनने की चेष्टा की। परिवार बनाने के लिए बच्चों के जन्म दिया, जबकि अभी तो मेरे अंदर का बच्चा ख़ुद प्रेम पाने को तरस रहा था। मैं तैयार ही नहीं थी, इतनी बड़ी ज़िम्मेदारी के लिए। पर चक्रव्यूह में फँसती चली जा रही थी। फिर बच्चों के प्रति अपना धर्म निभाने के लिए मैं उस टूटे हुए विवाह को ज़बरदस्ती धक्का मारकर तब तक चलाती रही, जब तक कि गाड़ी ने ख़ुद ही चलने को मना नहीं कर दिया।

सब सहने के बाद भी अंत में सबको दुःख मिला। जिस माँ को दुःख से बचाने के लिए, अपना जीवन क़ुर्बान किया, वो माँ भी कभी भी सुखी नही हो पायी।

और एक दिन क्रिशन ने मुझे ही समझाया कि सुख और दुःख, हमारा ख़ुद का बनाया है। यदि तुम्हारी माँ को सुख की चाहत थी, तो उसके लिए उसको तुम्हारे जीवन से खेलने का अधिकार नहीं था। उसका धर्म था की वो उसके ख़िलाफ़ आवाज़ उठाए, जो उसके साथ ग़लत किया जा रहा है, ना की अपनी कमज़ोरी के लिए दूसरी आत्मा के सफ़र में बाधा बने।

यदि माता-पिता अधर्म कर रहे है, तो आत्मा का धर्म इस अधर्म को रोकना है ना कि रिश्तों के नाम पर इसका भागीदार बनाना। और ये बात समझने के लिए हर इंसान को आत्मा का ज्ञान होना अत्यावश्यक है।

हमें आत्मा से डरने की नही, अपितु इसको समझने की ज़रूरत है।

दोस्तों, आत्मा शब्द से डरने की ज़रूरत नहीं है। इसे केवल समझने की और पहचानने की ज़रूरत है। जो हमारा असली स्वरूप है, हम उससे क्यूँ दूर भाग रहे है? केवल इसलिए, क्यूँकि कुछ अज्ञानियों ने हमें आत्मा के नाम पर डरा दिया है। अध्यात्म की ग़लत परिभाषाएँ बता दी है?

जब तक इंसान ख़ुद को एक आत्मा के रूप में नहीं जानेगा, वो कभी दुखों से मुक्ति नहीं पा सकता। इसलिए क्रिशन ने मुझे आत्मा के भिन्न-भिन्न शरीरों का

ज्ञान दिया। मुझे बताया की सब शरीर किस तरह आत्मा के लिए काम करते है, कौन-कौन से तत्वों से मिलकर ये बने है, और हर एक तत्व के क्या गुण है और वो कैसे हमारे जीवन को, हमारी सोच को, और हमारे कर्मों को प्रभावित करते है।

जब ये सारा ज्ञान अंदर उतरता है, तो इंसान माया से मुक्ति की तरफ़ बढ़ने लगता है।

3. कर्मों का ज्ञान

तीसरे अध्याय में क्रिशन ने अर्जुन को कर्मों का ज्ञान दिया। कर्मों के ज्ञान के बिना इंसान तरह-तरह के कार्मिक चक्र बना लेता है, जिनसे बाहर निकलना फिर उसके लिए असम्भव जैसा हो जाता है।

इंसान को ऐक्शन तो लेना ही पड़ता है। उसका ऐक्शन ना लेने का निर्णय भी ऐक्शन ही है।

अर्जुन भी इस वक़्त एक ऐसा ही चक्र बनाने जा रहा था, उसके मन में विचार जाग रहा था कि चुपचाप सह लेता हूँ, कुछ क्रिया ही नहीं करता, इससे पाप करने से भी बच जाऊँगा!

और क्रिशन अर्जुन को समझा रही थे, “तुम चाहो या ना चाहो, ऐक्शन तो लेना पड़ेगा। तुम्हारा निर्णय भी तुम्हारा ऐक्शन ही है। यदि तुम अधर्म के ख़िलाफ़ लड़ोगे, तो अधर्म से ख़ुद भी मुक्त हो जाओगे, और बाक़ियों को भी मुक्त करा पाओगे। तुम अधर्म से नहीं लड़ोगे, तो भी अधर्म तो चुप नहीं बैठेगा। वो तुम्हें लड़ने पर विवश कर देगा और यदि तुमने उसका अंत नहीं किया, तो वो तुम्हारा अंत कर देगा। जब कर्म करना ही है, तो वो कर्म करो, जिसमें तुम्हारा और सबका उद्धार हो”।

ये बात क्रिशन ने मेरे जीवन में मुझे बहुत ही ख़ूबसूरती से समझायी। क्रिशन ने मुझे कार्मिक चक्र को समझाने के लिए मुझे मेरे पूर्व जन्म दिखाए। हर जन्म में मैं यूँ ही पाप से बचने के लिए, या तो कर्म ही नही कर रही थी, और या फिर पापियों से ख़ुद को बचाने के लिए अपने जीवन का अंत कर रही थी।

हम सोचते है की आत्महत्या से हमें मुक्ति मिल जाएगी। हम नहीं जानते की ये तो केवल इस शरीर की इस जीवन से मुक्ति है, आत्मा तो फिर से जन्म लेगी और कार्मिक चक्र उसको फिर से इन परिस्थितियों में वापस लाकर खड़ा करेगा। इसको ही कार्मिक-पैटर्न कहा जाता है। जब तक इंसान आत्मा के हिसाब से सही ऐक्शन नहीं लेता, वो इस चक्र में फँसा रहता है। और जैसे ही अपने कर्म को अपनी आत्मा के धर्म से मिला देता है, वो इस चक्र से मुक्त हो जाता है।

मैं इस जीवन में भी ये ही सोच रही थी, की आधा जीवन तो बीत गया, बाक़ी भी बीत जाएगा। चलने दो जैसे चल रहा है, कम से कम, बच्चों को परिवार तो मिल जाएगा।!

मेरी माँ ने भी ये ही सोचकर अपना पूरा जीवन बर्बाद कर दिया। ना कभी ख़ुद प्रसन्न रह पायी, ना किसी और को ख़ुशी दे पायी, ना ही मेरे जीवन को भी बचा पायी!

मैं शांत रहकर अपने काम कर रही थी, किंतु विशाल मुझे शांत भी नहीं रहने दे रहा था। मैं बातों को घर में दबा रही थी, वो बाहर सबको बता रहा था। और आख़िरकार उसने मुझे विवश कर ही दिया कि, "या तो लड़ो, या मरो"।

कार्मिक-चक्र से मुक्ति सही कर्म करने से होती है, कर्म को त्यागने से नही।

यही छोटी सी बात क्रिशन ने अर्जुन को समझायी, और ये ही बात मुझे समझायी, "अगर तुम नहीं भी लड़ोगी, तो भी निर्णय तो लेना ही होगा। आत्महत्या तो कितने जन्मों से कर रही हो। कुछ हुआ? और ज़्यादा फँस गयी हो। इस बार कुछ अलग करके देखो, क्या पता इस चक्र से मुक्ति पा लो!"

इंसान इस अध्याय का महत्व नहीं समझ पाता। हमारे जीवन की जितनी भी विपरीत परिस्थितियाँ है, कष्ट देने वाले लोग है, बीमारियाँ है - इन सबके पीछे

सीधे-सीधे कार्मिक चक्र काम कर रहा है। आप या तो इस चक्र को समझ लो और अपने जीवन को इससे मुक्त करके सुखी बना लो, या आँखे बंद कर लो - कार्मिक चक्र तो हर हाल में अपना काम करता ही रहेगा!

4. कर्मों से मुक्ति का ज्ञान

चौथे अध्याय में क्रिशन ने कर्मों को और गहरायी में समझाया और उनसे मुक्ति का मार्ग बताया। अर्जुन को कर्मों के ज्ञान का महत्व समझाने के लिए क्रिशन ने उसके पूर्वजों का उदहारन देकर बताया कि ये ज्ञान उन्हें भी दिया गया था। फिर उसने बताया कि कर्म कैसे हमें बाँध लेते है, और उसके बाद क्या करते है? और कैसे इनसे मुक्ति पायी जाये। कौन से कर्म किए जाए, और कौन से नहीं।

यदि आप सही कर्म चुने, और उसके अनुभव एवं फल से ख़ुद को ना बांधे, तो कर्म आपको फँसा नही पाएँगे।

क्रिशन ने ये भी बताया की संसार को रचने वाला क्रिशन है, इसलिए संसार को चलाने के लिए और उसमें संतुलन बनाए रखने के लिए, वो हर वक़्त कर्म करता रहता है, फिर भी वो कर्मों से मुक्त रहता है। कर्म उसको कुछ भी भोगने के लिए या अनुभव करने के लिए विवश नहीं कर पाते। और इसका कारण है की वो सही कर्मों का चयन करता है, कर्म के फल के साथ और उस कर्म में हुए अच्छे या बुरे अनुभव के साथ ख़ुद को बाँधता नहीं है। वो कर्म को केवल इसलिए करता है, क्यूँकि कर्म करना आवश्यक है।

फिर क्रिशन ने मुझे बहुत साधारण भाषा में कर्म समझाए। उसने बताया, “कर्मों से डरने की कोई ज़रूरत नहीं है। केवल अपनी आत्मा के स्वरूप को पहचानो, और उसके हिसाब से ही अपनी सोच, अपने निर्णय, अपने ऐक्शन, और अपने व्यहवार को चुनो। जो करो, उससे बँधो मत। ख़ुद को हर हाल में स्वतंत्र रखो। ना बुराई करो, ना करने दो। यदि इतनी सी बात समझ गयी, तो कभी भी इस चक्र में वापस नहीं फ़सोंगी”।

मेरे जीवन में मैं भी एक कार्मिक चक्र में बुरे तरीक़े से फँसी थी। कुछ भी करूँ, वो ग़लत ही लग रहा था, और कुछ ना करना भी ग़लत ही था। इस चक्र में मैं अब और रहकर मेरी आत्मा को कष्ट नहीं देना चाहती थी। किंतु करती भी तो क्या? मैं कुछ भी करती, उससे किसी ना किसी को तो दुःख मिलता ही।

मेरी सबसे बड़ी उलझन थी मेरे दो बच्चे, जिन्हें मैं किसी तरह का दुःख नहीं देना चाहती थी। और मेरे कर्म का सबसे पहला प्रभाव उन्ही पर पड़ना था।

> *आपका कर्म सही है या ग़लत, इसमें उस कर्म के पीछे का आपका भाव, उद्देश्य एवं उस काम को करने का तरीक़ा भी महत्वपूर्ण भूमिका निभाता है। एक ही कर्म एक परिस्थिति में सही, और दूसरी में ग़लत हो सकता है।*

अब क्रिशन ने मुझे कर्म समझाया, उसने कहा, "तुम्हारा कर्म तब ग़लत है, जब तुम अपनी किसी ग़लत स्वार्थ को पूरा करने के लिए दो मासूम बच्चों की ज़िम्मेदारी को पूरा करने से इंकार कर दो। किंतु तुमने उनकी ज़िम्मेदारी लेने से मना नहीं किया है। तुम तो उन्हें अपने साथ रखकर उन्हें भी अपनी तरह स्वतंत्रता से जीना सिखाना चाहती हो, जिसके लिए तुम उनका अधिकार माँग रही हो। तुम बच्चों के मन में उनके परिवार के लिए नफ़रत के बीज बोकर उनकी जड़ें कमज़ोर नहीं कर रही हो, अपितु तुम तो इस बात को समझ रही हो की बच्चों के अपने बाक़ी सम्बंधियों का भी प्रेम चाहिए, जिसके लिए तुम उन्हें परिवार से मिलने को नहीं रोकना चाहती। तुम केवल ख़ुद अपने आप को उस परिवार से और उन सम्बन्धों से अलग करना चाहती हो क्यूँकि तुम्हारी आत्मा दुःखी है, तो इसमें तुम्हारा कर्म कैसे ग़लत हो गया?"

यदि बच्चों को पालने वाली माँ ख़ुद ही दुःखी होगी, तो वो बच्चों की तकलीफ़ को कैसे समझेगी? और क्या एक अधूरी माँ, बच्चों को पूरा कर पाएगी?

तुम्हारा धर्म है, बच्चों की ज़िम्मेदारी और अधिकार को माँगना और उसके बाद अपने अधिकार का सही इस्तेमाल करके, उनके प्रति अपनी जिम्मेदारियों को

पूरा करना। अब यदि इसे कोई अपने दुःख का कारण बनाकर जीना चाहता है, या कोई तुम्हें तुम्हारे कर्तव्य निभाने के बदले में तुम्हें इन रिश्तों में रहने को विवश करता है, या तुम्हारा अधिकार छीनने के लिए, बच्चों के मन में तुम्हारे प्रति इतनी नफ़रत भर देता है, की वो ख़ुद ही तुम्हें छोड़ दे, तो फिर, ये तुम्हारा बुरा कर्म नही है। ये उनका बुरा कर्म है, जो अपने स्वार्थ को पूरा करने के लिए एक माँ को बच्चों से और बच्चों को माँ से दूर कर रहे है।

तुम्हें केवल तुम्हारा कर्म सम्भालना है, परिणाम तुम्हारे हाथ में नही है। परिणाम बहुत सारे लोगों के कर्म पर निर्भर करेंगा। सबको उनके कर्म ठीक करने का अवसर मिलेगा, और यही धर्म भी है। जो-जो धर्म का साथ देता जाएगा, वो अपने कर्म से मुक्त होता जाएगा, और जो-जो अधर्म का साथ देगा, वो अपने लिए नया चक्र बनाता जाएगा। और इन सबके कर्म के लिए, तुम ज़िम्मेदार नही हो।

हो सकता है, जो तुम चाहती हो, वो सब मान ले, और हो सकता है ना माने। ऐसे में तुम्हें ख़ुद को परिणाम से मिलने वाले सुख और दुःख से भी ऊपर उठाना होगा। मन में बच्चों के लिए प्रेम भी रखना है, किंतु मोह को त्यागकर जीवन में आगे भी बढ़ना होगा। ख़ुद भी प्रसन्न रहना है, और जिस दिन वो तुम्हें समझकर धर्म को चुने, उन्हें मार्गदर्शन भी करना है। यही है तुम्हारा उचित कर्म।

यदि ऐसा करोगी, तो ये कर्म तुम्हें कभी नही बाँध पाएँगे। याद रखना, सुख और दुःख, केवल एक अनुभूति है। ज्ञानी इंसान हर चीज़ में सुख ढूँढ लेता है, और अज्ञानी दुःख! जो ग़लती तुम्हारी माँ ने की, उसको तुम मत दोहराओ। ख़ुद भी मुक्त हो, और दूसरों को भी मुक्त होना सिखाओ। एक स्वतंत्र इंसान ही दूसरों को भी स्वतंत्र होना सिखा सकता है, और तुम्हारी इस संसार को ज़रूरत है। ये ही है कर्मों का सार"।

5. त्याग

कर्मों के बारे में सब बताने के पश्चात, क्रिशन ने अर्जुन को त्याग शब्द का अर्थ समझाया। बिना कुछ चीज़ों का और बिना कुछ कर्मों का त्याग किये, सही कर्म करना असम्भव है।

मेरे जीवन में भी क्रिशन ने मुझसे बहुत सारे त्याग कराए।

बलिदान एवं त्याग के बीच अंतर

पहले तो उसने मुझे त्याग और बलिदान के बीच का अर्थ समझाया।

बलिदान वो है, जिसमें किसी ना किसी प्रकार का बल इस्तेमाल होता है। कोई भी प्रेशर, चाहे वो अंदर से आ रहा हो या बाहर से। जब बल के ज़ोर पर कुछ छोड़ा जाता है, या किसी को छोड़ने को विवश किया जाता है, तो वो चीज़ हक़ीक़त में कभी नही छूटती। ये प्रेशर शारीरिक, सामाजिक, धार्मिक, मानसिक, कुछ भी सकता है। किंतु जब बल की जगह, समझ आ जाती है, तो चीज़ वास्तव में छूट जाती है। बल में दुःख होता है, त्याग में समझ होती है। बल से विवश किया जाता है, त्याग अपनी इच्छा से होता है। इसलिए त्याग से मुक्ति मिलती है, बल से बंधन और दुःख।

ये समझाने के बाद क्रिशन ने मुझे ये बताया की त्याग किस चीज़ का करना है। मुक्त होने के लिए सभी रिश्तों का, सारे संसाधनो का, संसार का त्याग नही करना है। त्याग केवल उन चीज़ों का करना है, जो मुझे मेरी आत्मा से जुड़ने नही दे रहीं।

त्याग किन चीज़ों का करना है? और कैसे करना है?

इसमें हर वो सम्बंध, जो मेरी आत्मा को कष्ट दे रहा था और मुझे मेरा ही जीवन जीने से रोक रहा था, उसका त्याग करना था।

उन रिश्तों के साथ जुड़े मोह का और ग़लत धारणाओं का त्याग करना था। वो नाम, वो पैसा, वो गहने, जो मेरी कमज़ोरी बन गए थे, मुझे मेरे अपने अंदर की शक्ति को पहचानने नही दे रहे थे, उनका त्याग करना था।

हर डर, हर कमज़ोरी, हर बुराई का त्याग करना था जिसकी वजह से मैं आत्मा से दूर हो गयी थी। अज्ञान का त्याग करना था, जो आत्मा का प्रकाश मुझ तक पहुचने नही दे रहा था।

अधर्म का त्याग करना था।

ये सब त्याग मैंने किए, किंतु बल से नही, समझ से। क्रिशन ने बहुत ही धीरज और प्रेम के साथ मुझे हर एक चीज़ का नुक़सान दिखाया। जैसे-जैसे मुझे समझ आता गया कि कोई चीज़ मुझे क्यूँ छोड़नी है, मैं छोड़ती गयी। इनमे से कुछ भी छोड़ते हुए मुझे कोई तकलीफ़ नही हुयी।

यही बात क्रिशन संसार को समझा रहा है कि अपने स्वरूप को यदि पाना चाहते हो, तो पहले वो छोड़ना होगा, जो हमारा नही है, पर हमने अनजाने में इसे अपना हिस्सा बना लिया है।

बुराई रिश्तों में, पैसे में, नाम में नही होती, बुराई तो इनके इस्तेमाल करने के तरीक़े में होती है।

यदि रिश्ते आपको आपकी आत्मा के हिसाब से जीवन जीने में मदद कर रहे है, तो ऐसे रिश्तों को छोड़ने को क्रिशन कभी नही कहता। यदि धन आपने ख़ुद अर्जित किया है और आप इसका इस्तेमाल किसी को दुःख देने के लिए, या किसी से ख़ुद को बड़ा दिखाने के लिए, या किसी के जीवन पर अधिकार करने के लिए नही कर रहे - तो धन बुरा नही है।

यदि परिवार में रहकर डिटैच होकर प्रेम करना सीख लिया, तो क्रिशन आपको परिवार त्यागने को भी नही कहता।

6. ध्यान

क्रिशन ने ये तो बता दिया की त्याग केवल ग़लत चीज़ों का करना है, पर ग़लत और सही कौन बताएगा? कैसे जाने कि कौन सा कर्म करना है और कौन सा नही? इन्हीं सबका समाधान क्रिशन ने ध्यान के बारे में बता कर किया।

कैसे जाने की कौन सी चीज़ त्याग की जानी चाहिए, कौन सी नही ?

जो समस्या अर्जुन की थी, वो मेरी भी थी। बाहर पूछो, तो सबको मुझमें केवल कमियाँ ही दिखती थी। कोई कुछ करने को कहता, तो कोई कुछ? किसे सुनुँ, किसे ना सुनुँ, समझ ही नही आता था। जिसे आत्मा कहते है, उसकी आवाज़ सुनायी तो देती थी, किंतु अंदर अवचेतन मन का भी बहुत शोर था, उसमें आत्मा की आवाज़ भी दब जाती थी। ऐसे में कैसे समझती कि किसका त्याग करना है, और किसका नही?

क्रिशन ने मुझे ध्यान लगाना सिखाया। कोई मुश्किल योगिक क्रिया करने को नही कहा। बस मेरे मन को उसमें स्थिर करने को कहा।

ये तो मेरे लिए बहुत आसान काम था।

क्रिशन से तो मैं हमेशा ही बातें करती थी। और जब उससे बातें करती थी, मेरे दिमाग़ में कोई और विचार आते ही नही थे।

कई बार जब मैं उससे कोई प्रश्न पूछती, उसके बाद उसको उत्तर देने को कहती, तो वो चुपचाप, जाने कब मेरे अंदर उत्तर दे देता, और थोड़ी देर में ही मुझे मेरी समस्या का हल भी मिल जाता था।

कभी-कभी थोड़ा वक़्त भी लग जाता था, पर उत्तर हमेशा मिलते थे। यूँ ही धीरे-धीरे मुझे सही ग़लत की समझ आती गयी, और मैंने आत्मा को सुनना शुरू कर दिया। त्यागने वाली चीज़ें त्यागनी शुरू कर दी और संभाल कर रखने वाली चीज़ों को सम्भालना शुरू कर दिया।

क्रिशन ने मुझे ध्यान को भी साधारण भाषा में समझाया। ध्यान शब्द का साधारण सा अर्थ है सभी इंद्रियों को, मन को, और दिमाग़ को एक जगह पर टिकना सिखाना। इनके ऊपर अपनी लगाम कसना, ताकि ये आत्मा की आवाज़ को सुनने में कोई बाधा ना बने और आप सच को खोज पाओ; वही सच जो बाहर के शोर में हमें सुनायी नही देता।

धायन लगाने का केवल एक ही उदेशय है, अपने अंदर की आवाज़ को ठीक से सुन पाना।

ये सच कुछ भी हो सकता है - कोई कर्म, धर्म, सम्बंध, आदत, कुछ भी जिसके ऊपर आपको काम करना है। दूसरे शब्दों में कहे तो ध्यान लगाने का लक्ष्य कुछ भी सकता है, पर तकनीक एक ही है।

क्रिशन ने समझाया की ध्यान लगाने में कुछ बातों का ख़याल रखो:

1. ऐसे समय, और ऐसे स्थान को चुनो, जहाँ कम से कम ध्यान भटकने वाली चीज़ें हो।

2. कमरे में बहुत ज़्यादा रोशनी ना हो। तापमान अनुकूल हो। साफ़ कमरा हो और कमरे की ऊर्जा परेशान करने वाली ना हो।

3. कहीं भी बैठो, या लेट भी सकते हो, बस इस बात का ख़याल रखो की शरीर इतनी आरामदायक स्थिति में हो की वो दिमाग़ को ख़ुद पर से हटने दे, और इतना भी आरामदायक ना हो की मन इस आराम को ही अनुभव करते रहना चाहे।

4. ध्यान हमेशा अकेले में करो। ये आपके लिए है, किसी को प्रभावित करने के लिए नही।

5. शुरू में ध्यान लगाने के लिए बाहर की कोई वस्तु चुन सकते हो, फिर धीरे धीरे, इंद्रियों को शांत करना सीखो। जब तक इन्द्रिय बाहर के दृश्य देखने में, आवाज़ें सुनने में लगी रहेंगी, वो कभी आत्मा से जुड़ने

नही देंगी। जब इंद्रियों को बाहर से हटकर अंदर की क्रियाओं में लगा दोगे, तो ये धीरे-धीरे आत्मा तक पहुँचा देगी।

6. अब जब इंद्रियाँ, मन दिमाग़, एक जगह टिकना सीख जाए, तब अपने लक्ष्य को सामने रखो। जो भी जानना चाहते हो उसके सारे पहलुओं को देखो, किंतु साक्षी भाव में। उदहारण के लिए, यदि आप जानते चाहते हो की क्या आपका आपके ग़ुस्से पर नियंत्रण है, या आपको इस पर काम करने की ज़रूरत है?

   अब आपको अपनी जीवन की एक-एक घटना को सामने लाना होगा, जहाँ-जहाँ आपने अपने ग़ुस्से का प्रदर्शन किया। आपको ख़ुद को साक्षी भाव में रखना है। यानी की, ये काम आप नही, कोई और कर रहा है।

   ख़ुद को उस चरित्र से बिलकुल अलग कर देना है, और अब ईमानदारी से देखना है की क्या आपका ग़ुस्सा सच में आपके वश में है? क्या आप इस पर लगाम कस पाते हो?

   यदि हाँ, तो अच्छा है; और नही, तो आपको इस पर काम करने की ज़रूरत है।

7. आपके वो सवाल, जिसके उत्तर आपको बाहर नही मिलते, वो आपकी आत्मा आपको दे सकती है। जब मन शांत हो जाए, तब यदि आप अपने ईश्वर से प्रश्न करते हो, तो अंदर एक शांत सी आवाज़ सुनाई देती है। यही आत्मा की आवाज़ होती है।

8. अंत में क्रिशन ने बताया की ध्यान कोई अलग से करने वाली चीज़ नही है, ना ही इसके लिए आपको हर बार अलग से समय निकालने की ज़रूरत है। ध्यान तो आत्मा का ही स्वरूप है। इसलिए, एक आत्मा के पास ये शक्ति होती है की वो जब चाहे अपनी इंद्रियों, मन, और दिमाग़ को एक जगह केंद्रित कर सकती है।

> असली ध्यान तो वो ही है, जिसमें भीड़ में रहकर भी बाहरी आवाज़ों को बंद करना आ जाए, और जब सुनायी दे, तो केवल आत्मा की आवाज़। और इस आवाज़ को सुनकर इंसान कभी जीवन में ग़लत कर्म ना करे, और कभी ख़ुद को कर्मों में ना बांधे।

7. परमात्मा

ध्यान चाहे अलग-अलग वजह से लगाया जाए, किंतु इसका अंतिम लक्ष्य तो अपनी आत्मा से जुड़ना है, और आत्मा से जुड़ने के लिए आत्मा को समझना होगा। आत्मा को समझने के लिए, उसके उद्गम को, यानी की परमात्मा को समझना होगा। सातवें अध्याय में क्रिशन ने अर्जुन को परमात्मा का स्वरूप समझाया।

ये ही स्वरूप क्रिशन ने मुझे भी समझाया, अपने अंदर दिखाकर। मैं हर जगह क्रिशन को देख रही थी, उसकी परिपूर्णता को देख रही थी, वो कुछ भी नही करता था, फिर भी सब वो ही करता था।

वो प्रेम भी करता था, मेरे दुःख में मुझे सम्भालता भी था, पर ख़ुद हमेशा स्थिर रहता था।

वो बुराई का अंत भी करता, पर सही वक़्त के लिए धैर्य भी रखता था।

ईश्वर की शक्ति अपने आप में सम्पूर्ण है। उन्होने ही ये संसार रचा और इसमें माया रच के ख़ुद को ही छुपा दिया।

छुपा भी दिया, किंतु कोई ढूँढने निकले, तो ख़ुद ही उसकी मदद भी करते है।

सबसे ज़्यादा शक्तिशाली है, पर अहंकार बिलकुल नहीं।

जैसे ईश्वर बुराई का अंत करते है, वैसे ही मन से प्रायश्चित करने पर ख़ुद ही आगे बढ़कर गले से भी लगा लेते है।

ईश्वर का स्वरूप क्रिशन - सबका प्रेमी है, किंतु प्रेम को कमज़ोरी नही बनाता।

प्रेम से दिए हुए एक फूल का भी मान, दिखावे में दिए अनगिनत हीरे-मोतियों ये ज़्यादा मानता है।

ईश्वर हमेशा धर्म का साथ देते है। कभी भी बुराई के सामने झुककर उसका हिस्सा नही बनते। ईश्वर प्रकाश है - अंधेरे और प्रकाश में मित्रता केवल तभी सम्भव है, जब अँधेरा ख़ुद को प्रकाश में बदल दे।

जो ईश्वर है, वही आत्मा है। यदि हममें ईश्वर के गुण ठीक से दिख नही रहे, तो इसका अर्थ है, कि हमें ख़ुद पर कार्य करने की ज़रूरत है।

8. जीवन और मृत्यु का रहस्य

ब्रह्मज्ञान देने के बाद क्रिशन ने अर्जुन को जीवन और मृत्यु के रहस्य को समझाया। माया से भ्रमित होकर इंसान ख़ुद को शरीर मानकर जीने लगता है, और शरीर की मृत्यु को अपनी मृत्यु मान लेता है।

मेरे जीवन में इस अध्याय ने एक बहुत बड़ी भूमिका निभायी। 4-5 साल की आयु से ही मेरे मन में बहुत से प्रश्न थे जैसे कि मैं कौन हूँ? कहाँ से आयी हूँ? मरकर हम कहाँ जाते है? ईश्वर क्या होता है? कर्म क्या होते है? कर्मों से मुक्ति कैसे मिलती है, ये आत्मा क्या होती है? आदि।

प्रश्न थे, शायद इसीलिए क्रिशन ने उत्तर दिए, मेरे पूर्व जन्म खोलकर। मैंने जब ख़ुद देखा की ये कार्मिक चक्र कैसे काम कर रहा है, तो मैंने मेरी मुक्ति का मार्ग भी ढूँढ लिया, और उस पर चलना भी शुरू कर दिया।

क्रिशन ने बताया कि आत्मा ने जब से जन्म लिया है, वो अपने एक सफ़र में है। हर बार जन्म लेती है, कुछ अनुभव करती है, जिनमे कुछ सीखती है, कुच्छ भूल जाती है। कभी ज्ञान की तरफ़ जाती है, तो कभी अज्ञान के अंधेरे में खो जाती है। तो कभी अपने साथ दुःख और तरह-तरह की बीमारियाँ बाँध लेती है, और अपने लिए तरह-तरह के कार्मिक चक्र बना लेती है। और फिर जितना

इसमें से निकलने की चेष्टा करती है, अज्ञानता की वजह से और फँसती चली जाती है।

उसके ये सारे कर्म उसके सूक्ष्म शरीर का हिस्सा बन जाते है। मृत्यु केवल शरीर को आती है, आत्मा को और उसके सूक्ष्म शरीरों को नही आती। इसलिए मृत्यु के बाद भी ये शरीर मरते नही है, और जैसे ही आत्मा दोबारा एक नए शरीर में जन्म लेती है, ये वापस से उसका हिस्सा बन जाते है, और उसका कार्मिक चक्र उस जीवन में भी शुरू हो जाता है।

इससे मुक्ति का केवल एक ही मार्ग है। अपने आत्मस्वरूप को पहचानकर उसको वापस पाना। जो इस माया रूपी संसार में वैसे ही बहुत कठिन कार्य है। इसलिए, जिसने माया रची है, और जो ख़ुद इस माया के बाहर है, वो ही हमें भी इस माया से और कर्मों से मुक्त करने का मार्ग दिखा सकता है। मेहनत तो हमें ही करनी होगी, क्रिशन तो केवल मार्गदर्शन करता है।

9-11. ब्रह्मांड का सच

इन अध्यायों में क्रिशन ने अपने स्वरूप के बारे में अर्जुन को और ज़्यादा बताया। सब कुछ क्रिशन में से ही निकला है, और उसी में समा जाता है। इसलिए, जो भी प्राणी क्रिशन की शरण में रहता है, उसकी मुक्ति क्रिशन ख़ुद कराते है।

ये ही ज्ञान क्रिशन ने मेरे जीवन में खोला। उसने मुझे बताया की ब्रह्मांड में एक बुद्धिमान शक्ति है, जो सब तरफ़ फैली है। जिस शक्ति से हर प्राणी जुड़ा है। इस शक्ति की मदद से हर प्राणी ख़ुद को कर्मों से मुक्त कर सकता है।

जब क्रिशन ने मुझे रेकी के रूप में अपनी शक्ति दी, तो मेरी आत्मा जागृत हो गयी। सब कुछ अस्त-व्यस्त होने लगा। मैंने घबराकर मेरे रेकी मास्टर से पूछा कि ये क्या हो रहा है? उन्होंने ध्यान किया और मुझे कहा की घबराओ मत, समझ लो की क्रिशन तुम्हें अपने पास खींच रहे है। मैं इसका अर्थ तब नही समझ पायी थी।

किंतु जैसे-जैसे क्रिशन ने मेरा ज्ञान खोलना शुरू किया, चेहरों के पीछे के सच दिखाने शुरू किए, जो आँखों से नहीं दिख रहा था, वो भी दिखाना शुरू हो गया, तब मुझे समझ में आने लगा की क्रिशन जो चाहे वो कर सकता है। उसको केवल मेरा वर्तमान ही नही पता था, मेरा भूतकाल भी पता था, जिसे मैं ख़ुद ही भूल चुकी थी।

क्रिशन के पास ये शक्ति भी थी कि वो मुझे मेरा अतीत दिखा पाए। फिर उसने जो वक़्त-वक़्त पर अपने चमत्कार करके दिखाए, और जिस तरह से मेरी चेतना को बदल डाला - ये सब अद्भुत था। ये तो वो ही कर सकता था जिसे सृष्टि का ज्ञान भी हो, जो शक्तिशाली भी हो, और जिसमें इस संसार के कोई दोष विद्यमान ना हो।

क्रिशन ने मुझे जब सारा ब्रह्मज्ञान दे दिया, तो मैं समझ गयी की ये संसार मात्र एक कल्पना है। यहाँ कुछ भी सच नही है।

मैं एक आत्मा हूँ, और उसी शक्ति का हिस्सा हूँ, जो संसार के कण-कण में विद्यमान है। मुझमें वो सब गुण भी है, जो उस शक्ति में है।

किंतु ये भी एक सच है की वास्तव में कही कोई स्वर्ग नही है। हम अपनी कल्पना शक्ति से कुछ भी बना सकते है, किंतु जितने क़िस्से कहानियाँ सुनकर हम बड़े हुए, वास्तव में उनका कोई वजूद नही है।

जिसे मैं क्रिशन कहती हूँ, वो भी उसी शक्ति का ही एक हिस्सा है, जिसका हिस्सा मैं हूँ। वास्तव में ये रूप उसको मैंने, मेरी कल्पना से दिया है। एक माया है, जिसमें ब्रह्मांड की शक्ति क्रिशन बनकर मेरे साथ चल रही है।

कुछ महीनो तक मुझे ऐसा लगा की जैसे मेरे क्रिशन की छवि किसी ने मुझसे ले ली। मन बहुत खाली और उदास रहने लगा।

अब क़िससे बातें करूँ? क्रिशन तो मेरी कल्पना का स्वरूप है।

वो जितना सच है, उतना ही झूठ।

ये वो अनुभूति थी, जिसे शब्दों में बताना बहुत मुश्किल है। जैसे कि सारा संसार एक सीप में सो रहा हो, जिसके अंदर मोती है। इस मोती में असीम शक्तियाँ है, ये जो चाहे वो रूप ले सकता है, जो चाहे, वो रच सकता है। किंतु इसकी सारी रचना एक भ्रम है, एक माया है।

इस माया में आनंद तो क्रिशन से और उसके प्रेम से आ रहा था, अब यदि वो भी नही है, तो जीवन में कैसा आनंद?

अपना ये स्वरूप दिखाकर, क्रिशन ने मुझे इससे बाहर भी निकाला। और मुझे समझाया, "दुःखी मत हो। सच को जानकार माया का आनंद लो, इसी के लिए तो संसार रचा था, पर तुम यहाँ आकर ख़ुद को ही भूल गयी।"

मैंने वापस से अपने क्रिशन को बुलाया और फिर से उसकी छवि से प्रेम करने लगी, पर इस बार मैं सच को जानकार, खुली आँखों से क्रिशन की माया का हिस्सा बनी।

12. भक्ति ज्ञान

ब्रह्मांड का सच बताने के बाद क्रिशन ने मुझे उससे जुड़ने का मार्ग बताया। ये मार्ग जितना कठिन है, उतना ही सरल। इसमें ज़्यादा कुछ नही चाहिए।

सबसे पहले तो एक शुद्ध मन चाहिए जिसमें क्रिशन के लिए निस्वार्थ प्रेम हो। फिर क्रिशन में विश्वास चाहिए, और अंत में जो चाहिए, वो है, वो है सम्पूर्ण समर्पण!

शुद्ध मन में कोई बुराई नही होती, कोई अपना पराया नही होता, कोई छोटा बड़ा नही होता। कोई द्वेष, बदले के भाव नही होते। शुद्ध मन किसी के दुःख में प्रसन्न नही होता।

बिना प्रेम के भक्ति असम्भव है। प्रेम का कोई भी रूप हो सकता है। शुद्ध प्रेम में बदले में कुछ पाने की चाहत नही होती, कोई शर्तें नही होती। ये प्रेम केवल

प्रेम को अनुभव करने को किया जाता है। अब प्रेमी कुछ दे या ना दे, उसके प्रति आपका प्रेम नही बदलता।

जब बात विश्वास की हो, तो ये ऐसा होना चाहिए की चाहे परिस्थितियाँ आपके अनुकूल हो या नही, चाहे आपको कुछ भी समझ ना आ रहो, दिखायी ना दे रहा हो, या आपको लग रहा हो की आपके जीवन में अच्छे की बजाए सब बुरा होने लगा है, तो भी आपको इतना विश्वास होना चाहिए की क्रिशन कभी कुछ ऐसा ना तो करेगा, ना किसी को करने देगा, जो आपके अहित में हो।

समर्पण का अर्थ है, अपने आप को पूरे तरीक़े से क्रिशन को दे देना। अब उसको आपके जीवन में काम करने दो। उसको आपको तराशने दो। थोड़ी बहुत चोट भी लगे तो घबराओ मत। अपने प्रशिक्षक की हर बात मानो।

क्रिशन से जुड़ना इतना आसान होता, तो सब ही कर चुके होते, और इतना मुश्किल होता, तो कोई भी ना कर पाता।

भक्ति शुरू होती है, विश्वास के एक छोटे से बीज से। उसके बाद थोड़ा क्रिशन इस विश्वास को बढाता जाता है, थोड़ा भक्त। जब तक एक भक्त पूरे तरीक़े से क्रिशन से जुड़ नही जाता, संसार की माया उसको क्रिशन से दूर ले जाने में सक्षम होती है। पर जब भक्त और क्रिशन एक हो जाते है, तो इन्हें कोई अलग नही कर पता। भक्ति के मार्ग पर चलने वाले को क्रिशन ख़ुद ही ज्ञान भी दे देता है और कर्मो से मुक्ति का मार्ग भी दिखा देता है।

मैंने क्रिशन से सबसे पहले प्रेम किया। धीरे-धीरे वो मेरे विश्वास को बढाता गया। कई बार मैं उसका काम करने का तरीक़ा समझ नही पाती थी; तो कई बार लगता था की जैसे सब ग़लत ही हो रहा है।

कई बार लगता था की क्रिशन मात्र एक कल्पना है, वो कुछ नही करता; तो कभी लगता था की उसका प्रेम मेरे लिए कम है।

ये माया ऐसे ही विचारों से इस मार्ग पर भ्रमित करने आती है। इस भ्रम को केवल विश्वास से तोड़ा जा सकता है। मैंने हमेशा क्रिशन पर अटूट विश्वास दिखाया, और शायद इसीलिए मैं आज ये किताब लिख पा रही हूँ।

13. आत्मा के शरीरों का ज्ञान

ख़ुद को आत्मा के रूप में तो जान लिया, इसके उद्‌गम यानी ईश्वर को भी जान लिया। अब बारी थी आत्मा के कोशों को जानने की। बिना इन्हें जाने आत्मसवरूप पाना बहुत कठिन है।

अब क्रिशन ने मुझे मेरे शरीरों का ज्ञान दिया। उसने हर शरीर का महत्व समझाया और बताया की किस तरह आत्मा अपने भौतिक शरीर के ज़रिए इस संसार को समझती है।

क्रिशन ने मुझे बहुत सरल भाषा में समझाया की आत्मा इतनी सूक्ष्म है कि उसको कोई भी अपनी इंद्रियों से ना तो देख सकता है, ना छू सकता है, ना महसूस ही कर सकता है। आत्मा में सब कुछ है, किंतु इस भौतिक संसार को अनुभव करने के लिए उसको भौतिक शरीरों की ज़रूरत है।

आत्मा के शरीर है:

1. अन्नमय शरीर - physical body
2. प्राणमय शरीर - Energy body
3. मनोमय शरीर - Emotional/mental body
4. विज्ञानमय शरीर - Intellect body
5. आनंदमय शरीर - Bliss body

ये सारे शरीर एक व्यवस्थित तरीक़े से काम करते है। अन्नमय शरीर जो की प्रकृति के पाँच तत्वों से मिला है, जो दिखायी देता है। वो एक मशीन की तरह

काम करता है। ठीक वैसे ही जैसे एक गाड़ी का ढाँचा होता है, उसी तरह इस शरीर के बहुत सारे हिस्से जैसे की आँख, नाक, कान, हाथ, पैर आदि, आत्मा को इस भौतिक संसार को समझने में मदद करते है।

जिस तरह गाड़ी का इंजन बिना ईंधन की शक्ति के चल नही सकता, उसको ऊर्जा चाहिए; ठीक वैसे ही, हमारा भौतिक शरीर, हमारे हाथ, पाँव, आँख, नाक, कान - सबको चलने के लिए प्राण शक्ति चाहिए जो मिलती है प्राणमय शरीर से। सभी इंद्रियाँ इसी शरीर का हिस्सा है। आँखों की इंद्रियाँ, आँखो से काम लेती है; कानो की, कानो को शक्ति देती है। इस शरीर ने जो भी अनुभव किया होता है, इंद्रियाँ उसको अगले शरीर तक पहुँचा देती है।

अगला शरीर है मन। मन में ही प्रेम, सुख, दुःख, सारे भावों की अनुभूति होती है। मन का काम होता है की वो इंद्रियों का अनुभव अगले शरीर तक पहुँचाए। बीच रास्ते में मन हर अनुभव में अपने भाव जोड़ने शुरू कर देता है। किसी को अच्छा, किसी को बुरा अनुभव बता देता है। कुछ को वो दोबारा अनुभव करना चाहता है, तो कुछ को कभी भी नही।

मन, इंद्रियों के संदेश में अपने भाव जोड़कर, आगे बुद्धी तक पहुँचा देता है। बुद्धी, अहंकार और आत्मा, दोनो से जुड़ी होती है। जहाँ इसका स्थान है, वही माया का भी स्थान है, और वहीं से ये दिव्य शक्तियों से भी जुड़ सकती है। बुद्धी, यदि ज़रा भी माया से भ्रमित हुयी, या अहंकार के प्रभाव में आ गयी, तो वो अपने सही ग़लत को समझने की शक्ति खो देती है, और मन की हर बात मान लेती है - चाहे वो सही हो, या ग़लत। और यदि ये आत्मा से जुड़ी होती है, तो मन को ग़लत तरफ़ जाने से रोक लेती है।

बुद्धी का काम है, तर्क, वितरक करके निर्णय लेना, ताकि इस पर बाक़ी सब शरीर अपना काम कर पाए। एक तरह से वो सबको आदेश देती है कि किसको क्या करना है। बुद्धी का निर्णय वापस उसी चैनल से शरीर तक आता है और शारीरिक क्रिया के रूप में दिखने लगता है।

इस तरह से हर शरीर का अपना बहुत बड़ा महत्व है, और इसके लिए इन शरीरों का ज्ञान होना भी आवश्यक है। इंद्रियों को और मन को वश में करने के लिए, ये अत्यावश्यक है कि पहले ये पता हो कि ये सब काम कैसे कर रहे है? इसके पीछे कौन सा विज्ञान चल रहा है?

मैंने सबसे पहले अपने मन और बुद्धि को क्रिशन में लगाया। जब वो क्रिशन में लग गये तो संसार के आकर्षण एवं माया इन्हें भटका नही पायी। मेरी बुद्धी ने हर निर्णय क्रिशन की सलाह से लिया और मेरे बाक़ी शरीरों को भी वैसा ही आदेश दिया।

परिणामस्वरूप, मेरे मन ने मोह में आकर दुखी होने की बजाय, ख़ुद को संतुलित किया और एक सकारात्मक सोच के साथ आगे बढ़ गया। मेरी इंद्रियाँ पर मुझे ज़्यादा कार्य नही करना पड़ा, क्यूँकि वो पहले भी मेरे नियंत्रण में ही थी। और अब ये भी अपना पूरा सहयोग देने लगी।

मैंने 8 साल तक TV नही देखा, कोई और मनोरंजन भी नही था। सुख-सुविधाएँ भी पहले की मात्रा में लगभग ख़त्म हो गयी थी। कड़ी मेहनत थी, रात को देर तक काम करना, कभी-कभी खाना भी नही खाती थी....किंतु, मेरी इंद्रियों ने मुझे कभी नही सताया। और जैसा इंद्रियों ने चाहा, वैसा शरीर ने भी किया।

जिस अकेलेपन से घबराकर लोग ग़लत आकर्षणों में पड जाते है और ख़ुद को नुक़सान पहचानें लगते है; वहाँ मैंने अपनी अंदरूनी शक्ति को और ज़्यादा बढ़ा लिया और ख़ुद को हाल किया।

इस प्रकार मैंने मेरे जीवन में इस अध्याय को भी जी लिया।

14. त्रिगुण

आत्मा के शरीरों को समझने के बाद आवश्यक था, उस प्रकृति को समझना जिसका प्रभाव इन शरीरों पर पड़ता है। अतः क्रिशन ने मुझे प्रकृति को भी समझाया।

प्रकृति में तीन गुण विद्यमान है। ये गुण है - सत्व, रजस, एवं तमस। इनमे सत्व गुण आत्मा के सबसे ज़्यादा नज़दीक होता है, उससे जुड़ना चाहता है, उसके जैसा बनना चाहता है। ये ख़ुद को संसार की हर बुराई से बचा कर चलना चाहता है, ज्ञान की खोज करता है, और अपने स्वरूप को पाने का निरंतर प्रयास करता रहता है।

वहीं तमस गुण का इंसान आत्मा के क़रीब नही, उससे दूर जाने के कर्म करता है। ये अज्ञान के अंधकार में डूबा होता है। मनुष्य के शरीर में रहकर भी एक जानवर की समझ से जीवन जीता है। बुद्धी होने के बावजूद उसका इस्तेमाल करके अपनी मुक्ति का मार्ग नही ढूँढता। ये हर उस काम में रुचि दिखता है, जिसमें बुराई और अंधकार होता है। जो इसको केवल पतन की तरफ़ लेकर जा रही होती है - और ये अपनी अज्ञानता में कुछ भी नही समझ पाता।

तीसरा गुण है रजस। जो इन दोनो के बीच का गुण है। कभी ये तमस की तरफ़ आकर्षित होता है, तो कभी सत्व की तरफ़। ये इंसान को भौतिक जीवन में इस तरह से उलझाए रखता है की उसको आत्मा से जुड़ने ही नही देता। इंसान अपने लिए नए-नए कार्मिक चक्र बनाता जाता है, और उनमे उलझता जाता है।

वास्तव में ये तीन गुण प्रकृति का हिस्सा है, आत्मा का इन पर कोई प्रभाव नही है। जब कोई इंसान अपनी चेतना को आत्मा की चेतना से मिला देता है, तो वो इन गुनो से भी ऊपर उठ जाता है। अब उसका दुनिया को अनुभव करने का दृष्टिकोण बदल जाता है। उसे सबमे एक ही ईश्वर दिखने लगता है। उसके मन से अपने आप ही द्वेष, लोभ, घमंड, बदले के भाव हट जाते है। उसे अब ख़ुद को किसी से उत्तम साबित नही करना, वो जानता है कि सबमे इतनी शक्ति है की जिस दिन वो अपनी शक्ति को पहचान लेंगे, वे भी अपने स्वरूप को वापस पा लेंगे।

इंसान की चेतना पल-पल में बदल रही है, जो कल मूर्ख था, आज ज्ञानी हो सकता है - जो चीज़ स्थिर ही नही है, उसका कैसा अहंकार?

जो इन सब सत्यों को जानकार जीवन जीना शुरू कर देता है, वो प्रकृति के गुनों से भी मुक्त हो जाता है।

मुझमें हमेशा से सत्व गुण की ज़्यादाता थी। यही वजह है की 5 साल की उम्र में उन सवालों के उत्तर जानना चाहती थी, जो लोग 60 साल की आयु में जानना चाहते है। सत्व गुण की ज़्यादाता की वजह से ही मैं हर काम को करने से पहले ये सुनिश्चित कर लेती थी कि ये धर्मसंगत है।

मुझसे धर्म को पहचानने में बेशक भूल हो गयी, किंतु मेरे सत्व गुणों ने मुझे कभी भी किसी को हानि पहुचाने का मार्ग नही सुझाया। मैंने बेशक ख़ुद को कष्ट दे दिया, किंतु बाक़ी सबको ख़ुशी ही देनी चाही। और क्यूँकि मुझमें सत्व गुण ज़्यादा था, इसलिए मैं क्रिशन से भी आसानी से जुड़ गयी।

रजस गुण मुझमें था, किंतु नियंत्रित मात्र में। मुझे संसार के सुख-साधन भोगना पसंद है, किंतु तमस के नही, अपितु सत्व के प्रभाव में आकर। इस प्रकार से रजस गुण बुरा नही है। इसके बिना जीवन फीका है। किंतु इसको संतुलित मात्रा में होना चाहिए।

इस प्रकार ये तीन गुण हम सबके जीवन को, हमारे निर्णयों को, हमारे भावों को, बुद्धी को, सबको प्रभावित कर रहे है।

15. पुरुषोत्तम

इस अध्याय में क्रिशन ने समझाया की उत्तम मनुष्य किसे कहा जाता है। साथ ही ये भी बताया की आत्मा ना तो पुरुष है, और ना ही स्त्री। वो केवल आत्मा है, जिसका उद्गम धरती से नही, अपितु ब्रह्मांड से हुआ है। धरती से तो उसने आत्मा के सफ़र के लिए केवल अपने पाँच शरीर लिए है।

आत्मा के जड़ें ब्रह्मांड में है, इसलिए उसका ज्ञान भी वहीं से आता है। आत्मा के अंदर ये शक्ति है की वो जब चाहे, अपनी जड़ों के द्वारा ख़ुद को अपने उद्गम से सम्पर्क साध सकती है। किंतु वो अपने उद्गम को ना देखकर, संसार

की माया का आनंद लेने में लग जाती है, और माया उसे अपने जाल में फँसा लेती है।

इस जाल को इस माया में रहते काटना अत्यंत कठिन कार्य है। इससे इसको वही बाहर निकाल सकता है, जो स्वयं इससे बाहर हो। और वो है, क्रिशन, जो एक साक्षी भाव में सबके जीवन को देख रहा है। जब कोई उसको पुकारता है, आ जाता है। और जब तक कोई नही पुकारता, वो भी नही आता।

जिस मनुष्य ने भी इस सच को जानकर अपना ध्यान संसार की माया से हटाकर क्रिशन पर लगाया, उसको माया समझ में आने लग जाती है, और वो माया के फैलाए मोह, द्वेष, लोभ, अहम, सब जालों से ख़ुद को मुक्त कर लेता है। और ऐसा ही मनुष्य वास्तव में जीवन का आनंद ले सकता है, इसलिए इसे ही गीता में पुरूषोतम का स्थान दिया गया।

मेरे जीवन में मैंने बहुत पहले ही अपना ध्यान संसार से हटाकर अपने उद्गम को ढूँढने पर लगा दिया था। जब मैंने ईश्वर को ढूँढना शुरू कर दिया, तो ईश्वर ने ख़ुद ही उनको दिखा दिया - कभी क्रिशन के रूप में, तो कभी बुद्धा के रूप में, तो कभी जीसस के।

धीरे-धीरे मुझे संसार का सच वैसा दिखने लगा, जैसा वो वास्तव में है। और लोभ, मोह, द्वेष, इत्यादि से मैं स्वयं ही स्वतंत्र हो गयी। आज मेरा दूसरों को देखने का दृष्टिकोण बदल चुका है। आज मैं उन्हें उस दृष्टि से देख पाती हु, जिससे क्रिशन साक्षी भाव में देख रहा है। अब किसी पर ग़ुस्सा नही आता।

16. दैवीय और शैतानी शक्तियाँ

प्रकृति के बारे में और समझाते हुए क्रिशन ने बताया की संसार में दो शक्तियाँ बराबर काम कर रहीं है। इसके एक शक्ति ईश्वर की है, जिसमें कोई बुराई नही है। और दूसरी शक्ति भी निकली तो ईश्वर में से ही है, किंतु इसमें ईश्वर के कोई भी गुण विद्यमान नही है। ये उसके विपरीत है।

प्रकाश को समझने के लिए अंधकार को समझना आवश्यक था, इसलिए ईश्वर ने इसकी रचना की, किंतु प्रकृति में ही इस रहस्य को भी खोल दिया की अँधेरा केवल प्रकाश के ना होने की वजह से आता है। जब प्रकाश आ जाता है, तो अंधकार को मरना ही पड़ता है।

इन दो शक्तियों का प्रभाव हर मनुष्य पर है। जो आत्मा को देखता है, और अपने अंदर प्रकाश उतार लेता है, उसके पास अंधकार नहीं आ पाता, और जो आत्मा को ना देखकर संसार को देखता रहता है, वो माया के भ्रम में फँसकर अंधकार को रोशनी समझ बैठता है।

जहाँ ईश्वर की शक्ति सबके सुख में सुखी होती है, किसी को कष्ट नही पहुचाना चाहती है, स्वतंत्र रहती है और दूसरों की स्वतंत्रता का सम्मान करती है; वही शैतानी शक्ति इसका विपरीत करती है। उसका आनंद दूसरे के दुःख में होता है। दूसरों के जीवन में हस्तक्षेप करना वो अपना अधिकार समझती है। प्रकृति के नियमों का उल्लंघन करना उसका स्वभाव है।

दोस्तों शैतान और देवता कहीं अलग दुनिया से नही आते। ये तो यहीं रहते है। जो अपने मन एवं बुद्धि में इन्हें स्थान दे देते है, ये उसके रूप में आ जाते है। मैंने इन दोनों को बहुत क़रीब से देखा है, और वही पुस्तक मैंने जगह-जगह आपको भी दिखाया है।

एक बात हमेशा याद रखिए, शैतान ज़रूरी नही है, की शत्रु के वेश में ही आएगा; ये मित्र के वेश में भी आ सकता है। शैतान के हथियार है डर, बुराई, दुःख, मोह, द्वेष, बदले के भाव, या आपकी अन्य कोई और कमज़ोरी...जिसमें भी उसको ये सब मिलता है, वो उसी के ज़रिए अपना काम कर लेता है।

ईश्वर तो आपकी इच्छा से आपके लिए काम करेंगे; किंतु शैतान को आपकी इच्छा से कोई लेना-देना नही है, उसको जो करना है, वो करता है।

इसीलिए कहा जाता है की बुराई से दूर रहो, जितना हो सके अपने मन को आत्मा के प्रकाश से भर दो, ताकि यहाँ केवल और केवल ईश्वर का वास हो।

17. आस्था

विश्वास एक ऐसी चीज़ है, जिसके बिना क्रिशन नही मिल सकता, और विश्वास एक ऐसी चीज़ है जिसे पकने में बहुत वक़्त लगता है। बहुत सारी परीक्षाएँ देनी पड़ती है।

जब तक विश्वास इतना मज़बूत ना हो जाए की चाहे जैसी भी परिस्थिति हो, ये अपनी जगह से डगमगाए नही, तब तक माया कभी भी अपने जाल में आपको फँसा सकती है।

इसलिए क्रिशन अपने भक्तों को विश्वास दृढ़ करना सबसे पहले सिखाता है। उसने मुझे भी आस्था के अलग-अलग चरण के बारे में बताया।

शुरू में मन में आस्था का एक बीज ही बोना काफ़ी होता है। फिर प्रेम से उसको सींचते रहना होता है। कभी-कभी क्रिशन और उसका काम साफ़-साफ़ दिखता है, कभी कुछ भी नही दिखता। कभी लगता है की वो आपको सुन ही नही रहा, तो कभी लगता है की क्रिशन आपके मन का भ्रम है। कभी जब परिस्थितियाँ आपके विरूदह हो, और आपको क्रिशन की बहुत ज़रूरत हो, वो बिलकुल ही दिखना बंद हो जाता है।

असली विश्वास वो ही है, जो इन सब परिस्थितियों में भी बना रहे। जो आँखों से दिखे, उस पर तो कोई भी यक़ीन कर ले, जो नही दिख रहा, उस पर यक़ीन करना ही विश्वास है।

क्रिशन ने मेरे विश्वास को जगह-जगह परखा और मज़बूत किया। सब ले लिया, पर मैंने विश्वास रखा।

लोगों ने मुझे मूर्ख कहा, पर मैंने अपना विश्वास क्रिशन पर रखा।

जो-जो क्रिशन कहता गया मैं करती गयी।

जो मेरे पास था सब दाव पर लगा दिया।

क्रिशन ने मुझे फल नही भी दिया, तो भी मैंने विश्वास रखा।

माया ने मुझे तरह -तरह से भ्रमित करना चाहा, पर मेरा एक ही उत्तर था, “मुझे मेरे क्रिशन पर विश्वास है। मुझे ये विश्वास नही है की जो मैंने खोया है, मुझे क्रिशन वो सब चार गुना करके लौटाएगा, मेरा विश्वास इतना है की मुझे क्रिशन हर वो चीज़ देगा, जो मेरे हित में है, और हर वो चीज़, जो मेरे हित में नही है, मुझसे ले लेगा। और मुझे ये भी विश्वास है की क्रिशन से अच्छा मेरा हितैषी इस संसार में कोई नही हो सकता, उससे बेहतर मेरा ख़याल कोई नही रख सकता। रहेगा”।

18. मोक्ष

अंत में क्रिशन ने मुझे मोक्ष का अर्थ समझाया। उसने बताया, “एक शुद्ध आत्मा जो हमेशा से अपने आप में सम्पूर्ण थी, ज्ञानी थी, शक्तिशाली थी, संतुष्ट थी, सही ग़लत की समझ रखने वाली थी, वो इस संसार में. जीवन को अनुभव करने आयी और ख़ुद को भूल बैठी। धीरे-धीर अपने ज्ञान को और अपनी शक्तियों को भी खो बैठी। और इस संसार के कभी ना टूटने वाले बंधनो में बंध गयी।

प्रकृति के नियम के अनुसार, जब तक ये आत्मा ख़ुद को इन बंधनो से मुक्त नही करती, ये अपनी शक्तियों को वापस नही पा सकती, और तब तक इसके जीवन से दुःख भी दूर नही हो सकते। जिस दिन ये संसार की हर बुराई से, हर बीमारी से, हर बंधन से, हर अज्ञानता से, ख़ुद को स्वतंत्र कर लेगी, उस दिन ये अपने स्वरूप को वापस से पा लेगी। और ये मुक्त हो जाएगी; अर्थात, अब ये जीवन को हक़ीक़त में जीएगी, अब इस पर संसार की कोई माया काम नही करेगी। ये अपने क्रिशन स्वरूप को पा लेगी, और ये क्रिशन ही बन जाएगी। ये ही है मोक्ष।”

मुझे स्वतंत्र कराने के लिए क्रिशन ने मुझे ज्ञान दिया। मेरे दोष दूर करने को हीलिंग की शक्तियाँ दी। माया से ख़ुद को आज़ाद करने के लिए उसने मेरी भक्ति को मज़बूत बनाया। मुझे हर बंधन से मुक्त कराया। और मैं अभी भी

अपनी आत्मा की मुक्ति के सफ़र में ही हूँ। अभी तो बहुत कुछ सीखने को रहता है।

आगे क्रिशन ने कहा, "लाखों, करोड़ों में से कोई एक इस सफ़र को चुनता है, और यहाँ तक पहुँचता है। अब तुम्हारा ये कर्तव्य है की तुम इस राह पर चलने वालों का मार्गदर्शन करो। जो कृतज्ञता के साथ तुमसे मदद माँगे, उनको मदद दो। जो ज्ञान अपने ही अंदर रह गया, उसका कोई लाभ नही है, ज्ञान तो वो है, जिसे संसार में सबसे बाँटा जाए, ताकि तुम्हारे सफ़र से किसी और को भी उसकी मंज़िल मिल जाए।

जिस तरह एक पेड़ मरने से पहले, अपना बीज संसार में छोड़ जाता है, और उसमें से उसके जैसे कई और पेड़ उग जाते है, तुम भी अपने अनुभव का बीज संसार में छोड़ जाओ, और सदा के लिए अमर हो जाओ"।

इस किताब को लिखकर मैंने मेरा कर्म कर दिया। मुझे यक़ीन है कि संसार में जिन्हें भी इन शब्दों की ज़रूरत है, उन तक ये पहुँच ही जाएगी!

राधेकृष्णा

क्रिशन कौन है?

ये पुस्तक और इसके हर-एक अध्याय में जिसका बार-बार ज़िक्र हुआ है, उसका नाम है क्रिशन। किंतु प्रश्न ये आता है, कि ये क्रिशन है कौन?

क्या ये वो ही क्रिशन है जिसका ज़िक्र हिन्दू धर्म की पौराणिक कथाओं में किया गया है? सृष्टि के पालनहार भगवान विष्णु का अवतार! जिसने मथुरा की जेल में जन्म लिया और तरह-तरह के चमत्कार करके दिखाए?

या फिर ये प्रेम का देवता है, जो संसार को प्रेम करना सिखाता है?

या शायद ये ज्ञान का सागर है, जिसने संसार को अतुल्य गीता का ज्ञान दिया?

या शायद हमारे मंदिरों में रहना वाला लड्डू गोपाल?

या शायद राधा का प्रेमी, जो सबके संग रास रचाता है?

या शायद एक रक्षक, जो सबकी संकट के समय में रक्षा करता है?

या शायद कोई प्रशिक्षक, जिसने अभिमन्यु को प्रशिक्षण दिया?

या शायद एक सारथी, जिसके हाथ में जीवन का रथ सौंप कर निश्चिन्त हो सकते है?

या शायद पालनहार, जो सबके जीवन को चलाता है?

या शायद कोई बंधु, जो मित्रता निभाता है?

या शायद एक भाई, जो बहन के बाँधे बंधन का सम्मान करता है?

या शायद चितचौर, जो सबका मन चुरा लेता है?

या शायद एक हीलर, जो किसी भी तरह की पीड़ा को और अंधकार को दूर कर देता है?

या शायद कोई मायावी, जो तरह-तरह की माया रचता है?

आख़िर कौन है ये क्रिशन जो इतना सब करता है?

किसी भी समय किसी के भी पास चला जाता है।

जो भी कोई एक बार उससे मन से जुड़ जाए, उसको लगने लगता है, कि क्रिशन तो केवल मेरा ही है। कोई भेद-भाव नही, कोई भी प्यासा जो उसके पास जाए, उसको सदा के लिए त्रप्त कर देता है।

दोस्त, वास्तव में क्रिशन ये सब कुछ है, और इनमें से कुछ भी नही। उसमें इतने गुण है कि कोई व्याख्या करने बैठे, तो कभी समाप्त ही नही हो सकती। वो संपूर्ण है। हर दोष से परे।

क्रिशन कोई और नही, हमारा ही स्वरूप है। क्रिशन वो चेतना है, जो हम सबमें है, किंतु सुशुप्त अवस्था में है। जिस दिन ये जाग जाएगी और हम अपने अंदर आए दोषों को दूर कर देंगे, तो हम भी क्रिशन ही बन जाएँगे।

मैंने जिसे क्रिशन का नाम दिया, वो ब्रहमाँड में मौजूद चेतना है, जिसमें भौतिक संसार के कोई दोष नही है। यही चेतना शिवा में है, ये ही गणेश में, ये ही जीसस में, यही बुद्धा में।

मैंने क्रिशन के साथ एक बहुत लम्बा सफ़र किया है, जो अभी भी जारी है। मेरा सफ़र मैंने क्रिशन को भाई बनाकर आरम्भ किया। चलते-चलते वो मेरा दोस्त भी बन गया, बेटा भी, पिता भी, गुरु भी, प्रशिक्षक भी, ट्रेनर भी, लाइफ़-कोच भी, हीलर भी, और अंत में प्रेमी भी बन गया।

कभी मैंने मीरा बनकर ज़हर पीया और उसने उसको अमृत बना दिया; कभी द्रौपदी बनकर पुकारा तो वो लाज बचाने आ गया; कभी सुदामा बनकर मदद माँगी, तो उसने दिल खोलकर दिखा दिया; कभी अर्जुन के युध में फँसी, तो गुरु बनकर ज्ञान दे दिया। कभी मेरे अंदर की माँ तड़पी, तो वो लड्डू-गोपाल बनकर आ गया; और जब मैं राधा बन गयी, तो वो उसका प्रेमी बनकर आ गया।

एक क्रिशन, उसके कितने रूप, और हर रूप में सम्पूर्ण...किस नाम में बाँध सकते है हम उसको? कोई भी नाम क्रिशन के पूर्ण स्वरूप की व्याख्या नही कर सकता। उसको जितना जान लो, ऐसा लगता ही, अभी तो कुछ जाना ही नही!

क्रिशन को यदि जानना चाहते है, तो पहले अपने प्रेम को शुद्ध करें, फिर विश्वास में एक क़दम उसकी तरफ़ बढ़ाएँ। उसको अपनी जिन्दग़ी का हिस्सा बनाए, फिर देखिए कैसे क्रिशन ख़ुद ही आपको उससे मिलवा देगा।

राधेकृष्णा

समीक्षा

मेरे सुधि पाठकों,

मैं पूर्णत: आश्वस्त हूँ की मेरी रचना "अनोखा हमसफ़र" अब आपकी भी सहचरी बन गयी होगी। मानने से लेकर जानने तक के सफ़र में आपने जीवन जीने की सही कला को सीख लिया होगा। आप जान गए होंगे कि आप एक आत्मा है जो अपने आपमें सम्पूर्ण है, हर दुःख से परे है।

आपके जीवन की सब परेशानियों का जन्म होता है, आपके अपने आत्मस्वरूप को भूल जाने से। जब आप खुदको आत्मा ना जानकर एक साधारण एवं कमज़ोर मनुष्य मान लेते है, आपके जीवन का संतुलन बिगड़ने लग जाता है। आप ख़ुद के लिए ग़लत रिश्ते चुन लेते है, ग़लत धारणाएँ बना लेते है, ग़लत मार्गदर्शक का अनुग्रह करने लगते है, सांसारिक बंधनों में ख़ुद को इस प्रकार से उलझा देते है कि इससे बाहर आने का मार्ग भी आपको दिखना बंद हो जाता है।

शरीर के परे आत्मा के उच्चतम शिखर पर पहुँचने के लिए हमारे ही अभिन्न अंग श्री क्रिशन पग-पग पर हमारे साथ खड़े है। वो सदा ही हमारे मदद करने के लिए तत्पर है। किंतु हम संसार के आकर्षणों में इतने खोए होते है कि हमें ईश्वर ठीक से दिखायी ही नही देते।

जिस दिन हम ईश्वर को जान लेते है, और उनको अपने जीवन के सफ़र का साथी चुन लेते है, हमें हमारे हर बंद ताले की चाबी मिलने लग जाती है।

उनकी मदद से हम अपने जीवन को, अपनी सोच को, एवं अपने रिश्तों को व्यवस्थित कर पाते हैं।

और इसीलिए मैंने इस पुस्तक को नाम दिया है, "अनौखा हमसफ़र", जिसके साथ चलते-चलते हम आसानी से अपनी मंज़िल तक पहुँच जाते है।

मैं पूर्णतह: आशान्वित हूँ कि आप भी अपने मूल स्वरूप को समझ पाएँगे। आपके ईश्वर के साथ इस अनौखे सफ़र में आपके लिए मेरी अनेकानेक शुभेक्षाएँ।

आपकी अपनी

- नीतू गुप्ता